全国高等院校工商管理系列教材、人力资源管理专业主干课程教材

职位分析与职位管理体系设计

朱勇国 主 编

王海斌 副主编

对外经济贸易大学出版社

中国·北京

图书在版编目（CIP）数据

职位分析与职位管理体系设计/朱勇国主编．—北京：对外经济贸易大学出版社，2010
（全国高等院校工商管理系列教材）
人力资源管理专业主干课程教材
ISBN 978-7-81134-714-2

Ⅰ．①职… Ⅱ．①朱… Ⅲ．①企业管理－职位－分析－高等学校－教材 ②企业管理：人事管理－高等学校－教材 Ⅳ．①F272.92

中国版本图书馆 CIP 数据核字（2010）第 102765 号

职位分析与职位管理体系设计

朱勇国 **主编**
责任编辑：马 荷

对外经济贸易大学出版社
北京市朝阳区惠新东街 10 号 邮政编码：100029
邮购电话：010－64492338 发行部电话：010－64492342
网址：http://www.uibep.com E-mail：uibep@126.com

山东省沂南县汇丰印刷有限公司印装 新华书店北京发行所发行
成品尺寸：185mm×230mm 24.5 印张 491 千字
2010 年 7 月北京第 1 版 2010 年 7 月第 1 次印刷

ISBN 978-7-81134-714-2
印数：0 001－5 000 册 定价：37.00 元

人力资源管理专业主干课程教材编委会名单

（按姓氏拼音先后为序）

出 版 说 明

21 世纪以来，全球经济蓬勃发展，市场竞争日益激烈，我国企业越来越紧迫地感到增强其自身竞争力的重要性。知识经济时代，人力资源已替代物质资源成为企业发展最根本的资源，企业必须不断创新适应竞争模式的改变，把人力资源管理提到战略高度，并建立适合自身的人力资源管理体系。企事业机构内外部竞争环境的变化，对国内的人力资源管理专业教育提出了新的课题，对该专业的教材也提出了更高的要求。

鉴于此，我们延请中国人民大学、清华大学、对外经济贸易大学、中央财经大学、首都经济贸易大学、北京师范大学、南开大学、西安交通大学等众多知名学府的权威学者，并联合实务界人士，共同推出了“人力资源管理专业主干课程教材”。这套丛书，既可以作为人力资源管理专业本科生教材，亦可以作为业内人士的重要参考图书。

本套丛书在讲解基本知识内容的基础上，对重点内容及其最新发展进行了极大的丰富和深化。在知识结构安排上更加完善，颇具有前瞻性和系统性。书中融入了与理论知识密切相关的现实案例，有助于读者扩大知识视野，提高理解理论的深度，拓宽思考现实问题的广度，从而在实践中解决问题。

本套丛书的每一本都是作者的倾力制作，愿她们的出版对我国的人力资源管理专业教育、人才的培养有所助益！

对外经济贸易大学出版社

2009 年 9 月

序　言

一、编写背景

面对竞争的压力，人力资源已经成为决定企业核心竞争力的关键资源。现代人力资源管理的核心命题之一是解决人与组织的关系问题，这一命题自然地集中在人与组织的结合——工作及职位，也即职位管理上来。职位管理又一次成为企业界和企业管理的研究者们关注的焦点。职位管理是人力资源管理中最基础的也是最重要的内容，作为企业激励体系的一部分，它是薪酬、绩效、培训、员工发展等人力资源管理工作的根本，为招聘、培训、绩效和薪酬等其他人力资源管理工作提供了基本的依据。如何把组织内各个职位全面系统地整合，建立职位管理体系，已经成为组织和员工获得持续的高绩效和发展的基础。本书以职位分析为基础，介绍了职位管理体系建立的要点和方法等知识内容，可作为我国高等院校人力资源管理专业开设工作分析（职位分析）课程的教材，也可作为人力资源管理人员的培训教材或自学参考书。

二、本书特点

在本书编著的过程中，我们紧紧围绕“明职责”、“建体系”、“重规范”、“讲标准”、“定价值”五个职位管理的标准和原则展开。

“明职责”：通过职位分析，明确职位目标、责任与权限，理清职位之间的汇报和协作，优化工作设计与职位设置，提高组织效率。

“建体系”：以事实分析为依据，以市场标准为参考，建立分类分层的职位序列与职位纵深，打破单一的、官本位的行政职务序列设置，实现员工在不同职业通道上的多元化发展，促进员工的职业生涯规划与管理。

“重规范”：通过职位分析，编制整套职位说明书，为员工的胜任提供全面的参考。

“讲标准”：通过职位分析，规范不同职位对任职者任职能力及行为方式的不同要求，引导员工职业规范与职业意识的建立，提高职业技能，培养专业化的队伍。

“定价值”：根据职位分析的结果，采用科学的职位评价工具，结合市场标准，对各个职位合理评估价值，确定职位价值系数，为“以岗定薪”、解决薪酬管理的内部公平性问题奠定坚实的基础。

基于以上五个职位管理的标准和原则，本书设计了各个章节的内容，对如何构建职位管理体系进行了全面系统的介绍。

三、内容构成

本书以逻辑顺序讲述了职位管理体系设计的过程和实践，共有八章，具体包括：第一章，职位分析概述；第二章，职位分析的技术；第三章，工作设计；第四章，职位设置与优化；第五章，职位说明书的编制；第六章，职位体系的设计；第七章，任职资格等级标准的设计与应用；第八章，职位价值体系的建立。本书基本涵盖了现代人力资源管理中职位分析与职位管理体系设计的主要内容和环节。

下图展示了全书各章节内容的逻辑结构，以帮助阅读者理解全书的逻辑关系，系统地认识组织中职位管理体系的设计，把握和整合职位管理的各层面活动，从而更客观和全面地指导组织中的人力资源管理活动。

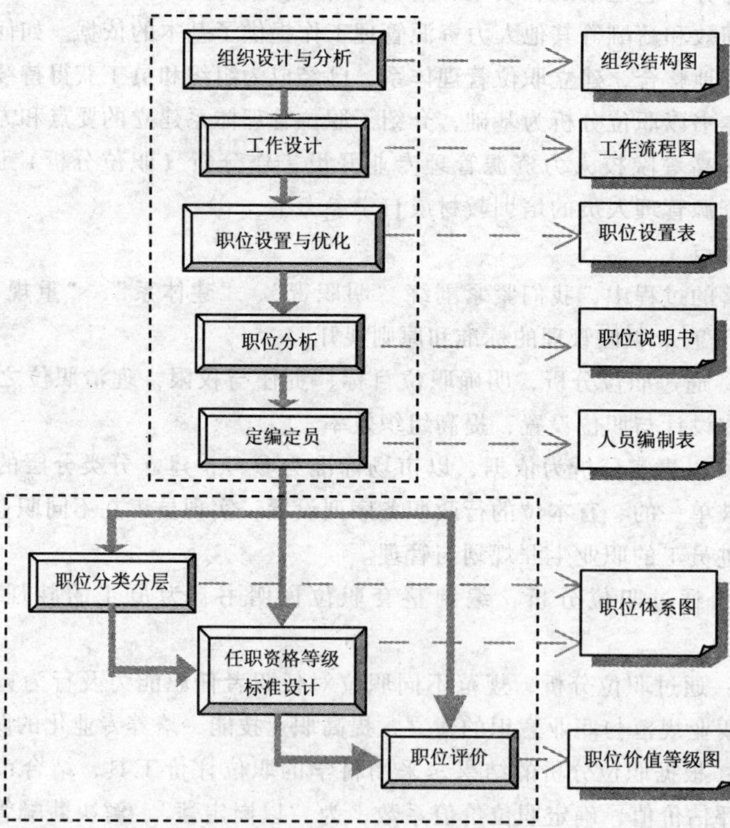

职位管理体系是建立在职位分析基础上的，包括工作设计与职位设置、职位描述、职位体系的设计、任职资格等级标准的设计、职位价值体系的建立等内容的全面系统的职位管理方式。建立起职位管理体系的目的在于全面系统地把握组织内各个职位间在任务、责任、资格要求、价值等级等方面的联系和差异，并最终为人力资源规划、招聘管理、职业发展、培训开发、绩效管理、薪酬管理等职能提供客观依据。

1．职位的设计和职位描述与规范

所有职位管理活动都要围绕职位展开，其中涉及两个基础环节：第一是职位的设计，第二是职位的描述与规范。

职位的设计一般包括三个重要内容，即组织的设计与分析、工作设计、职位设置。首先，职位的设计是一个从无到有的过程。对于一个初创的组织，需要根据它的组织架构、业务流程等因素构建组织的部门及下设的职位；其次，职位设计是一个动态循环调整的过程，要不断根据组织战略、业务发展、流程变革等因素调整组织内职位的设计，即进行工作再设计和职位优化的过程。而工作再设计和职位优化需要建立在对现有职位状况分析的基础上。所以，我们不能简单、孤立地看待职位的设计、职位的描述与规范，两者在职位管理体系中相辅相成。

职位的描述和规范主要通过职位分析来完成。相对于职位设计来讲，职位分析本身不是创造的过程，它只是对职位的客观信息的描述。而职位说明书的编制、职位体系的设计、任职资格等级标准的设计、职位价值体系的建立都是建立在对职位客观信息描述的基础上的。至于工作设计与职位设置，由于其动态调整的特性，在多数情况下更多地强调的是对现有职位的优化，同样需要建立在职位分析的基础上。定员是职位设置后随之需要解决的问题，也要以职位分析的成果为基础。

基于以上原因，本书把职位分析的内容放在了前面的两个章节，即“职位分析概述”和“职位分析的技术”，而在此基础上介绍“工作设计”、“职位设置与优化”两章的内容，并将定员的相关知识放在了“职位设置与优化”一章中。

2．从职位的集合到职位的系统

职位设计和职位描述的结果只能称为是职位的集合，这是因为职位的集合源于不同的业务流程和不同的业务环节，其职位之间的关系需要进一步加以明确，形成组织内职位的系统。这一系统包括两部分：职位类别体系（本书中简称“职位体系”）和职位价值体系。

在职位体系建立的过程中，首先需要通过对这些职位的集合进行横向的分类和纵向的分层级形成，即“职位分类分层”；然后对分类分层形成的职位体系中的各个职位进行定义，即“任职资格等级标准设计”。本书在第六章职位体系的设计、第七章任职资格等级标准的设计与应用中介绍了这一方面的内容。

职位价值体系建立的直接目的在于通过衡量职位在组织内的相对价值来确定对任职者付酬的依据，即“职位评价”。职位价值体系是在职位体系基础上建立起来的，根据职位体系的分类分层以及任职资格等级标准的结果，确定对职位的评价要素。这一内容我们放在了本书的最后一章介绍，即第八章职位价值体系的建立。

3．从过程到结果

职位管理体系建立的每一个环节都相应产生一类文件，作为该项活动的结果，并成为下一项活动的参照文本，包括组织结构图、工作流程图、职位设置表、职位说明书、职位体系图和职位价值等级图等，这些都是每一环节的结果性文件。其中职位说明书作为职位分析的直接结果（其余的可以称间接结果）在整个职位管理体系中都尤为重要。职位说明书以书面形式描述了相应职位的工作任务、责任和任职资格等，直接指导任职者的工作，同时，为职位优化设计、职位分类分层、任职资格标准设计以及职位价值体系设计提供了可靠的依据。本书在第五章特别介绍了职位说明书应该如何编写。

本书由朱勇国任主编，王海斌任副主编，同时首都经济贸易大学劳动经济学院孔令佳、尹晓明、黄丽霞、吕茜茜、赵伟参与了本书的编写，在此为他们的辛勤劳动表示特别的感谢。

本书在写作过程中，参考和引用了国内外学者的大量著作，在此向著作者深表谢忱。在编写中我们尽量做到尊重原作者的知识产权，但由于疏漏或其他原因，可能还有不尽如人意之处，敬请原作者谅解。

在编写过程中我们殚精竭虑，慎择约取，但由于知识和经验的局限性，错误和疏漏在所难免，恳请读者们批评指正。

朱勇国
2010 年 4 月

目　录

第一章

职位分析的概述

学习目标

- 了解职位分析的基本术语
- 理解职位分析的概念
- 了解职位分析的原则
- 理解职位分析在组织人力资源管理中的意义
- 掌握职位分析的实施过程
- 了解分析的产生、发展及未来的发展趋势

关键概念

职位分析　基本动作　任务　职责　职位　职位族　职权　职业

引导案例

A公司的问题

A公司是一家从事生物技术开发应用的公司，公司研制某些生物制品并投入市场。由于公司研制产品的技术含量较高，对研发人员的专业素质要求较高，公司的研究发展部门聘请了四十多位高学历的生物技术人员，多数在硕士研究生以上，而且人员招聘的来源不同：有些是大学应届毕业生；有些是从同行企业中跳槽进来的；有些是通过猎头公司高薪招聘来的。

最近，公司内部出现了主要由于研发人员的薪资不平衡所造成的诸多矛盾。有些学历在博士学位以上、从事科研近十年的专业技术人员的薪资比猎头公司介绍来的信息技术管理人员的工资还略低一些，因而影响了这些关键研发人员的工作积极性，工作上有拖延、推诿的现象发生，影响了公司产品的研发进度。

问题：请问该公司存在的关键问题是什么？该如何解决？

第一节 职位分析的涵义

一、职位分析的基本术语

（1）基本动作（Element）：工作中不能再分解的最小动作单位。

（2）任务（Task）：为了达到某种目的所从事的一系列活动。任务是由一个或多个基本动作组成的构成员工工作绩效中的逻辑和必要步骤的一种清晰活动。

（3）职责（Duty）：个体在工作岗位上需要完成的主要任务或大部分任务。相关联的任务构成一项工作的职责。它可以由一个或多个任务组成。区分职责和任务总是不容易的，把任务看成是职责的子集可能对我们会有所帮助。例如，假设接待员的一项职责是处理所有往来信件，作为这个职责一部分的一项任务可能是回答所有日常询问。

（4）职位：关于所从事职责的范围和深度的规定。通常一个职位可以由一个人来承担，也可以由多个人来承担。由多个人承担时，这些人所完成的职责在构成和重要性方面是相似的。中文所说的职位在英文中有"Position"和"Job"两个词对应，英文的"Position"是指根据组织目标为个人规定的一组任务及相应的职责的集合，一个"Position"对应一个人，英文中的"Job"是主要职责构成和重要性相近的一组职位的组合，一个"Job"可以对应多个人。

（5）职位族（Job Family）：功能相近，工作性质、工作范围相似，但职责繁简、难易程度不同及所需资格条件可能有所不同的两个或两个以上的职位构成一个职位族，在企业职位管理的实践中，有时也成为职位序列。通常用职位序列表示的范围更广，可能包含几个职位族，也可能只包含一个职位族。在职位数量比较多的企业中，通常将职位分为大类、中类、小类，大类通常称为职位序列，其中包含多个职位族；在职位数量较少的企业中，将职位直接划分几类，即职位族。

（6）职权（Authority）：依法赋予职位的某种权力，以保障履行职责，完成工作任务。职责往往与职权是密切关系的，特定的职责要赋予特定的职权，甚至是特定的职责等同于特定的职权。

（7）职业（Occupation）：是指在跨行业、跨部门基础上的综合层次的工作，它不局限于一个组织内部。例如，警察作为一个职业，是交通警察、刑警、民警等的统称。教师作为一个职业，是大学教师、中学教师、小学教师等的统称。

二、职位分析的概念

关于职位分析（Job Analysis），在近一个世纪的时间内，国外学者随着职位分析的发展提出了许多种观点。

（1）提芬和麦考密克（Tiffin & Mccormick）（1965）的定义为：从广义上说，职位分析是针对某种目的，通过某种手段来收集和分析与工作相关的各种信息的过程。

（2）高佩德和艾奇森（Ghorpade & Atchison）（1980）的定义是：职位分析是组织的一项管理活动，它旨在通过收集、分析、综合整理有关工作方面的信息，为组织计划、组织设计、人力资源管理和其他管理职能提供基础性服务。

（3）加里·戴斯勒（Gary Dessler）（1996）从职位分析的具体目的出发对职位分析作出定义：职位分析就是与此相关的一道程序，通过这一程序，我们可以确定某一工作的任务和性质是什么，以及哪些类型的人（从技能和经验的角度）适合被雇佣来从事这一工作。

国内学者对于职位分析也提出了许多观点，如“职位分析实质上是全面了解工作并提取有关工作全方面信息的基础性管理活动。”① “所谓的职位分析即分析者采用科学的手段与技术，对每个同类岗位工作的结构因素及其相互关系进行分解、比较与综合，确定该岗位的工作要素特点、性质与要求的过程。”② “职位分析是人力资源管理的一项核心基础职能，它是一种应用系统方法，收集、分析、确定组织中职位的定位、目标、工作内容、职责权限、工作关系、业绩标准、人员要求等基本因素的过程。”③

本书采用广义的职位分析的概念，即把职位分析定义为一种职位信息的收集、分析的手段与技术，是职位设置、职位说明书编制、职位评价、职位体系建立的基础，也是人力资源管理的基础。

第二节　职位分析的原则及意义

一、职位分析的原则

（一）目标导向原则

目标导向原则是指明确规定职位分析的具体目标和职位分析成果的具体用途，以此

① 付亚和、孙健敏．企业人力资源管理．北京：企业管理出版社，1995.

② 肖鸣政．职位分析的理论与方法．北京：中国人民大学出版社，2002.

③ 彭剑锋．人力资源管理概论．上海：复旦大学出版社，2003.

作为构建整个职位分析系统的依据。根据职位分析在组织实践中可以解决的主要问题，我们可以将不同目标导向的职位分析概括为表 1－1。

表 1－1 职位分析的不同目标导向

需要解决的问题	目标导向
组织战略、关键职能无法得到有效落实；工作流程安排不合理；忙闲不均；职位的层次以及职位之间的边界不清晰	组织优化
职位职责、权限的界定不清；履行职责的标准不清；完成职责所需的教育程度、经验、知识、能力等不清	职位说明书的编写
员工的晋升、发展、转换缺少相应的职位分类、职位等级、职位要求等信息	职位体系的建立
缺少对职位任职者的明确要求，人员配置人才缺乏依据	任职资格管理（招聘、晋升、调整、任免）
培训的标准不清楚；培训的内容和形式没有针对性	培训开发
绩效考核指标不具体，缺乏针对性，考核主体及考核周期设置不合理	绩效考核
薪酬分配缺少科学的依据；企业内的所有职位的价值关系不清晰	职位价值评估

（二） 经济原则

无论是出于什么具体目的来实行职位分析，如果取得成功，最终组织都可以获得经济上的直接或者间接收益。但是，在选择职位分析的执行者以及实施方法的时候，如果不量力而行，合理地控制实施职位分析的成本，因而导致成本大于收益的结果，并非明智之举。

（三） 系统原则

在对某个具体职位进行职位分析的时候，不能单独对这个职位进行分析，要注意该职位与组织内其他职位的关系，全面、系统地收集、分析职位信息，这样才能够使职位分析具有更高的准确性。遵循这条原则，就要求职位分析人员必须熟悉组织结构与业务流程，将组织、流程和职位三者有机地衔接起来。

（四）职位原则

实行职位分析，最重要的一点就是要求时刻谨记职位分析是“对岗不对人”，即职位分析的对象始终是职位，而不是任职者。但是，这并不意味着职位分析就要完全脱离任职人员的因素，单纯地分析职位，应该将人与职位有机融合，最终对职位信息作出合理、客观的分析与确定。

（五）应用原则

应用原则是指在职位分析结束，已经形成了最终的职位说明书、任职资格体系等系列成果之后，应该按照成果文件的要求，在组织内部认真、严格、全面地执行。有些组织尽管通过职位分析取得了一系列的成果文件，在执行的时候却没有严肃的纪律和端正的态度，有些职位不按照规定执行，或者根本不执行。这种违背了应用原则的行为将使职位分析成为空谈。

（六）动态原则

即使是在职位分析工作告一段落之后，在对职位分析成果进行应用的过程中，也不能永远一成不变。组织所处的环境、组织自身的战略意图、业务流程以及工作方法都可能不定期地发生变化，如果不能及时地发现变化、作出调整，动态地执行职位分析成果，就会脱离实际，陷入误区。

（七）全员参与原则

有效的职位分析，需要各级管理人员与员工的广泛参与，尤其是高层管理者的支持与重视以及业务部门的大力配合，仅靠人力资源部是无法完成此项复杂的工作的。

可以说，职位分析的七点原则，是实施职位分析的灵魂所在，职位分析的成败与否，基本取决于是否严格遵循这七点原则。因此，在实施职位分析的过程中，务必遵循以上原则。

二、职位分析的意义

职位分析是企业人力资源管理的基石，对企业提高组织的管理效率和人力资源管理的效率具有重大的意义。

（一）使人力资源规划更为准确

在企业发展过程中，企业内外环境的变化和组织战略目标的调整必然会引起企业业务、结构或人员数量的变化。在不断变化的环境中，为了保证企业有足够的工作人员来完成企业的任务，必须通过有组织、有计划的人力资源规划来预测企业未来人力资源的需求以及供给状况。职位分析可以准确提供企业中各种工作对于人员数量、质量的需求情况，提高人力资源规划的准确性。

（二）使工作职责更为明确

职位分析能让管理者和员工清楚地了解到职位的职责范围和需要完成的工作任务。它还可以对工作流程、工作方法进行界定，对完成工作需要接触的人员及接触的目的、频率进行界定，有助于管理者和员工对工作形成全面的认识，包括工作的目的、任务、活动、需要处理的日常事务以及各项工作应达到的结果。职位分析收集了各个职位的信息，能够确保企业中的各项任务都有人承担，并保证各工作岗位之间能够相互协调、配合，共同完成部门或企业的工作任务。

（三）使工作设计和职位设置更为合理

理想的职位设计既要保证较高的工作效率，也要调动员工的工作积极性。为了增强员工对工作的兴趣，应该根据员工或工作的需要对工作设计进行改进，主要的方法包括工作轮换、工作扩大化、工作丰富化等。在这种职位设计的过程中，需要对职位的相互联系、所需工作技能等多方面因素进行分析，寻找其潜在的联系，以达到在提高员工工作积极性的同时，使工作效率也有所提高的目的。

（四）使人员招聘更为有效

在招聘过程中，企业需要吸引符合招聘要求的应聘者；而应聘者需要选择最适合自己的工作。因此，企业应该对所需工作岗位的职责和内容进行准确界定，为应聘者提供有关工作职责、工作环境、工作要求的真实信息；而应聘者也能根据明确的岗位职责和工作任务的要求选择最有利于自己发展的工作岗位应聘，从而节约企业的资源、帮助企业尽快吸引合格的应聘者、减少应聘者求职的盲目性、降低招聘成本。对企业而言，要从大量的应聘者中筛选出合适人选，就必须通过职位分析的方法来确定相关工作岗位的任职资格条件。

（五）使薪酬体系更加公平

薪酬公平对员工的工作积极性有着重要的影响。薪酬公平可分为外部公平和内部公平。外部公平的薪酬是将企业内的薪酬水平与外部市场同等劳动力价格进行比较而确定的。内部公平的薪酬则是将员工的薪酬与其所在工作岗位的相对价值相比较而确定的。职位分析能从工作任务、工作职责、所需技能等几个方面对工作岗位的相对价值进行评价和确定，并在此基础上通过职位评价建立企业的薪酬体系，实现薪酬的内部公平。

（六）使绩效考核更加公平

职位分析可以提供在不同时期、不同背景下各个职位的工作任务、工作职责的相关信息，管理人员可以依据这些信息确定各职位的绩效标准并作为对员工进行评估、考核的依据。这样做减少了人为因素的干扰，使绩效考核更加客观、公正。

（七）使员工培训更为有效

通过职位分析对培训进行准确的需求分析，使培训课程的设计以及培训方法的选择更具有针对性，即可以根据不同岗位工作任务、工作能力和工作技能的要求设计培训内容与培训方式，使培训工作更为有效。

（八）使员工的职业生涯管理更加科学

职位分析可以清楚地了解职位之间在工作内容以及任职资格上的逻辑关系与内在差异，形成以职位为基础的职业生涯通道，以及职业生涯发展的路径、规范与标准，提高员工升迁异动的科学性、合理性。

第三节　职位分析的实施

实施职位分析是一项系统性工程，它需要实施者对职位分析的操作流程有清晰的认识，对整个职位分析进行统筹规划和对职位分析过程进行有效的控制。由于组织战略、组织的性质以及实施职位分析的目的等都有所不同，因此，各组织实施职位分析的流程也不同，并且同一组织在不同时期的职位分析流程也不尽相同。在这里，我们概括出实施职位分析的一般流程，希望能够为组织实施职位分析提供帮助和指导。

职位分析的一般流程通常包括六个步骤，即：确定职位分析的目的、主体；调查工作相关的背景信息；运用职位分析技术收集工作相关信息；整理和分析工作相关信息；形成职位分析结果；核对与应用职位分析结果。

一、确定职位分析的目的、主体

（一）确定职位分析的目的

在实施职位分析之前，我们必须要明确实施职位分析的目的。我们必须清楚，在什么样的情况下，组织需要实行职位分析；为什么要实行职位分析。职位分析的目的是指职位分析收集信息的用途，它决定了在调查、分析过程中需要收集的信息侧重点、收集信息的方法、形成的职位分析结果以及结果的用途，等等。因此，实施职位分析，应当首先进行职位分析的需求分析，并据此建立目标导向的职位分析系统。所谓“职位分析的目标导向”，是指明确规定职位分析的具体目标和职位分析成果的具体用途，以此作为构建整个职位分析工作的依据。

根据目前职位分析在国内企业管理实践中的主要用途，我们可以将职位分析的不同目的、所强调的内容、信息类型以及信息收集的成果概括为表 1－2。

表 1－2　　不同目的职位分析的内容和成果

职位分析的目标	职位分析强调的内容	收集的信息	职位分析的成果
组织优化	• 对工作职责、权限的明确界定 • 将工作置于流程与战略分解体系中重新思考该职位的定位 • 职位边界的明晰化	• 工作目的与工作职责 • 职责细分（或履行程序） • 职责分配的合理性 • 工作流程 • 职位在流程中的角色 • 工作权限	• 组织结构的调整 • 职位设置的调整 • 职位目的的调整 • 职位职责的调整 • 工作流程的调整
职位说明书的编写	• 对职位的职责加以界定 • 明确完成职位职责所需的最低的教育程度、经验、知识、能力等标准	• 职位的职责 • 职位的任职规范	• 职位说明书
职位体系的建立	• 强调对职位性质或者承担者的性质和特点的区别性的分析，把职位归为不同类别 • 强调对工作责任大小、工作难易，完成职位工作所需的教育程度、经验、知识、能力等的分析，把职位划分为不同层级	• 职位的性质 • 职位的责任大小 • 完成工作的难易程度 • 完成职位工作所需的教育程度、经验、知识、能力等	• 职位序列 • 职位通道 • 任职规范标准
任职资格管理（招聘、晋升、调整、任免）	• 对职位所需教育程度、工作经验、知识、技能与能力等任职规范的界定 • 确定各项任职规范要求的具体等级或水平 • 建立胜任特征模型	• 工作目的与工作职责 • 职责的重要程度 • 任职规范 • 完成职位工作所需的教育程度、经验、知识、能力等 • 职责性质和特点	• 职位类别定义及标准 • 职位等级定义及标准

续表 1－2

职位分析的目标	职位分析强调的内容	收集的信息	职位分析的成果
培训开发	• 对工作典型样本、工作难点的识别 • 对工作中常见错误的分析 • 任职规范中可培训部分的界定	• 工作职责 • 职责学习难度 • 工作难点 • 关键工作行为 • 任职规范	• 培训需求 • 培训的难点与重点
绩效考核	• 对工作职责以及责任细分的准确界定 • 收集有关各项职责与任务的重要程度、过失损害的信息 • 为考核指标的提取以及权重的确定提供前提	• 工作目的与工作职责 • 职责的重要程度与执行难度 • 工作难点 • 绩效标准	• 绩效评价指标与标准
职位评价	• 职位在组织中的地位及对组织战略的贡献 • 工作所需知识、技能与能力水平 • 工作职责与任务的复杂性与难度 • 工作环境条件 • 工作负荷与强度的大小等	• 工作目的与工作职责 • 工作范围 • 职责的复杂程度与执行难度 • 职位在组织中的位置 • 职位联系的对象、内容与频率 • 任职规范	• 与职位评价要素相关的信息

（二）明确职位分析的实施主体

所谓职位分析实施主体，是指具体实施职位分析，负责收集信息、分析信息和编写结果性文件的人员。不同的职位分析主体类型，其工作方式、效率以及对组织人力、物力、财力的要求都有差异，应根据职位分析的目的确定职位分析的实施主体。但是无论选择哪种实施主体，都要求组织全员参与，从高管层到最基层（如果选择外部咨询公司做主体的话，还包括咨询公司）都必须参与进来，相互积极配合。而基于此，必须明确在职位分析的过程中每个参与人员所扮演的角色。

1. 实施主体的选择

（1）人力资源部门是实施主体，即在实施职位分析时，由人力资源部门成立职位分析小组，组织内其他部门配合人力资源部；

（2）各部门是实施主体，即由各部门自己实施职位分析，人力资源部门提供指导；

（3）组织外部的咨询机构是实施主体，即聘请咨询机构在组织内部开展职位分析，人力资源部门配合咨询顾问协调计划的实施。

这三种方法各有利弊（见表1－3）。因此，在选择职位分析实施主体的时候，必须仔细考虑组织自身情况、职位分析的目的，充分衡量成本与收益，选择更适合组织的实施主体。

表1－3　　三种职位分析实施主体特点的比较

职位分析实施主体	与组织的关系	优缺点	
		优点	缺点
组织内人力资源部门	组织内部	• 节省成本 • 实施主体了解公司文化、战略和现状	• 耗费大量人力和时间 • 如果职位分析方面的经验不丰富，会影响职位分析的信度
组织内各部门	组织内部	• 非常熟悉本部门工作，收集的信息全面、内行 • 节省成本	• 从人力资源管理的角度看，实施过程中和形成的职位分析结果文件可能不专业，会影响职位分析的信度
咨询机构	组织外部	• 节省组织的人力 • 作为第三方的中立位置，员工易于接受职位分析结果，相对也容易提供真实的信息给职位分析员 • 结果更加可观、有效、可信	• 耗费咨询费用 • 咨询顾问不了解企业具体情况，组织需要花费时间与他们进行企业文化、战略、管理等方面的沟通

2. 职位分析参与人员的职责

（1）当实施主体为人力资源部门时，各参与人员所承担的职责如下：

① 高层管理者的责任：

A. 确认职位分析的目的；

B. 组织内沟通与动员，安排相应的人员协调、组织职位分析过程，解决职位分析过程中出现的一些重大冲突；

C. 确认工作时间计划；

D. 提供持续的资源支持；

E. 确认职位分析的结果。

② 人力资源部经理的责任：

A. 全程监控职位分析实施过程，协调相关部门积极配合；

B. 向高层管理者反映职位分析中遇到的重大问题，并提供相应的解决建议；

C. 参与审核职位分析结果，妥善保存并随时更新职位分析的结果文件。

③ 职位分析员的责任：

在此种情况下，职位分析人员一般由人力资源部门的员工担任。

A. 与高层沟通确认职位分析目的和意义；

B. 根据职位分析的目的和预期结果选择信息收集方法、信息提供者，收集资料并进行分析；

C. 与任职者进行会谈，减轻他们由于职位分析产生的压力，比如解雇、调职、降薪、提高工作标准等；

D. 编制职位分析结果文件，如职位说明书、工作分类、胜任特征模型等；

E. 监控整个职位分析进程。

④ 各部门主管的责任：

A. 提供本部门、跨部门的工作流程、工作职责、工作权限等工作相关信息，反映本部门的管理现状；

B. 与本部门员工进行沟通，增强员工对职位分析的接受度和配合的态度；

C. 选择那些胜任岗位的、具备一定表达能力的、愿意配合职位分析员的员工进行信息调查，例如，访谈、问卷调查和工作日志调查，等等；

D. 审核、认可下属所提供的工作相关信息，如下属填写的调查问卷、工作日志等的内容是否准确、真实、全面；

E. 确认有关职位分析结果。

⑤ 职位任职者的责任：

A. 积极地、及时地、全面地提供真实的信息；

B. 与职位分析员共同核对工作信息。

（2）当实施主体为各部门时，各参与人员所承担的职责如下：

① 高层管理者的责任：

A. 确认职位分析的目的；

B. 组织内沟通与动员，安排相应的人员协调、组织职位分析过程，解决职位分析过程中出现的一些重大冲突；

C. 确认工作时间计划；

D. 提供持续的资源支持；

E. 确认职位分析的结果。

② 人力资源部经理的责任：

A. 向有关主管及其下属讲解如何操作职位分析及编写职位说明书；

B. 跟进编写职位说明书的进度；

C. 向最高管理层反映职位分析中遇到的问题，提供解决方法的建议；

D. 参与审核职位分析结果，妥善保存并随时更新职位分析的结果文件。

③ 各部门主管和任职者的责任：

A. 主管给予下属指导后（必要时有人力资源部门负责人一起给予下属指导），由下属自己描写职位说明书，然后由管理者收集、与下属讨论、分析并修订，再由人力资源部确认，呈交高层领导审核。此种方法具有民主性，能够尊重员工，最大限度的调动员工参与的积极性，但主管必须有极大的容忍度。

B. 主管描写所有直接下属的职位说明书，完成后与下属讨论，经修订同意后再由人力资源部门确认并呈交高层领导审核。此种方法比较节省时间，但要求主管必须充分了解下属的一切，并获得下属对所分派的工作的认同。

（3）当实施主体为咨询机构时，各参与人员所承担的职责如下：

① 高层管理者的责任：

A. 确认职位分析的目的；

B. 组织内沟通与动员；安排相应的人员协调、组织职位分析过程，解决职位分析过程中出现的一些重大冲突；

C. 确认工作时间计划；

D. 提供持续的资源支持；

E. 确认职位分析的结果。

② 人力资源部经理的责任

A. 联系任职者或其主管，确保信息调查计划的顺利实施；

B. 了解职位分析实施中的问题并向最高管理层反映其中的重大问题，提供解决方法的建议；

C. 妥善保存并随时更新工作说明书。

③ 职位分析员（咨询机构项目组成员）的责任：

A. 与高层沟通确认职位分析目的和意义；

B. 根据职位分析的目的和预期结果开发信息收集方法；

C. 收集所需资料，并分析结果；

D. 编制职位分析结果文件，如工作说明书、岗位分类、胜任特征模型等；

E. 监督整个职位分析过程。

④ 各部门主管的责任：

A. 提供本部门、跨部门的工作信息，反映本部门的管理现状；

B. 与本部门员工进行沟通，增强员工对职位分析的认可度和配合的态度；

C. 选择胜任岗位、具备一定表达能力、能配合职位分析员工作的员工接受访谈、问卷、工作日志等调查；

D. 审核、认可下属所填的调查问卷、工作日志等的内容；

E. 确认有关职位分析结果。

⑤ 任职者的责任：

A. 积极、及时、全面地提供真实的工作相关信息；

B. 协助分析员核对工作信息。

二、收集工作相关的背景信息

在确定了职位分析的实施目的之后，可以通过调查组织内部资料和外部资料来掌握工作相关的背景信息，为工作相关信息的收集、分析整理以及结果的形成奠定基础。

（一）通过组织内部资料收集工作相关信息

通过调查组织内部资料，可以获得工作相关的背景信息，有利于职位分析人员对组织现状进行快速、较为全面地了解，还可以在很大程度上降低工作信息收集的难度和工作量。这些内部资料包括：组织的性质、组织的战略、组织文化、各项制度和政策、组织机构图、业务流程说明、ISO 质量文件、各部门职能职责分工、职位设置图、职位详情、劳动合同以及原有的对部门（职位）的职责界定，等等。其中，组织的性质、组织机构图、职位设置图、职位详情、业务流程图以及组织原有的对部门（职位）的职责、任职资格的界定等一些文件资料非常有助于职位分析员对工作背景信息的掌握。下面我们具体介绍这些资料的内容及作用。

1. 组织的性质

组织的性质就是指组织是否是营利性单位，是企业还是政府机关，是国有还是非国有等信息。对于不同性质的组织，在后续进行信息分析的时候将做不同的调整。

2. 组织结构图

组织结构图提供了如下信息：组织的部门设置和职位设置；当前职位与组织中其他职位的工作关系（比如汇报关系、与哪些工作发生信息交流，等等）；该工作在组织中的地位。

3. 业务流程图

组织完成经营、管理需要遵循的现行流程。除了要了解每个流程的具体内容，还要明确流程的重要程度。除此之外，还需要了解与业务对应的职位设置情况。如各个部门内都设置了什么职位，各个职位在其所属的工作流程中都起了什么作用，等等。

4. 职位设置图

职位设置图能够清晰地反映组织中现有工作的人员配置情况，有助于职位分析者更好地对诸如一人多岗和一岗多人等问题进行判断和处理。

5. 职位详情

职位详情应包括每个职位的工作情况以及职位的工作联系。

(1) 职位的工作情况。职位的工作情况主要包括以下几点内容：

① 工作活动和过程（Work Activities/Processes）；

② 工作活动所采用的程序（Procedures Used）；

③ 活动记录（Activity Records）；

④ 工作责任（Personal Accountability/Responsibility）。

(2) 工作联系。工作联系包括组织内联系和社会联系（Organizational Context and Social Context），按照联系的方向分类，又可以将工作联系划分为横向工作联系和纵向工作联系。横向工作联系是指与组织内其他部门职位的工作联系以及与本部门内其他职位的工作联系，纵向工作联系是指与上下级发生的工作联系。我们在描述横向工作联系和纵向工作联系时，通常要描述一系列项目，包含联系对象、联系内容、联系的频率以及联系的方式，等等。

6. 组织原有的对部门（职位）的职责、任职资格的界定

组织原有的对部门（职位）的工作职责界定是理解现有工作的主要任务和职责的导向。但是必须注意，要谨慎地、批判性地接受这些信息，因为它们不可能准确而全面地反映职位的本质。例如，随着时间的推移或者由于技术进步而发生的工作活动的变化，使得原有部门（职位）的职责界定可能已经过时了。

任职资格即职位对任职者的要求，是指与工作绩效高度相关的一系列人员特征，包括为了完成工作，任职者所需具备的经验、知识、技能、能力以及个性特征要求。

（二）通过组织外部资料收集工作相关信息

通过阅读一些组织外部资料也能够获得有用的工作相关资料，比如行业内或专业领

域内的相关政策规定、外部组织相似职位的信息、国内外颁布的工作分类标准、职位词典、职位信息网络，等等。

1. 行业内或专业领域内的相关政策规定

包括：行业政策，法律法规，职业资格准入制度，国家相关的政策法规如劳动法等。

2. 外部组织相似职位的工作信息

途径：同行业单位的网站、有关招聘的门户网站。（在搜集相似工作的信息时，要注意目标职位与“标杆职位”的相似性）

3. 国内外的工作分类标准

（1）《中华人民共和国职业分类大典》，它将我国职业归为8个大类、66个中类、413个小类、1 838个细类（职业）。

（2）国际劳工局制定的《国际标准职业分类》（ISCO，*International Standard Classification of Occupation*），它将职业分为8大类、83小类、284细类、1 506种职业项目。

（3）《加拿大职业分类辞典》，它将有关自然科学、社会科学、工程技术、医疗卫生、教育、卫生、体育、行政、公务等各种职业，划分为23个大组，81个小组，499个细组，共计11 300多个职业，对每个职业的名称、定义、工作内容、性质、特征和职业心理生理的要求，都做了详尽的说明和严格的规定。

4. 职位词典

（1）《职位名称辞典》（*The Dictionary of Occupational Titles*，DOT）（美国），它提供了12 000多个职位信息以及另外16 000个相关的职位名称。但是DOT并未收录全部有关工作者特征的资料。

（2）《职位名称词典修订本之职位特征精选》（*Selected Characteristics of Occupations Defined in The Revised Dictionary of Occupational Titles*）（美国）。

《职位名称辞典》中的职位提供了有关下列工作者特征的排序资料：① 培训时间：包括数学和语言能力的必要等级和具体的职业准备期；② 身体需求特征；③ 环境条件。本手册的使用者需要知道被分析职位在《职位名称辞典》中的职位代码。按照职位代码在该手册中找到该职位后，就可以便捷地参考用以识别任职资格的特征排序。

（3）《职位开发改进指南：2 500个最重要职位的说明书》（*The Enhanced Guide for Occupational Exploration*：*Descriptions for the 2 500 Most Important Jobs*）（美国），这是具有潜在意义的有关任职者特征信息的资料来源。这本书基于美国劳工部、调查局和其他官方以及私人资源所提供的资料，包含2 500个美国最常见的职位。

(4) 美国劳工部开发的职位信息网络（O* NET, Occupational Information Network），用一种从各种职位中提炼出来的通用语言从六个方面对1 000种职位进行描述。

三、运用职位分析技术收集工作相关信息

职位分析的方法技术应当与职位分析的实施目的、被分析职位的性质和特点相适应。工作分析的方法有文献分析法、访谈法、观察法、任务分析调查法、职位分析问卷法、关键事件法、工作日志法、主题专家会议法、功能性职位分析法、能力要求法、工作要素分析法等。

一般来说，每种职位分析方法都有一定的适用范围，各种职位分析方法都具有各自的优势和局限性，所以在选择职位分析方法之前，需要系统性地掌握常用职位分析方法的特点。这里我们从操作性、可用性、通用性等角度对几种典型的职位分析方法进行了评价和比较，见表1-4，而第二章将对其中常用的方法进行详细介绍。

表1-4 几种常用职位分析方法的评价总结

评价要素	常用的职位分析方法						
	访谈法	任务分析调查法	职位分析问卷法	关键事件法	功能性职位分析法	能力要求法	工作要素分析法
当前是可操作的	是	是	是	是	是	是	是
现成的可用性	否	否	是	否	部分	部分	部分
职业通用性	高	中等/高	高	高	高	高	高
标准化	否	是	是	否	否	是	否
使用者/被试的接受程度	高	中等/高	低/中等	中等	高	中等/高	中等
要求职位分析者接受培训的总量	中等	低	中等	低/中等	高	低	中等/高
样本容量	小	大	小	小	小	小/中等	小
对内容效度的适用性	低	高	低	低	中等	中等	低

续表 1-4

评价要素	常用的职位分析方法						
	访谈法	任务分析调查法	职位分析问卷法	关键事件法	功能性职位分析法	能力要求法	工作要素分析法
对相关标准效度的适用性	低/中等	高	高	低/中等	高	高	高
信度	不确定	高	高	不确定	高	高	不确定
成本	中等/高	中等/高	低/中等	中等/高	中等/高	低/中等	低/中等

资料来源：Based, in Part, ON Gary B. Brumback, Tania Romashko, Clifford P. Hahn, and Edwin A. Fleishman, Model Procedures for Job Analysis, Text Development and Validation (Washington, DC: American Institutes for Research, 1974), 102－107

在确定了适当的职位分析技术之后，需要选择组织中的典型职位，并运用这些技术首先对典型职位进行分析，收集这些工作的工作活动、职责、工作联系、工作环境和任职资格要求等的信息，对被分析职位进行全方位的了解。这些信息的真实性和准确性直接关系到职位分析的效果。

四、整理和分析工作相关信息

在职位分析信息收集完成之后，需要对工作信息进行核对与分类，甄选出有用的信息，并对它们进行分析、归纳与综合。

（一）审核与整理工作信息

在职位分析信息收集完成后，职位分析员需要首先对工作信息进行核对、辨别真伪。职位分析员要将获得的信息送交职位的任职者和直接主管进行审查确认才能避免出现偏差遗漏。由于职位的任职者和其直接主管是职位分析结果的主要使用者，请他们来审核和确认这些信息，有助于其对职位分析结果的理解和认可，为今后使用奠定基础。另外，有的收集工作信息的人员实际上并没有从事过所分析的工作，因此，对工作中的一些实际问题和标准并不是很了解，而在这些方面，职位任职者和其直接主管更有发言权。总之，信息核对的过程有助于确定职位分析所获得的信息是否正确、完整，保证职位分析结果的科学性。核对信息完成之后需要对信息进行归类，甄选出与职位分析的关系密切的信息。

（二）分析工作信息

分析工作信息可以按照如下步骤进行：

首先，按照工作流程或者不同工作之间逻辑上的一致性将整个工作团队乃至部门、组织的全部工作信息进行梳理，得到部门的工作任务清单，并在得到组织内部确认的情况下，进一步分析部门间的权限关系，确认部门工作任务及权限分配。

然后，针对部门内的每一职位，确认其工作任务清单，并根据工作任务的时间消耗（即该项工作占总作业时间的比例）和工作任务的相对重要程度（即发生问题对工作的影响程度和影响的持久性程度）判断任务清单中的关键工作任务（即对工作绩效影响大的工作任务）。

最后，针对关键工作任务进行分析，确认该工作的任职资格条件。

五、形成与应用职位分析结果

职位分析的主要结果就是职位说明书，它包括对有关工作职责、工作内容、工作权限、工作环境等工作自身特性等方面的描述和对任职者的知识、技能、能力、品格、教育背景和工作经历等方面要求的描述两部分。

编写职位说明书需要确认如下项目：根据职位分析的实施目的确认职位说明书的结构和形式，明确编写规范和原则，建立工作职责动词库等等。

职位说明书只是职位分析结果的一部分，根据职位分析的目的不同，职位分析的结果也可以包括编写工作分类分层和任职资格等级标准等文件。

职位分析结果形成之后，要与工作相关人员通过会议讨论、书面交流等方式核对职位分析结果，目的是征询工作相关人员对职位分析结果的意见和建议，检查职位分析结果中是否出现职责重叠、职责错位和职责空缺、术语表达不规范等问题，发现问题之后及时修改完善。

职位分析结果确定之后，需要相关人员（包括工作任职者、直接上级、人力资源部门经理等）签字确认，并根据职位分析的目的，将职位分析结果运用到管理中。

这里需要注意的是，职位说明书等文件的管理和使用是一个动态的过程，随着组织战略调整、组织结构变化、技术变革、工作性质和内容变化等等，职位分析的结果性文件也要随之作出相应的调整。建立动态的职位分析结果文件管理机制，需要职位分析主管人员建立畅通的工作信息反馈渠道，对职位分析结果文件进行定期的调整与完善。一般来说，一家企业在 3 年或者 5 年范围内，应该重新制定一次企业的发展战略，这就是需要重新进行职位分析。

专栏 1-1

传统职位分析的步骤（美国联邦政府）

步骤	步骤的具体描述
1. 文献分析	a. 搜集现有的工作相关资料，总结归纳该工作的主要任务、职责、功能、工作流程等信息
	b. 制定工作职责清单，作为访谈的框架
	c. 记录不清晰、模棱两可或需要澄清的问题
2. 首次观察工作现场	a. 首次观察工作现场的目的是便于职位分析员熟悉工作布局、机器设备以及工作场景等，避免被访谈者花费许多时间介绍复杂而不常见的机器设备
	b. 在观察工作现场之前，访谈管理者，以获得他对现场观察工作的指导
3. 访谈	a. 在访谈任职者之前，先访谈高层管理者，便于系统地了解职位之间的协调关系和各个职位的作用
	b. 制定访谈计划，包括访谈时间、地点、访谈对象、访谈内容等。注意：每天访谈的人数不超过 4 人，每次访谈的时间不超过 3 小时
选择访谈对象时需要注意的问题	a. 选择被分析职位的在职员工的代表作为访谈对象，他应该了解该职位，并且在该职位上工作半年以上，工作业绩处于中等水平（而非实习生或者业绩突出者）
	C. 选择访谈对象时，要尽可能地考虑到不同种族或性别的搭配
4. 第二次观察工作现场	a. 第二次观察工作现场的目的是澄清、确认和精简访谈时得到的信息
	b. 如同第一次实施工作现场观察，在第二次观察工作现场时，先访谈管理者，以获得他对现场观察工作的指导
5. 分析、整理工作信息	a. 把从各种渠道（管理者、在职员工、现场观察、有关此工作的书面材料）得到的资料放到一起，分析信息，整理成一篇连贯的、全面的职位说明书
	b. 高层管理者等对职位分析员提供业务方面的帮助
	c. 检查最初列举的职责和问题清单是否已全部得到解决和确认
6. 核实职位说明书	a. 召集所有的访谈者确认职位说明书的准确性和完整性
	b. 将职位说明书分发给高层管理者和接受访谈的任职者
	c. 职位分析员逐条审核职位说明书，在任何遗漏、模棱两可或需要澄清处做注释
	d. 核实所有资料，修改完善职位说明书

第四节 职位分析的历史及发展趋势

一、职位分析的历史

（一）职位分析的起源

1747 年，德国人丹尼斯·狄德罗（Denis Diderot）在为德国一家翻译协会编纂百科全书的过程中实施了一次职位分析，据说他是历史上首次大规模实施职位分析的人。他简化了原有过程中一些不必要的环节，善于将收集的资料系统化，从而大大优化了原有的工作程序。狄德罗的工作为以后的职位分析实践提供了直接的经验。

“职位分析”一词在管理学领域最早见于 20 世纪初。1916 年，科学管理之父泰勒（Frederick. Winslow. Taylor，1856～1915）把职位分析列为科学管理五大原则的第一原则。1911 年，“科学管理之父”泰勒在其重要著作《科学管理原理》中发表了著名的“时间动作研究”的方法。所谓“时间动作研究”，就是将工作分解成若干组成部分，并对每一部分进行计时。通过分析，对各种工作活动的时间及其顺序重新进行规划，从而制订出标准化的工作程序与方法，在从事该工作的所有工人中进行推广，以达到提高生产效率、科学确定劳动定额与工资报酬的目标。同时，泰勒还认为，要对组织进行科学的管理，就必须对组织中的每一份工作进行系统研究，从而科学地选拔、培训工人，达到管理效率的最大化。泰勒的理论对于管理的科学化起到了巨大的推动作用，被认为是现代职位分析的发端。

在泰勒之后，被誉为“工业心理学之父”的德国工业心理学家雨果·芒斯特伯格（Hugo Munsterberg，1863～1916）将心理学运用到工业研究中，探索如何取得最大的工作效率；“动作研究之父”弗兰克·吉尔布雷斯（Frank. Bunker. Gilbreth，1868～1924）和他的妻子、被誉为“管理的第一夫人”的心理学家丽莲·吉尔布雷斯（Lillian. Evelyn. Moller. Gilbreth，1878～1972）的动作研究、疲劳研究等研究对职位分析起了巨大的推动作用。

（二）职位分析的发展

公平管理包括分配公平与程序公平。前者是指个体之间实际获得的报酬数量是否与其投入对等，而后者则是指用来进行利益分配的程序、手段和方法是否被认为具有公平性的特点。随着人类社会的进步，公平管理越来越受到员工的认同与重视，并对员工满意度、组织承诺与工作绩效产生了巨大的影响。

建立在职位分析基础之上的招聘、培训、考核、薪酬等一系列的人力资源管理政策与制度能够在观念上带来程序公平的感受，同时又能够在技术上保证分配与工作投入与贡献相关联。因而，公平管理也成为职位分析得以发展的内在动因。例如宾汉（W. V. Bingham）将职位分析作为工业心理学的分支来研究，在卡耐基工学院创建了应用心理学系。他的研究成果对大规模职位分析和职位评价的发展产生了深远的影响。斯科特（W. D. Scott）在20世纪20年代，通过对军队工作的系统研究，成功地将职位分析运用于军人的测评与选拔，而后又将其移植到工业部门。巴鲁什对工作中影响报酬的要素进行研究后，提出了工作等级划分的方法，并将其用于1923年美国《工薪划分法案》。美国的职位研究会（ORP）于1934年陆续编写了《就业指导词典》、《职业编码表》，开发了《职位名称辞典》（The Dictionary of Occupational Titles，DOT），设计了人事配置表，并培育了数以千计的职位分析、人事管理专业人才。这些人员在以后的资料收集、分析对象的选定、“人事配置表”的编制、各类人员培训计划的设计与职业安置等工作中发挥了巨大的作用。

（三）职位分析的兴盛

职位分析的发展源自于20世纪后半叶美国反歧视运动的巨大成功。从1964年的《民权法案》开始，美国政府陆续通过了一系列的法案，针对雇佣中的歧视行为，进行了详细规定。具体包括：

（1）禁止在招募广告中出现歧视性的词汇和描述；

（2）禁止在人员甄选中出现对少数民族可能构成歧视或与工作无关的甄选标准与测试手段；

（3）禁止在报酬、晋升、调动中出现与工作无关的区别性对待。

企业为了避免遭受反歧视诉讼，必须在招聘、考核、薪酬、升迁调动等一系列活动中证明，其所采用的标准、程序、方法与工作具有高度的相关性。而职位分析恰恰是达成这一要求的必经之路。职位分析由此而得以普及。

（四）职位分析的成熟

透视发达国家企业人力资源管理发展的轨迹，已经经历了一个由简到繁，又由繁入简的过程。而其之所以能够实现管理制度与程序的精简，消除管理中的文牍与官僚现象，实现灵活性与规范化的统一，关键点就在于经过一个世纪的发展，其规范化的管理制度塑造了一支高度职业化的经理人队伍。

而职位分析通过明确职位的工作目标、职责权限与任职资格，在构建规范化管理制度和培养职业经理人队伍中起到了至关重要的作用。尤其是对于员工队伍的职业规范和职业意识的塑造起到了关键的作用。职位说明书就是“按规则办事、按规则受益”的起点。

（五）定量化与个性化的现代职位分析

在进入20世纪70年代之后，职位分析的发展出现了两种不同的趋势。

一种趋势是走结构化、定量化的道路，将现代心理学与统计科学的研究成果大量运用于职位分析，形成一系列的系统性职位分析方法，大大提高了职位分析的效度、信度与精确性，并实现了职位分析成果向人员选拔、职位评价等其他人力资源板块的直接过渡。例如，在1972年，心理学家麦克米克等人开发出了包含195个具体项目的“职位分析问卷（PAQ）”，成为目前应用最为广泛的定量化的职位分析方法。此外，还包括法恩开发了以人员为导向的“功能性职位分析系统（FJA）”、弗莱根将关键事件技术（CIT）运用于职位分析等。

另一种趋势是走个性化的道路，实现职位分析与企业具体的战略、组织与管理机制的密切结合，为企业中各层各类的职位提供量身定做的职位说明书。

二、职位分析在中国的发展

（一）职位分析在中国的兴起：岗位责任制与岗位职责

职位分析这门科学进入我国的时间比较晚，从建国后才被正式引进。由于国情因素，职位分析在我国的发展速度并不快。

由于特殊的国情，我国并不具备与西方发达国家一样的背景、基础，职位分析始终没有能够顺利开展。但是，自从职位分析被引入中国以后，在某些行业仍然取得过一些显著的成绩，其中最具有代表意义的即为我国纺织业职位评价体系及劳动规范的建立和国企岗位责任制的建立。

1. 纺织业职位评价体系及劳动规范的建立

1951年，我国纺织企业为了推行岗位工资制开始实施职位分析和职位评价，采取评分的方法，对各种岗位进行评价，再确定各工种的工资等级系数和工资标准，以实现“一岗一薪”的岗位工资制为目标。1982年以后，为了使岗位工资制进一步适应纺织企业生产发展的要求，原纺织工业部在职位分析的基础上，经过多年努力，又分别审定和颁布了纺织企业运转生产工人的《劳动规范》，为改革和完善岗位工资制提供了前提。

2. 国企岗位责任制的建立

所谓国企的岗位责任制，是规定国企内部必须建立起一套制度体系，即明确界定每个岗位的职、责、权、力，形成文件，要求任职人员严格遵守。在国企改革中，大量的企业开始推行岗位责任制以解决组织中普遍存在的职责不清、分工不明、权力与责任相分离、工作与利益相脱节、因人设岗、机构臃肿、人浮于事等问题，这为中国企业引入职位分析技术埋下了伏笔。

（二）职位分析在中国的发展

在20世纪90年代中期，随着中国社会主义市场经济建设的逐步深化以及市场机制的逐步完善，市场的竞争也进入一个激烈的阶段。在这种形势下，中国企业对科学化、规范化管理的需求日益增加，许多中国企业因此也开始引入和实践源于西方发达国家的现代企业人力资源管理理念和技术。

职位分析作为现代企业人力资源管理的基础，越来越多地受到中国企业的关注。另一方面中国的管理咨询业的兴起，进一步推动了职位分析在中国企业的广泛开展。许多管理学专家、本土咨询公司和企业人力资源管理者开始探索中国本土化的职位分析技术与方法，有的对PAQ的方法论进行研究；有的对人员资格进行研究；还有的在职位分析研究中结合企业的具体问题，归纳总结了自己的经验，提出适合中国企业的职位分析方法；更有的运用计算机技术，提出把专家系统技术应用于职位分析中，以得到科学的职位说明书等等，这些研究取得了丰硕的成果。如1991年安鸿章、朱勇国等翻译的《工作岗位分析的方法与应用》（中国建材工业出版社），该著作是国外普遍认可的经典著作，也是我国第一部从国外引进翻译出版的职位分析方面的著作。1992年，在参考国外理论以及总结了中国职位分析实践经验的基础上，安鸿章主编了国内第一部职位分析的教材《岗位研究的理论与实践》（中国建材工业出版社），并获得了中国劳动学会优秀成果一等奖。之后很多学者陆续推出了职位分析相关的书籍，如1998年，安鸿章在总结新的实践经验的基础上，编写了《工作岗位研究管理与应用》（中国劳动出版社）；2002年，肖鸣政在进一步引进国外职位分析理论、方法的基础上，编写了《工作分析的理论与方法》（中国人民大学出版社）；2004年，彭剑锋在大量企业咨询、实践的基础上，编写了《职位分析技术与方法》（中国人民大学出版社），侧重于企业实践的操作技能的介绍；2006年，付亚和在翻译引进国外职位分析技术的基础上，编写了《工作分析》（复旦大学出版社），对职位分析技术、方法进行了较为详细的介绍；朱勇国在多年的理论研究和实践的基础上，编写了《工作分析与研究》（中国劳动社会保障出版社），将职位分析的方法、技术与实践操作较好地结合起来，为职位分析在实践中的运用提供了指导；2007年，朱勇国在考虑了企业实际应用的基础上，编写了《工作分析》（高等教育出版社），从组织角度和岗位角度进行工作分析，扩展了工作分析的概念，发展了工作分析的理论和方法。

当前，中国企业的管理实践首先面临着两大基本的问题，即国有企业转型与民营企业的二次创业。中国企业的人力资源管理系统要适应这一时代命题，必须基于企业的战略、组织与流程来进行人力资源管理系统的设计，使人力资源管理能够为国有企业的转型和民营企业的二次创业在人力资源整合方面提供系统性的解决方案。

三、职位分析的发展趋势

伴随着网络信息技术的发展，世界范围内知识经济和全球一体化进程的不断深入，作为市场竞争基本要素的组织，为了适应竞争环境的剧烈变化，必须提高自身的反应能力，增强在全球市场的竞争力，因此组织纷纷实施机构变革与流程再造，出现了“团队合作”、“无边界工作”、“无边界组织”等新概念。复合型工作纷纷涌现，操作性、知识技能单一性的工作逐渐减少，工作内涵不断变化，职责的不确定性大大增加。这一系列变化，正如《知识经济》一书的作者 Dale Neef 所说：“以知识为基础的经济，意味着从严格支配雇员做简单劳动的复杂组织，逐渐向高度信任个人做复杂工作的简单组织转变”。这一系列组织内外部环境的变化，导致在人力资源管理体系中起着基石作用并且以职位为分析客体的职位分析，也必然经受着变革的冲击，需要作出相应变革。李文东和时堪教授提出了职位分析的四个方面的新趋势：

第一，在社会和组织环境日益变化的情况下，作为人力资源管理的重要工具之一，我们需要把自上而下的战略性职位分析、未来导向的职位分析和由现实出发自下而上收集信息的传统的职位分析方法结合起来。因为组织所处的内外部环境也快速地变化，导致组织设计和组织架构激烈变革，引发工作内容、职责范围、任职资格等也发生着相应的变化。当一个工作被新创建出来或者正在遭受巨大变革时，职位分析就要着眼于未来，基于组织的战略，针对“未来的职位”进行职位分析，并识别出组织的核心竞争力，建立胜任特征模型，帮助组织赢得竞争优势。只有这样就才能够将企业的战略、工作的发展趋势、未来要求和胜任特征跟现实工作的具体要求综合起来，建立起企业的核心竞争力，从而能够更好地为企业人力资源管理服务。

第二，职位分析与胜任特征建模各有所长：胜任特征更侧重从组织战略和未来需求，注重自上而下的分析流程，而传统职位分析能够系统地分析工作要求和任职者要求，从而提供更量化和更具可比性的详尽信息。因此职位分析系统方法与胜任特征模型构建方法的结合，也是未来职位分析方法研究的重要发展趋势。

第三，由于工作环境的复杂化和法律制度的健全，职位分析结果影响因素的研究更需要引起注意。管理实践方面，我们收集的职位分析的数据应该充分考虑到已有研究中这些影响因素的作用，避免法律纠纷；研究方面，除个体水平的影响因素外，还需要应用最新的测量理论（例如概化理论等）并运用系统的观点，采用多水平的方法同时探讨个体因素和组织因素的影响作用。

第四，O*NET 职位分析系统能够在很大程度上体现社会和组织环境对工作的影响作用，并具有较好的信度。虽已在我国进行了初步修订，但在中国现阶段特殊的社会转型期，如何结合现阶段的特点和中国文化特点，开发出基于中国背景的 O*NET 应该成为中国人力资源管理研究考虑的重要问题。不难预见，这一问题的解决必将大大推动中国人力资源管理研究和实践的发展。

需要注意的是，职位分析在国内企业和西方企业中的发展状况大不相同。如今，西方企业的职位分析已经日趋模糊化，因为它们早期已经通过职位分析建立了非常规范的职位管理制度，而此时它们更需要做的是为应对激烈的竞争而合并职位以及建立团队，并制定灵活的角色（作用）说明书。而在国内企业中，职位分析这一人力资源管理体系的基石还没有奠定牢固，因此，国内企业不能盲目学习西方企业的管理方式，国内企业首先要做的，就是做好、做实职位分析，为其他人力资源活动奠定牢固的基础。

专栏 1–2

职位的弱化

职位通常被定义为“一系列为工资而进行的紧密相关的活动”，但是近几年以来，这个定义发生了很大变化。正如某观察员所说：现代社会正处在又一个创造力和生产力飞跃的边缘，但是职位不会是明天的经济环境的组成部分。仍然会有并且永远会有大量的工作要做，但是它们不会被装进我们称作职位的信封中。事实上，今天有很多组织正在顺利走向“职位弱化”（De-Jobbed）状态。

一、从专业化到职位化扩大化

今天，职位这个术语在很大程度上是工业革命强调效率的一个副产品。在工业革命时期，像亚当·斯密（Adam Smith）和弗雷德里克·泰勒（Frederick Taylor）这样的专家著书立说，热情阐述专业化与效率之间的正向关系。直到最近，职位和职位说明书通常还是遵照他们的指示，且相当具体和特定。

到 19 世纪中叶，其他作者提出反对意见，认为将工人分类归属于高度重视重复化和专门化工作的做法是“剥夺人性”的，并提出许多解决方案，比如职位扩大化、职位轮换以及职位丰富化。职位扩大化（Job Enlargement）是说给工人分派其他同层次的活动，从而增加其他所参加的活动的数量。这样，以前只管给椅子腿上螺栓的工人可能也要负责装椅背。职位轮换（Job Rotation）是说让工人系统地在岗位间轮换。职位丰富化（Job Enrichment）是说重新设计工作，增加机会，让工人体会责任感、成就感、成长进步度以及认可，例如让工人规划和控制自己的工作，而不是让其他什么人来控制它。

二、管理人员为什么弱化其公司中的职位

无论是专业化、扩大化还是丰富化，工人们通常还是要做具体的工作，而这些工作就要求有职位说明书。然而今天，在许多公司里，职位变得越来越无定形，越来越难以

定义。换言之，有一种职位弱化的趋势。

职位弱化（De-Jobbing），即扩大公司工作的职责，鼓励雇员而不用其职位说明书的内容去限制他们，是当今业务发生变化的结果。企业必须与产品和技术快速变化、全球化竞争、反常规、政治不稳定性、人口结构变化以及专项服务型经济等趋势进行搏斗。因此，企业越来越需要提高反应速度、灵活性和竞争力。因此，管理人员采取了一些组织方法，而这些方法反过来又帮助弱化了作为一系列被严格界定和清晰描绘的职责职位的内涵。以下是一些具有这种弱化作用的方法范例。

（一）扁平组织

只有3~4个层次的扁平型组织正在取代拥有7个甚至7个以上管理阶层的传统金字塔形组织。很多企业（包括AT&T、ABB以及通用电气公司）已经将其十几个管理层次消减到6个及6个以下。这样就会有更多的员工向留下的管理人员报告，他们受到的管理人员的监督管理可能会更少些，因此，他们的工作责任的幅度和深度都会增大。

（二）工作团队

管理人员越来越多地围绕团队和工作流程而非根据专门化的职能来安排组织工作任务。例如，在联合利华公司（Unilever）的分支机构——美国切斯布洛夫－旁氏公司（Chesebrough-Ponds USA），管理人员将传统金字塔式组织改变为多技能、跨职能的自我指导式团队。目前，该公司的4个生产领域采用了这种模式。计时制雇员自行确定工作任务、工作时间、生产进度以及改变生产设备或方法，甚至管理成本控制、处理调拨单和工作订单。他们还根据公司的持续改善质量计划独立承担质量责任。在像这样的组织中，雇员的工作每天变化，因此要有意识地努力不让雇员将其工作看做一套特定的责任。

（三）无边界组织

在无边界组织（Boundaryless Organization）中，由于普遍利用团队以及类似的组织结构机制，减少和弱化了划分部门（如销售部门、生产部门）及等级层次的边界，并且使这种边界变得更容易融合。无边界组织鼓励雇员摒弃“这不是我的工作”的工作态度（这种态度通常会在雇员之间建立划分工作领域的高墙），从而提高了响应速度。将关注点放在根据组织的总体最大利益确定目前项目或工作任务上，从而进一步弱化了将工作作为一系列清晰定义的职责的概念。

（四）流程再造

流程再造（Reengineering）是“为了极大地改进最重要的业绩指标，如成本、质量、服务、速度等，对业务流程进行的根本性的重新思考和重新设计。”在其著作《再造企业》（Reengineering the Corporation）中，迈克尔·哈默（Michael Hammer）和詹姆斯·钱皮（James Champy）主张，数百年来据定业务结构与管理的原则，如高度专业化的分工，应当取消了。企业应当更注重将工作任务合成整体化和非专门化的工作流程（例如客户服务），分配给雇员团队。

可以有许多方式再造工作。例如，可以将几个专门化的工作合成少数比较扩大、丰富的工作。一般说来，在再造了的环境中，工人们会变得愿意共同负责总体工作结果，而不是每个人只管自己的一摊事情。“他们与执行整个工作流程的团队成员共同承担责任，而不是只负一小块责任。他们不仅使用日益广泛的技能，而且他们必须思考日益重大的问题”。最重要的是，“不是所有团队成员都会做完全相同的工作……但（工人之间的工作界线）变得模糊不清”。

（资料来源：加力·德斯勒（Gary Dessler）．人力资源管理9版．吴雯芳，刘昕，译．北京：中国人民大学出版社，2005.

本章小结

本章包含三部分内容，即职位分析的概述、职位分析的原则与意义、职位分析的实施以及职位分析的历史及发展趋势。

第一节首先介绍了职位分析的相关概念，包括：基本动作、任务、职责、职位、职位族、职权、职业。在此基础上介绍了职位分析的定义。职位分析定义为一种职位信息的收集、分析的手段与技术，是职位设置、职位说明书编制、职位评价、职位体系建立的基础，也是人力资源管理的基础。

第二节论述了职位分析的原则和意义。在职位分析中应该遵循目标导向原则、经济原则、系统原则、职位原则、应用原则、动态原则和全员参与原则，以使人力资源规划更为准确、工作职责更为明确、职位设计更为合理、人员招聘更为有效、薪酬体系更加公平、绩效考核更加公平、员工培训更为有效、员工的职业生涯管理更加科学。

第三节分别从确定职位分析的目的与主体、收集工作相关的背景信息、运用职位分析技术收集工作相关信息、整理和分析工作相关信息以及形成与应用职位分析结果五步论述了如何实施职位分析。

第四节介绍了职位分析的发展历史以及职位分析在中国的发展状况和职位分析的变化趋势。

复习思考题

1. 如何理解职位分析的概念？与职位相关的术语有哪些？应如何理解？
2. 职位分析的原则是什么？
3. 针对人力资源管理中遇到的不同问题，职位分析能够从哪些方面解决？
4. 职位分析在组织人力资源管理中的意义有哪些？

5. 职位分析是如何组织实施的？

案例讨论

赵珍最近很兴奋，因为大学刚毕业，她就能顺利进入HI信息服务公司。这是一家中外合资的信息服务公司，近几年发展迅速。考虑到赵珍在大学学习的是国际企业管理，公司把她安排在人力资源管理部工作。

HI在目前国内的计算机业算是一家高收益、有很大发展潜力的公司，它主要为企业和个人提供软件及硬件。自1994年创办以来，通过灵活的经营手段在激烈的竞争中保持了领先地位。它是一个人员及技术密集型企业，并且企业的发展主要依赖于它的人力资源。因此HI在人力资源管理方面的最大兴趣是制定政策和程序，提高员工的素质及满意度。由于信息业正以难以置信的速度发展，所以对企业来说，机会很多，但同时企业间对高质量人力资源的竞争也非常激烈。HI的管理者深知，如同容易吸引新雇员一样，它也容易失去他们。目前它的人员流动率接近其行业的平均水平。

但是在听了人力资源管理部经理佟经理的一番谈话后，原来赵珍乐观的想法改变了。佟经理告诉她，尽管从表面上看，公司有着骄人的经营业绩和良好的发展势头，但是事实上公司内部的管理制度有很多不完善的地方，这些方面将严重阻碍公司的进一步发展。佟经理举例说，作为人力资源管理基础工作之一的工作分析，在公司就没有得到贯彻落实。随着公司规模的扩大，新的工作不断增加，但是相应的工作描述和工作说明书却没有制定，原有的一些工作描述和工作说明书的内容也与实际情况完全不匹配了。佟经理交给赵珍一份旧的工作说明书造成这种状况的原因在于，初创期员工较少，公司内部的局域网可以使上下级之间和同事之间非常顺畅地沟通，相对扁平的组织结构也使公司各个层次上的员工很容易接近。同部门的工作经常由员工们共同协同完成，职位在公司被定义成是员工之间关于特定技术、专业能力和兴趣的竞赛。有超常能力和成就的员工常被录用，接着很快获得晋升。正因为如此，公司并不注重为每个工作制定工作描述和工作说明书，因为从某种意义上说，这只是一纸空文。

但是这种忽略工作分析的做法随着公司规模的日益扩大显示出越来越多的对人力资源管理工作的负面影响。佟经理坦率地告诉赵珍，在公司，人力资源部被认为是一个低效率的团队。比如说，本来通过绩效评估，发现员工绩效不符合标准的原因，并安排各种培训和锻炼机会以提高这部分员工的技能，增强他们的信心，这应该是人力资源部门的职责。但是由于缺乏准确的工作描述和工作说明书，人力资源部门就没有确切的标准来衡量员工的绩效，因而也无从发现员工究竟有哪些地方需要改进和提高，更别提为员工制订适宜的培训计划了。因此，在HI，没有部门认为人力资源管理部的员工有这方面的能力和经验。另外，公司主要的奖励系统也似乎和人力资源部没有太大关系。甚至公司的年度职工表彰晚宴也被认为是来自外方总经理的奖赏而与人力资源部无关。而按惯例，员工的薪酬奖励计划应该是人力资源部根据工作描述和工作说明书，判断每个工作岗位的相对价值以后，再以此为依据制订的。另外，使新进的员工尽快适应新工作，尽快融合到企业文化中去，并通过安排各种培训和锻炼机会以提高他们的技能，增强他们的信心，这应该是人力资源部门员工的职责。但是在HI，没有部门认为人力资源部能做这件事。因此，新进员工的职前培训很少由人力资源部进行。

正是由于缺乏细致的工作分析，HI的人力资源部在开展工作时显得力不从心。近期，公司又将大规模招聘新员工，佟经理决定先从工作分析这一环节抓起，彻底改变以往人力资源部在人们心目中的形象。他将此重任交给赵珍，要求她在6个月时间内修正所有的职位说明书。

（资料来源：董临萍编著．工作分析与设计．上海：华东理工大学出版社，2008.）

请思考：

1. 如果你是赵珍，你如何看待工作分析在人力资源管理职能中的作用？
2. 为制定新的工作说明书，你将通过哪些具体步骤开展这一工作？

第二章

职位分析的技术

学习目标

- 了解职位分析技术的分类原理
- 理解各类职位分析技术中各方法的内涵
- 掌握各种职位分析方法的操作流程
- 熟练掌握各种职位分析方法的优缺点及适用范围

关键概念

访谈法　观察法　工作日志　文献分析　主题专家会议　问卷法　临界特质　关键事件　工作任务清单

引导案例

A 公司是上海市的一家房地产公司。近年来，随着经济的迅速发展，A 公司也有了飞速的发展，规模持续扩大，员工人数也大量增加，由此也使组织和人力资源管理的许多问题突显出来。

部门之间、职位之间的职责与权限缺乏明确的界定，扯皮推诿的现象不断发生：有的部门抱怨事多人少，任务不能按时、按质、按量的完成；有的部门却又觉得人员冗杂，人浮于事，效率低下。在招聘方面，用人部门给出的招聘标准笼统含糊，招聘主管无法招到合适的人员。同时目前的许多职位不能做到人事匹配，员工能力不能充分发挥，严重挫伤了士气，并影响了工作的效果。面对这样严峻的形势，A 公司决定进行人力资源管理改革，首先从职位分析开始。那么，A 公司如何才能抓住职位分析操作过程中的关键点，为公司本次变革提供有效的信息支持和基础保证呢？

第一节　通用的职位分析技术

一、访谈法

（一）访谈法简介

1. 概念

访谈法又称为面谈法，是指职位分析员就某项工作，面对面地询问任职者及其主管以及专家等对工作的意见或看法。

此方法可以对任职者的工作态度与工作动机等深层次内容进行详细的了解，通过该方法收集的信息不仅是职位分析的基础，而且可以为其他职位分析方法提供资料，例如通过访谈法获取的信息有助于开发职位分析问卷。访谈法是目前在国内企业中运用最广泛、最成熟并且最有效的职位分析方法；它是唯一适用于各类工作的方法，而且是对中高层管理职位实施职位分析效果最好的方法；访谈还能够促使任职者对工作进行系统性的思考、总结与提炼。

2. 基本要素

（1）参与者。在一般情况下，访谈的参与者为两人：职位分析人员和被访谈者。在实际操作过程中，也会出现访谈中的一方或双方都为多人的情况，

为了收集更为全面完整的职位分析信息，访谈的对象除了工作的直接任职者之外，往往还包括任职者在整个工作流程中的上游供给者（Supplier）和下游接收者（Recipient）、管理层级中的直接上级（Supervisor）以及同事（Co-worker），对其下级的访谈可以作为信息补充。各类对象在访谈过程中所起的作用和提供的信息种类存在一定的差异，详见表2-1。

表2-1　访谈对象提供的信息

访谈对象	提供的信息
任职者、同事	提供与工作相关的直接信息
上游供给者	提供上游工作对其下游目标职位职责、任职资格的要求
下游接收者	过对上游目标职位的满意度评价校对其工作职责，从结果的角度提出任职资格建议

续表 2-1

访谈对象	提供的信息
直接上级	获取直接上级对于该职位的期望职责以及任职资格，并对该职位现存状况进行评价
管辖下级	从下级的角度发现目标职位工作职责的盲区以及其期望的上级扮演的角色

资料来源：彭剑锋，张望军等．职位分析技术与方法．北京：中国人民大学出版社，2004.

（2）访谈者的角色。由于访谈的目的、访谈者的风格等的不同，访谈者在访谈过程中所扮演的角色也相应不同，既可以是消极的信息记录者也可以是积极的思维引导者。作为前者，其主要职责是根据访谈提纲尽可能收集其需要的信息，以信息的完备性作为其追求的目标；作为后者，访谈者应积极引导任职者进行扩展思维，根据任职者提供的线索深入追问，以获得附加信息，以信息的广度和有效性作为其追求的目标。

3. 分类

根据不同的标准访谈法有不同的分类。按照结构化程度划分，访谈法可分为结构化访谈和非结构化访谈。通过非结构化访谈可以根据实际情况灵活地收集工作信息，但信息缺乏完备性；通过结构化访谈能够收集全面的信息，但不利于任职者进行发散性思维。在实践中，往往将两者结合使用。按照访谈的对象划分，访谈法可分为个别员工访谈法、群体访谈法和主管人员访谈法。个别员工访谈法主要适用于各员工的工作存在明显差异，职位分析时间又比较充裕的情况；群体访法谈适用于多个员工从事同样或相似工作的情况。注意使用群体访谈法时必须邀请这些工作承担者的上级主管人员在场或事后向主管人员征求对收集到的材料的看法；主管人员访谈法是指同一个或多个主管面谈，因为他们对工作非常了解，这有助于缩短职位分析时间。

（二）访谈法的操作流程

访谈法作为收集工作信息的重要手段，是决定职位分析质量的重要环节，对于大多数职位分析人员来说，需要遵循一定的访谈流程，以最大限度的控制访谈结果的误差。访谈法一般包括以下五个主要环节：准备阶段、开始阶段、主体阶段、结束阶段、信息整理阶段。

1. 准备阶段

在准备阶段主要包括以下几项工作：

（1）制定访谈计划。访谈计划的目的主要是明确以下内容：

① 明确访谈目标；

② 确定访谈对象（任职者直接上级或是从事本职位6个月以上的任职者）；

③ 选择合适的访谈方法（例如访谈的结构化程度以及访谈的形式）；

④ 选择访谈的时间、地点（访谈的时间安排以不打搅正常的工作为宜，访谈的场所应该保持安静、整洁、方便）；

⑤ 准备访谈所需的材料和设备。

（2）培训访谈人员。培训主要包括三方面的内容：

① 基本访谈原则、知识、技巧的培训与交流；

② 针对本次访谈展开的专项培训，主要是传达访谈计划，明确访谈目的意义；

③ 按照访谈分工各访谈人员收集并分析现有的目标职位相关信息，在实践中本环节操作质量的好坏对访谈的效果将会产生极大的影响，我们可以根据实际需要采取个体分散学习和集中分析总结等方式，尽量使访谈人员在访谈之前对工作有大致的了解与认识。

（3）编制访谈提纲。访谈者根据现有资料及信息，编制访谈提纲，以防止在访谈过程中出现严重的信息缺失，确保访谈过程的连贯性。访谈提纲大致分为通用性问题（开放式）和个性化问题（封闭式），通用性问题主要列举需要收集的各方面信息（参见表2-2），个性化问题主要列举与职位相关的各项职责和任务，以作为启发被访谈者思路的依据。

表2-2　　通用的职位分析访谈提纲

一、职位目标	1. 此职位的工作目标是什么？ 2. 此职位最终要取得什么结果？ 3. 从公司角度看，这个职位具有什么意义和作用？ 4. 为这项工作投入经费会有多少收益？
二、职位地位	1. 公司上级对此职位作用的评价如何？ 2. 此职位在公司中的位置及地位如何？ 3. 此职位一年所需的各种经费（比如：经营预算、销售额、用于员工本身的开销）是多少？ 4. 此职位的主管能否为部门或机构节省大笔开支？能否保持职位的业绩？ 5. 此职位直接为哪个部门或个人效力？ 6. 哪些职位与此职位同属一个部门？

续表 2-2

三、内外关系	1. 你依据怎样的原则、规章制度、先例和人事制度办事？ 2. 此职位的行为或决策受哪个部门或人控制？ 3. 在公司内，此职位对哪些部门或个人有最频繁的工作联系，有哪些联系？ 4. 你是否需要经常会见上司商讨或者汇报工作？ 5. 通常，你需要与上司讨论什么问题？ 6. 你有下属吗？若有，哪些职位由你管辖有多少？有多少人？分别是谁？ 7. 在公司外，此职位对哪些部门或个人有最频繁的工作联系，有哪些联系？ 8. 此职位需要出差吗？频率如何？经常去哪里出差？为什么出差？
四、工作中的问题	1. 你认为此工作对你最大的挑战是什么？ 2. 你对此工作最满意和最不满意的地方分别是什么？ 3. 此工作需要解决的关键问题是什么？ 4. 你面临的问题是否各不相同？不同之处表现在哪些方面？ 5. 处理问题时有无指导或先例可参照？有哪些处理依据？ 6. 你在工作中遇到的问题，在多大程度上是可预测的？ 9. 你对哪些问题有自主权？ 10. 哪些问题你需要提交上级处理？ 11. 你是否经常请求上司的帮助，或者上司是否经常检查或指导你的工作？ 12. 你的上司如何指导你的工作？ 14. 你是否有机会采取新方法解决问题？
五、工作成果	1. 你的工作中能够取得什么成果？其中最重要的成果是什么？ 2. 通常可以用什么标准衡量你的工作成果？ 3. 上司对工作任务的完成情况是否起决定性作用？
六、职位要求	1. 此职位要求任职者具备哪些专业技术，请按重要程度列出，并举出工作中的实例来说明。 2. 通过脱产培训还是在职培训来掌握这个职位所需的专业技术？ 3. 此职位要求任职者具备哪些知识，请按重要程度列出，并举出工作中的实例来说明。 4. 此职位要求任职者具备哪些能力，请按重要程度列出，并举出工作中的实例来说明。 5. 此职位对任职者的职业道德要求是什么？

2. 访谈开始阶段

访谈是双方面对面的交流互动的过程，访谈双方的情绪和心态对于访谈的效果起着相当关键的作用，因此，此阶段的重点是帮助被访谈者保持信任的心态。在有些访谈实践中，如果初始阶段处理不当，往往会造成被访谈者对访谈产生怀疑甚至敌意的态度，以致对整个访谈过程不配合或是不能提供与工作有关的准确信息。要帮助被访谈者保持良好的心态，首先，访谈者应该营造一种轻松舒适的访谈氛围；其次，向被访谈者介绍访谈的流程以及对被访谈者的要求等；再次，强调本次职位分析的目的、预期目标、所收集信息的用途等；最后，向被访谈者说明本次访谈已经征得其上级的同意，并且参与访谈的全部人员将保证访谈内容除了作为分析基础外，将对其上级和组织中的任何人完全保密。

表 2－3　　常用的介绍词示例

你好！我叫王海，是本公司人力资源部职位分析人员。想必你的上司已经和你沟通过，我们将通过访谈等方式对你的职位——证券分析员进行职位分析，确定该职位的工作职责及任职资格。本次项目选取了公司证券投资部 5 个核心职位作为标竿进行分析，证券分析员这一职位我们选取了公司五位职员进行访谈，你是我们访谈的第二位。通过本轮访谈收集的信息将连同职位分析问卷一道作为职位分析的信息基础，最后的成果在正式提交前，我们会再次和你沟通确认。当然对于本次访谈的内容，我们会予以保密。在访谈开始前，你问题需要向我们提出吗？

资料来源：彭剑锋，张望军等．职位分析技术与方法．北京：中国人民大学出版社，2004.

3. 访谈主体阶段

访谈者关心的首要问题是通过访谈获得关于目标职位准确而全面的信息。如果信息收集不够完整，将会直接影响职位分析结果的完整性；若所获信息用于编制职位分析调查问卷，也会造成调查问卷的残缺，无法完整的描述出目标职位的任务职责。因此在主体阶段访谈者的工作将围绕如何收集完整、准确的信息而展开。

首先，寻找访谈“切入点”。

访谈的“切入点”通常可以是：询问被访谈者所在部门与组织中其他部门的关系，或者目标工作与部门内外的联系，或者询问工作环境。随着访谈的逐步深入，所谈内容应趋于具体和详细，主要询问任职者的各项工作任务“投入”、“行动”以及“产出”。

其次，询问工作任务。

询问任职者工作任务时，可以向其提供事先准备的任务清单初稿，与被访谈者就任务清单中所列项目逐条地讨论与核对。在讨论与核对时，可以询问以下问题：

（1）我们对这项任务的表述是否准确清晰？

(2) 我们对这项工作任务的描述，所用术语是否正确，是否还有其他更为专业的表述?

(3) 任务清单是否包含您的全部工作内容?

(4) 整个任务清单中是否有相互矛盾和逻辑混乱的地方?

(5) 各项任务表述是否相互独立?

(6) 哪些内容可以合并或者需要拆分?

如果访谈前没有准备任务清单，可以通过以下问题启发被访谈者：

(1) 通常你每天工作时要做的第一件事情是什么?

(2) 接下来你会做什么?

(3) 你的工作主要由哪些板块构成，各板块分别包含哪些任务及职责?

再次，询问任务细节。

就每项工作任务，职位分析应积极引导被访谈者深入讨论，可以从流程分析的角度询问“投入”(Input)——“行动”(Action)——“产出”(Output)三个方面的细节，也就是主要收集6W1H信息即WHY(此项工作任务的主要目的)；WHAT(主要的工作内容)；WHEN(工作时间)；WHERE(工作地点)；WHO(工作联系如工作协助者、指导者)；WHICH(相关设备、工具)；HOW(完成工作的方法)。

4. 访谈结束阶段

当访谈已经涉及目标职位所有的职责领域、收集到所有可能收集的与工作相关的信息后，意味着访谈即将进入结束阶段。另外一个限制因素是访谈时间。访谈者应该根据事前计划把握访谈进程，若需要超过计划时间，应及时和被访谈者及其上司沟通，征得同意。一般说来，访谈时间不宜超过3小时，过于冗长的会谈会使得双方感到疲倦乏味，延长访谈的时间影响访谈进度。

在访谈结束阶段，访谈者应就如下问题与被访谈者再次沟通：

(1) 允许被访谈者提问；

(2) 追问细节，并与被访谈者确认信息的真实性与完整性；

(3) 重申职位分析的目的与访谈搜集信息的用途；

(4) 如果以后需要继续访谈，应告知下次访谈的内容(最终确认成果)；

(5) 感谢被访谈者的帮助与合作。

5. 访谈整理阶段

访谈结束后，及时整理访谈记录，为下一步信息分析提供清晰和有条理的信息记录。

(三) 访谈法的操作注意事项

运用访谈法收集工作相关信息时，要注意如下几个关键点。

1. 做好访谈准备工作

主要的准备工作有：事前与被访职位的主管沟通确定合适的访谈对象，并提前一周通知访谈对象为访谈作准备；事先对被访职位进行文献研究，初步收集、整理与汇总工作信息，制定访谈提纲。由于被访谈者的文化程度和知识背景的不同，每个被访谈者对于访谈问题的理解也不同，应设计不同的访谈结构和内容；对访谈者进行系统的培训。

2. 提问技巧

访谈者应与被访谈者建立互信和睦的关系，访谈者语言表达要清楚，含义准确，避免使用生僻的专业词汇；不要与员工争论，所提问题要和职位分析的目的有关，不要偏离访谈的中心内容，避免发表个人观点和看法；不要使用轻率的判断性问题和行为，这些都会降低收集信息的准确性。

3. 话题控制

若被访谈者缺乏兴趣、回答过于简单以及访谈者发言过多，则访谈者可以通过转换话题或变换面部表情和姿势等方式缓解现场气氛，同时要克制不打断访谈者的发言。所提问题和谈话内容也不能引起被谈话人的不满，或涉及被谈话人的隐私。

4. 信息记录技巧

当被访谈者提供的信息过于抽象或模糊时，要使用简短的语言或者附和式提问等技巧进行追问。访谈时记下意外的重要信息，尤其是正式访谈计划中没有想到的或新的信息。同时要与被访谈者进行信息确认。

（四）几种访谈技术的简介

对于一名合格的访谈者，他需要具备独特的综合的访谈技能。必备的访谈技能主要包括积极地聆听对方的谈话，并能准确地把握其要点；访谈过程中掌握并调节被访谈者的情绪；深入分析被访谈者的弦外之音；掌控访谈节奏；全面系统地记录访谈信息。最为重要的是，访谈者能够在使用这些技能时不影响整个访谈的进程，达到预期的效果。

在职位分析之初，需要对访谈者进行专项访谈技能培训。根据国外研究表明，最好的培训方法是模拟访谈过程或作为辅助人员参与正式访谈，另外，为访谈者准备详尽的访谈提纲可在一定程度上弥补其经验的不足。访谈是一个开放式的、高度自主的互动交流过程。有时候被访谈者会特别专注于与所需工作信息无关的细节问题或是偏离话题，此时，访谈者应准确把握访谈的节奏与方向，明确特定细节与所需信息之间的关系。

通常，有以下几种基本的访谈技术能更好地帮助访谈者建立一个合理的访谈模式，应对访谈过程中出现的特殊情况，以确保更加迅速有效地收集工作信息。

1. 沟通

被访谈者往往不知道访谈者需要哪些与工作有关的信息，因此，访谈者可以适当使用语言（例如“是的”或“我懂了”）或动作（如点头）等方式与被访谈者进行交流。

这种交流首要的作用是使被访谈者认识到他提供了访谈者所需要的信息。根据斯金纳（B. F. Skinner）的“强化理论”，对一种行为的肯定或否定的后果至少在一定程度上会决定这种行为是否重复，因此这种认同的交流方式，会加强被访谈者的自信，提供更多的有效信息。

2. 提示

访谈者的另一项十分重要且行之有效的技能是根据访谈的进程，对工作相关的信息进行提示，引导被访谈者思维。在访谈过程中，当被访谈者不清楚应该提供什么信息、语言阐述有障碍或是不愿谈论其工作时，访谈者可以采用如下启发式问题来引导：根据我们的经验和所获得与你工作相关的信息，某项工作应该在你的职责范围之内，你认为呢？（如果回答是肯定的，则继续提问）请你详细谈谈这项工作职责的细节问题。能举几个相关的例子吗？

3. 静默

在访谈的过程中，采取适当的静默有利于访谈者更好地整理思路、组织语言，避免整个访谈过程的枯燥乏味；同时适当的静默是鼓励被访谈者继续谈论的信号。访谈者应根据实际情况判断双方沉默时被访谈者的意图，采取适当的应对措施，过多的静默会造成双方的尴尬，破坏访谈过程的连贯性。

4. 控制

访谈者应控制整个访谈过程使其不致偏离主题，但同时要努力维持轻松的交流氛围。访谈过程中，有时会出现过度控制或访谈失控的现象。

过度的控制主要表现为被访谈者缺乏兴趣、回答过于简单以及访谈者发言过多等。访谈者可以通过转换话题或变换面部表情和姿势等方式缓解现场气氛，同时也要努力克制不要打断被访谈者的发言。

访谈失控一般表现为回答问题过于冗长、被访谈者过多的谈及题外话、被访谈者提问过多等。访谈者可以及时总结相关话题结束在无关问题上的纠缠，在必要时，访谈者可以直接结束话题“为了节省时间，我们应该转入下一问题了，以后有机会我们再就这一问题进行沟通吧？”

5. 追问

在访谈过程中，当被访谈者提供的信息太过抽象或模糊、或者我们对这个问题存在疑问时，我们有必要就此问题的细节追根问底。追问的方式一般是开放式提问，在实战中，分析师要灵活使用如下的追问技巧：

（1）使用简短的语言从是什么、怎样做、什么人、什么时间、什么地点以及对象（6W1H）是什么等角度询问详细信息。例如当被访谈者谈到“为市场部提供信息支持”时，我们可以追问“提供何种信息”、“怎样提供信息”、“什么时间提供这种信息”等问题。

（2）采用附和式提问获取详细信息。例如当被访谈者谈及“我的工作是处理服务订单”，我们可以试着重复提问“处理?”，面对这样的情形，被访谈者会进一步详细解释“是的，我审核这些订单，并整理排序，同时将已经答复的订单归档，”我们可以进一步追问“审核?”，这样的提问会促使被访谈者详细解释其工作中的细节问题。

（3）敢于将自己的某些错误理解暴露在被访谈者面前。由于访谈者往往对工作细节不甚了解，因此对工作难免会有错误的理解，有意或无意地暴露自己认识中的误区，由被访谈者给予解答，也会收到查缺补漏的效果，同时也能激发被访谈者表达的欲望。访谈者一定要坚定这样的信念：被访谈者是这一领域的专家。对于访谈获得的信息与我们通过其他渠道了解的信息相矛盾时，在充分交流的基础上，我们应该允许对方保留自己的意见，切忌和被访谈者发生争执，访谈结束后再通过其他渠道加以证实。

在就某些细节问题进行追问时，我们应注意以下几个误区：

（1）不要使用封闭式或可以用“是”或“否”回答的问题，例如“是不是……?”。

（2）不要使用类似“为什么……”这样的提问方式。因为这样的提问方式会让被访谈者感到自己的表述缺乏可信度，因而访谈者需要加以证实，从而导致被访谈者产生敌对不合作的情绪。

（3）不要使用轻率的判断型问题和行为，这样容易降低收集信息的准确性。例如带有强制性的提问“你负责处理服务订单，不是吗?”，这种提问容易让被访谈者感觉到这项工作是访谈者对其工作的期望，或许反映了上级的意图，从而将这项原本不属于自己的职责纳入自己的工作范围。再者，要适度表达赞同或反对的语言和动作，因为过度的判断言行会导致被访谈者投其所好，导致信息收集的偏差。

（五）访谈法的优缺点

1. 优点

（1）能够深入广泛地探讨与工作相关的信息。

（2）运用面广，能够简单而迅速地收集多方面的职位分析资料。

（3）职位分析员能够及时地对访谈问题进行解释和引导，避免因双方对书面语言理解的差异导致收集的信息不准确。

（4）职位分析员能根据实际情况及时地修正访谈提纲中的信息缺陷。

（5）职位分析员能及时对所获得的信息与任职者进行现场确认。

（6）对于职位分析有敌对情绪的任职者，可以通过职位分析员的沟通、引导，最大限度地使其参与其中。

2. 缺点

（1）访谈法需要专门的技巧，需要受过专门训练的职位分析专业人员。

（2）访谈易受到任职者个人因素的影响，导致收集的信息扭曲。

（3）访谈法会对任职者的正常工作甚至组织的日常运转产生一定的影响。

（4）任职者的不诚实行为或自利行为会极大地影响职位分析的信度。

（5）比较费精力费时间，工作成本较高。

二、观察法

（一）观察法简介

观察法是一种传统的职位分析方法，指职位分析人员直接到工作现场，对某些特定的工作活动进行观察，收集、记录有关工作的内容、工作间的相互联系、人与工作的关系以及工作环境、条件等信息，并用文字或图表形式记录下来，然后进行分析和归纳总结的方法。观察法的主要作用在于观察、记录、核实工作负荷、工作条件并观察、记录、分析工作流程及工作方法，找出不合理之处。观察法主要适用于大量的、周期性重复性较强的工作，要求观察者有足够的实际操作经验。观察法分为直接观察法、自我观察法（工作日志）以及工作参与法三种，由于三种方法在很多方面存在共同之处，因此本书以直接观察法为例介绍观察法在职位分析中的运用。

（二）操作流程

1. 准备阶段

在此阶段主要明确以下问题：

（1）确定观察目标。

① 明确观察的目的。一般说来，观察法所提供的信息有两方面的作用，一是对任职者工作活动、行为和环境等进行客观描述，为后续编制调查问卷、访谈提纲、职位说明书提供信息支撑；二是通过对工作活动的实地观察，验证通过其他方法收集的信息，对信息进行加工修订。针对不同的目的，将会有与之对应的观察客体、结构化程度、观察的关注点等，因此必须首先明确观察法的基本目的。

② 明确观察的客体。观察的客体主要有个体、小组、团队、组织四个层面。所谓层面定位是指将所要观察的职位置于怎样的环境中来观察。一方面，可以根据目标职位的影响范围来确定观察的层面，若目标职位涉及整个组织的运行，则将其置于组织层面，以此类推。例如对于一条流水线主管人员工作活动的观察应置于整个小组的层面，而对于其中某个操作人员的观察在个体层面即可。另一方面，也要根据观察的目的（描述或是验证）选择合适的观察客体所处的层面。一般来说，由于描述性观察法需要收集全面完整的信息，因此应针对上述四个层面展开全面的观察；而验证性观察法仅针对所要验证的信息，因此只需根据需验证信息所涉及的客体进行观察即可。

（2）选择观察对象。根据职位分析观察法的目的以及客体的定位，我们应从目标职位任职者中选择合适的观察对象。若目标职位任职者较少（3 个以内），这些任职者都将是观察对象；若目标职位任职者较多，从经济和便利的角度出发，一般选择 3 ~ 5 位典型的任职者作为观察对象。当然在选择的同时可以采用“标竿瞄准”（Benchmarking）的原则，选取绩效水平较高的任职者作为观察对象。

在选定对象后，应该对观察对象进行相关的培训，应向他们说明职位分析的目的、操作流程以及最终的影响等，消除其戒备心理。职位分析人员切忌采用“暗中观察”的方法。尽管这种方法能够真实地反映观察对象的实际工作状况，但是这种方法是不道德的，会降低组织成员对组织的信任感，可能会导致职位分析的失败。

（3）选择合适的观察法。观察法的结构化程度是指观察过程、记录方式、结果整理等环节在多大程度上得以事先确定和统一。结构化观察法规范、连贯、可信度高，但又僵化，易造成信息的缺失；非结构化观察法灵活、信息收集面宽，但指导性差、分析整理难度大。

可以通过以下途径增加观察的结构化程度：

① 确定观察的内容，例如观察人与机器的互动、某人特定的行为、工作的时间、体能要求、工作环境、上下级关系以及非正式组织的运行等；

② 确定观察地点，保证可以观测到工作任职者的全部行为，而且不影响被观察人员的正常工作。

③ 确定观察的时间跨度；

④ 开发结构化表格，以便收集、记录、分析信息。

在现实操作过程中，为了避免两种极端方法的缺陷，我们综合使用两种方法，在两者之间寻找恰当的平衡点，既避免观察的盲目性有保证了观察的灵活性。

（4）确定观察的时间和地点。为了不影响组织日常运行，观察时间、地点应事先确定。时间、地点的确定应遵循典型性、经济性、全面性、民主性的原则。

（5）确认设备工具。在观察过程中，将有大量的信息需要观察人员进行快速的整理记录，因此有必要采用一些辅助的手段帮助观察员进行记录，常用的设备包括：录音机、摄像机等。在对任职者工作活动进行录音、录像之前，应事先告知其目的及方式，避免各种负面影响；但在观察过程中，宜采用“隐形记录”的方式，即各种记录设备应放置于较为隐蔽、任职者无法看到的位置，减少给任职者造成工作压力。同样，观察、记录人员也应处于不显眼的位置，以免影响正常的工作，例如采用“单向玻璃”隔离观察等。另外其他计时、度量的工具应根据实际观察的需要予以配备。

（6）选拔与培训观察分析人员。在实地观察之前首先需要选拔观察分析人员，要求具备公正客观的态度、较强的沟通能力、文字表达能力以及对行为的理解把握能力，对于某些特殊的工作，需要有较强的体力等。然后对观察分析人员进行培训，目的是增强观察过程的可信度，收集更加准确可靠的信息，培训的内容主要包括职位分析的目的、特点的简介、所要做的准备内容、观察法的操作及其要点等。培训的效果将直接关系到职位分析的质量，通过培训观察员，可以增加整个观察分析活动的规范性，同时通过集体讨论可以弥补观察方案中的不足之处，增强方案的可行性。

2. 观察实施阶段

（1）进入观察现场。上述准备工作就绪后，并非意味着观察可以顺利进行了，通常在进入工作现场时，需要做好一些前期铺垫工作，为观察的实施消除一些不利的影响因素，主要有以下几点工作：

① 相互沟通，建立信任。进入现场后，首要的工作是与任职者建立良好的相互信任关系。在对任职者培训阶段，已经初步介绍了与观察工作相关的事项。从实际操作角度来看，仅培训往往是不够的，任职者最关心的是观察工作的直接实施者。为了增加任职者的安全感，积极主动地配合观察工作，观察人员应做出以下承诺——尊重隐私权、保证匿名性、授予拒绝参与权和结果知情权。

② 简要介绍。观察开始之初，重申工作的目的是有必要的。研究表明，简要介绍观察的目的对于打消任职者的“跟随效应”（投观察者所好）有显著作用，但是过于详细的介绍反而会束缚任职者的行为，因此“开场白”一定要适度。

③ 安装设备。设备安装应避开任职者，以免对其造成压力。

（2）现场记录。在观察者与任职者之间建立良好的信任合作关系之后，即进入现场观察记录的阶段。观察记录质量的好坏对结果的影响是不言而喻的，因此在观察记录的过程中，观察分析是一定要严格遵守观察记录的流程要求，本着严肃、敬业的态度完成对目标职位每个环节的记录工作，现场观察中应注意以下问题：距离适中、适时交流、即时反馈。在进行观察时，一般以标准格式记录观察到的结果。表 2－4 是节选的一个观察记录表的示例。

表 2－4　观察表（节选）

序号	工作任务	工作操作程序与方法	权限	结果	时间消耗	备注
1	起草公文	领会领导意图，撰写，修改	需审核	1 份	2 小时	
2	开介绍信	领导签字，开介绍信，登记	执行	1 份	10 分钟	

资料来源：肖鸣政等．工作分析的方法与技术．北京：中国人民大学出版社，2002.

3. 数据整理分析阶段

观察结束后应对收集的信息数据进行归类整理，形成观察记录报告。数据整理根据采用的方法有不同的整理要求。对于结构化的观察结果，应按照计划要求，对收集的数据进行编码、录入计算机，以便分析；对于非结构化调查，则应按照一定的逻辑顺序（如发生时间）进行整理排列，补齐观察过程中的缩写，形成一份描述性的报告，当然也可加入个人的分析判断。

观察法数据分析是一项庞杂的工作，尤其是对于非结构化观察法，要对大量的活动描述，进行归类分析。当观察者与被观察者合二为一时，观察分析就成了工作者的自我记录，也就是本书随后将要涉及的工作日志法。在工作日志法中，本书将会详细解剖信息收集提炼过程，非结构化观察法所获信息可以参照其分析提炼方法进行加工整理，获取标准化信息。对于结构化观察结果，可以根据设计要求和实际情况采用各种统计分析方法进行统计分析。由于结构化观察法目前在国内运用相对较少，而且主要适用于操作性职位，因此本书不加赘述。

4. 信息确认阶段

在此阶段，要把所有面谈对象以小组的形式召集在一起，把上一阶段形成的关于职位的描述性报告分发给主管和职位的承担者，目的在于确定描述性报告的完整性和精确性。职位分析人员要逐字逐句地检查整个描述性报告，并在遗漏和含糊的地方做出标记。

（三）观察法的优缺点

1. 优点

（1）真实性。观察法所收集到的资料多为第一手资料，基本排除了主观因素的影响，比较客观真实。国内外相关研究表明，由问卷法和访谈法获得任职者对自己行为的估计往往会和观察法所获的信息相冲突。因此，最有效的信息收集途径是观察其工作过程，同时观察法也用于对其他职位分析方法所获信息进行检验。

（2）广泛性。通过观察法可以了解到更广泛的信息，比如工作活动的内容、工作中的正式行为和非正式行为、工作人员的士气等。正如 Martink 和 Gardner 所说的："从观察法中获得的有深度的工作行为不仅可以用于描述任职者做什么，而且可以描述其如何组织自己的行为以达到工作目标"。

（3）有效性。通过观察法可以在工作过程中建立与任职者面对面的交流，在任职者对自我工作表述有障碍时，通过形体语言给予正确的解答，从而避免信息二次加工带来的失真现象。另外在观察过程中有助于加深对相关工作中的术语、行话的理解，以在以后的访谈和问卷法调查中与任职者产生共鸣。

2. 缺点

（1）时间长。无论什么规模的观察法都必须包含上述操作流程中的四个阶段。在通常情况下，数据转换所需时间是观察实施过程的两倍左右。因此，同等规模的职位分析采用观察法所需的时间要远远多于采用访谈法、问卷法的耗时。

（2）成本高。观察法的成本与其耗时是相对应的，也就是说，其成本比其他几种传统职位分析方法要高。观察法对观察分析师的技能要求很高，其选聘和培训成本占总成本的比重最大。通常观察分析师应由外部专业人士担任，其费用成本相对较高；若从组织内部培训观察分析师，培训时间相对较长，而且其“内部人”的身份，往往会影响职位分析的效果。

（3）难度高。由于观察法耗时耗力，在实际操作过程中，使用频率相对较低，因此其可以参照的案例、流程、经验相对较少，给观察法的操作带来极大的不便。无论是直接采用非结构性的观察法还是收集或开发出结构化的观察方法，大量的数据都会加大分析整理数据的难度。因此，职位分析观察法，只适合于对数量少、周期短、重复性强的操作性职位的进行职位分析。

（4）任职资格方面的信息难以收集。在任职者和组织其他成员看来，观察法必然带有分析师主观评价成分，因此在受到观察的压力下，他们往往会表现出超常的工作绩效，甚至从事职责外的工作，“展示”出错误信息，由此造成职位分析的“失真”。

（5）不适用于脑力劳动为主的工作，也不适用于紧急情况的间歇性工作。由于观察法“观察”的局限性，它只能描述任职者可观察的外在行为部分，而对于需要运用分析能力并且带有创造性、包含许多思想和心理活动的工作如以脑力劳动为主的工作、紧急情况的间歇性工作，观察法则不能准确刻画。

三、工作日志法

（一）工作日志法简介

工作日志法是要求任职者本人按工作日志的形式，详细地记录自己在一定工作周期内（通常为一个工作日）的工作内容、时间消耗，以及责任、权利、人际关系、工作负荷、感受等，然后在此基础上进行综合分析，以实现职位分析的目的。工作日志法的主要用途是作为原始工作信息搜集方法，为其他职位分析方法提供信息支持，特别是在缺乏工作文献时，日志法的优势尤为明显。

工作日志法的主要用途有两个，其一是提醒作用，即员工在实际工作中，可能会在同时进行多项工作（尤其对企业的最高管理者）时，会因为注意细节而忽略重要的事情，所以及时的查看工作日志，并进行标注，对企业的每一位员工都有重要作用；其二是跟踪作用，即企业的最高管理者根据工作日志所记录的内容，对相关员工的重要事件进行跟踪，在跟踪过程中增加资源支持，把风险降低到最低限度。

（二）工作日志法的操作流程

通用的工作日志法操作流程主要包括三个阶段，依次是准备阶段、实施阶段、信息分析整理阶段。

表 2－5　　工作日志范例

填写日期：　年　月　日

首先，感谢您在繁忙的工作中抽出时间参与本次职位分析活动，本次职位分析的主要目的是确定此职位新的任职者的培训需求。您填写的工作日志将帮助我们全面界定您所在职位的主要职责。

在接下来的一个月里，请您如实、及时并且全面地填写工作信息，在填写过程中，请您注意以下几点：

1. 请您每工作半小时，按照工作活动发生的顺序如实地记录工作内容（若任务连续不可间断，在任务完成后请立即填写），切勿在一天工作结束后一并填写。

2. 请您严格按照表格要求进行填写，不要遗漏那些细小的工作活动，以保证信息的完整性。

3. 请您提供真实的信息，以免损害您的利益。

4. 请您注意保管，防止文件的遗失。

5. 请于本月末将填写的工作日志交至公司人力资源部××。

当您在填写过程中遇到困难时，请及时与我们联系，电话××××××××。

再次感谢您的支持与合作！

××公司职位分析项目组

一、工作日志基本信息

姓名：

年龄：

部门：

职位名称：

直接上级：

填写日期：从　年　月　日至　年　月　日

二、工作日志内容

工作序号	工作活动名称	工作活动内容	工作活动结果	时间消耗	备注

____年____月____日　　工作开始时间______　　工作结束时间______

填写人：　　　　审核人：

1. 准备阶段

（1）表单设计。完整的工作日志包括四个部分，即前言、填写说明、任职者信息、工作日志内容。

工作日志内容的填写项目主要包括以下几个方面：

① 活动名称：工作活动概述；

② 编号：记录工作活动的顺序；

③ 活动方式：准确描述活动是如何进行的；

④ 活动对象：工作活动的客体；

⑤ 活动结果：工作活动带来的直接结果；

⑥ 频率：这段时间内重复出现的次数；

⑦ 起止时间；

⑧ 活动地点；

⑨ 工作联系：比如，部门内和部门外的联系；

⑩ 性质：区分常规的，还是临时偶然发生的活动；

⑪ 重要程度：分为三级，分别是很重要、重要、一般。

（2）确定填写对象。若目标职位的任职者较少，则所有任职者都要填写工作日志；若目标职位任职者较多，从经济、便利的角度看，一般选择 5～10 位典型的任职者来填写，同时应选取绩效水平较高的任职者。

（3）培训相关人员。在选定对象以后，应该对其进行相关的培训，应向他们说明职位分析的目的、操作流程以及最终的影响等，消除其抵制心理。

（4）确定填写周期。填写周期是指填写的总时间跨度，即工作日志填写的时间范围。一般对于能划分完整工作周期的职位，在可能的情况下，可以选其一个工作周期作为填写工作日志的总时间跨度；对于大多数职位，一般选取一个月到一个半月作为工作日志的填写周期。

在尽可能不影响日常工作的前提下记录完整准确的工作信息原则的指导下，一般每日填写的时间间隔为半小时，过长则会导致填写者因为遗忘而导致信息不准确甚至“创造”信息；过短则会因为填写工作日志而打乱工作节奏，影响工作的正常展开，从而导致信息失真。

2. 实施阶段

实施阶段就是日志填写阶段。有些填写者往往不是在当时当日填写日志，而是在工作日结束时，甚至是过了几天之后才慢慢回忆前几天所做的工作，这样难免会造成信息的失真。因此，职位分析人员需要通过中期讲解、阶段成果分析、职位分析交流会等方法进行过程监控，督促被调查对象保质保量的填写好工作日志。

表 2－6　某广播电台听众服务岗工作日志

填写日期 2005 年 12 月 13 日　　星期 四

所在部门 听众服务中心　　职位名称 听众服务

任职者姓名 ×××

序号	工作活动名称	工作活动内容	工作活动结果	时间消耗（起止）全天工作开始时间 8:00 全天工作结束时间 17:30	工作地点	工作关系	临时/常规	备注
1	信件	领取听众来信	15 封	8:00～8:10	传达室	传达室信件收发人员	常规	
2	信件	阅读并回复听众来信	阅读 8 封 回复 5 封	8:10～9:10	办公室		常规	
3	热线	接听听众服务热线并作记录、回答听众问题；	2 次热线	9:10～9:15	办公室	听众	常规	
4	咨询	向节目部门咨询听众问题答案	1 次	9:17～9:20	办公室	节目部门	常规	
5	电话回复	给听众打电话解答热线电话中未能解答的问题	1 次	9:23～9:30	办公室	听众	常规	
6	信件	阅读并回复听众来信	阅读 3 封 回复 3 封	9:32～10:00	办公室		常规	
7	网上回复	阅读并回复电台网站上的听众留言	回听众帖子 15 条	10:02～10:30	办公室		常规	
8	信件	阅读并回复听众来信	阅读 4 封 回复 3 封	10:32～11:00	办公室		常规	
9	热线	接听听众服务热线并作记录、回答听众问题；	1 次热线	11:02～11:10	办公室	听众	常规	

续表 2-6

序号	工作活动名称	工作活动内容	工作活动结果	时间消耗（起止）全天工作开始时间 8:00 全天工作结束时间17:30	工作地点	工作关系	临时/常规	备注
10	接待	登记、接待来访听众	1 次	11:13~11:35	办公室	听众	临时	
11	听众档案	记录听众档案	2 页	11:36~11:45			常规	
12	热线	接听听众服务热线并作记录、回答听众问题	1 次热线	11:46~11:52	办公室	听众	常规	
13	信件	回复听众来信	回复 1 封	13:00~13:15	办公室		常规	
14	信件	寄出听众信件的回复信件，领取听众来信	寄出 12 封，领取 7 封	13:18~13:48	传达室	外勤人员、传达室信件收发人员	常规	
15	信件	录入整理有代表性的听众意见	9 封	13:52~14:30	办公室		常规	
16	热线	接听听众服务热线并作记录、回答听众问题	1 次热线	14:30~14:33	办公室	听众	常规	
17	信件	听众信件存档	15 封	14:36~14:50	办公室			
18	热线	接听听众服务热线并作记录、回答听众问题	1 次	14:52~15:00	办公室	听众	常规	
19	信件	阅读并回复听众来信	阅读 4 封 回复 3 封	15:02~15:30	办公室		常规	
20	网上回复	阅读并回复电台网站上的听众留言	回帖 20 条	15:32~16:00	办公室		常规	

续表 2-6

序号	工作活动名称	工作活动内容	工作活动结果	时间消耗（起止）全天工作开始时间 8:00 全天工作结束时间17:30	工作地点	工作关系	临时/常规	备注
21	网页	更新电台“听友之家”网页内容	4	16:00～16:25	办公室	节目部门	常规	
22	意见整理	录入、整理听众来信、网上、电话中反映的意见	2 页	16:25～17:00	办公室		常规	
23	汇报	上交主任初审《听众反映专辑》或《听众反映内参》，汇报回复听众意见落实情况	1 次	17:08～17:30	办公室	主任	常规	

直接上级评语：

情况属实。

填写者签字：　　　　　　　　　　　　　　　　　　审核人：

资料来源：北京德威乐普管理顾问公司

3. 信息分析整理阶段

（1）信息提炼。信息提炼就是根据工作日志填写的内容从繁杂的日常工作描述中提炼目标职位工作活动的内容。一般说来，根据各项活动不同的完成方式，采用标准的动词形式，将其划分为大致的活动板块，例如“文件起草”、“手续办理”、“编制报表”等，然后按照各板块内部工作客体的不同对工作任务加以细化归类，形成对各项活动的大致描述。

（2）工作职责描述。根据日志内容尤其是工作活动中“动词”确定目标职位在工作活动中扮演角色，结合工作对象、工作结果、重要性评价形成任职者在各项工作活动的职责。

（3）工作任务性质描述。区分工作活动的常规性和临时性，对于临时性的工作活动，应在工作描述中加以说明。

(4) 工作联系描述。将相同的工作联系客体归类，按照联系频率和重要性加以区分，在职位说明书相应项目下填写。

(5) 工作地点描述。对工作地点进行统计分类，按照出现频率进行排列，对于特殊工作地点应详细说明。

(6) 工作时间描述。可采用相应的统计制图软件，做出目标职位时间—任务序列图表，确定工作时间的性质。

表 2－7 职位分析日志统计表示例

工作内容	工作职责	临时频次	常规频次
1 处理信件	领取听众来信，阅读并回复听众来信，录入整理有代表性的听众意见，并对听众信件进行存档		9
2 接听热线	接听听众服务热线并作记录、回答听众问题		6
3 咨询	向节目部门咨询听众问题		1
4 意见整理	录入、整理听众来信、网上、电话中反映的意见		1
5 听众档案	记录听众档案		1
6 接待听众	登记、接待来访听众	1	1
7 网站管理	阅读并回复电台网站上的听众留言，及时更新电台“听友之家”网页内容及时		2
8 汇报工作	上交主任初审《听众反映专辑》或《听众反映内参》，汇报回复听众意见落实情况		1

(三) 工作日志法的优缺点

1. 优点

(1) 成本低、所需费用较少；

(2) 对分析高水平与复杂的工作，显得比较经济有效。

2. 缺点

(1) 因为无法对日志的填写过程进行有效的监控和任职者一般都有夸大自己的工作量和难度的倾向，所以任职者填写的活动详细化程度可能会与预期有差异，也会影响日志的真实性。

（2）任职者可能不会按照规定的填写时间及时填写工作日志，导致事后填写的信息不完整甚至“创造”工作活动。

（3）需要占用任职者足够的填写时间；职位的部分任务发生频率低，但是影响重大，是本工作的核心职能，在日志法中，有可能因在填写的时间区间内没有发生，而导致重要信息的缺失。

（4）适用范围较小，只适用于工作循环周期较短、工作状态稳定无大起伏的职位。

（5）信息整理的工作量大，归纳工作繁琐。

四、文献分析法

（一）文献分析法简介

1. 概念

文献分析法是一项经济且有效的信息搜集方法，它是指通过对与工作相关的现有文献进行系统性地分析来获取工作信息。由于它是对现有资料的分析提炼、总结加工，通过文献分析法无法弥补原有资料的空缺，也无法验证原有描述的真伪，因此文献分析法一般用于收集工作的原始信息，编制任务清单初稿等。

2. 内容

在文献分析过程中需要收集、总结、归纳以下信息：

（1）各项工作活动与任务；

（2）各项工作活动与任务的细节，重点是各项活动、任务的主动词，对于动作出现的先后可用数字加以区分；

（3）知识、技能、能力要求；

（4）特殊环境要求（如工作危险、警告等）；

（5）工作中使用的设备；

（6）工作成果和绩效标准。

（二）文献分析法的操作要点

1. 确定信息来源

信息来源包括内部信息和外部信息，内部信息包括《员工手册》、《公司组织管理制度》、《职位职责说明》、《绩效评价》、《公司会议记录》、《作业流程说明》、《ISO 质量文件》、《分权手册》、《工作环境描述》、《员工生产记录》、《工作计划》、《设备材料使用与管理制度》、《行政主管、行业主管部门文件》、《作业指导书》等；外部信息可以从外部类似企业相关职位分析结果或原始信息的中获取，并作为原始信息加以利用，但必须注意目标职位与“标杆职位”的相似性，也可以从国内外颁布的工作分类标准如《中华人民共和国职业分类大典》、美国的《职位名称辞典》（*The Dictionary of*

Occupational Titles, DOT)、美国劳工部开发的职位信息网络（O* NET，*Occupational Information Network*）等中获取。

2. 甄别信息

对企业现有文献的分析，需要快速浏览，坚持所搜集信息的“参考”地位原则从大量的文档中寻找有效信息点。同时采取批判吸收的态度，切忌先入为主，让其中错误多余的信息影响职位分析乃至其他管理活动的最终结果。对于文献中隐含的工作内容以及绩效标准，应深入挖掘，在以后的分析中得以求证。

3. 做好阅读标记

研究文献时，要按照既定标准记录信息，切忌“走马观花”，流于形式。可以根据收集信息内容的不同，使用各种符号进行标示，或者采用不同的颜色标示，以便以后快速查找。针对文献中信息不完整和缺乏连贯性的情况，应及时重点标出，在编制职位分析提纲时，作为重点问题加以明示。

4. 适度运用文献分析的结果

文献分析所获信息是其他职位分析方法的信息基础，以此为基础编制其他职位分析工具时，应注意所获信息的适度运用，编制的职位分析工具既不能流于表面，缺乏个性，也不能因旧信息的大量堆积影响任职者的判断。

（三）文献分析法的优缺点

1. 优点

（1）分析成本较低，工作效率高；

（2）能够为进一步职位分析提供基础资料、信息。

2. 缺点

（1）收集到的信息不够全面，尤其是小型企业或管理落后的企业往往无法收集到有效、即时的信息；

（2）一般不能单独使用，需要与其他职位分析方法结合起来使用。

专栏 2-1

如何从 O* NET 中获取工作职责和任职资格要求

美国劳工部的职业信息网，即所谓的 O* NET，是一个关于员工特证和工作特证的全面的数据库。我们可以从 O* NET 上获得某个职位的详细的工作任务和对任职者知识、能力、技能等的要求。

第一步：登录 O* NET OnLine

点击 http://online.onetcenter.org/，进入后如下图：

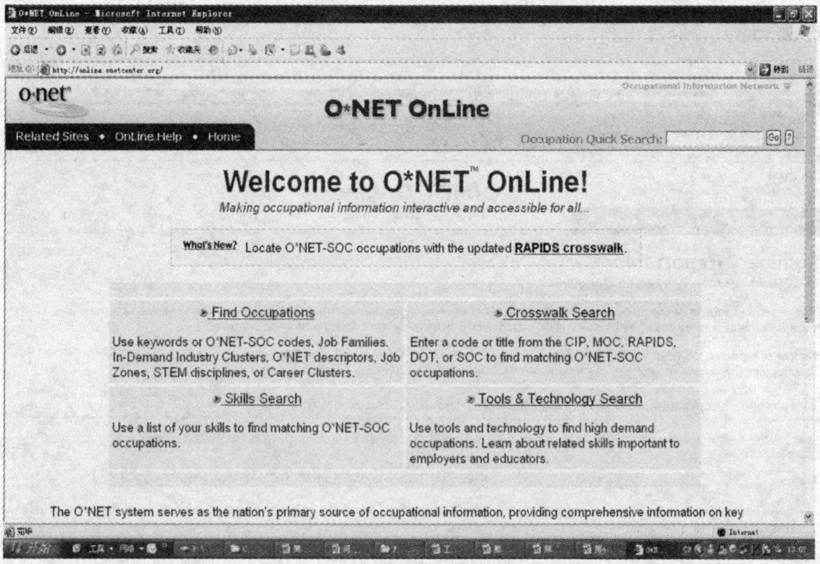

第二步：查找所需职位

点击“Find Occupations”，进入后如下图：

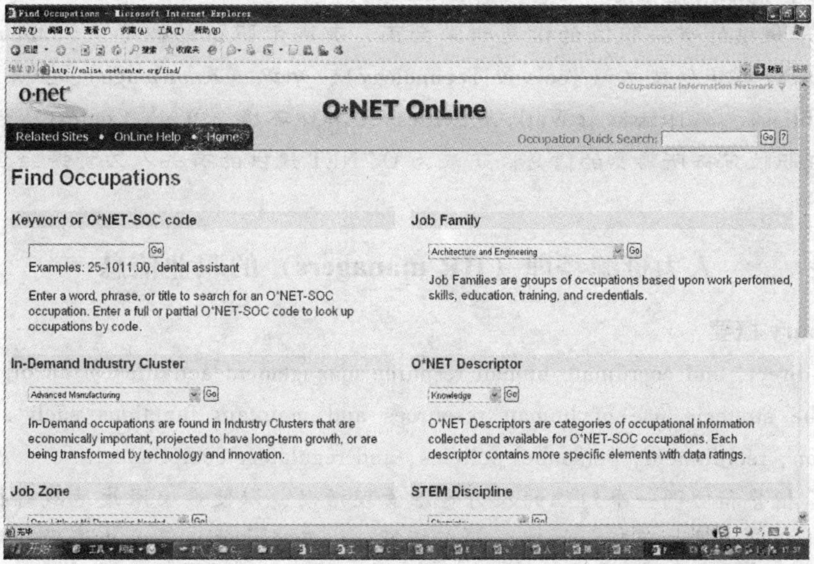

在“Keyword or O * NET-SOC code”下框中输入需要查询的职位的名称，之后会出

现一系列与输入职位名称相关度不同的诸多职位，挑选需要查询的，点击进入。以查询人力资源经理为例，如下图：

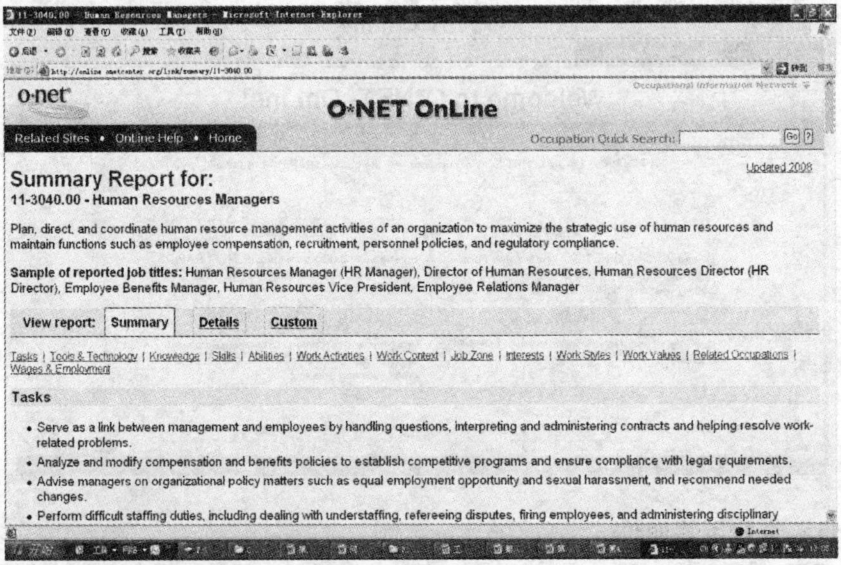

第三步：摘取所需信息

O*NET 提供的有关职位的信息非常全面，有这个职位的概要（Summary），任务（Tasks）、所需工具和技术（Tools & Technology）、知识（Knowledge）、技能（Skills）、能力（Abilities）、工作活动（Work Activities）、工作环境（Work Context）等。需要从中挑选出在职位分析所需要的信息。下表为 O*NET 提供的有关人力资源经理职位的信息的节选。

人力资源经理（HR managers）的职业信息

Summary 概要

Plan, direct, and coordinate human resource management activities of an organization to maximize the strategic use of human resources and maintain functions such as employee compensation, recruitment, personnel policies, and regulatory compliance.

规划，指导和协调一个组织的人力资源管理活动，以便最大限度地战略性地使用人力资源，并且保持员工薪酬、招聘、人事政策，以及遵守法规等人力资管理职能。

Tasks 任务

- Serve as a link between management and employees by handling questions, interpreting and administering contracts and helping resolve work-related problems.

通过处理问题，解释和执行合同以及帮助解决工作有关的问题，担当管理人员和员工的一个联接。

• Analyze and modify compensation and benefits policies to establish competitive programs and ensure compliance with legal requirements.

分析和修改报酬和福利策略，以便建立有竞争力的计划，并确保符合法律法规的要求。

• ……

Tools & Technology 工具和技术

Tools used in this occupation：这个职业使用的工具

• Desktop computers 台式电脑

• Notebook computers 笔记本电脑

• Personal computers 个人电脑

• Scanners 投影

Technology used in this occupation：这个职业使用的技术

• Data base user interface and query software 数据库的用户界面和查询软件

• Document management software 文件管理软件

• ……

Knowledge 知识

• Personnel and Human Resources — Knowledge of principles and procedures for personnel recruitment, selection, training, compensation and benefits, labor relations and negotiation, and personnel information systems.

人事和人力资源——人员招聘，选拔，培训，薪酬和福利，劳动关系和谈判，人员信息系统的原理和程序的知识。

• Administration and Management — Knowledge of business and management principles involved in strategic planning, resource allocation, human resources modeling, leadership technique, production methods, and coordination of people and resources.

行政和管理——战略规划，资源分配，人力资源建模，领导技术，生产方法，以及协调人与资源的业务和管理的知识。

• ……

Skills 技能

• Active Listening — Giving full attention to what other people are saying, taking time to understand the points being made, asking questions as appropriate, and not interrupting at inappropriate times.

积极倾听——全神贯注地听别人正在说什么，理解别人的观点，适当提问，不在不适当的时间打断别人。

• Management of Personnel Resources — Motivating, developing, and directing people as they work, identifying the best people for the job.

人力资源管理——激励、开发、指导他人，确定工作的最佳人选。

• ……

Abilities 能力

• Oral Comprehension — The ability to listen to and understand information and ideas presented through spoken words and sentences.

听力理解——能够倾听和理解通过讲出的文字和句子所表达出的信息和观点。

• Written Comprehension — The ability to read and understand information and ideas presented in writing.

书面理解——能够阅读和理解以书面形式提出的信息和观点。

• ……

Work Activities 工作活动

• Communicating with Supervisors, Peers, or Subordinates — Providing information to supervisors, co-workers, and subordinates by telephone, in written form, e-mail, or in person.

与主管、同事或下属沟通——通过电话、书面、电子邮件或面谈的形式，为主管、同事和下属提供信息。

• Resolving Conflicts and Negotiating with Others — Handling complaints, settling disputes, and resolving grievances and conflicts, or otherwise negotiating with others.

解决冲突和与他人谈判——处理投诉，解决纠纷，解决不满和冲突，或以其他方式与其他人谈判。

• …………

资料来源：http://online.onetcenter.org/link/summary/11－3040.00

五、主题专家会议法（SMEs）

（一）主题专家会议法简介

1. 概念

主题专家会议法（Subject Matter Expert Conferences，SMEs）是指熟悉目标职位的组织内部人和外部人就目标职位的相关信息展开讨论，收集数据，验证并确认分析结果。主题专家会议的成员主要包括内部成员和外部成员，内部成员是指任职者、直接上级、曾经任职者、内部客户、其他熟悉目标职位的人；外部成员是指咨询专家、外部客户、其他组织标杆职位任职者。

2. 用途

主题专家会议法在整个组织的管理过程中，有着极其广泛的用途，比如德尔菲法等。在职位分析中，主题专家会议主要用于建立培训开发规划、评价职位描述、讨论任职者的绩效水平、分析工作任务以及进行职位设计等。

（二）主题专家会议法的操作流程

1. 确定主持人

主题专家会议的主持人最好是组织内与目标职位相关的中层管理者，还需要人力资源部的职位分析专业人士对其进行专业指导和培训。

（1）主持人的能力要求。

SMEs 会议首先要求其主持人有较强的表达能力、协调能力以及阅读并驾驭整个会议的能力。主持人在 SMEs 会议中将要发生的作用决定了其是否必须具备与讨论的目标职位相关的知识：如果主持人在会议中参与程度较低，仅承担“后勤”工作，则主持人不必具备相关职位知识；若主持人参与程度较高，在会议中扮演重要角色，则主持人应充分了解该职位的相关信息。在国内众多企业的实践中，主持人一般应对目标职位有一定的了解，同时对会议将要使用的各种资料理解透彻，以便更好地推动会议的进程，达到预期效果。

（2）主持人的主要职责。

① 按照会议计划，协调并召集相关人员参加会议；

② 根据会议日程展开讨论，确保会议有序地、高效地进行；

③ 根据会议提要，提出讨论范围和内容，及时调整会议议题；

④ 根据与会者讨论结果对目标职位作出判定；

⑤ 准备并分发会议相关资料；

⑥ 对讨论过程中的分歧，会后进行调研复核，并将结果反馈给相关人员。

2. 选择 SMEs 专家

主题专家一般以 5～8 人为宜，一般应根据会议的主要目的确定 SMEs，如果会议的主要目的是职位设计，则与会的 SMEs 应包括职位的上级、咨询专家、外部客户、其他组织“标杆”职位的任职者等；若会议的目的是确定任职资格，则与会的 SMEs 主要是上司、任职者、外部专家等。

3. SMEs 会议的准备与组织

为了使会议更高效、更有针对性，需要准备职位分析初稿、问卷、访谈提纲等会议相关材料和其他设施，进行会场安排布置以及作好与会议相关的后勤准备工作。另外应提前通知与会者，并协助其准备好会议所需的相关文件资料。

表 2-8　　某公司主题专家会议议程

日程		开始时间
第一天	开场白	8:30
	会议简介	8:45
	讨论具体目标及相关内容	9:00
	讨论工作目标	9:15
	讨论工作陈述并提供相关实证	9:30
	会议休息	10:30
	讨论工作结果及影响	10:45
	介绍并讨论工作任务列表	11:45
	午餐	12:00
	逐项评价并修订任务列表	13:00
第二天	填写与目标职位相关的调查问卷	8:30
	集中分析问卷数据	10:30
	午餐	12:00
	讨论与各项任务相对应的 KSAOS 要求	13:00
	最终定稿	14:30

资料来源：朱勇国．工作分析．北京：高等教育出版社，2007.

（三）主题专家会议法的优缺点

1. 优点

（1）主题专家会议操作简单、成本低，适合各类组织开展；

（2）可以运用于职位分析的各个环节，具备多方沟通协调的功能，有利于职位分析结果最大限度得到组织的认同以及后期的推广。

2. 缺点

（1）结构化程度低，缺乏客观性；

（2）要受到与会专家的知识水平及其相关工作背景的制约。

六、问卷法

（一）问卷法简介

1. 概念

问卷法是职位分析中广泛运用的方法之一，它是以书面的形式、通过任职者或其他职位相关人员单方信息传递来实现的职位信息收集方式，是由相关人员事先设计出一套职位分析的问卷，然后由承担工作的员工来填写问卷，也可由职位分析人员来填写，最后再将问卷加以归纳分析，做好详细记录，并据此写出工作职务描述。在实践中，职位分析专家开发出大量的不同形式、不同导向的问卷，以满足职位分析不同的需要。问卷法收集信息完整、系统，操作简单、经济，可在事先建立的分析模型指导下展开，因此几乎所有的结构化职位分析方法在信息收集阶段均采用问卷调查的形式。

2. 分类

按照结构化程度划分，调查问卷分为结构化问卷和非结构化问卷。

结构化问卷是在一定的理论模型和假设前提下，一般采用封闭式的问题收集信息。结构化问卷遵循严格的逻辑体系，并且一般都经过了大量的实证检验，具有较高的信度和效度，便于职位之间的相互比较。本书后面章节将介绍几种典型的结构化问卷，比如职位分析问卷（PAQ）和管理职位分析问卷（MPDQ）。

非结构化问卷中的问题都是开放式的，可以全面地、完整地收集信息，能够对不同的组织结构进行个性化的设计，因此具有适应性强和灵活高效的优势。而且非结构化问卷不只是一种信息收集工具也包含了任职者和职位分析人员的信息加工过程，因而其分析过程更具互动性、分析结果更具智能性。但是与结构化问卷相比，非结构化问卷的精度不高、随意性较强、与职位分析人员和主管等因素高度相关等缺陷。这里先介绍非结构化问卷，定量结构化问卷将在后面介绍。

（二）非结构化问卷的组成板块

问卷的用途是设计非结构化问卷首要考虑的因素，根据问卷的用途选择适当的信息收集板块，在一般的职位分析中，非结构化问卷主要包括以下几个信息板块（详见本节问卷示例）：

1. 职位基本信息

该信息板块主要描述任职者目前的基本信息，包括姓名、职位名称、所在部门、学历、工作经历、年龄、薪资水平等。

2. 职位目的

要求任职者使用一段简短的和概括性的语句来揭示职位在组织中存在的目的和作用。填写格式为：工作依据（格式：“根据……”）+工作内容（格式：动词+工作对象）+工作成果（主要描述工作达到的目的）。

3. 工作职责

在将职位目的分解的基础上，仔细梳理本职位工作任务，按照其重要程度排列；格式为：动词+工作对象+工作目标；还需要任职者估计某一工作职责占其全部工作时间的百分比。

4. 绩效标准

各项工作职责需达到的绩效标准，主要从工作结果的角度衡量，包括工作结果的数量、时限、质量以及对组织的影响等。

5. 工作联系

与本部门内其他职位、其他部门、上级以及组织外的联系对象、联系内容、联系频率以及重要性等，工作联系的范畴界定为稳定的、长期的工作联系而非突发性的、偶尔的联系活动。

6. 组织构架

包括二级上级、直接上级、直接下级以及平级。

7. 工作特征

工作时间、出差比重、工作负荷等。

8. 任职资格

工作对任职者的学历、工作经验、知识结构、工作技能、能力与素质等方面的要求。

9. 所需培训

培训的目标、内容、时长、频率以及考核方式等。

10. 职业生涯

主要是指职位晋升通道，即本职位经过何种培训后可以晋升到何种职位，以及哪些职位经过何种培训后可以晋升到本职位。

（三）非结构化问卷操作要点

1. 问卷测试

在正式下发问卷之前，应选取局部职位填写问卷初稿以测试问卷，针对测试中的问题及时修订和完善。

2. 样本选择

针对某一职位进行分析时，出于经济性和操作性的考虑，样本以选取 3 ~ 5 人为宜，若目标职位任职者较少（3 人以下），则全体任职者均为调查对象。调查样本也可以包括任职者的直接上级以及有代表性的其他相关人员。

3. 问卷发放与回收

对选取的样本进行问卷填写辅导，通过面对面的沟通，职位分析员向他们说明调查的意图，并就文件的内容和填写规范进行讲解，确保他们的合作态度和对问卷的理解程度。职位分析辅导培训后，职位分析人员通过公司内部通讯渠道（文件、OA 系统等）发放职位分析调查问卷；填写过程中，职位分析员及时跟踪填写状况，解答疑难问题，统一填写规范。回收问卷前将问卷反馈到被调查职位的直接上级，请他们对问卷中的信息进行确认、修正、签字，确保信息的真实性和准确性。

4. 问卷处理与运用

剔除回收问卷中的不合格问卷或重新进行调查，将相同职位的调查问卷进行比较分析，提炼正确信息，编制职位说明书。

（四）问卷法的优缺点

1. 优点

（1）节省时间，可以在短时间内从众多任职者那里收集所需的信息资料。

（2）费用低，速度快，可在生产和工作时间之外填写，不影响正常工作。

（3）调查范围广、样本量大，可用于多种目的、多种用途的职位分析。

（4）调查的资源可以量化，由计算机进行数据处理。

（5）比较适用收集管理职位的工作信息。

2. 缺点

（1）对问卷编制的技术要求较高，设计理想的问卷要花费较多的时间，人力、物力、财力消耗大。

（2）在使用问卷之前，应进行测试，以了解任职者对问卷所提问题的理解程度，否则不同任职者因对问卷中同样问题理解的差异，会产生信息资料的误差，进而偏离职位分析的目标。如果为了避免误解，需要职位分析人员亲自解释和说明，这就降低了工作效率。

（3）问卷的回收率通常偏低。

（4）不适合对文字理解能力和表达能力较差的人进行问卷调查。

第二节　以人为基础的系统性技术

一、职位分析问卷法（PAQ）

（一）职位分析问卷法（PAQ）简介

职位分析问卷法（PAQ，Position Analysis Questionaire）是一项基于计算机的、以人为基础的系统性职位分析方法。它是1972年由普渡大学教授麦考密克（E. J. McComick）开发出的结构化的职位分析问卷。它的前提是人类工作的领域有某种潜在的行为结构和秩序并且有一个有限系列的工作特点可描述这个领域。经过多年实践的验证和修正，PAQ法已成为使用较为广泛的有相当信度的职位分析方法。

PAQ 研究设计者最初的设计理念主要有以下两点：开发一种通用的、以统计分析为基础的方法来建立某职位的能力模型，以淘汰传统的测验评价方法；运用统计推理的方法进行职位间的评价，以确定相对报酬。此后，在 PAQ 的运用中，研究者发现 PAQ 提供的数据同样可以作为其他人力资源功能板块的信息基础，例如工作分类、人职匹配、职位设计、职业生涯规划、培训、绩效测评以及职业咨询等。这些运用范围的扩展，表明 PAQ 可以运用于建设企业职位信息库，以整合基于战略的人力资源信息系统，事实上在国外 PAQ 的这种战略用途已经得以证明，取得很好的效果。

（二）PAQ 的结构

经过实践中大量的统计分析、验证，现行通用的 PAQ 共包含 6 个部分，187 项工作元素。经过对大量样本进行的主成分分析，PAQ 可以归类为若干个维度，每个维度包含若干工作元素组成，每项工作元素都有与之对应的若干等级量表，通过对这些工作元素的评价，以反应目标职位在各维度上的特征（参见表 2－9）。这些工作元素具有共用性特征，因此 PAQ 可以分析商业、工业企业以及公共部门中的各种职位。

表 2－9　PAQ 的 6 大部分各个维度及其详细说明

1. 信息输入：从何处以及如何获得工作所需的信息？	
知觉解释	解释感觉到的事物
信息使用	使用各种已有的信息资源
视觉信息获取	通过对设备、材料的观察获取信息
知觉判断	对感觉到的事物作出判断
环境感知	了解各种环境条件
知觉运用	使用各种感知
2. 体力活动：工作中包含哪些体力活动、需要使用什么工具设备？	
使用工具	使用各种机器、工具
身体活动	工作过程中的身体活动（坐立除外）
控制身体协调	操作控制机械、流程
技术性活动	从事技术性活技巧性活动
使用设备	使用大量的各种各样的装备、设备
手工活动	从事手工操作性相关的活动
身体协调性	身体一般性协调

续表 2－9

3. 脑力处理：工作中有哪些推理、决策、计划、信息处理等脑力加工活动？	
决策	作出决策
信息处理	加工处理信息
4. 人际关系：工作中需要与哪些人发生何种内容的工作联系？	
信息互换	相互交流相关信息
一般私人接触	从事一般性私人联络和接触
监督/协调	从事监督协调等相关活动
工作交流	与工作相关的信息交流
公共接触	公共场合的相关接触
5. 工作情境：工作发生的自然环境和社会环境如何？	
潜在压力环境	工作环境中是否存在压力和消极因素
自我要求环境	对自我严格要求的环境
工作潜在危险	工作中的危险因素
6. 其他特征：其他活动、条件和特征	
典型性	典型性工作时间和非典型性工作时间的比较
事务性工作	从事事务性工作
着装要求	自我选择着装与特定要求着装的比较
薪资浮动比率	浮动薪酬与固定薪酬的比率
规律性	有规律工作时间和无规律工作时间的比较
强制性	在环境的强制下工作
结构性	从事结构性和非结构性工作活动
灵活性	敏锐地适应工作活动、环境的变化

（三）PAQ 的操作流程

职位分析问卷法在操作中包含七个步骤：明确目的、获取组织的支持、确定收集信息的方法、培训职位分析人员、与员工沟通项目、收集与分析信息。

1. 明确目的

职位分析本身并不是目的，而应用职位分析的结果以更好地实现某些人力资源管理职能才是职位分析的最终目的。一般来说，组织进行职位分析都希望达到多种目的或是实现多种人力资源管理职能，诸如职位评价、建立甄选或晋升标准、确定培训需求、建立绩效评价要素或职业生涯规划等。但在具体进行一项职位分析时，必须明确主要目的。

2. 获取组织的支持

首先要明确组织文化，针对不同的文化选择不同的信息收集方式，提高工作效率。其次要确定职位分析的开展方式，明确是从高级职位往下展开还是从低级职位往上推进。一旦与组织相关的因素都明确后，便能确定收集 PAQ 数据的内容和特定方式。然后，制定具体方案交管理者审阅，并获得他们的重视与支持。这一点是非常重要的，因为只有获得管理层的重视与支持，才能得到全体员工的关注与配合，才能更好地与员工沟通，得到更全面、准确的信息。

3. 确定收集信息的方法

收集职位分析问卷法的数据有很多不同的方式，概括起来无非是两种问题导致了不同的选择：谁来收集数据以及谁是工作信息的提供者。

首先，职位分析员可以是专业职位分析员、任职人员以及该工作的主管人员，不同的人员又决定了培训的程度。专业职位分析员最有能力实施 PAQ，因为 PAQ 系统以行为为导向的特点以及理解各种评价尺度存在一定的难度；组织内的专业职位分析员进行分析的话，通常也需要一定程度的培训；任职者或该工作的主管人员作为分析人员的话，除了一定程度的培训之外，他们应该是那些了解被研究的工作并且拥有较强阅读和口头表达能力的个人。可以选择使用上述三种人员的任意组合作为职位分析小组的成员。

其次，选择工作信息的提供者是与职位分析员的确定相联系的。一旦选定了职位分析员的类型，就必须识别出将提供工作信息的个体。通常，工作信息的提供者是有丰富经验的任职人员。职位分析信息收集主要有以下两种典型的方式：一是职位分析专业人员填写 PAQ、任职人员或直接主管提供工作信息的方式；二是任职人员直接填写 PAQ 的方式。经验表明，最有效的数据收集方式是由职位分析专业人员对任职者和直接主管进行工作内容方面的访谈，然后由这些专业人员填写 PAQ。

4. 培训职位分析人员

培训 PAQ 分析人员，是为了提高收集信息的有效性。职位分析人员培训的主要内容包括熟悉职位分析本身（目的、意义、方法）、PAQ 的内容及操作步骤以及收集数据的技巧尤其是如何倾听任职人员的描述等。理论知识学习完之后，通常正规的培训都会带领分析人员尝试利用 PAQ 分析一份工作并即时讨论在分析中遇到的问题，以此加深分析人员的理解、提高分析人员的操作能力并统一所有分析人员对 PAQ 项目及评价尺度的认识。此外，培训时还要考虑节约时间成本。

5. 与员工沟通项目

获得全体员工的支持是在组织中顺利推行职位分析项目的重要前提。为此，首先要与员工进行，可以由组织的管理者进行，也可以由人力资源管理的专家进行，也可以通过公告栏、员工会议等组织常用的沟通渠道。沟通需要传递给员工的基本信息包括：职位分析的目的、意义、时间规划以及数据收集方式等。

6. 收集与分析信息

在确定信息策略，培训职位分析员以及与员工进行必要的沟通之后，便进入了实际的信息收集阶段。需要指出的是，步骤三中所确定的信息收集范围与方式，特别是职位分析员的类型将在很大程度上直接决定获取 PAQ 信息的具体方法，诸如访谈法、观察法、直接问卷法等。假设在第三步采取的是由专业人员填写职位分析问卷法、任职人员或直接主管人员提供信息的方式，那么信息收集的具体方法则可以是访谈法或者观察法，或者两者的结合。

在所有 PAQ 填写完毕后，不但可以明确各工作对人员的任职资格要求，而且可以根据需要进行其他分析。例如，几项研究表明 PAQ 测定了 32 项具体的、13 项总体的工作维度。通过这些维度可以对任何一项工作进行评分。而一旦经过评价以后，工作内容的概况就可以建立起来并用于描述所分析职位的特征。因此，PAQ 使得通过应用工作维度评分定量化地描述某一职位成为可能。然后这些维度评分可以去直接评估某项工作所需雇员的任职资格，甚至进而用开发和挑选出用于评价这些重要员工任职资格的测试和其他甄选技术。

（四）PAQ 的运用

由于 PAQ 的专业性，因此 PAQ 的填写需要在访谈的基础上由专业职位分析人员填写。通过 PAQ 收集的数据信息，在进行完备性、信度与效度的检验后，就可进行计算机分析处理，运用于人力资源管理各个方面。以下是三种运用较多的职位分析报告形式：

1. 工作维度得分统计报告

工作维度得分统计报告是目标工作在 PAQ 各评价维度上得分的标准化和综合性的比较分析报告。所有的评价维度得分均采用标准分的形式，标准得分直接反映目标职位与 PAQ 提供的样本常模在该维度上的差异，百分比直观地说明目标职位在评价维度上的相对位置，便于不同职位之间的相互比较。

2. 能力测试估计数据

PAQ 通过对职位信息的分析，确定该职位对于任职者各项能力的要求，并且通过与能力水平常模的比较，将能力测试预测分数转化为相应的百分比形式，便于实际操作。能力测试估计数据的重要用途之一为人员甄选录用。

3. 工作评价点值

通过 PAQ 内在的职位评价系统所收集的职位信息进行评价，确定各职位的相对价值。

（五）PAQ 的优缺点

1. 优点

（1）PAQ 是一种标准化的工具，所以收集到的量化的、标准化的信息可以方便、快捷地通过计算机处理。

（2）同时考虑员工与工作两个变量因素，为人事调查、薪酬标准制定等提供了依据。

（3）得出的每一工作的技能数值与等级可用于进行工作评估及人员甄选。

（4）操作性强，不需修改就可用于不同组织、不同工作，所以比较各组织间的工作更加容易，也使得职位分析更加准确与合理。

2. 缺点

（1）耗时，并且必须由受过专业训练的职位分析员填写问卷。

（2）PAQ 的通用化或标准化的格式导致了工作特征抽象化，不能描述实际工作中特定的、具体的任务活动。

（3）PAQ 不适用于工作描述与工作再设计。

二、工作要素法（JEM）

（一）工作要素法（JEM）简介

工作要素法（Job Element Analysis，JEM）是一种典型的开放式人员导向性的职位分析系统，是由美国的普里默夫（E · S · Primoff）研究并开发的。工作要素法的目的在于确定对成功完成特定领域的工作有显著作用的行为及此行为的依据，然后由一组专家级的任职者或其上级对这些显著要素进行确定、描述、评估。通常情况下，工作要素法的分析对象不是某一具体的工作职位，而是某一类具有相似特征的工作，如专业技术人员的工作就是一类具有相似特征的工作。

工作要素法所关注的工作要素非常广泛，包括知识、技术、能力、愿望、兴趣和个性特征等等。这些工作要素通过任职者、同事、直接上级和主题专家来收集并确定。但须注意，工作要素法只考虑对完成所研究的工作有重要影响作用的要素，这是工作要素法与职位分析问卷法的区别所在。一般情况下，工作要素法所涉及的工作要素包括如下几类：

（1）知识——专业知识的掌握程度、外语水平、知识面的宽窄等。

（2）技能——计算机的运用、驾驶技术、设备操作技术等。

（3）能力——口头表达能力、判断能力、管理能力等。

(4) 工作习惯——爱岗敬业程度、承担超负荷工作的意愿、工作时间的不规律等。

(5) 个性特点——自信、主动性、独立性、外向、内向等。

(二) JEM 的操作流程

工作要素法的职位分析系统主要包括两个步骤，依次是收集整理工作要素、划分职位分析维度并确定各类要素。

1. 收集整理工作要素

在这一过程中，通常由主题专家小组运用头脑风暴法列举出对目标工作的实现有显著影响的要素，并对这些工作要素进行反复的推敲。工作要素的提出应该根据完成目标工作所需要的知识、技能、能力、个人特征，每个提到的要素都是与工作相联系的。同时，成员们应该确保这些工作要素能够覆盖目标工作的要求。

对收集来的工作要素资料进行归类和筛选，形成初步的职位分析维度与子维度。在本阶段结束时，职位分析人员将得到一个职位分析要素类属清单。

表 2-10　工作要素清单——以专业技术工人为例

专业知识、专业技术、应对困难的能力、记忆能力、变化适应能力、孤独排遣能力、平抑不满能力、激励、组织能力、理论转化能力、抽象能力、判断能力、逻辑思维能力、成就动机、信息接受能力、快速思维能力、想象力、决策能力、亲和力、创造力、敏感性、手工操作能力、体力、健康的体魄、独立性、团队合作性、毅力、自信、责任感、预先计划、内向、外向果断、理解能力、职业道德、创新精神、好奇、承担超负荷工作、学习的能力、多方面考虑问题的能力、区分主要与次要、自律、自尊、工作时间不规律、心理控制能力、口头表达能力、书面表达能力、时间管理能力、外语运用、计算机运用、调查研究能力、沟通能力、高学历、应付高压力工作的能力、谦虚、同时处理多个问题的能力、冒险意识强、社交能力、推理能力、忍耐力、注重工作细节

2. 划分职位分析维度并确定各类要素

在对工作要素进行了初步归类和筛选之后，可以采用焦点小组的方法对职位分析的维度和子维度进行最终划分。在本阶段中，职位分析专家小组成员组成焦点小组。小组中的每个成员分别根据自己的标准，运用工作要素表对上一步骤所得出的职位分析要素类属清单中的工作要素进行独立的评估，并确定维度和子维度。在这个过程中，焦点小组的成员评估的工作要素是被打乱的。小组成员独立地对这些进行评估之后，成员集合在一起，运用焦点小组讨论的方法，将各个子维度分别归类到不同的职位分析维度下，从而得到目标工作的职位分析维度和子维度。

具体操作步骤如下：

第一步，组成焦点小组（成员一般为 6 人）。

第二步，焦点小组成员明确任务的目的和相关要求，解答他们的疑问并发放工作要素表。然后对小组成员进行培训，确认每一位成员都能科学使用工作要素表来对工作要素进行评估。

第三步，对每个工作要素进行评估。在这一步中要求专家小组的成员进行独立思考，除了允许对要素的含义进行讨论之外，应该避免互相间的讨论，每个成员应该以自己的判断为基础来形成评估结果。

第四步，将各位主题专家组成员的评估结果汇总，并进行数据整理，得到相应的维度和子维度。

第五步，评估结果的反馈，向焦点小组的成员介绍评估的结果。

第六步，通过焦点小组成员之间的相互讨论，将子维度划归到相应的维度中。

（三）JEM 的优缺点比较

1. 优点

（1）工作要素法的开放性程度较高，可以根据特定工作提取个性化的工作要素，能够比较准确、全面地提取出影响某类工作的绩效水平的工作要素。

（2）与其他职位分析系统相比较，工作要素法的操作方法和数值的标准转化过程具有一定的客观性。

（3）工作要素法在人员招聘过程中的人员甄选以及确定培训需求方面具有很高的应用价值。工作要素法分析结果中的选拔性最低要求要素为人员甄选提供了可靠的依据；同时得出的培训要素也为企业确定员工培训需求找到了重要的来源。

2. 缺点

（1）在初步确定目标工作的工作要素时，过于依赖职位分析员对工作要素的总结。职位分析员对工作的看法不同，导致大量的工作要素出现，而其中有些工作要素对目标工作来说并不重要，这无疑会导致许多无用工作，浪费时间和人力。

（2）评分过程比较复杂，需要强有力的指导与控制。

（3）由于焦点小组成员所进行的工作要素评价只是他们的一种主观臆断，并没有客观标准作基础，所以他们容易偏向于肯定的回答，认为这些要素很重要，另一些要素也很重要，难以取舍。

三、临界特质分析系统（TTAS）

（一）临界特质分析系统（TTAS）简介

临界特质分析系统（Treshold Traits Analysis system，TTAS）是完全以个人特质为导向的职位分析系统。它的设计目的是为了提供标准化的信息以辨别人们为基本完成和高效完成某类工作分别至少需要具备哪些品质、特征，临界特质分析系统称这些品质和特征为临界特质。

表 2－11　　临界特质分析系统特质表

<table>
<tr><th>工作范畴</th><th>工作职能</th><th>特质因素</th><th>描述</th></tr>
<tr><td rowspan="5">身体特质</td><td rowspan="2">体力</td><td>力量</td><td>能举、拉和推较重的物体</td></tr>
<tr><td>耐力</td><td>能长时间持续的耗费体力</td></tr>
<tr><td>身体活动性</td><td>敏捷性</td><td>反应迅速、灵巧、协调性好</td></tr>
<tr><td rowspan="2">感官</td><td>视力</td><td>视觉和色觉</td></tr>
<tr><td>听力</td><td>能辨别出各种声响</td></tr>
<tr><td rowspan="7">智力特质</td><td rowspan="3">感知能力</td><td>感觉、知觉</td><td>能观察、辨别细微的事物</td></tr>
<tr><td>注意力</td><td>在精力不集中的情况下仍能观察入微</td></tr>
<tr><td>记忆力</td><td>能持久记忆需要的信息</td></tr>
<tr><td rowspan="3">信息处理能力</td><td>理解力</td><td>能理解口头表达或书面表达的各种信息</td></tr>
<tr><td>解决问题能力</td><td>能演绎和分析各种抽象的信息</td></tr>
<tr><td>创造性</td><td>能产生新的想法或开发新的事物</td></tr>
<tr><td>数学能力</td><td>计算能力</td><td>能解决与数学相关的问题</td></tr>
<tr><td rowspan="6">学识特质</td><td rowspan="2">交流</td><td>口头表达能力</td><td>口头表达清楚、简练</td></tr>
<tr><td>书面表达能力</td><td>书面表达清楚、简练</td></tr>
<tr><td rowspan="2">行动力</td><td>计划性</td><td>能合理安排活动日程</td></tr>
<tr><td>决策能力</td><td>能果断选择行动方案</td></tr>
<tr><td rowspan="2">信息与技能的应用</td><td>专业知识</td><td>能处理各种专业信息</td></tr>
<tr><td>专业技能</td><td>能进行一系列复杂的专业活动</td></tr>
<tr><td rowspan="6">动机特质</td><td rowspan="6">适应能力</td><td>适应变化能力</td><td>能自我调整、适应变化</td></tr>
<tr><td>适应重复</td><td>能忍受重复性活动</td></tr>
<tr><td>应对压力的能力</td><td>能承担关键性、压力大的任务</td></tr>
<tr><td>适应孤独的能力</td><td>能独立工作或忍受较少的人际交往</td></tr>
<tr><td>适应恶劣环境的能力</td><td>能在炎热、严寒或嘈杂的环境下工作</td></tr>
<tr><td>适应危险的能力</td><td>能在危险的环境下工作</td></tr>
</table>

续表 2-11

工作范畴	工作职能	特质因素	描述
动机特质	控制能力	独立性	能在较少的指导下完成工作
		毅力	能坚持一项工作任务直到完成
		主动性	主动工作并能在需要时承担责任
		诚实	遵守常规的道德与规范
		激情	有适当的上进心
社交特质	人际交往	仪表	衣着风貌达到适当的标准
		忍耐力	在紧张的气氛下也能和人和睦相处
		影响力	能影响别人
		合作力	能适应团队作业

从以上表可以看出，对于临界特质分析系统而言，人的特质可以分为两大类：能力因素和态度因素。其中身体特质、智力特质和学识特质属于能力特质；而动机特质和社交特质属于态度特质。

（二）TTAS 的分析技术

完整的临界特质分析系统包括三种分析技术：临界特质分析、职位要求与任务分析、技术能力分析。临界特质分析系统比较注重对被分析职位，也就是关键职位的选择。因为对组织中所有职位进行分析是不实际的，也是没有必要的。因此职位分析的第一步应该选择和明确需要对哪些职位进行分析。临界特质分析系统采用职业矩阵的方法对职位进行挑选。职业矩阵通过两维指标对工作进行分类，这两维指标是职位族、职位复杂程度和责任大小。

利用职业矩阵可以区分哪些是关键职位。所谓关键职位是指那些绝大多数初学者或者较低层次的员工都希望而且在一段时间内也有可能达到的职位。

表 2-12　　职业矩阵

等级	职位族		
	操作类	维修类	技术类
熟练的			
半熟练的			
初学工			

1. 临界特质分析

在进行临界特质分析时，要由直接主管、其他主题专家组成成员和任职者评价 33

种特质的相关性、等级、实用性，也就是说评价在该职位上达到可接受（优秀）的绩效水平与那些特质相关，要求达到哪种等级，这种要求是否实际等。需要注意的是后天特征，比如受教育程度和经验年限等，并不在临界特质分析的特质名单中。

进行临界特质分析一般包括如下步骤：

（1）选择和培训分析团队成员。临界特质分析时由一组分析人员完成（包括一名主持人以及至少五名分析人员），然后对团队成员进行培训，培训的内容主要包括：职位分析的目的、方法以及临界特质分析的操作步骤及注意事项等。

（2）完成临界特质分析卡。临界特质分析开始于临界特质分析卡的填写。临界特质分析卡的内容如表 2－13 所示。该卡分为三步完成。

表 2－13　　临界特质分析卡（由分析人员填写）

职位名称	**技工**	**分析人姓名**		**MIKE**				
隶属部门	生产部门	分析日期		×××				
范围	特质	第一步			第二步		第三步	
		A	B	C	D	E	F	G
身体特质	力量	1	1	1	0	2	1	2
	耐力	1	1	1	1	2	1	2
	敏捷性	1	1	1	1	2	2	2
	视力	1	0	0				
	听力	1	0	0				
智力特质	感觉、知觉	1	1	1	1	2	2	2
	注意力	1	1	1	1	2	2	2
	记忆力	1	1	1	1	2	1	2
	理解力	1	1	1	1	2	2	1
	解决问题的能力	1	1	1	2	1	2	2
	创造性	0	0	0				
学识特质	计算能力	1	1	1	1	2	2	2
	口头表达能力	0	0	0				
	书面表达能力	1	0	0				
	计划性	1	0	0				
决定								

续表 2-13

第一步 评定 相关性	A 重要性：该特质是否对于完成本工作的某些职能很重要？ 请选择 1（是）或 0（不是）。 B 独特性：对该特质的要求是否达到 1、2 或 3 级？ 请选择 1（是）或 0（不是）。 C 相关性：请填写 A 与 B 的乘积。
第二步 可接受 绩效	D 特质等级：为达到可接受绩效应具备该特质的哪个等级？请填写 0、1、2、3。 E 实用性：预计多大比例的求职者能够达到该特质等级？ 如果高于 10%，请填写 2；1% ~10% 之间请填写 1；低于 1%，请填写 0。
第三步 优秀绩效	F 特质等级：为达到优秀绩效应具备该特质的哪个等级？ 请填写 0、1、2、3。 G 实用性：预计多大比例的求职者能够达到该特质等级？ 如果高于 10%，请填写 2；1%—10% 之间请填写 1；低于 1%，请填写 0。

第一步，通过评定每个特质的重要性和独特性评定他们与职位的相关性。

第二步，确定为达到可接受的绩效水平需求达到各相关特质的哪一等级。

第三步，确定任职者如果试图取得优秀的绩效，他需要达到哪一等特质水平。“优秀绩效”的标准是任职者达到的绩效水平使得他有晋升的可能或工资水平的提升。

这张表格由分析人员独立完成，并交给主持人。主持人将对每个分析人员填写的临界特质分析卡进行检验，如检验是否有自相矛盾之处，程度上是否有不合要求的地方，以及分析人员是否存在一致性。在分析人员填写临界特质分析卡的过程中不要给他们指导和提示，由他们独立思考并进行判断。

（3）整理并总结临界特质分析卡。在分析人员完成临界特质分析卡的填写后，剩下的内容就由主持人来完成。主持人首先检查临界特质分析卡是否存在错误。然后需要填写表 2-14 中的 H、I 和 J 三列，这三列实际上是临界特质分析卡的一部分，由主持人填写，是对分析人员的评定结果进行处理。

表 2－14　　　　**临界特质分析卡（由主持人填写）**

范围	特质	第一步			第二步		第三步		主持人		
		A	B	C	D	E	F	G	H	I	J
	1. 力量	1	1	1	0	2	1	2	0	2	2
	2. 耐力	1	1	1	1	2	1	2	2	2	4
身体特质	3. 敏捷性	1	1	1	1	2	2	2	2	4	6
	4. 视力	1	0	0							
	5. 听力	1	0	0							
	6. 感觉、知觉	1	1	1	1	2	2	2	2	4	6
	7. 注意力	1	1	1	1	2	2	2	2	4	6
	8. 记忆力	1	1	1	1	2	1	2	2	2	4
智力特质	9. 理解力	1	1	1	1	2	2	1	2	3	5
	10. 解决问题的能力	1	1	1	2	1	2	2	2	4	6
	11. 创造性	0	0	0							
	12. 计算能力	1	1	1	1	2	2	2	2	4	6
	13. 口头表达能力	0	0	0							
	14 书面表达能力	1	0	0							
学识特质	15. 计划性	1	0	0							
	16. 决策能力	1	0	0							
	17. 专业知识	1	1	1	1	2	1	2	2	2	4
	18. 专业技能	1	1	1	1	2	2	2	2	4	6
	19. 适应变化的能力	1	1	1	1	2	1	2	2	2	4
	20. 适应重复	1	1	1	1	2	1	2	2	2	4
	21. 应对压力的能力	1	1	1	2	1	2	2	2	4	6
动机特质	22. 对孤独的适应能力	0	0	0							
	23. 对恶劣环境的适应能力	1	1	1	1	1	1	2	1	2	3

续表 2－14

范围	特质	第一步			第二步		第三步		主持人		
		A	B	C	D	E	F	G	H	I	J
动机特质	24. 对危险的适应能力	1	0	0							
	25. 独立性	1	1	1	1	2	1	2	2	2	4
	26. 毅力	1	1	1	1	2	1	2	2	2	4
	27. 主动性	1	1	1	1	2	2	2	2	4	6
	28. 诚实	1	1	1	1	2	1	2	2	2	4
	29. 激情	1	1	1	2	2	3	1	4	5	6
社交特质	30. 仪表	0	0	0							
	31. 忍耐力	1	0	0							
	32. 影响力	1	0	0							
	33. 合作力	1	1	1	1	2	1	2	2	2	4

在对所有分析人员的临界特质分析卡进行处理后，主持人需要再将处理结果通过电脑进行汇总，得到最终的特质分析结果。

2. 职位要求与任务分析

职位要求与任务分析技术是利用职位描述问卷，如任务清单等，对职位包含的任务和要求进行分析和描述。问卷由有代表性的任务者样本进行填写，问卷要求任职者用八分法判断问卷中每项任务或职责的重要性及在整个职位中所占的比重。问卷结果将输入电脑进行聚类分析，从而确定哪些是目标职位的关键性任务职责。

一般而言，职位要求与任务分析的实施包括如下几个步骤：

（1）收集资料。在开始阶段，受过培训的职位分析专业人员要进行资料收集。通过访谈该职位的专业人士，或者通过阅读现有的职位描述资料以及其他书面材料收集所有关于职位职责的信息。

（2）设计职位描述问卷。在第一阶段收集到的信息将用于职位描述问卷的建立。在发放问卷进行调查之前，应将初步建立的描述问卷交与主题专家小组讨论。讨论的项目包括：添加一些被忽略的任务和要求；进一步删减一些明显不对的项目；针对目标使用者的特点，理顺问卷中项目的表述和用词，以方便问卷使用者理解。

（3）问卷填写。在给予了适当的指导后，由职位任职者独立地对问卷的每一项描述进行八分评定，其中“0”表示该任务或要求与我的职位完全无关；“4”表示任务或要求对我的职位而言是一项重要的活动；“8”表示这项任务或要求对我的职位至关重要。虽然一份这样的职位描述问卷通常都包括有几百项题目，但任职者一般只需要一两个小时或更少的时间就能较满意地完成。

(4) 问卷分析。在问卷填写完之后，将用统计方法对问卷结果进行处理。对目标职位而言十分重要的任务或要求将通过一些统计参数得以突显，这些统计参数包括平均值、标准差和频数分布等。一般来说，如果一项职位描述的平均值达到4.0以上，而标准差小于2.0，则所描述的任务将被认为对整个职位而言是十分重要的。

(5) 职位描述的初步结果。在本阶段，将得到初步的职位描述结果。由于每条职位描述都与临界特质分析中的特质相对应，因此在整理职位描述时，可以根据临界特质分析中职位职能的顺序以任务的重要程度顺序对统计分析后筛选出来的重要任务进行排序，得到关于目标职位的职位描述。

(6) 比较临界特质分析和职位要求与任务分析结论。临界特质分析主要是由一线的直接主管完成的，代表直接主管的看法。而职位要求与任务分析是由任职者填写问卷的，代表直接任职者的声音。经验表明，两种技术的分析结果一般有85%的一致率。对于不一致的项目需要通过主题专家小组的再次观察来最终确定。

3. 技术能力分析

技术能力分析是临界特质分析系统用到的第三种技术。这种技术适用于对技术知识和技能有重要要求的职位。技术能力分析的目的在于明确完成技术性的职位职能所需要具备的各种能力。技术能力分析的前四步与临界特质分析系统相同，即收集资料、问卷设计、问卷填写核问卷分析。主要的不同之处在于问卷的内容以及问卷中的所有描述对应于一项职能，即“特定信息或技能的应用”。在下面的步骤中，技术能力分析不同于临界特质分析系统。

(1) 确定最低要求。在这一步中，需要直接主管或其他主题专家小组成员各自独立对通过问卷分析确定的关键知识和关键技能进行评价，评价该条技术、知识或技能。

① 是否是员工刚上任就需要用到的。

② 是否需要员工在没有指导的情况下完成。专家们的评价将被综合平均，最终确定哪些知识和技能是需要新员工具备，并能在没有指导的情况下独立完成相关的任务。

(2) 确定培训需求要素。主题专家还可以评价某项知识和技能要求在任职者工作的什么阶段就需要具备，选择项包括：

① 在上岗前必须具备。

② 在上岗后6个月内必须具备。

③ 在上岗6个月后才能具备。

那些“在上岗6个月后必须具备”的知识、技能要求将形成新员工培训需求的重要组成部分；“在上岗6个月侯才能具备”的知识、技能要求可以成为企业将来培训的选择。

(3) 形成技术能力说明书。技术能力分析的最终产品是技术能力说明书。这份说明书的内容包括：对目标职位的实现有重要意义的技术、知识、技能；新员工必须具备并能在没有指导的情况下独立应用的知识和技能；需要对新员工进行培训的知识和技能等。

(三) TTAS的应用

在管理实践中，临界特质分析系统经常被用于招聘甄选、人员晋升和管理人员评价中心的测评过程中。有研究者比较分析了临界特质分析系统进行人员甄选的成本和收益，结果证明临界特质分析系统的分析结果应用在人员甄选上十分有效。

临界特质分析还被应用于评估培训需求、设计培训课程以及评价培训结果。特别是通过技术能力分析，可以确定实现工作绩效所需要的具体技术知识和技能，而且还可以区分哪些知识和技术是新员工就需要具备，而哪些知识和技能是需要在新员工中实施培训的，哪些知识和技能是未来需要培训的，从而明确各类型任职人员的培训需求。

(四) TTAS的评价

在西方，临界特质分析系统的要素被广泛运用于各种类型的企业中，如银行、保险公司、零售企业、制造型企业、公共服务性企业以及政府部门中。同时，这种职位分析系统被用来分析各种类型的职位，如管理者、一线主管、工程师、技术人员、生产人员、销售人员以及服务人员等。但是，实践证明，临界特质分析系统的实用性不强，需要耗费大量的人力和财力，且过于精确复杂，超出了大部分人力资源专家和一线管理者的能力范围。

第三节　以工作为基础的系统性技术

一、管理职位分析问卷法（MPDQ）

(一) 管理职位分析问卷法（MPDQ）简介

管理职位分析问卷法（Management Position Description Questionnaire，MPDQ）是由美国著名职位分析专家亨普希尔（Hemphill）、托诺瓦（Tornow）以及平托（Pinto）等人开发的，是一种结构化的、以工作为基础、以管理型职位为分析对象的职位分析方法，用于管理职位的职位分析。MPDQ主要收集、评价与管理职位相关的活动、联系、决策、人际交往、能力要求等方面的信息数据，通过特定的计算机程序加以分析，有针对性地制作各种与工作相关的个性化信息报告，为人力资源管理各职能板块提供信息支持。

（二）MPDQ 的结构

MPDQ 作为一套系统性的职位分析方法，主要包含三个板块：信息输入板块、信息分析板块、信息输出板块。

1. 信息输入板块

信息输入板块即是 MPDQ 问卷，主要包含 15 个部分，274 项工作行为，由管理职位任职者填写，主要用于收集该职位的相关信息。

表 2－15　MPDQ 问卷的内容

序号	主要部分	项目释义	题数
1	一般信息	描述性信息，如工作代码、预算权限、主要职责等	16
2	结构图	职位在组织架构中的位置，如上司、平级、下属等	5
3	决策	决策活动描述和决策的复杂程度	22
4	计划组织	战略性规划和短期操作性计划、组织活动	27
5	行政事务	写作、归档、记录、申请等活动	21
6	控制	跟踪、控制和分析项目、预算、生产、服务等	17
7	监督	监督下属的工作	24
8	咨询创新	为下属或其他工作提供专业性、技术性咨询指导	20
9	工作联系	内、外部工作联系，包括联系对象与目的	16
10	协调	在内部联系中从事的协调性活动	18
11	表达	在推销产品、谈判、内部激励等工作中的表达行为	21
12	商业指标监控	对财务、市场、生产经营以及政策等指标的监控与调节	19
13	KSAs	工作对任职者知识、技术和能力的要求以及所需要的培训活动	31
14	自我评价	上述十项管理功能的时间和相对重要性评价，其中“计划组织”功能分为战略规划和短期计划两方面	10
15	反馈	任职者对本问卷的反馈意见以及相关补充说明	7
总　计			274

2. 信息分析板块

MPDQ 针对人力资源管理各职能板块的信息要求和特点，提供了三种用途评价要素体系：

（1）管理工作要素体系：包含以工作为基础的 8 个描述性要素，根据工作内容的异同性对管理职位进行描述。主要用于工作描述、人员配置、工作设计等人力资源管理功能。

（2）管理绩效要素体系：包含对管理绩效有显著影响的 9 个评价要素，重点强调高绩效水平和低绩效水平的外在和内在差异。主要用于管理人员的绩效考核。

（3）管理评价要素体系：包含 6 项可以明显区分管理工作内在价值差异的评价要素组成。主要用于职位评价和培训开发等。

表 2－16 **MPDQ 三种管理要素体系列表**

<table>
<tr><th>管理要素体系</th><th>要素</th><th>释　义</th><th>服务的人力资源管理功能</th></tr>
<tr><td rowspan="8">管理工作要素体系</td><td>决策</td><td>评价、筛选信息；决策的合理过程；作出决策对组织产生实质性的影响</td><td rowspan="8">工作描述
人员配置
职位设计等</td></tr>
<tr><td>计划组织</td><td>制定长期战略性规划；制定短期生产、销售、服务、财务等计划</td></tr>
<tr><td>行政事务</td><td>存档；监控及采取行动确保政策法规的连贯一致；获取、传递信息</td></tr>
<tr><td>控制</td><td>调节控制人、财、物的配置；索取材料、装备或服务；控制财务收支</td></tr>
<tr><td>咨询创新</td><td>协助解决特殊问题；为决策者提供信息支持；开发新技术新产品新市场</td></tr>
<tr><td>协调</td><td>与其他成员协调以达到组织目标；整合指导非直接下属；处理冲突或矛盾</td></tr>
<tr><td>表达</td><td>与客户、政府、社区代表、股东等沟通交流；销售产品和服务；合同谈判</td></tr>
<tr><td>指标监控记录</td><td>监控商业指标，例如净利润、销售额、国际经济走向；竞争者产品线服务</td></tr>
</table>

续表 2-16

管理要素体系	要素	释 义	服务的人力资源管理功能
管理绩效要素体系	管理工作	管理生产流程和资源；监控信息；确保产品/项目及时完成	绩效考核
	商业计划	制定有效的战略和短期规划，并推广执行	
	问题处理	分析商业性或技术性问题和需求；确认合适的解决办法和创新	
	沟通交流	沟通的有效性、彻底性、精确性；恰当地分享或交换信息	
	客户/公共关系	代表组织处理与客户、潜在客户、一般公众的关系	
	人力资源开发	通过有效的授权、引导、培训和绩效评价开发员工的潜能	
	人力资源管理	监督、管理员工；提供指导和领导	
	组织支持	与其他管理人员有效互动、协作以支撑个体、群体发展和组织目标实现	
	工作知识	拥有达到组织绩效要求的技术性和管理型知识	
管理评价要素体系	决策	决策权力等级、决策重要性、复杂性以及决策的自主性	职位评价 培训开发
	解决问题	分析性或创造性思维水平、对问题的洞察力以及解决方法的创造性	
	组织影响	对组织影响的显著性程度，包括可该职位对于实现组织目标、开发产品和服务、制定战略或商业规划、获取收益利润以及其他绩效目标的贡献程度	
	人力资源职责	人员督导职责，包括督导指导的下属人数、级别以及复杂性程度	
	Know-How	该职位所需的知识和专业技术水平	
	联系	组织内部、外部联系的深度、广度、等级以及频率	

3. 信息输出板块

信息输出板块是 MPDQ 的信息的运用部分，通过特殊的计算机处理程序，针对不同的人力资源管理功能板块编制 8 类分析报告。

表 2－17 管理职位分析问卷法的各类分析报告简介

分析报告名称	主要内容	信息来源	主要用途
1. 管理职位描述	对管理职位的细节性、描述性的总结归纳： (1) 财务人事职责权限 (2) 工作活动重要性排序 (3) 工作联系 (4) 决策情景特征 (5) 知识技术能力要求	MPDQ 问卷的“一般信息部分”	(1) 服务求职者的工作描述 (2) 上岗指引 (3) 面试基础信息 (4) 职位设计 (5) 薪酬结构
2. 管理工作描述	类似于管理工作描述报告，主要针对一组各类职位工作内容的综合性和平均水平的描述，用于构建管理职位描述模版		
3. 群体比较报告	六组对照群体工作内容的主要异同点的对比分析表，区分共有活动和特有活动，按照出现频率进行排序，然后针对各种活动进行重要性评价	MPDQ 问卷中涉及的工作活动	(1) 工作分类 (2) 工作评价，同工同酬 (3) 职位设计 (4) 培训开发设计
4. 个体职位剖析	自管理工作要素的 9 个评价维度上将目标职位与所选同职等的职位进行比较分析； 该职位在管理评价要素上的得分以及加权得分	管理工作要素＋管理评价要素	(1) 确定工作价值 (2) 确定职位等级 (3) 薪酬设计 (4) 制定培训开发计划
5. 群体职位剖析	类似于个体职位剖析，主要对相同的一组管理职位在管理工作要素和管理评价要素上的平均水平的相关比较分析		

续表 2-17

分析报告名称	主要内容	信息来源	主要用途
6. 多维度群体绩效剖析	管理绩效要素各维度对于所选一组管理人员的平均重要性程度的综合报告，由此确定各评价要素的权重； MPDQ 中的 KSAs 平均要求水平	管理绩效要素＋MPDQ 的 KSAs 部分	(1) 确定绩效评价要素权重 (2) KSA 用于人员甄选录用 (3) 通过与个体绩效对比，确定培训开发计划
7. 多维度个体绩效剖析	类似于多维度群体绩效剖析，主要对个人管理绩效要素的重要性评价进行分析，以及个体的 KSA 水平分析，通过与群体水平的对比，对绩效改进和培训开发提供指导		
8. 职位绩效评价表	适用于特定管理职位的绩效评价体系和雇员开发计划，对管理绩效 9 个要素进行深度定义剖析，加以操作化，并附加若干代表性的绩效活动示例	管理绩效要素＋多维度群体绩效剖析	(1) 绩效评价 (2) 人员开发

（三）MPDQ 的优缺点

1. 优点

（1）适用于管理职位的分析。

（2）通过计算机程序，管理职位分析问卷法在某种程度上降低了主观因素的影响，同时其最终报告大量以图表形式出现，信息充足，简单易懂，提高了组织人力资源管理的效率。

（3）为管理工作的归类提供了依据。

（4）为薪酬管理、员工的选拔、培训、绩效考核建立了基础。

2. 缺点

（1）受工作及工作技术方面的限制，灵活性不足。

（2）各种管理分析维度是在对国外管理人员进行实证研究基础上形成的，在中国必将有个“本土化”的修订过程。

(3) 有时耗时长，工作效率较低。

二、功能性职位分析法（FJA）

（一）功能性职位分析方法（FJA）简介

1. 概念

功能性职位分析方法（Functional Job Analysis，FJA）是一类以全面完整的描述目标职位的功能性要素为立足点的职位分析方法的总称，是一种以工作为中心的分析方法。它是美国培训与职业服务中心（U. S. Training and Employment Service）的研究成果。FJA 是以工作者应发挥的职能与应尽的职责为核心，对工作的每项任务要求进行详细分析，对工作内容的描述非常全面具体。

2. 理论依据

FJA 的理论依据是共同的人与工作关系理论。这一理论认为所有工作都涉及工作执行者与数据、人、事三者的关系。通过工作执行者与数据、人、事发生关系时的工作行为，可以反映工作的特征、工作的任务和人员的职能。所谓数据就是包括数字、符号、思想、口语等与人、事相关的信息、知识、概念，可以通过观察、调查、想象、思考分析获得；所谓的人是指人或者有独立意义的动作，这些动作在工作中的作用相当于人；所谓事是指人控制无生命物质的活动特征，这些活动的性质可以以物本身的特征反映出来。

3. 用途

功能性职位分析法能广泛运用于公共部门和私人企业，其具体应用体现在：

(1) 工作分类：运用于美国雇员服务系统的工作分类。

(2) 测试：针对体力工作开展的功能性职位分析法可用于任职资格评价。

(3) 绩效标准：任务绩效的加权组合即构成职位的绩效标准。

(4) 培训材料：针对功能性能力、专业性能力和适应性能力开发培训项目。

(5) 职位设计：根据战略、组织要求将某几项任务合成新职位。

(6) 职位评价：通过功能等级的差异确定职位之间的相对价值。

从 FJA 问世以来，大量职位分析专家在其理论基础上开发出若干具体的职位分析方法，主要有美国劳工部的 DOL 系统和 Sidney Fine 开发的功能性职位分析方法等。本节主要以 Fine 的 FJA 为例简要介绍功能性职位分析方法。

（二）FJA 的成果板块

功能性职位分析方法的成果包括五个板块：工作任务陈述、功能等级、目标、绩效标准、培训内容。

1. 工作任务陈述

在不同的时期或不同的组织中，“工作”本身或其组成部分都处于不断地变化之中，而工作任务则处于相对稳定的状态，因此 FJA 将工作任务而非“工作”作为职位分析的基本单位。此版块是针对各项任务的特征进行剖析，按照一定的分析程序编制结构性的工作任务陈述，结构为：

行为或活动 + 工具、装备、资源、工作信息 + 任务结果

2. 功能等级

FJA 认为人的工作行为总是体现为和一定的人、信息、事物的关系，而其在不同的工作活动中，与这三者之间的相互作用的形式、复杂程度以及结果有很大差异，对这些差异的准确描述正好构成某项任务区别于其他任务的相对稳定的特征，因此 FJA 在对任务进行标准化的描述的基础上，通过界定任职者对于人、信息、事物作用的功能等级，可以更加准确地对目标任务进行描述。工作者的工作行为在与人、信息、事物三者相互作用时，工作行为的难度越大，所需的能力越高，也就说明了工作者职能等级越高。表 2 – 18 是功能性职位分析的职能等级表，每项职能描述了广泛的行为，概括了与信息、人和事发生关系时工作者的工作行为。

3. 目标

组织目标是有组织战略、计划推导出的对于目标任务的工作要求，由具体任职者填写。

4. 工作任务对任职者的技能要求

任何工作的完成都有一定的标准，而任职者要完成某项工作任务都要具备一些通用技能和特定技能，并且要具备适应其工作环境的能力以满足工作中的需求。在 FJA 系统中，职位对于任职者的技能要求主要体现在三个方面：通用性技能、专业性技能和适应性技能。这三种技能必须要达到某种程度的统一，任职者才能以满意的标准完成工作任务。

“绩效标准”板块包括定性绩效标准和定量绩效标准，主要界定该工作任务所需达到效果、质量、数量、时间等方面的要求，同时在绩效标准的确定中往往会体现对任职者专业性技能和适应性技能的评价。

“培训内容”板块主要根据工作任务所需的通用性和专业性技能，确定完成该项任务所需的通用性技能的培训、专业性和适应性技能的培训。

专 栏

FJA 功能等级以及功能标度

一、FJA 功能等级

表 2-18　FJA 功能等级表

信息号码	描述	人号码	描述	事号码	描述
0	综合	0	教导	0	装配
1	协调	1	谈判	1	精确工作
2	分析	2	指导	2	运转-控制
3	编辑	3	监督	3	操作-控制
4	计算	4	使高兴	4	操纵
5	复制	5	劝说	5	照管
6	比较	6	发出口头信号	6	移走
		7	服务	7	处理
		8	接受指导帮助		

在表 6-15 中，数字越大代表任务越简单，而数字越小，任务越复杂。

二、功能标度

（一）信息功能标度

1. 比较——选择、分类或排列数据、人员和事物，判断他们已具备的功能、结构或特性与原来的标准是类似还是不同。

2. 抄写——按纲要和计划召集会议或处理事物，使用各种工具，抄写、编录、邮寄资料。

3A. 计划——进行算术运算，写报告，进行有关的预计筹划工作。

3B. 编辑——遵照某一方案或系统但又有一定的决定权去收集、比较、划分资料、人员和事物。

4. 分析——按照准则、标准和特别原则，按照艺术、技术、技巧的要求，进行检查、评估（关于人员、事物、数据），以决定有关影响（后果），并选择替代方案。

5A. 创新——在整体运行理论原则、保证有机联系的条件下，修改、选择、调整现有的设计，以满足特殊要求、特殊条件或特殊标准。

5B. 协调——协调在适当的目标和要求下，在资料分析的基础上，决定时间、场所和一个过程的操作顺序、系统或组织，并且修改目标、政策（限制条件）或程序，包括监督决策或时间报告。

6. 综合——基于人事直觉、感觉和意见（考虑或者不考虑传统经验和现有的情况），从新的角度出发，改变原有部分，以产生解决问题的新方法来开发操作系统，或从美学角度提出解决问题的办法或方案，脱离现有的理论模式。

（二）人员功能标度

1A. 指令协助——注意管理者对工作的分配、指令或命令。除非需要指令明确化，一般不必与被管理者直接交谈。

1B. 服务——注意人的要求和需要，或注意人们表示出的或暗示出的希望，有时需要直接作出反应。

2. 信息转换——通过讲述、谈论和示意，使人们得到信息，在完好的程序范围内做出任务分配明细表。

3A. 教导——在只有两人或一组人的情况下，以同行或家庭式的关系关心每个人，扶助和鼓励个人；对日常生活给予关心，利用各种机构及参与团队的有关活动、建议和私人帮助。

3B. 劝导——用交谈和示范方法诱导别人喜欢某种产品、服务、赞成某种观点。

3C. 转向——通过逗趣，使个人或听众开心，以使精神放松，气氛缓和。

4A. 咨询——作为技术信息来源提供服务和服务有关的信息或方法，定义、扩展或完善有关的方法、能力或产品说明（告知个人或家庭诸如选择学校和重新就业等目标的详细计划，协助他们做出工作计划并指导其完成工作计划）。

4B. 指导——通过解释、示范和试验的方法为其他人讲解或培训。

4C. 处理——对需要帮助（如有病）的个人或一小组人员进行特定治疗或调节。由于特殊个体对规定（化学的、物理的或行为的）反应可能在预料之外，所以要系统地观察在整个工作框架内个人行为的处理结果。必要时，激励、支持和命令个人，使他们对治疗、调节程序采取接受或合作的态度。

5. 管理——决定和解释每组工人的工作程序；赋予他们相应的责任（规定性说明和详细的内容）；保证他们之间和谐的关系；评估工作绩效（规定的和详细的）并提高效率，在程序和技术水平上作出决策。

6. 谈判——与作为正式执行工作一方的代表进行协商、讨论，以便充分利用资源、权利，减少义务，在上级给定的权限内或在使程序完整的主要工作中“放弃或接受”

某些条件。

7. 顾问——与有问题的人在一起交谈，劝导、协商或指导他们按照法律、科学、卫生和其他专业原则调节他们的生活。用对问题的分析和论断及对他们公开的处理过程劝导他们。

（三）事物功能标度

1A. 处理——当工作对象、材料、工具等在数量上只有一件或很少，工人又经常使用的时候，其精确度要求是比较低的。这包括使用小轮车、手推车等类似工具。

1B. 移走——从自动的或有工人控制、操作的机器设备处放置、扔掉、倒掉或移走材料，精确的要求大部分有工人控制。

1C. 照管——开、关和照看有其他工人启动的机器、设备时，机器精确的运转需要工人在几个控制台按说明去调节并对机器信号做出反应，包括所有不带有明显结构变化的机器。在这里几乎不存在运转周期短、非标准的工作，而且调节是预先指定的。

2A. 操纵——当有一定数量的加工对象、工具及控制点时，加工、挖运、安排或者放置物体或材料，对精度的要求由精到细。包括工作台前的等待和应用、可换部件的便携、动力工具的使用以及在厨房和花园工作时普通工具的使用。

2B. 操作—控制——开动、控制和调节用来设计构造和处理有关资料、人员和事物的机器设备。这样的工人包括打字员和转动木材等使用机器运转的工人，或负责半自动机器的启动、熄火的工人。控制机器包括在工作过程中准备和调整机器或材料。控制设备包括控制计量仪、表盘和阀门开关以及其他诸如温度、压力、液体流动、泵抽速度和材料反作用这些方面的仪器，包括打字机、油印机和其他的准备和调节过程需要仔细检查的办公设备（这一等级只用于机器和一个单元设备的操作）。

2C. 运转—控制——控制机器的操作。为了便于制造、脚跟能够和移动物体，必须对操作过程加以监视和引导。规范的控制行动需要持续的观察并迅速作出反应（在使用传输工具时，即使工作只设计人或物，也应遵循这一原则）。

3A. 精确工作——按标准工作程序加工、移动、引导和设置工作对象或材料，这里的对象、材料、工具等的数量包括在整个工艺内，而且期望的准确度最终在工艺要求的宽容量以内（在工作主要为手工操作的使用手动工具时使用这一原则）。

3B. 装配——（安装机器设备）插入工具，选择工装、固定件和附件；修理机器或按职位设计和蓝本说明恢复它们的功能，包括主要的精度要求，可以涉及其他工人操作或工人自己负责操作的一台或数台机器。

资料来源：郑晓明，吴志明．工作分析实务手册．北京：机械工业出版社，2002.

表 2－19　　某公司打字员职位的某项工作任务说明书示例（部分）

	功能等级			时间比重			一般性教育开发			编号
	信息	人	事物	信息	人	事物	推理	数学	语言	
任务陈述	3B	1A	2B	70%	5%	25%	3	1	4	
	目标：（由任职者填写）									
	任务描述：按照标准操作程序要求，编辑打印标准信件格式，包括用于记录特殊信息的表格，并确保其整洁清晰，以备邮寄。									
绩效标准	定　性			定　量						
	文字录入准确合理	表格正确	变化调整正确	在 X（时间）完成	每页无编辑错误	无信息遗漏				
培训内容	通用性			专业性			适应性			
	如何编辑信件	如何转换材料、更正错误	如何合并信件	如何从材料中获取信息	标准操作程序	理解材料信息				

表 2－20　　功能性职位分析法的成果示例

任务代表：GR—08

工作承担者的功能及定位						需要得到的指导	总体教育开发		
物	%	资料	%	人	%		逻辑推理	数学	语言
3	65	3	35	1	10	3	2	1	3
目标： 操作平路机						工作中心： 覆土、翻松路面、铺平、构筑防火隔离带、维修运输路面、清除路面积雪			

任务：为了完成平路机的日常工作任务，如回填土方、路面维护、路面积雪清除等，操纵平路机的控制系统，将定位轮和机片置于正确的角度，前后、上下、左右移动机片；按照工作程序，借助知识和经验，监督设备的运行，根据情况的变化不断地作出调整，时刻注意其他工人和设备的位置及安全。

（为完成这些任务）

续表 2－20

<table>
<tr><td colspan="10">任务代表：GR—08</td></tr>
<tr><td colspan="6">工作承担者的功能及定位</td><td rowspan="2">需要得到的指导</td><td colspan="3">总体教育开发</td></tr>
<tr><td>物</td><td>%</td><td>资料</td><td>%</td><td>人</td><td>%</td><td>逻辑推理</td><td>数学</td><td>语言</td></tr>
<tr><td>3</td><td>65</td><td>3</td><td>35</td><td>1</td><td>10</td><td>3</td><td>2</td><td>1</td><td>3</td></tr>
<tr><td colspan="6">绩效标准</td><td colspan="4">培训内容</td></tr>
<tr><td colspan="6">描述性标准：
正确操作设备
警觉、留心

数据性标准：
所有工作都符合程序要求
没有出现因技术上误操作而造成的事故或损害

（要达到这些绩效标准）</td><td colspan="4">功能培训：
如何操作平路机
如何完成常规的平路机工作，例如回填土方，弄松路面，构筑防火隔离带、维护运输路面、清除路面积雪等
特殊培训：
特定的平路机知识
工作要求方面的知识
特殊的工作场位知识（例如土层、土壤状况、环境等）
（工人需要这类培训）</td></tr>
</table>

（三）FJA 的评价

FJA 非常清楚地阐述了组织内部关于工作与人的一些理论：必须对任职者“做了什么”和“需要做什么”进行基本的区分。任职者在工作范围内所做的主要是处理信息、人和物之间的关系。尽管任职者的行为或任务可以用无限种方法来描述，但在本质上任何职能对任职者特征和资格的要求种类和程度都落在一些相对比较狭窄和具体的范围内。与处理各种关系相适应的职能都遵从由易到难的等级和顺序；三个等级序列提供两个衡量指标：复杂性水平和参与比例。职能等级反映了工作者处理各种关系时自主决策空间的大小。

FJA 的不足之处在于操作比较复杂，而且难以把握。

三、关键事件法（CIT）

（一）关键事件法（CIT）简介

关键事件法（Critical Incidents Technique，CIT）是一种由职位分析专家、管理者或工作人员在大量收集与工作相关信息的基础上详细记录其中关键事件并具体分析职位特征要求的方法。其特殊之处在于基于特定的关键行为与任务信息来描述具体工作活动。由于关键事件法能有效提供任务行为的范例，因而更频繁地用于培训需求评估与绩效考核。虽然这种方法使用范围有限，但也是一种重要的职位分析方法。

（二）CIT 的操作流程

1. 获取关键事件

正确编写“事件”的规则：特定而明确；集中描述工作所展现出来的可观察的行为；简单描述行为发生的背景；能够说明行为的结果。

获取关键事件所采用的方法主要有关键事件讨论会议、非工作会议形式（包括观察、访谈和调查等）。这两种方法的目的在于帮助工作人员整理能体现工作绩效与行为的范例。产生结果的过程应该结构化和简单化，这样使得回忆和整理的过程尽量容易。

（1）关键事件讨论会议。讨论会议是确定关键事件的最普通的工具，一般有 6～12 个工作专家参加，由熟悉关键事件的专家来主持会议。工作专家一般是有工作经验的管理者，或有足够的经验和观察力的工作者。职位分析员一般要有多年相关工作经验，最好选择一些口头表达能力较强和好奇心比较强的人，他们一般比较关注别人的工作，能获得更多的信息。

首先要确定会议的方向，即由会议主持人想大家解释研究的工作活动是什么、为什么要编写关键事件、如何编写关键事件以及最终如何应用，然后再选择记录关键事件的方法。在工作会议中有两种方法来记录关键事件的各种方法。其一是分发表格，供大家来填写。

表 2-20　　关键事件表格

请以您多年的工作经验，回忆工作者在工作中有哪些显著、典型的行为，能够反映出不同的工作绩效：非常有效、非常无效、适中 1. 引起这个行为范例的环境是什么 2. 请详细描述那些能够反映出不同绩效水平的显著行为 3. 这些行为的后果是什么 4. 请填写以下信息 a）工作名称________________ b）工作绩效范围____________ c）绩效等级划分：1、2、3、4、5、6、7、8、9 差　适中　好

其二是采用非结构化方法，因此必须准备一份简要而全面的说明书，包括每一件事情所包含信息的轮廓。当然会议主持人可以引导大家就行为规范进行讨论，把大家的发言记录下来，然后按照要求整理成文字。

（2）非工作会议形式。

① 访谈。个人访谈也会被用来获取关键范例。除了访谈者做文字工作这点不同之外，访谈过程与工作会议非常相似。一般说来，如果信息来源的口头表达能力要比书面表达能力强，使用访谈法较为适宜。这种方法的最主要的不足在于要花费分析人员大量的时间和精力。

利用访谈这种方法来获取关键范例也与其他大多数两个人的交流一样，需要在一定的环境下才能有效地进行。必要的环境要求是：保密、不被打断、方便访谈者。

② 问卷。对分析人员的精力和时间来说是最为有效的，但是对调查对象有较高的要求。他们不仅要有较好书面表达能力，语言组织能力。通常这种方法适用于律师、经纪人等专业人士

2. 编辑关键事件

在关键事件收集好之后，必须对其进行编辑加工，为下一步应用关键事件做好准备。除了纠正一些拼写和语法错误之外，首先按照上文所述的要求，检查每个范例是否内容完整，前后格式是否统一。其次要考虑范例的长度，范例必须有合适的长度才能保证能够提供必需的信息，太长则对阅读者带来困难，必须要在这两者之间找到平衡点。最后要考虑读者的认同感，技术语言、职业行话、俗语应该被保留，其中的差别能使其使用者感同身受。

（三）CIT 的应用

关键事件法主要应用在绩效评估、培训和工作设计等方面。

1. 绩效评估

关键事件法的一个重要用途就是绩效评估，有几种方法应用行为范例来评估绩效。

（1）行为锚定等级评分法（BARS）。上文的表 2 - 20 就是一个简单的行为锚定等级评分法的例子。

（2）行为观察等级评估法（BOS）。BOS 以个别的和随机的方式应用关键事件，而不按维度和有效性水平进行分组。下表就是一个 BOS 的例子，评估者评估某种行为发生的频率，被评估者的最后得分就是各项关键事件的加权分总和。

（3）混合标准评分法。这种方法要求评价者说明被评价者的工作行为与每一关键时间相比是更好、相同或者更差。这不仅要求被评价者的工作水平有准确的估计，而且对评价者绩效评估的一致性也有一定的要求。

表 2-21　　行为观察等级评估法（BOS）节选

指导：对管理者绩效面谈行为进行评价，请按以下的等级进行评价

总是—1 分　　经常—2 分　　有时—3 分

很少—4 分　　从不—5 分

- 在讨论中有效使用下属的信息
- 熟练地将面谈引导到问题的领域
- 能有效地对面谈进行控制
- 对面谈事先做好准备
- 让下属控制面谈
- 坚持对下属的问题进行讨论
- 关注下属对问题的见解
- 深入到敏感的领域以获得足够多的信息
- 在讨论敏感问题时让下属感觉轻松
- 在面谈的过程中表现诚挚
- 为绩效面谈营造并保持恰当的气氛
- 对下属的问题无动于衷
- 对下属的发展提供一般的建议
- 在下属情绪激动时保持镇静
- 只询问一些表面性的问题，妨碍问题的深入讨论

2. 培训

（1）培训需求评估。培训需求评估可以在个人或组织层面上进行。对个人层面来说，培训需求评估过程就是一个集中在可培训领域的绩效评估过程。绩效不佳的雇员要接受在其不足领域的培训。在组织层面进行培训需求评估，需要找出在组织中重复多次发生的负面事件，以此提供给所有的雇员知识和技能的培训，来避免未来再次出现这样的问题。

（2）培训设计。表现优异的工作者是组织中培训信息的重要资源，而且他们的优异表现往往是因为拥有特定的技能、有工作援助资源或是掌握特别的诀窍。如果能在关键时间中获取这些信息，组织就可以采用培训的方式推广至所有的雇员，从而提高整体的组织绩效。就此而言，收集行为范例的范围应该主要集中于表现突出的工作者。

3. 工作设计

绩效本身是一个综合的因素，我们还需要关注那些工作者所不能控制的环境因素，这些因素包括设备改良、任务设计等。通过关键事件法，管理者被要求描述绩效不佳的关键事件，详述其中导致不佳绩效的设备与设计缺陷或无效的工作程序。当对较低水平绩效进行描述后，导致这种情况的详细描述会帮助确定任务设计上的缺陷，最终找出工作再设计和设备改良等这样一些改进绩效的措施。

（四）CIT 的优缺点比较

1. 优点

（1）关键事件法被广泛应用于人力资源管理的许多方面，例如甄别标准与培训需求的确定，尤其应用于绩效评估的行为锚定与行为观察中。

（2）由于对行为进行观察和衡量，故而描述工作行为、建立行为标准更加准确，能更好地确定每一行为的作用。

2. 缺点

（1）收集与整理关键事件需要花费大量的时间和精力。

（2）对中等绩效的员工关注不够。

四、工作任务清单分析法（TIA）

（一）工作任务清单分析法（TIA）简介

工作任务清单分析法（Task Inventory Analysis，简称 TIA）是一种典型的工作倾向性职位分析系统。工作任务清单分析法是由美国空军人力资源研究室的雷蒙德·E·卡利斯特（Raymond E. Christal）及其助手开发成功的，它的研究始于 20 世纪 50 年代，通过从 10 万名以上雇员那里收集实验数据进行验证，前后经历了 20 年时间才趋于成熟完善。

如图 2－1 所示，任务清单系统包括两个子系统：一是用于收集工作信息的一套系统的方法，技术；二是与信息收集方法相匹配的用于分析、综合和报告工作信息的计算机应用程序软件。

其中任务清单系统中收集工作信息的工具实际上是一种高度结构化的调查问卷，一般包括两大部分：一是背景信息，二是任务清单。

背景信息部分包括两类问题：传记性问题与清单性问题。传记性问题，是指那些可以帮助分析者对调查对象进行分类的信息，如姓名、性别、职位序列号、职位名称、任职部门、服务期限、教育水平、工作轮换愿望、职业生涯意向等等。清单性问题是为了更加广泛深入地了解有关工作方面的背景信息而设计的问题。它为调查对象提供了一套包括问题与答案选项的清单，清单的内容可能包括：所用的工具、设备、所要培训的课

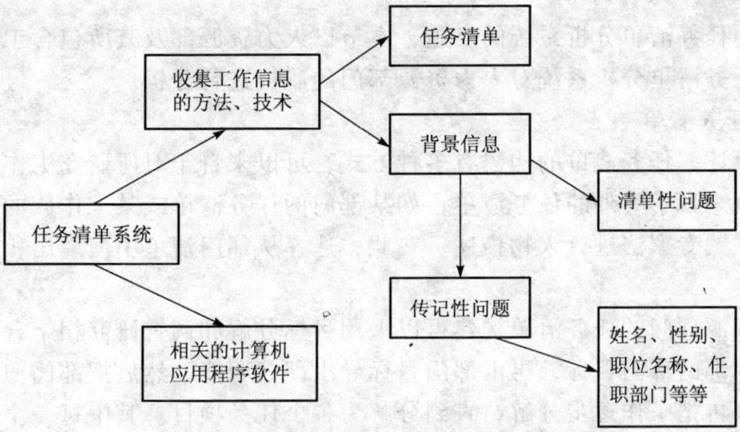

图 2－1　任务清单系统

程、对工作各方面的态度等等。背景信息部分的问题有各种格式：填空、选择能最恰当地描述你的选项，或者选择所有符合你的选项等。

任务清单部分其实就是把工作按照职责或其他标准以一定的顺序排列起来，然后由任职者根据自己工作的实际情况对这些工作任务进行选择、评价等，最终理顺并形成该工作的工作内容。如果任务清单构建得成功，那么在该职业范围内，每个调查对象都可以选择清单中的某些任务选项，将它们按一定标准组合在一起从而准确地描述他的工作。在任务清单系统中，任务被定义为工作任职者能够清晰辨别的一项有意义的工作单元，任务清单可以来自于对工作的观察，也可以来自于另外的任务清单，如某部门的任务清单或某工作族的任务清单；也可以借助于主题专家法进行任务描述。关于任务的描述方法也相当简单，通常是描述一项行动，行动的目标以及其他必要的限定。第一人称代词“我”一般是隐含的任务执行者。根据任务清单的使用目的的不同可以选择和设计相应的任务评价维度及其尺度。最常用的维度有相对时间花费、执行频率、重要程度、困难程度等等，尺度可以是 5 级、7 级或 9 级等。

工作任务清单的调查对象一般是某一职业领域的任职者及其直接管理者。任职者填写背景信息部分，并在任务清单中选择符合他所做工作项目并给予评价。任职者的管理者通常提供有关工作任务特征的信息，如任务的难度、对工作绩效的影响等。然后运用一定的计算机应用程序软件对收集的信息进行处理、分析、综合，并向管理者提供职位分析报告。

（二）TIA 的操作流程

为了说明任务清单分析系统的实施，本节以人力资源部及其所包含工作职位为例说明如何利用任务清单分析系统对人力资源部门的职位进行分析。

1. 构建任务清单

如前文所述，任务清单的构建有多种方式，可以来自于对所研究工作的观察或工作日志；还可以来自于另外的任务清单，如某部门的任务清单或某工作族的任务清单；还可以借助于主题专家法进行人物描述。在此，选择从部门清单中演绎出相应职位的工作说明书。

对人力资源部门的任务清单构建可以采用目标分解和调查研究相结合的方法。首先明确人力资源部的部门目标，再由部门目标导出部门职能，然后把部门职能分解为必须要做的工作，再把工作逐步分解，直到分解为各个任务项目。其中每一个分解过程除了理论推导之外，都要参考实际的调查资料。最后，把各个任务项目按一定的逻辑顺序编排起来，就形成了用作问卷的人力资源部门的任务清单。

人力资源部主要通过履行以下几个方面的职能来实现部门目标。

（1）参谋、辅助、指导。这是人力资源部的传统职能，也是最基本的职能之一。

人力资源部的参谋、辅助、指导职能体现在人力资源管理的各个方面，包括日常的管理活动，如人员的甄选配备、绩效考核、劳动合同管理、劳动纪律管理、报酬管理、人事纠纷处理等，以及维持与发展组织与员工系统的管理活动，如制定人事政策、人力资源规划、组织规划设计、工作设计、职位分析、人力资源培训开发以及员工职业生涯规划和管理等。

（2）协调，控制。人力资源管理是一个有机的系统，它的各个环节应该是彼此联结，协调统一的。

人力资源部负责保证人力资源政策的协调统一性，协调部门之间、上下级之间、个人与组织之间的关系，维持人力资源管理流程的通畅性、规范性、秩序性。在企业各个部门中，只有人力资源部有从企业全局利益出发考虑整个人力资源管理系统的责任和权利，这也是企业建立人力资源部的初衷之一。人力资源部通过人力资源政策的制定和监督检查以及其他沟通协调与控制的手段，发挥对整个人力资源管理系统的协调、控制职能。

（3）人工成本管理。人力资源管理的许多环节都涉及人工成本管理问题，最主要、最直接的是报酬管理。此外，人员招募甄选录用、培训开发、人力资源规划等都对人工成本有重大影响。

（4）战略决策的制定与实施。人力资源部在现代人力资源管理中的战略职能日益凸现，其最根本的原因还是人力资源本身的战略作用的增强。在竞争日益激烈的全球市场环境下，人力资源已经成为赢得比较优势的最关键因素。企业战略决策的选择和制定必须确认、分析和平衡两类因素：一是企业面临的外部机会和挑战，二是企业内部的优势和劣势。但不论是外部环境地分析和内部形势的判断，最具决定性影响的就是企业人力资源的状况。

（5）推动组织发展与管理创新。人力资源部在人力资源管理中应始终站在理论与实践的前沿，扮演“创新者”的角色，否则人力资源的价值和威信将大打折扣。人力资源部应负责为企业提供有关管理的最新发展。

2. 利用任务清单收集信息

任务清单实质上是一个高度结构化的调查问卷。在列出任务清单的基础上加上评价尺度，便成为用于收集信息的工具。在利用任务清单收集信息的过程中，需要注意以下几个方面。

（1）调查范围与对象的确定。可以选取两个以上行业的多家企业的人力资源部的专职工作人员。这样可以收集到大量的数据，借助计算机进行数据处理后，从而可以得到有关人力资源部工作任务的最全面、综合的信息；也可以选取一个行业的多家企业的人力资源部的专职工作人员，这样可以收集到你所关注行业的企业人力资源部工作任务的大量数据，所得结论具有行业特点；再者，也可以只对一个企业的人力资源部的专职工作人员进行调查。这样既可以对该企业人力资源部的实际工作任务有全面系统的了解，又可以发现明显与调查所用的清单任务的差别，在此基础上可以作进一步的比较研究，为企业人力资源部工作任务的科学化、规范化作出贡献。

（2）调查方式的选择。如果是集体调查，即把被调查者集中到一起同时进行调查，那么就可以由调查实施者本人发放、回收问卷。如果是单独调查，即由被调查者本人选择应答的时间和地方，那么最好通过正式的组织渠道发放、回收问卷。需要强调的是，应当建立一定的控制系统以保证回收率，否则，有些被调查者就会随手把问卷扔进废纸篓。

（3）选择适当的信息源。一般而言，有关工作执行与否的信息、时间花费的信息最后由工作执行者本人来提供；而其他一些任务评价信息，如工作的重要程度、困难程度、工作失误的后果的严重程度最好由本工作领域经验丰富的管理者来提供，或至少参考他们的意见。

（4）填写任务清单的一般步骤。由于任务清单格式的不同、任务评价维度的类型与数目的不同，填写的步骤不尽相同。填写任务清单的一般步骤如下：

第一步，被调查者以填空或选择的方式回答背景信息部分的所有问题。

第二步，被调查者阅读任务清单上的所有描述，并在属于其正常工作范围内的任务描述旁边作标记。

第三步，被调查者在另一张空白纸上写出没有被包含在任务清单中但属于其正常工作范围内的所有任务描述。

最后，被调查者重新回到任务清单起点，逐一对其所选定的任务进行评价。

按照工作任务清单分析法的要求，被调查者需要两次浏览任务清单，一次是找出被调查者本人所执行的各个工作任务，另一次是对所找出的工作任务进行评价。这样做不仅可以做到查漏补缺，而且可以预防那些没有读懂填写说明的被调查者对某些任务作出的错误评价。

在实际应用中，通常会出现这样一种情况，即被调查者总是倾向于将绝大多数任务评价为“重要的”或者“需要花费大量时间”，但实际上，任职者的工作时间和精力是有限的，不可能完成那么多重要的工作任务或者花费非常大量的时间，因此这类评价的结果有失准确性。为了避免这种情况发生，调查人员在进行调查说明时，要督促被调查者慎重考虑对工作任务的评价，并要强调相对的概念，对于一项工作而言，必有一部分工作任务不是那么重要或者只需要花费很少的时间。

3. 分析任务清单所收集的信息

任务清单系统收集的信息，绝大部分是量化的，可以应用计算机程序进行统计分析。而且较为成熟的任务清单系统都有自己的应用软件，如 TIA 通常运用 CODAP 系统进行分析。同时也可以借助一些普遍应用的软件，如社会科学统计程序 SPSS、EXCEL 等进行统计分析；至于那些不可量化的信息，或为某些特殊目的收集的附加信息，应根据职位分析的目的进行相应处理，本书不再加以讨论。

由于信息分析的过程主要是应用计算机进行的，所以本书不再对分析的具体方法、程序进行解说，否则将会把简单的问题复杂化。

（三）TIA 的优缺点比较

1. 优点

（1）信息可靠性较高，适用于确定相关的工作职责、工作内容、工作关系和劳动强度等方面的信息。

（2）向管理的许多应用领域都提供了有用的信息。其分析结果可以应用于人力资源预测、人员招募甄选、绩效考核、薪酬管理、培训开发、工作分类以及工作设计等许多方面。比如，从任务清单中得到的数据可以作为确定工作评价项目以及建立工作评价体系的依据。

（3）工作任务清单分析法可以用来描述当前或计划要做的工作。具体的团体性的工作描述可以对工作进行分类或用来确定任职资格要求、环境要求、工作态度要求等。团体性的工作描述还可以为对那些由部门、小组、新的员工、女性、上夜班的员工、表达工作不满的员工、老员工、在海外工作的员工、操作特殊设备或运用特殊工具的员工执行的工作进行管理提供最有意义的信息。

（4）可用于工作满意度调查在少数群体中的运用，设计专门的培训课程、确定任职资格要求、建立个人经验档案、确定工作危险度等。

（5）所需费用较少且难度较小，容易为任职者接受。

2. 缺点

（1）对“任务”的定义难以把握，即难以明确什么样的活动或内容能被称为“任务”，结果导致“任务”的粗细程度不一，有些任务描述只代表一件非常简单的活动，有的任务描述却包含丰富的活动。

（2）使用范围较小，只适用于工作循环周期较短，工作内容比较稳定，变化较小的工作。

（3）整理信息的工作量大，归纳工作比较繁琐。

（4）任职者在填写时，容易受到当时工作的影响，通常会遗漏在其他时间进行的而且比较重要的工作任务。

表 2－22　　企业人力资源部任务清单

填写说明（略）

背景信息（略）

评价维度 1	评价维度 2
相对花费时间	重要程度
0＝从来不做	0＝毫无意义
1＝极少量时间	1＝不重要
2＝少量时间	2＝轻微
3＝平均时间	3＝比较重要
4＝大量时间	4＝非常重要
5＝极大影响	5＝极为重要

任务清单	是否符合您的工作	如果符合请评价
[辅助直线经理进行组织规划设计]	□	0 1 2 3 4 5
001　研究企业的组织目标与价值系统	□	0 1 2 3 4 5
002　设定组织的目标	□	0 1 2 3 4 5
003　层层分解组织目标，明确必须要做的事	□	0 1 2 3 4 5
004　拟定各部门职位区分原则	□	0 1 2 3 4 5

续表 2－22

任务清单	是否符合您的工作	如果符合请评价
005　职位分工计划的实施	□	0 1 2 3 4 5
006　拟定各部门直线经理权责划分计划	□	0 1 2 3 4 5
007　制作组织结构图	□	0 1 2 3 4 5
……………………………………………	□	0 1 2 3 4 5
[人力资源规划]	□	0 1 2 3 4 5
盘查现有人力资源的数量、质量、结构	□	0 1 2 3 4 5
分析各种因素对人力需求的影响	□	0 1 2 3 4 5
分析各种因素对人力供给的影响	□	0 1 2 3 4 5
制作人力资源供求平衡表	□	0 1 2 3 4 5
制定晋升规划	□	0 1 2 3 4 5
制定人员补充规划	□	0 1 2 3 4 5
制定员工职业生涯发展规划	□	0 1 2 3 4 5
制定培训开发规划	□	0 1 2 3 4 5
制定其他人力规划执行方案	□	0 1 2 3 4 5
……………………………………………	□	0 1 2 3 4 5
[工作分析]	□	0 1 2 3 4 5
明确工作分析信息的使用目的	□	0 1 2 3 4 5
确定信息收集的类别和范围	□	0 1 2 3 4 5
选择信息收集的方法和系统	□	0 1 2 3 4 5
利用所选方法和系统收集信息	□	0 1 2 3 4 5
整理所收集的信息	□	0 1 2 3 4 5
任职者必备知识、技能、素质分析	□	0 1 2 3 4 5
编写工作说明书	□	0 1 2 3 4 5
……………………………………………		
……………………………………………		
……………………………………………		

资料来源：付亚和．职位分析．上海：复旦大学出版社，2004.

本章小结

本章主要介绍了几种职位分析方法技术。按照研究角度的不同，这些方法技术分为三类，即：通用的职位分析方法、以人为基础的系统性方法和以工作为基础的系统性方法。通用的职位分析方法是国内企业在职位分析中比较常用的方法，具有灵活性、易操作、适用范围广等明显的优势，主要有访谈法、问卷法、观察法、文献分析法、工作日志法、主题专家会议法等等。

以人为基础的职位分析方法是从任职者行为的角度出发描述职位，侧重于任职者在履行工作职责时所需的知识、技术、能力以及其他特征。以人为基础的系统性职位分析方法包括职位分析问卷法、工作要素法、临界特质分析系统。

以工作为基础的职位分析方法是指从工作角度出发，侧重描述完成其组成元素——工作任务——所需活动、绩效标准以及相关任职条件等。该方法准确详尽地描述履行工作任务的前期投入、中期过程和后期产出。在实践中主要有以下几种以工作为基础的职位分析系统：管理职位分析问卷法、关键事件法、功能性职位分析法以及工作任务清单分析法。

本章从每种方法的内容、操作流程、用途、注意事项以及优缺点等方面详细介绍了这些系统性方法。

复习思考题

1. 我们讨论了几种职位分析的方法，请对这些方法进行对比和比较，说明每种方法的用途以及优缺点。

2. 以人为基础的系统性方法具体包括哪些方法？各种方法的概念、操作流程以及注意事项是什么？

3. 以工作为基础的系统性方法具体包括哪些方法？各种方法的概念、操作流程以及注意事项是什么？

案例讨论

A公司是我国中部省份的一家房地产开发公司。近年来，随着当地经济的迅速增长，房产需求强劲，公司有了飞速的发展，规模持续扩大，逐步发展为一家中型房地产开发公司。随着公司的发展壮大，员工人数大量增加，众多的组织和人力资源治理问题逐渐凸显出来。

公司现有的组织机构，是基于创业时的公司规划，随着业务扩张的需要逐渐扩充而形成的，在运行的过程中，组织与业务上的矛盾已经逐渐凸现出来。部门之间、职位之间的职责与权限缺乏明确的界定，扯皮推诿的现象不断发生；有的部门抱怨事情太多，人手不够，任务不能按时、按质、按量完成；有的部门又觉得人员冗杂、人浮于事、效率低下。公司的人员招聘方面，用人部门给出的招聘标准往往含糊，招聘主管往往无法准确地加以理解，使得招来的人大多差强人意。同时目前的许多岗位不能做到人事匹配，员工的能力不能得以充分发挥，严重挫伤了士气，并影响了工作的效果。公司员工的晋升决定以前由总经理直接做出。现在公司规模大了，总经理已经几乎没有时间与基层员工和部门主管打交道，基层员工和部门主管的晋升决定只能根据部门经理的意见来做出。而在晋升中，上级和下属之间的私人感情成为了决定性的因素，有才干的人往往却并不能获得提升。因此，许多优秀的员工由于看不到自己未来的前途而另寻高就。在激励机制方面，公司缺乏科学的绩效考核和薪酬制度，考核中的主观性和随意性非常严重，员工的报酬不能体现其价值与能力，人力资源部经常可以听到大家对薪酬的抱怨和不满，这才是人才流失的重要原因。

面对这样严重的形势，人力资源部开始着手进行人力资源治理的变革，变革首先从进行职位分析、确定职位价值开始。职位分析、职位评价究竟如何开展，如何抓住职位分析、职位评价过程中的要害点，为公司本次组织变革提供有效的信息支持和基础保证，是摆在A公司面前的重要课题。

首先，他们开始寻找进行职位分析的工具和技术。在阅读了国内目前流行的基本职位分析书籍之后，他们从中选取了一份职位分析问卷，来作为收集职位信息的工具。然后，人力资源部将问卷发放到各个部门经理手中，同时他们还在公司的内部网上也发了一份关于开展问卷调查的通知，要求各部门配合人力资源部的问卷调查。

据反映，问卷在下发到各部门之后，却一直搁置在各部门经理手中，而没有发下去。很多部门是直到人力资源部开始催收时才把问卷发放到每个人手中。同时，由于大家都很忙，很多人在拿到问卷之后，都没有时间仔细思考，草草填写了事。还有很多人在外地出差，或者任务缠身，自己无法填写，而由同事代笔。此外，据一些较为重视这次调查的员工反映，大家都不了解这次问卷调查的意图，也不理解问卷中那些生疏的管理术语，何为职责、何为工作目的，许多人对此并不理解。很多人想就疑难问题向人力资源部进行询问，可是也不知道具体该找谁。因此，在回答问卷时只能凭借自己个人的理解来进行填写，无法把握填写的规范和标准。一个星期之后，人力资源部收回了问卷。但他们发现，问卷填写的效果不太理想，有一部分问卷填写不全，一部分问卷答非所问，还有一部分问卷根本没有收上来。辛苦调查的结果却没有发挥它应有的价值。

与此同时，人力资源部也着手选取一些职位进行访谈。但在试着谈了几个职位之后，发现访谈的效果也不好。因为，在人力资源部，能够对部门经理进行访谈的人只有人力资源部经理一人，主管和一般员工都无法与其他部门经理进行沟通。同时，由于经理们都很忙，能够把双方凑在一起，实在不易。因此，两个星期时间过去之后，只访谈了两个部门经理。人力资源部的几位主管负责对经理级以下的人员进行访谈，但在访谈中，出现的情况却出乎意料。大部分时间都是被访谈的人在发牢骚，指责公司的治理问题，抱怨自己的待遇不公等。而在谈到与职位分析相关的内容时，被访谈人往往有言辞闪烁，顾左右而言他，似乎对人力资源部这次访谈不太信任。访谈结束之后，访谈人都反映对该职位的认识还是停留在模糊的阶段。这样持续了两个星期，访谈了大概三分之一的职位。王经理认为时间不能再拖延下去了，因此决定开始进入项目的下一个阶段——撰写职位说明书。可这时，各职位的信息收集却还不完全。怎么办呢？人力资源部在无奈之中，不得不另觅他途。于是，他们通过各种途径从其他公司中收集了许多职位说明书，试图以此为参照，结合问卷和访谈收集到一些信息来撰写职位说明书。在撰写阶段，人力资源部还成立了几个小组，每个小组专门负责起草某一部门的职位说明书，并且还要求各组在两个星期内完成任务。在起草职位说明书的过程中，人力资源部的员工都颇感为难，一方面不了解别的部门的工作，问卷和访谈提供的信息又不准确；另一方面，大家又缺乏写职位说明书的经验，因此，写起来都感觉很费劲。规定的时间快到了，很多人为了交稿，不得不急急忙忙、东拼西凑了一些材料，再结合自己的判定，最后交稿。

最后，职位说明书终于出台了。人力资源部将成稿的职位说明书下发到各部门同时，还下发了一份文件，要求各部门按照新的职位说明书来界定工作范围，并按照其中规定的任职条件来进行人员的招聘、选拔和任用。但这却引起了其他部门的强烈反对，很多直线部门的治理人员甚至公开指责人力资源部，说人力资源部的职位说明书是一堆垃圾文件，完全不符合实际情况。于是，人力资源部专门和相关部门召开了一次会议来推动职位说明书的应用。人力资源部经理本来想通过这次会议来说服各部门支持这次项目。但结果却恰恰相反，在会上，人力资源部遭到了各部门的一致批评。同时，人力资源部由于对其他部门不了解，对于其他部门所提的很多问题也无法进行解释和反驳，因此，会议的最终结论是，让人力资源部重新编写职位说明书。后来，经过多次重写与修改，职位说明书始终无法令人满足。最后，职位分析项目不了了之。人力资源部的员工在经历了这次失败的项目后，对职位分析彻底丧失了信心。他们开始认为，职位分析只不过是“雾里看花，水中观月”的东西，说起来挺好，实际上却没有什么大用。而且认为职位分析只能针对西方国家那些治理先进的大公司，拿到中国的企业来，根本就行不通。原来雄心勃勃的人力资源部经理也变得灰心丧气，但他却一直对这次失败耿耿于怀，对项目失败的原因也是百思不得其解。

那么，职位分析真的是他们认为的“雾里看花，水中望月”吗？该公司的职位分析项目为什么会失败呢？

（资料来源：董临萍．工作分析与设计．上海：华东理工大学出版社，2008.）

请思考：

1. 该公司为什么决定从职位分析入手来实施变革，这样的决定正确吗？为什么？
2. 在职位分析项目的整个组织与实施过程中，该公司存在着哪些问题？
3. 该公司所采用的职位分析工具和方法主要存在着哪些问题？

第三章

工 作 设 计

学习目标

- 了解工作设计思想的来源
- 理解工作设计的涵义
- 理解工作设计的原理
- 掌握工作特征模型原理
- 了解工作设计有哪些方法，理解不同设计方法在原理上的区别
- 熟练掌握工作轮换、工作扩大化、工作丰富化方法

关键概念

工作设计　工作特征模型　技能多样性　任务完整性　任务重要性　自主性　反馈　工作轮换　工作扩大化　工作丰富化　自主性工作团队　社会技术系统

引导案例

李维斯（LEVI'S）公司的团队模式工作设计

在整个20世界90年代，越来越多的组织开始转为采用以团队为基础的组织结构，在这种结构中，工作是以群体的方式而不是以个体为基础来进行组织和设计的。克莱斯勒公司是开创这种工作组织方式先河的公司之一。克莱斯勒公司通过“跨职能平台团队”来缩短生产周期、改善质量、提高顾客的满意度。这些跨职能团队的成员分别来自工程、营销、采购、生产、人事等各个部门，他们按照某些特定的项目被分配到一起，共同工作。当公司在生产一种跑车的时候，这些部门之间是需要彼此互相依赖的，因此，让来自这些部门的成员走到一起来同时展开工作，而不是采取流水线式的顺序工作方式，会使得协作更为顺畅，同时还能够激发创造性。

许多企业都试图通过创建自己的团队来仿效克莱斯勒所取得的成功，但是结果并非都达到期望的效果。例如，在20世纪90年代中期，李维斯公司就指示它的美国工厂放弃个人化的生产过程组织方式，以团队导向的工作设计方式取而代之。在以前的计件工资制度下，员工们都是个人独立完成工作，他们所执行的往往是一些非常单一的具体的工作任务（比如，在一条牛仔裤上装拉链），同时他们也是按照自己所完成的工作数量（比如，安装拉链的数量）而得到报酬。而在新的工作系统中，由10～25名工人组成的一个一个的工作小组，每个小组需要共同完成生产一条完整的牛仔裤所需要完成的所有的工作任务，并且公司根据每个小组所生产出的裤子数量向各个小组支付报酬。该公司这样做的目的是：通过这种变化使得工作变得不那么枯燥；减轻因重复性压力所带来的（诸如腕部）血管综合症之类的种种不适；减低成本，提高生产率。

然而，到了1998年，一个已经十分明显的事实却是：李维斯希望通过这些团队式工作结构实现的那些预期利益并没有得到实现，而工作性质的这种变化却带来了相反的效应。公认的满意度不仅没有提高，反而有所下降。在过去的以个人为基础的奖金制度下，那些经验丰富、技术水平高的工人往往会得到更多的报酬。但在新的工作体系下，由于一些工人经验缺乏、工作速度慢，阻碍小组目标的达成，因此两类工人之间产生了尖锐的冲突。如果用工作每小时所产生的裤子数量来对生产效率进行衡量的话，组建工作小组后的生产效率下降到之前效率水平的77%，而劳动力成本和管理费却增长了25%。最后，原来缝制同样一条裤子的单位成本却上升到了7.5美元。

正是由于上述这些数字所反映出来的问题，团队观念在李维斯公司的许多工厂中被管理人员们非正式地放弃了，他们逐渐地回到了原来的工作体系。正如一位工厂的经理人员所说："我们给自己的员工制造了这么多的焦虑、伤害和痛苦，可我们又得到了什么呢？"

（摘编自：雷蒙德·A·诺伊，约翰·R·霍伦贝克，巴里·格哈特帕特里克·M·赖特著．刘昕译．人力资源管理：赢得竞争优势（第五版）．北京：中国人民大学，2005.）

第一节 工作设计概述

一、工作设计思想的来源

工作设计（Job Design）源自最初的工作专门化（Job Specification）或工作简单化（Job Simplification）。亚当·斯密在其著作《国富论》（Wealth of Nations）中论及工作

设计，他提出，将工作划分为一系列小部分，让每个人重复执行其中的一小部分，这样可以减少因工作转化而浪费的时间，并提高技术熟练性，从而提高生产率，这就是所谓分工效益。他以制针业为例说明了工作的专业化分工的效率："一个劳动者，如果对于这种专门的职业（分工的结果，使大头针的制造成为一种专门的职业）没有受过训练，又不知怎样使用这个职业上的工具设备，那么纵使竭力地工作，也许一天也制造不出一枚大头针。但按照现在的经营方法（指分工），不但这种职业已经成为专门的职业，而且这种职业分成若干部门，其中大多数也同样成为专门的职业。一个工人抽出铁丝，另一个工人把它弄直，第三个人切断，第四个人只管磨尖，第五个人磨其顶部，以便装上圆头。然而，要做圆头，就需要两三道独特的工序，最后才是装配与镀锡。因此制造一根大头针需要 18 道不同的工序，如果一个工序由一个人操作，那么，生产大头针的工作将有 18 个。固然，有时一个人也兼任两三道工序。我见过一个这样的小工厂，只雇佣了 10 个工人。在这个工厂中，有几个工人担任两三道工序。像这样的小工厂的工人虽然很穷，他们使用的工具设备也很简陋，但如果他们勤劳工作，一天也能制作 12 英镑大头针。以每磅中有 4 000 枚针计算，这 10 个工人每日可以制作大头针 48 000 枚，即每人一天可以制作针 48 000 枚。"①

工作的细化是亚当·斯密的经济增长理论的核心。他认为，劳动分工主要通过三个途径促进经济发展，即：由于技术娴熟，技巧增强，每个工人的产出增加；工作的准备和转换到其他动作的时间减少；专业化分工可以刺激新机器的创新。

工业部门的劳动分工导致工作设计方面的研究更加白热化。卡尔．马克思（Karl Marx，1818 ~ 1883）指出，新的工作模式是一种有组织的剥削，由于受到资本的雇佣，丧失了在工作中的自主性，工作被迫从他们的劳动力产品中分离出来。"工厂的工作总是从多方面消耗体力，并且剥夺工人所有的自由，体力和脑力活动中都是如此"。

从 20 世纪开始，人们对工作设计的兴趣更加强烈了，科学管理之父弗雷德里克·泰勒（Frederick. Winslow. Taylor，1856 ~ 1915）发表了有关"科学管理"的著作。在 1908 ~ 1929 年间，亨利．福特（Henry Ford）进一步发展了泰勒制的科学管理基本原理，并且提出了基于装配生产线的新型工作设计。20 世纪 20 年代，出现了人际关系运动，并且人们开始注意工作团队对产出的作用。此外，工效学和工作特征模型等原理理论都对工作设计思想的发展起了巨大的推动作用。工效学关注的是个体心理特征与物理工作环境之间的接触面。而工作特征模型关注工作的五个特性，探讨如何从这五个特性入手提高工作的内在激励性，以提高员工的工作成就感，调动员工的工作积极性。这些思想的原理和方法本书将在下一节进行详细阐述。

---

① M. L. Cooke, Our Cities Awake, New York: Doubleday and Co, 1918.

二、工作设计的涵义

（一）工作设计的概念

工作设计是指将任务组合成一套完整的工作方案，即确定工作的内容和流程安排，其结果为工作在职位层次上的拆分与整合，即职位设置和人员定编。

从构成来看，工作是指组织中承担相同或相似任务和职责的若干职位的总和。从内容来看，是指一组相同或相似任务和职责的集合。可以看出工作的涵义要比职位更为宽泛。举例来说，在汽车生产线上，汽车装配是一项工作，那么装配大梁、防震、传动以及引擎系统，装配玻璃、雨刷、车座等内部装潢则由不同的职位（岗位）来承担。所以，“工作设计”强调完整的工作方案的形成，而“职位设置”强调在完整的工作方案基础上，按照工作特征和要求的差异对工作拆分并配予不同职位。

（二）工作设计的目的

工作设计是通过满足员工与工作有关的需求来提高工作效率的一种管理方法，它改变了员工与工作之间的基本关系。对于这个问题，科学管理者是这样处理的：把工作的物质要求与工人的生活需求的特征相结合，然后剔除那些不符合要求的人。行为科学家们试图通过改进对工人的挑选和培训来完善这个过程。和科学管理者一样，他们把重点放在工作的人身上，工作被看作是不可改变的固体物。而工作设计打破了这个传统，它是建立在这样的假设基础上，即工作本身对员工的激励、满意和生产率都有强烈的影响，它打破了工作是不可改变的传统认识。工作设计推进员工的积极态度，当然，工作设计不是试图首先改变态度，而是假定在工作得到适当的设计后，员工积极的态度也会随之而来。同时，工作设计重新赋予工作以乐趣，原来“工作也可以这样来做”成为员工的新发现。另外，研究表明，职责分明的工作设计有利于改善人际关系，员工的工作热情也会有所提高。当然，不适当的工作设计也会起到适得其反的效果。因此，工作设计得当与否对激发员工的工作热情、提高工作效率都有重大影响。

三、工作设计的原则

工作设计是十分重要的科学管理技术，好的工作设计是做好工作的先决条件，现代工作设计十分强调工作生活质量的改进，力求做到员工与工作的完善配合，在提高工作效率的同时保证较高的工作满意度。为此，工作设计立足于工作本身内在特征的改进，增强工作本身的内在吸引力，大大改变了工作活动的性质、功能、人员关系等方面的特征。

在工作设计中必须坚持以下原则。

（一）效率原则

工作设计应使工作活动具有更高的输出效率，能有效地改进、提高工作效率。通过良好的工作设计，使组织成员更好地明确工作职责与分工范畴，形成良好的工作协调与合作关系，提高组织活动的有序性、均衡性与连续性，创建符合员工个体特性的工作活动模式，促进员工能力的充分发挥。工作的简单化与适度专业化是提高工作效率最有效的法宝。通过工作的简单化与适度专业化设计有助于员工较快地提高工作的熟练程度，迅速掌握工作方法、积累工作经验，有助于发挥劳动特长。

（二）工作生活质量原则

工作设计应符合员工对工作生活质量的要求。工作生活质量体现了员工与工作中各方面之间的关系，反映了员工生理与心理需要在工作中得到满足的程度。工作生活质量的提高，可使员工对工作产生更为满意与向往的心情，增强归属感，并由此形成良好的组织气氛，提高组织的活动效能。工作生活质量要素包括：工作的挑战性和吸引力，工作的自主性与自由度，工作的多样化与丰富化，合理的工作负荷与节奏，安全舒适的工作环境，工作中个人需要与个性特点的满足，上级与下属、平级人员之间的良好工作关系等。

（三）系统化设计原则

工作设计是一项复杂的系统工程，工作设计应充分考虑工作中各个方面的影响，包括组织体系、工艺技术、管理方式、工作者、工作环境等。努力寻找各方面因素的最佳组合，使之在工作系统中构成良好的协调关系。科学的系统化的工作设计是保证企业的社会、经济效益稳步提高的重要手段。

四、工作设计的形式

工作设计工作在具体设计中可用的形式有很多，归结起来常用的有三种：基于任务的工作设计、基于能力的工作设计和基于团队的工作设计。

（一）基于任务的工作设计

基于任务的工作设计，是将明确的任务目标按照工作流程的特点层层分解，并用一定形式的工作进行落实。这种做法的好处是工作的目标和职责简单明了，易于操作，到职者经过简单培训即可开始工作；同时，它也便于管理者实施监督管理，在一定时期内会有很高的效率。在这种形式下，企业内部的工作管理主要采用等级多而细的职等结构，员工只要在本工作上做到一定的年限而不出错就能被提级加薪。但这种工作设计的缺点是只考虑任务的要求而往往忽视在职者个人的特点，员工个人往往成为工作的附庸。这种工作设计形式在机器化大工业时代显得十分突出：操作工在长长的流水线旁日复一日不停地重复同一种动作，时间一长，员工的积极性往往会一落千丈。

（二）基于能力的工作设计

基于能力的工作设计，是将明确的工作目标按照工作流程的特点层层分解到工作，但区别在于工作的任务种类是复合型的，职责也比较宽泛，相应地对员工的工作能力的要求也更全面一些。这种形式的好处是工作的目标和职责边界比较模糊，使员工不会拘泥于某个工作设定的职责范围，从而有发挥个人特长的余地，进而使企业具有应对市场变化的弹性。在这种形式下，企业内部的工作管理常常采用的是“宽带”管理，即各工作之间的等级越来越宽泛。目前许多美国企业内部从上到下只有6个等级，各等级内的各工作的职责分工没有明确的界限，完全根据市场的变化来调整企业内部各工作所承担的具体任务。由于员工个人的表现难以像基于任务的工作设计那样简单明了，所以这种工作设计形式会要求赋予直接管理者更大的责任，由直接管理者对下属进行决断、监督和评估。但另一方面，它的缺点也会因为员工的灵活性加大而带来工作成果的不确定性上升。同时，由于对员工的能力要求高，劳动力成本和培训费用也会相应增加。这种工作设计形式在第三产业占主导的时代很突出：第三产业的许多行业是高度依赖于人的，在这些行业中，员工的能力和工作积极性对工作任务的完成有着很大的影响力，如金融、保险、咨询服务、超市零售等。

（三）基于团队的工作设计

基于团队的工作设计，则是一种更加市场化、客户化的设计形式。它采用以为客户提供总体附加值（总体解决方案）为中心，把企业内部相关的各个工作组合起来，形成团队进行工作。它的最大特点是能迅速回应客户、满足客户的各种要求，同时又能克服企业内部各部门、各工作自我封闭、各自为政的毛病。对在职者来说，在一个由各种技能、各个层次的人组合起来的团队中工作，不仅可以利用集体的力量比较容易地完成任务，而且可以从中相互学习到许多新的东西，也能经常保持良好的精神状态。显然，基于团队的工作设计是一种比较理想的工作设计形式。但是，这种形式对企业内部的管理、协调能力要求很高，否则容易出现打乱仗的现象。目前它的应用还不够普及，更多的是在那些“项目型”的公司中应用，如软件设计、系统集成、咨询服务、中介机构、项目设计、工程施工等。

五、工作设计考虑的因素

（一）环境因素

1. 政治形势

所有的组织都受它们所处环境中政治因素的影响。如果组织想生存下去，就必须遵守国际、国内及当地的法律、法规和条例。管理人员需要充分认识到法律的重要性，因为组织运行的每个方面几乎都要受到法律的影响。法律涉及到的工资、雇佣行为、福利、药物监测和安全标准等方面都对工作设计造成直接或间接的影响。考虑一个工厂的工人，他在危险的机器和滚动带中走来走去，因为这可能是他获得物件的最有效率的方式，但是某些法律可能会在很大程度上禁止这样的行为。组织设计相关工作，必须避免雇员受伤或因为违反法律而遭到罚款。

2. 社会期望

社会期望是指人们希望通过工作满足什么，这是从人们的社会需求和精神需求方面考虑的。一个工作设计的可接受程度部分取决于社会期望。工业化初期，由于城市找工作不容易，许多人可以接受那些工作时间长、劳动强度大、枯燥无味同时薪水很低的工作。但随着社会的发展和文化教育水平的提高，人们对工作有了更高的期望，他们期望从工作中获得更高质量的职业生活。这时候，如果组织无法满足这些需求，就会导致雇员工作热情下降、对工作不满意、绩效下降和较高的缺勤率及流动率。

（二）组织因素

1. 工作设计方式对科技发展的适应程度

管理者在对工作进行设计时，需要考虑的一个重要因素是能否将这些工作自动化，如果可以的话，这种自动化将达到何种程度。包括那些汽车公司和钢铁公司在内的很多公司，都通过自动化对工作进行了设计，以减少劳动力成本。减少劳动力成本能帮助许多组织在世界市场上获得或者保持竞争力。每个公司必须做出的一个战略决策是在多大程度上通过自动化、机器人的使用和其他高技术创新来用资本替代劳动。

一个公司可以通过提过自动化程度来降低单位产量的劳动成本，从而降低劳动成本。例如，百事公司发明的饮料装填机，由电脑控制来将饮料填到杯中去；通用汽车在装配线中引入了机器人改变了很多人的工作等等。同时，在这些情况中，通过对那些在更大意义上是重复性和程序性的工作进行自动化改造，为雇员创造更多更有趣和更具挑战性的工作。再如，文字处理器和激光打印机的使用已经使秘书有更多的时间来从事更新和更高水平的工作。但是，也不应将自动化看成是工作丰富化的灵丹妙药，自动化经常也会导致更程序化的工作，使工作的社会互动性和可转换性下降，甚至导致工作本身的消失。重复性和程序性的工作尽管很有效率，但会使员工感到厌烦、疲劳、怠工、缺勤、绩效下降，最终导致更低的生产率。

2. 跨职能整合的可能性

跨职能整合是指把几项工作合并为一项。很多组织已经开始了跨职能的整合，以此来降低劳动力成本和提高生产率。例如，摩托罗拉对那些掌握了多种技能的工人进行了奖励，结果发现它的次品率下降了 77%。从事服务业的公司对跨职能的整合特别感兴趣，这是因为服务业中员工流动率特别高。例如，经营睡眠假日旅店连锁集团的领地护理公司通过一名观察力敏锐的产业工程师设计了它的酒店。通过简化工作并仔细地考察完成工作的时间，能够把很多工作合并起来并缩小了它的员工规模。一个普通的拥有100个床位的睡眠假日旅店仅需要12名全职员工，比那些只提供起码必需品旅店的平均水平低了13%。为了简化房间的打扫和整理，床头几被固定在墙上，员工不需再用吸尘器打扫床腿。壁橱没有可供开关的门，淋浴间是圆的以防止灰尘在墙角积聚起来。这些节省劳动力的设备使房间的勤杂服务员有更多的时间来从事其他的工作，例如，可以做房间管理工作，甚至可以在前台工作。

旅店的安全系统能够帮助饭店老板跟踪一名房间勤杂服务员打扫房间的时间。雇员插卡后可以告诉前台的电脑他或她所处的方位，何时进的房间，何时打扫完毕，何时离开房间。同时这台电脑也可以在结账的旅店必须离开的时间后阻止旅客进入房间，并且会自动关闭暖气和空调。因此，通过简化工作、合并工作和利用先进技术，领地护理公司已经减少了员工数目，提高了工资同时又保持了竞争力。

（三）人的因素

1. 员工队伍的技能储备状况

在尝试进行工作设计之前，管理者必须清楚自己的员工所拥有的技能是否匹配或适合新的工作。如果管理者不能正确理解并为新工作方式变化做好准备，就会给带来损失。如果新系统改变了很多工作，那么就需做更慎重的考虑。

如果员工的能力或者所接受的教育可能使他们无法完成所设计的工作，这会导致对工作的不满、挫折感和糟糕的工作绩效。如果工作设计过于简化了工作，员工也许会觉得更加无聊，缺乏激情，觉得没有挑战，并对工作感觉不满。这些个体因素即使在工作被设计得更加有效率的情况也给组织带来糟糕的绩效和较低的劳动生产率。

为了使员工能适应工作设计对其提出的要求，需要对员工进行培训，就必须考虑在培训和学习上所花费的时间和投入是否合算；如果培训无法解决问题，还需要考虑市场上是否具备合适的人才。例如，在今天找工作的人中有相当一部分缺乏必要的技术来读懂电脑手册、编制程序操纵机器人焊工和进行统计质量控制等，很多新进入劳动力市场的人根本无法满足将来工作的要求，而且也会抬高所需人才的聘用成本。

2. 员工的开发与激励

在对工作进行设计时，必须要考虑到雇员的愿望、需要和期望，全面权衡经济效率原则和员工生理心理需要，找到最佳平衡点，增加工作的内在激励性，让员工在适度的工作挑战中提升能力。

有时候组织为了达到培养、开发和激励员工的目的，适当地实行“因人设岗”也是可行的。因人设岗是指组织根据某些特殊人才、关键人才、符合企业长远发展战略的人才自身的知识、能力、技能、个人需求等特点，为其“量身定做”岗位。因人设岗，实际上也是因才设岗，为优秀人才创造岗位和发展的环境。这样有助于实现组织发展和人才发展的双赢效果。

因人设岗的积极作用表现在以下几方面：

(1) 战略性地储备人才。对于符合组织长远发展战略但是目前在组织中没有非常适合他的岗位的员工，需要尽力为他们安排并且创造符合其发展需求的工作。越来越多有远见的组织正在将其用人观念从“以工作为本”逐渐转向“以人为本”，为了适应组织的战略目标而有计划地储备人才、培养人才。

(2) 为关键人才创造平台。市场经济条件下，企业的竞争实质是人才的竞争，企业要在市场竞争中立于不败之地，必须树立用人的新观念，构建用人的新机制，充分发挥关键人才的智力作用。

(3) 降低人才流失率。根据马斯洛（MASLOW）的需求层次理论，每个人都有获得尊重和自我实现的需要。人都希望展示自己的才能，为企业做出贡献，从而赢得社会的尊重。岗位是人才施展才华的平台。通过因才设岗，能够使员工人尽其才，才尽其用，从而能够降低人才流失率。

第二节 工作设计的原理

一、科学管理原理

(一) 泰勒的科学管理研究

科学管理原理源于古典工业工程学。泰勒①的理论基础是亚当·斯密（Adam Smith）提出的社会分工，即职能专业化。泰勒在亚当·斯密的理论基础上，研究如何使管理者以较低的成本使工人生产出更多的产品，并支付给工人较高的报酬。他致力于研究劳动者的劳动效率，建立劳动定额，进行人机效率研究和动作研究。

在研究中，泰勒对于工人磨洋工等行为没有效率的现象感到很震惊，他觉得如果工人不全天工作是令人难以理解的，他认为工作应该实现“自然无缝连接”。他发现手工工人都是受金钱驱使而工作——也就是“贪婪的机器人”——而且被愚蠢地训练成只会“很好地”做一件事情。管理的角色就是科学地分析所有任务，并设计节约时间、节省成本的工作方式。

泰勒研究的内容大致包括七个方面：

---

① 弗雷德里克·泰勒（Frederick. Winslow. Taylor，1856～1915），科学管理原理的创始人，被誉为“科学管理之父”。

（1）研究人机关系、劳动效率。泰勒第一次把时间效率的问题作为科学研究的课题和方法，提到日程上来，形成了劳动定额。他以当时工人搬运生铁为例，进行研究，使得工人由每人每天搬运12吨，提高到47吨，效率提高近3倍。

（2）进行动作分析，详细分析劳动过程中工人的动作状况。当时，它选择了身体强壮、技术熟练的工人进行操作，并进行仔细观察、记录和分析，确定必要的部分，消除多余的部分，以此确定时间消耗，并在生产中予以贯彻，作为确定其他工人工作任务和衡量工作好坏的尺度。

（3）对工艺路线和切削用量进行分析和试验。泰勒进行的切削试验长达26年，切削试验切下的铁屑有80万吨。该试验对设备的传动装置、刀具和切削规范提出了科学的数据。

（4）对劳动条件、劳动环境和劳动过程的服务工作进行了初步研究。

（5）实行差别计件工资制。凡是达到定量作业标准的，按照高工资率计算工资，达不到作业标准的，按照低工资率计算工资。

（6）以新的作业标准和作业方法培训新工人，并将作业方法和工具都记录在工作指导卡上，以此培训新工人，使培训时间缩短，工人之间的效率差别有所缩小。

（7）改直线制为以计划管理为中心的职能制，建立职能管理科室，开展质量检验。

总的来说，泰勒的科学管理研究就是实行三定：定标准作业方法、定标准作业时间、定每日的工作量，形成了定量作业管理。其实，泰勒的“时间—动作”研究也是一种工作设计。他将工作的工作程序和操作方法标准化，大大提高了劳动生产率。

科学管理的工作设计原理的假设是：

（1）一个人掌握工作过程中的一个操作远比掌握整个工作过程要容易得多，因此让每个工人从事整个工作过程中一个环节的操作，那么他们就很容易变得熟练，能够最大限度地提高工作效率。

（2）工人从一个工作环节转换到另一个工作环节需要耗费一定时间，因此一个人只做一个环节可以节省时间。

（3）高度专业化的分工可以减少培训的成本，因为不需要为员工提供全面的培训，只需要训练员工掌握特定专业领域的技能。

（4）标准化的操作程序可以使组织的生产流程更加清晰，并且具有可控性，有利于管理。

（5）这种劳动分工可以使人们使用各种专门的、提高效率的工具和机器进行生产。

科学管理原理是一套系统化的职位设计原理，但是许多管理者错误地应用了这些原理，过于强调严密的监督和僵硬的标准。我们知道，必须将机器和员工结合在一起才能产生效果，而高效率的机器也并不一定产生高效率的人—机关系。此外，这种工作设计方法在实践中关注工作任务，而很少考虑工人的社会需求和个人需求，因此产生了很大的副作用，比如，单纯机械的体力劳动容易令人厌倦，就会使人降低对工作的投入，导致工作效率降低，工作质量下降，甚至产生安全隐患，并且会导致缺勤率和离职率的提高。

尽管之后的人际关系学派对科学管理原理进行抨击，但是它在工作设计中的影响仍然非常深远，Little and Salaman（1984，P73）认为，“总体上说，泰勒原理对于工厂任务设计的直接影响和间接影响都是非常广泛的，以至于英国的工作设计和技术设计至今都渗透有泰勒制的色彩。”

（二）吉尔布雷斯夫妇的时间动作研究

弗兰克·吉尔布雷斯①提出一种在实验室中对工作进行分析的程序方法，该方法通过恰当的设备，研究减少多余的动作来最大程度地提高劳动生产率。他的研究从建筑工地开始，首先对泥水匠砌砖的动作进行了仔细的分析和实验，将原来的18个动作减少到4.5个。为提高效率，他设计了一种可以调节高度的支架，使工人拣砖块时不用弯腰，而事先将灰浆调匀的改进使工人从原先的每人每小时最多砌120块砖，提高到350块砖。

为了获得进一步资料，他应用当时刚刚出现的电影摄影技术进行动作摄影，放映后分析哪些动作是不必要的并加以消除。他还为此专门设计了一种“微动计时器”，把一个大钟装上一枚长的大秒针，可以录下1/2 000秒，置于拍摄的现场，用来测定工作所需时间的长短。这项研究的重要性在于为动作研究开辟了道路，现代体育竞技中的动作研究基本上源于此。

动作研究的第一步是把动作进行分解，比如，将拿工具这一动作可以分解成17个基本动作：寻找、选择、抓去、移动、定位、装备、使用、拆卸、检验、预对、放手、空运、延迟（不可避免）、故延（可避免）、休息、计划、夹持等。弗兰克·吉尔布雷斯把这些基本动作定义为动素（Therblig），动素不可再分。“Therblig”一词是由Gilbreth这一姓氏的字母次序倒过来形成的，只是“TH”这两个字母次序不变。他还把动作研究扩展到疲劳研究领域，并从建筑业扩大到一般制造业。

除了动作研究，弗兰克·吉尔布雷斯还探讨了工作、工人和工作环境之间的相互影响。他认为工人的自身因素以及工作环境的条件也会影响工作的进度。工人的自身因素包含骨骼、肌肉、满足的程度、信仰、赚钱的能力、经验、疲劳、习惯、健康状况、生活方式、营养状况、体格的大小、技术水平、脾气、训练程度等15项。环境中会对工作成绩产生影响的因素有：器械、衣服、颜色、文娱（读书、音乐等）、供热（冷气、

---

① 科学管理运动的创始人之一，被誉为“动作研究之父”。吉尔布雷斯（Frank. Bunker. Gilbreth，1868～1924）和其妻子、被誉为“管理的第一夫人”的心理学家丽莲·吉尔布雷斯（Lillian. Evelyn. Moller. Gilbreth，1878～1972）的动作研究、疲劳研究等对工作的设计、分析带来巨大的推动作用。

通风）、照明、材料的质量、赏罚、所移动物件的大小、轻重、缓解疲劳的设施、周围的条件、工具、工会的规则等14项。弗兰克·吉尔布雷斯对上述两方面进行详细研究，找出提高工人工作效率的最佳方法。在管理工人方面，他认为，任何工作都有一种最好的管理方法，应该把这些方法系列化为一套制度，人人都遵照执行。如果制度有不妥的地方，可以反映和修改，但是在修改之前仍然必须执行，不得自行其是。他提出了一种强调管理制度的方法，叫做现场制度。

丽莲·吉尔布雷斯是弗兰克·吉尔布雷斯的妻子，她是心理学家和管理学家，是美国第一个获得心理学博士的妇女。在其著作《管理心理学》中，她论述了历史上三种管理方式：传统的方式、过渡方式和科学方式，并把三种方式对个人、职能化、激励和福利等一系列问题产生的影响进行了比较研究。其主要目的是为了证明科学管理是要培养工人，而不是扼杀工人，从而有力地支持了科学管理运动。丽莲·吉尔布雷斯进一步发展完善了弗兰克的理论，她认为，社会科学中的有关理论应该运用到工业管理中。在生产安排、设备配给、员工培训的基础上进行恰当的人员配置，实现人尽其才。

吉尔布雷斯夫妇提出，对于从事同一工作而具有不同特点的工人，应为他们设计不同的工作方法，以提高劳动生产率。例如：如果泥水匠是一个左撇子，那么砖堆与托盘的相对位置应与一般情况相反。这成为日后工作分析的一项重要内容。吉尔布雷斯夫妇的研究成果还应用到残疾老兵的工作安置上。实验表明，通过对这些老兵进行工作培训，并重新设计工作方法，残疾老兵可像身体正常的职员一样高效地工作。吉尔布雷斯夫妇不但进行了动作研究、疲劳研究、制度管理等研究，还结合当时西方社会科学的各种学科，以及生理学、心理学、教育学等学科的有关知识改进和提高工人的能力，从而提高生产效率。

二、工效学原理

工效学原理，又称为人类工程学、工程心理学、生物工艺学等等。工效学原理关注为劳动者设计最合适的机械和设备，即考虑到身体的、感觉的、感性的、心理的、认识的以及其他一些人类特征。

1957年，波兰的雅斯特莱鲍夫斯基教授首先提出工效学。工效学是从希腊文Ergonomics翻译而来的，其中“ergos”指工作，“nomos”指自然规律。工效学又被称为人类工程学、工程心理学、生物工艺学、人机学等等，是研究人们在生产劳动中的工作规律、工作方法、工作程序、细微动作、作业环境、疲劳规律、人机匹配以及在工程技术总体设计中人机关系的一门科学。它是通过研究人和机器、环境的相互作用以及有效的结合，设计出“人—机—环境”系统。它更适合人的生理特点和心理特点，达到保证劳动者在安全、健康和舒适的环境下作业，不断地提高生产或工作效率的目的。

最初的工效学考虑用什么形状和尺寸的工具才能把劳动者的体力发挥出来，取得较好的劳动成果。而现代工效学的基本指导思想是以人为本，以人为主体结合设备、工具、材料、工作地、劳动环境条件等因素系统地进行分析，在一定的外部空间环境下妥善地处理好人—机矛盾，寻求符合人的生理规律和心理规律的最佳方法，使劳动者在从事各种工作活动时感到舒适、方便和安全。

（1）工效学研究人—机—环境的最优结合，研究人在劳动过程中的工作规律、工作程序、工作方法、身体各部位的最优配合和最佳发挥，并对作业疲劳、作业环境、人机匹配以及工程设计中人机的相互联系等方面，从生理学、心理学、卫生学、解剖学、社会学、物理学、经济学、人体测量学、逻辑学、行为科学、管理学、数学等学科中吸收有关的知识，实现效率、安全、健康、舒适的要求。

（2）工效学从系统的角度研究各个要素及其相互关系，因此，系统论、信息论、控制论、耗散结构论、协调论、实变论是其重要的理论基础。工效学以人为主体，试图妥善解决现代工程技术中人与设备以及环境之间的矛盾，使设备和环境适应人的操作特点和要求，通过技术训练，提高人对设备的信息吸收、辨认、操纵和处理的能力。各种作业要考虑并符合人的生理特点、心理特点和规律，便于充分发挥人的智力，开拓和发掘人的潜力，系统地解决作业活动中的效率问题，把人、设备、环境作为一个系统的整体去发挥功能，以尽可能少的人力、物力和时间消耗，换取尽可能多的劳动成果，使社会取得最大的经济效益。

（3）研究人的作业效能。工效学突破了科学管理原理仅仅重视操作的局限性，着眼于目标、效率、效能和效益的有机统一。随着科学技术的高度发展，人的主观因素愈来愈重要，单纯依靠过去那种拼体力求效率、拼消耗求速度的做法已不符合时代精神。工效学关注人的感觉、知觉、情绪、情感、意志、能力等心理因素和特征，从以物为中心转变到以人为中心，由监督式和控制式的管理转变为目标式和参与式的管理。

（4）研究人的安全健康。工效学不追求单纯的效率，而着重于结合效率、安全、健康、舒适和效益这五个方面，这是一种高要求和高标准，也是现代管理以人为中心的一个重要标志，是一种全面、系统、科学、动态发展的观点。

三、“人际关系”理论

20 世纪 20 年代，资本主义国家中许多企业尽管采取了泰勒的科学管理，但劳资纠纷和罢工仍然此起彼伏，这种情况促使资产阶级的管理学者深入研究决定工人劳动效率的因素。在这种背景下，人际关系运动兴起，它促使管理者将注意力转向工人的心理需求和社会需求，强调工作设计应该考虑工作的心理学和社会学方面的因素。人际关系运动是对科学管理运动的非人性倾向的否定。

人际关系运动兴起于1924年至1932年间在美国芝加哥郊外西屋电器公司的霍桑工厂进行的霍桑实验，它是一项以科学管理的逻辑为基础的实验。霍桑实验历时近8年，经历了四个阶段：

第一阶段：车间照明变化对生产效率影响的各种实验，即"照明实验"；

第二阶段：工作时间和其他条件对生产效率影响的各种实验，即"福利实验"；

第三阶段：以了解工人工作态度为目的的会见与交谈实验，即"访谈实验"；

第四阶段：影响工人工作积极性的群体实验，即"群体实验"。

第一阶段实验是从1924年11月至1927年5月，是在美国国家科学委员会赞助下进行的；第二阶段到第四阶段实验是从1927年至1932年，是在美国哈佛大学教授梅奥（George Eloto Mayo）的主持下进行的，实验目的主要是探索和解决第一阶段实验发现的问题。

研究者进行霍桑实验的最初目的，是研究工作条件的变化对劳动生产率的影响。但是实验结论却是生产率与采光、通风和温度等工作条件之间没有明显的联系。在这之后，研究人员开始提出新的概念用于解释对工人产生激励的因素，他们发现除了经济激励和工作环境激励外，认知和社会凝聚力也同样重要。研究人员发现，工人自发地形成非正式组织，在小团体内建立标准，并在他们之间实施制裁。霍桑实验给管理者提供了一个明确的信息，即除了依靠管理控制和金钱激励，还需要培育一种能满足工人社会需求的氛围来影响工作团队。

后来越来越多的管理实践证明霍桑实验具有划时代的意义，它在管理思想史上占据着极其重要的地位，是管理思想的一个伟大的历史转折，给管理学开辟了崭新的领域。在心理学研究的历史上，霍桑实验第一次把工业中的人际关系问题提到首要地位，并且提醒人们在处理管理问题时要注意人的因素，即要尊重人，这对管理心理学的形成具有巨大的促进作用。但也有人对霍桑实验提出批评，认为它带有推论的性质，缺乏客观性。研究者没有考虑工人的阶级觉悟、工会的作用以及厂外力量对职工态度的影响，而且，研究者又把工人看成是管理部门使用的工具，而不是生产的主人。

霍桑实验之后，梅奥等人建立了人际关系学说，提出了与当时流行的泰勒科学管理思想不同的一些新观点：

1. 工人是"社会人"而不是"经济人"

科学管理把人当作经济人看待，认为金钱是刺激人的惟一动力，而霍桑实验证明，人是社会人，人们的行为并不单纯出自追求金钱的动机，还有社会方面的、心理方面的需要，即追求人与人之间的友情、安全感、归属感和受人尊敬等，而后者更为重要。因此，不能单纯从技术和物质条件着眼，而必须首先从社会心理方面考虑合理的组织与管理。

2. 企业中存在着非正式组织

企业中除了存在正式组织之外，还存在着非正式组织。正式组织为了实现企业目标，明确规定了各成员相互关系和职责范围。而非正式组织的作用在于维护其成员的共同利益，使之免受内部成员的疏忽或外部人员的干涉。为此非正式组织有其核心人物和领袖，有大家共同遵循的观念、价值标准、行为准则和道德规范。

梅奥指出，非正式组织与正式组织有重大差别。正式组织中以效率逻辑作为其行为规范；而非正式组织中以感情逻辑作为其行为规范。如果管理人员只是根据效率逻辑来管理，而忽略工人的感情逻辑，必然会引起冲突，影响企业生产率的提高和目标的实现。因此，管理当局必须重视非正式组织，注意在正式组织的效率逻辑与非正式组织的感情逻辑之间寻求平衡，以利于管理人员与工人之间充分地协作。

3. 新的领导能力在于提高工人的满意度

在决定劳动生产率的诸因素中，首要因素是工人的满意度，而生产条件和工资报酬只是第二位的。工人的满意度越高，士气就越高，从而生产效率就越高。而高的满意度来源于工人个人需求的有效满足，不仅包括物质需求，还包括精神需求。

然而，也有许多文章批评人际关系的工作设计方法，认为人际关系运动往往忽视雇员和雇主之间的经济利益冲突，并且认为，如果将这种方法付诸实施，很显然工人的反应不会像所预测的那样。然而，尽管人际关系学说受到诸多的批评，在二战后的复兴中，人际关系的工作设计方法在管理实践中产生了一定的影响。在人际关系学派发展的同时，出现了有关工作设计的新思想，从而促进了职位优化运动的发展。

四、工作特征模型理论

单纯以效率为中心难以实现人力资源目标，尤其当组织必须竞争人才、依靠知识型员工或者需要一支关心顾客满意度的员工队伍的时候。这些组织需要令员工对工作感兴趣、感到满意，因此工作设计应该考虑如何使工作对员工产生激励作用，即如何提高工作的内在激励性。工作特征模型理论，它强调对任职者的心理意义以及激励潜力产生影响的那些工作特征，同时，把一些态度变量（比如满意度、内在激励、工作投入以及出勤率、绩效等一些行为变量）视为工作设计的最重要结果。

（一）五个核心工作特征

一批研究者开始关注特定的工作特征和工作范围以及员工动机之间的关系。理查德·哈克曼（Richard Hackman）和格雷格·奥尔德姆（Greg Oldham）开发出了最受广泛认可的工作特征模型（Job Characteristics Model，JCM），如图3－1所示。这个模型中的核心工作特征对员工特定的心理状态产生影响，员工的成长需要是一个重要的中介变量。

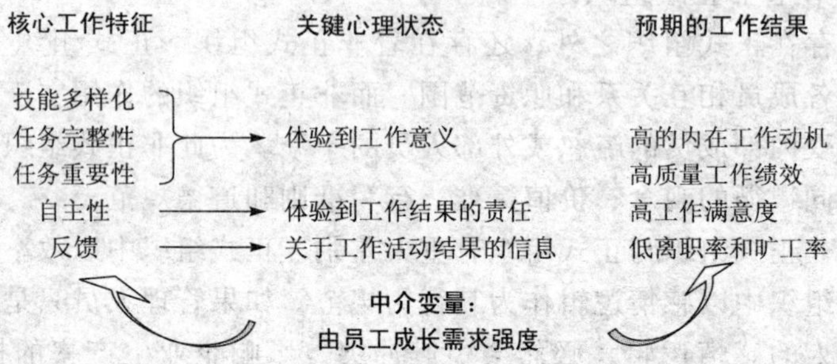

图3－1 工作特征模型

资料来源：改编自Hackman and Oldham（1980）的工作特征模型

该模型显示，每种工作都有其特征，这些特征可从五个方面进行描述，即五个核心工作特征，总结如下：

1. 技能多样性

技能多样性（Skill Variety）指完成一项工作任务需要员工具备的各种技能和能力的范围。例如，小型汽车修理厂的所有者和经营者的技能多样性高，他的工作主要包括：进行电子维修、装配发动机、做一些体力劳动、与顾客接触、收款并记账、采购零配件等。技能多样性低的例子是：汽车制造公司装配线上的工人，他只负责装配汽车中的座椅，所需要的技能只是搬运物体和拧紧螺丝。

在实践中，提高技能多样性的方式有：向员工提供交叉培训、扩展要求。

2. 任务完整性

任务完整性（Task Identity），指在多大程度上工作需要作为一个整体来完成并能明确看到工作结果。例如：个体裁缝店的裁缝任务完整性高，他需要完成设计图样、裁剪、缝纫、熨烫、添加饰品等制作一件衣服的全体工作。任务完整性低的例子是：服装厂流水线工人，他只负责为每件衣服订上商标。

在实践中，提高任务完整性的方式有：制定工作完成期限、建立自我负责的工作单元。

3. 任务重要性

任务重要性（Task Significance），指工作对其他人的生活或工作有多大的影响。医院里危重病房的护理人员的任务重要性高。而医院的擦地板工人的任务重要性低。

在实践中，提高任务重要性的方式有：向员工传达工作的意义和重要性、提高组织的社会形象和声誉。

4. 自主性

自主性（Autonomy），指工作使员工具有多大程度的自由权、独立性、裁决权、支配权。推销员的工作自主性高，他可以自己决定会见客户的日程安排，以及会见客户的方式，独立自主地完成销售活动。超市收银员的工作自主性低，他必须在规定的时间内，在指定的工作岗位上将顾客选购商品的价钱输入收款机、收钱并找回多余的钱，对工作的程序和时间安排不得进行改动。

在实践中，提高自主性的方式有：向员工决策授权、给予更多的责任和任务。

5. 反馈

反馈（Feedback），指工作是否能使员工直接、明确地了解工作的绩效。在电子产品工厂中进行电子元器件安装，然后进行检测了解其性能的工人的工作反馈性高。而对于进行电子元器件安装，然后将产品交给检验员进行检测的工人的工作反馈性低。

在实践中，提高反馈性的方式有：建立信息系统，并通过该系统向员工发布工作表现及时信息。

表3－1是对工作的五个核心工作特征激励度的含义解释。

表3－1　　工作的五个核心工作特征激励度

	具有低度激励性的工作特征	工作五特征	具有高度激励性的工作特征	
	几乎不需要什么技能	技能多样性（Skill Variety）	需要许多技能	
	完成工作的小部分任务	任务完整性（Task Identity）	完成整个工作任务	
低度激励	很少影响他人	任务重要性（Task Significance）	经常影响他人	高度激励
	由他人作决策	自主性（Autonomy）	更多的决策自由	
	难以看见效果	反馈（Feedback）	效果明显	

资料来源：雷蒙德．A．诺伊（Raymond A. Noe），约翰．R．霍伦贝克（John. R. Hollenbeck），巴里．格哈特（Barry Gerhart），帕特里克．M．赖特（Patrick. M. Wright）著，雷丽华译．人力资源管理基础．北京：中国人民大学出版社，2005.

我们通过对比一个小餐馆的经理与快餐店的汉堡烤师的工作，可以更好地理解五个核心工作特征（见表3－2）。

表 3－2 小餐馆的经理与快餐店的汉堡烤师的核心工作特征激励度对比

五个核心工作特征	激励程度及原因解释	
	小餐馆经理	快餐店的汉堡烤师
技能多样性	高：需要了解烹饪技术、企业管理知识、会计、人力资源管理等知识	低：只需要掌握烤汉堡的技术
任务完整性	高：从各种原料的采购到菜肴制作，完成全过程的监控管理	低：几乎很少准备汉堡以外的食物
任务重要性	高：能够感受到自己提供的餐饮服务为顾客带来的享受	低：不同工人烤出来的汉堡几乎没有什么差异
自主性	高：自己决定供应的食物品种	低：按照严格的、固定的程序烤汉堡
反馈	高：可以向顾客搜集就餐评价信息	低：很少从其他工人或顾客处得到评价

（二）三种关键心理状态

特定的工作特征能够产生关键的心理状态，即在上述五个工作特征中的前三者——技能多样性、任务完整性和任务的重要性——使员工了解工作的意义；自主性赋予员工责任感；反馈使员工了解工作成果。这三方面构成了三种关键的心理状态，总结如下：

（1）有意义。这种认知状态涉及员工把他们的工作知觉为一项有价值的贡献以及重要的和值得做的程度。

（2）责任感。这种状态涉及员工感到他们对工作承担个人责任或义务的程度。

（3）对结果的了解。这种心理状态直接来自于反馈，它涉及员工理解他们在工作中表现如何的程度。

员工的这三种心理状态感受越深，工作本身对他提供的内在奖励就越大，其士气、绩效、满足感就越大。哈克曼说："这个模型假定，当个人得知（了解结果）他自己（体验到的责任感）在一项自己所看重的（体验到的意义性）任务中表现良好时，其个人就获得了内在奖励。"① 哈克曼还指出，这些内在激励强化给员工，使他们表现更好。如果他们表现还不够好，他们就会更加努力，试图获得良好绩效带来的内在奖励。他总结说："其结果就是一个永久存在的积极工作动机循环，而它是由自然产生的奖励所带

① J. Richard Hackman and Greg R. Oldham. Motivation through the design of work: test of a theory// Organizational Behavior and Human Performance, VOL. 16, 1976, p250 ~ 279.

来的。可以预见这个循环能够持续下去直到三种心理状态中的一种或更多不再存在，或者直到个人不再看重由良好绩效带来的内在奖励。”① 不仅哈克曼和奥尔德姆的研究支持这些关系的存在，最近的研究也强烈支持在核心工作维度和关键心理状态之间，以及这些状态和预料的结果之间的关系。

（三）提高工作内在激励度的原理

五种工作特征通过影响三种关键的心理状态——工作意义性体验、责任感以及对结果的了解——决定了一个工作的激励潜能（Motivating Potential）。员工越感觉工作是根据工作特征模型中的五种工作特征进行设计的，他们就越满意、越受到激励。我们可以运用这一模型来提高工作的内在激励度，原理是：当工作的核心特征（从而关键的心理状态）很强时，个人就会受到较高水平的内在工作激励。而这种内在的工作激励又会带来更多的工作数量和更高的工作质量，同时也会带来较高的工作满意度，降低缺勤率和离职率。因此，在进行工作设计时，应当考虑给员工一定的自主权，提供附加责任，以增强员工的自尊心和被重视的感受。如果员工没有自主权，就会引起对工作的冷漠和低绩效。工作设计过于简单，就会因为单调枯燥而产生厌烦，影响员工的身心健康。同时还要让员工感觉到该工作对于实现组织总目标的意义，从而产生成就感。员工如果不能参与一些比较完整的工作，就会缺乏对工作成果的骄傲感受，从而失去责任感。组织还要对员工的过错绩效给予及时的反馈，才能正确引导和激励员工，使其不断改进自己的工作。总之，通过增加工作技能的多样性、完整性、重要性、自主性和反馈性，改善员工的关键心理状态，强化员工对工作意义的体验，增强对工作结果负责的精神，进而增加工作的内在激励度和员工的工作满意度，保证高质量的工作绩效、降低缺勤率和离职率。

根据哈克曼—奥尔德姆的工作特征模型，一个具有较高激励潜能的工作举例是外科医生。外科医生在工作中必须使用多样的技能和能力；他们参与对病人的预诊、手术、手术后事宜和跟踪治疗等全程治疗；他们的工作具有生死攸关的重要性；他们对于病人的病情有最终的定夺权；在手术过程本身以及之后都有明确直接的反馈。

专　栏

工作诊断性调查（JDS）

哈克曼和奥尔德姆开发出一份问卷——工作诊断性调查（Job Diagnostic Survey，

① J. Richard Hackman and Greg R. Oldham. Motivation Through the design of work: test of a theory// Organizational Behavior and Human Performance, VOL. 16, 1976, p250 ~ 279.

JDS）——来系统性地研究工作的内在激励性。调查分析后得到一个量化的分数，即激励潜能指数（Motivating Potential Score，MPS），它可以用于计算一个整体估量或工作丰富化或（越来越多地被称为）工作范围，反映了工作可能影响员工动机和满意度的潜能。如果激励潜能的得分高，就可以预测，员工的工作积极性、工作绩效和工作满意度都会很高，而缺勤率和离职率会有所下降。

激励潜能指数（Motivating Potential Score，MPS）如下所示：

激励潜能指数 =（技能多样性 + 任务完整性 + 任务重要性）/ 3 × 工作自主性 × 反馈度

这个公式中将技能多样性、任务完整性和任务重要性这三个工作特征加起来除以3，而自主性和反馈不作处理，直接与前三个工作特征的得分的平均数相乘。由于前三个工作特征是相加的关系，所以即使其中任一个甚至两个完全被忽略或者得分为零，个人仍然可能体验到工作的意义；但是如果自主性或者反馈被忽略，那么由于乘法关系，工作就不能提供任何激励的可能，即激励潜能指数为零。

虽然目前对激励潜能指数计算公式的严密性和准确性还尚存争议，但它在一定程度上反映了工作特性与激励的关系。

五、几种原理总结

表3-3是对上述几种工作设计原理的总结。上述四种工作设计原理可以根据工作设计的目标归纳为两类：

第一类是追求功能效果，强调提高生产力和效率，科学管理原理和工效学原理就是依据功能效果进行工作设计的，它们的基本目标是通过工作的简单化、专业化和标准化实现工作效率的最大化。虽然工作简化从形式和内容上优化了人力、物力、信息乃至资本的流程程序，节省了人、财、物的消耗，提高了效率。但是它在很大程度上忽略了劳动者在所有资源和生产要素中最活泼和最具建设性潜力的主动积极的要素，而将员工与物料、设备、工具、场地等物质要素同等看待，生产的重复性加大、作业操作简单化，导致岗位技能含量明显降低，员工劳动自主性彻底丧失。

与前两个设计思想相反，第二类工作设计思想的目标强调人本价值，追求保持和提高可获得的人类价值（例如身体安全和工作满意度），而人际关系学说和工作特征模型原理就是基于这样的论断，强调以工作满意为目标。在工作设计中，专家们强调以员工的工作满意度为目标，这是基于以下两种理由：一是对岗位具有高满意度的员工在增加产出、保证质量、提高工效以及克服各种困难等方面具有更强的优势；二是工作设计应当体现社会责任，即要为员工提供安全、健康、舒适的工作条件，不断提高员工的工作生活质量。

上述两类不同的工作设计思想，一类倡导提高岗位工作效率优先，提倡工作简单化和专业化，另一类倡导提高岗位员工工作生活质量和岗位满意度，提倡工作岗位丰富化，这两类工作设计思想从表面上看有矛盾，然而，从实质上看，二者其实是并行不悖的，因为，坚持岗位工作效率优先原则是工作设计的基本要求，而提高岗位员工工作的生活质量以及员工的岗位满意度是工作设计追求的总目标。在工作设计与再设计中，一定要从实际出发，以提高员工工作的生活质量为目标，使劳动者在“安全、健康、舒适”的环境条件下，优质高效地完成工作任务。

表 3－3　　几种工作设计原理的效果比较

工作设计的目标	工作设计原理	积极的结果	消极的结果
强调功能效果： 提高岗位工作效率； 效益优先	科学管理原理	培训时间较少； 利用水平较高； 差错率较低； 出现精神负担和压力的可能性较小	工作满意度较低 激励性较弱； 缺勤率较高
	工效学原理	体力付出较少； 身体疲劳度较低； 健康抱怨较少； 事故较少； 缺勤率较低； 工作满意度较高	由于设备或工作环境变化带来的财务成本较高
强调人本价值： 提高工作生活质量和岗位满意度	“人际关系”理论 工作特征模型理论	工作满意度较高； 激励性较强； 工作投入度较高； 工作绩效较高； 缺勤率较低	培训时间较长； 利用水平较低； 差错率较高； 出现精神负担和压力的可能性较大

第三节　工作设计的方法

工作设计的方法有很多，按照工作设计原理可以概括为基于功能效果的工作设计方法、基于人本价值的工作设计方法，以及多种方法的综合模式。

一、基于功能效果的工作设计方法

（一）机械型工作设计方法

机械型工作设计方法强调找到一种使效率最大化同时最简单的方式来对工作进行组合，通常包括降低工作的复杂程度，尽量让工作简单化。机械型工作设计法强调的是围绕工作任务的专门化（Job Specification）、技能简单化以及重复性来进行工作设计，这样有利于组织减少对能力较高员工的需求，从而不再依赖单个员工，组织可以通过对新员工进行快速的、费用很低的培训来使他们胜任工作。

用机械型工作设计方法进行工作设计，首先要寻求完成工作的“一种最优方法”，而这就要通过进行时间—动作研究，即工程师研究和分析手、臂和身体其他部位的动作，研究工具、员工和原材料之间的物理机械关系，研究生产线和工作环节之间的最佳程序，强调通过寻找员工的身体活动、工具和任务的最佳组合，来使生产效率最大化。

一旦找到这种最佳程序和最佳组合方式，雇主就应当根据求职者完成工作方面的能力进行人员甄选，同时按照完成工作的“最优方式”进行人员培训。科学管理认为，雇主还应当对员工提供货币刺激，从而激励他们在工作中发挥出自己的最大能力。

这种基于工作效率的工作设计方法使得工作安全、简单、可靠，使得员工工作中的精神需要最小化。

表 3－4　机械型工作设计法对于工作特征的描述维度

1. 工作专门化：该工作在工作目的或工作活动方面是否具有高度的专门化？

2. 工具和程序的专门化：从工作的目的来看，在这种工作中所使用的工具、程序、原材料等是高度专门化的吗？

3. 任务简单化：该工作所要完成的工作任务是简单的、不太复杂的吗？

4. 活动单一性：该工作要求任职者在同一时间内只从事一项工作任务吗？它是否不要求任职者同时或者在前后相隔不长的时间里完成多项工作活动？

5. 工作简单化：该工作要求任职者具备的技能和培训时间相对较少吗？

6. 重复性：该工作要求任职者反复不断地完成同一种或相同的几种工作活动吗？

7. 空闲时间：在各种工作活动之间只有很少的空闲时间吗？

8. 自动化：该工作所承担的许多工作活动都实现了自动化或者得到了自动化设备的辅助吗？

资料来源：雷蒙德·A·诺伊（Raymond A. Noe），约翰·R·霍伦贝克（John R. Hollenbeck），巴里·格哈特（Barry Gerhart）帕特里克·M·赖特（Patrick M. Wright），刘昕译．人力资源管理：赢得竞争优势（第五版）．北京：中国人民大学，2005.

（二）生物型工作设计方法

生物型工作设计方法通常用于体力要求比较高的工作设计，目的是降低某些特定的工作对于体力的需求，从而使得任何人都能够完成这些工作上的工作。该方法还非常关注对机器和技术的再设计，比如通过调整计算机键盘的高度来最大限度地减少职业病（比如腕管综合症等）。此外，生物型工作设计法还关注对办公室工作的座椅和桌子的设计，使得符合人体工作姿势的要求。一项研究发现，让员工参与到人类工程学工作设计活动中的做法，显著降低了累积性精神紊乱发生的次数及其严重程度，减少了生产时间损失以及受限工作日的数量。

表 3－5　　生物型工作设计法对于工作特征的描述维度

1. 力量：该工作只要求任职者具有非常弱的肌肉力量吗？
2. 抬举：该工作只要求任职者具有相当小的抬举力以及（或）只要求任职者举起相当轻的物体吗？
3. 耐力：该工作只要求任职者具有相当弱的肌肉忍耐力吗？
4. 坐：在该工作中，坐的安排是充分的吗？（有足够的机会坐下，有舒适的座椅以及良好的坐姿支持等等）？
5. 体格差异：从间隙距离、伸手距离、眼的高度以及腿的放置空间等方面看，该工作所处的工作场所能够容纳各种不同体格的人吗？
6. 手腕运动：该工作允许任职者的手腕伸直而没有过多的运动吗？
7. 噪音：工作场所没有过多的噪音吗？
8. 气候：从温度和湿度来看，工作场所中的气候舒适吗？有没有过多的粉尘和烟雾？
9. 工作间歇：根据工作的要求，任职者有充分的工作间歇时间吗？
10. 轮班工作：该工作并不要求任职者从事轮班工作或者过多的加班工作吗？

资料来源：雷蒙德·A·诺伊（Raymond A . Noe），约翰·R·霍伦贝克（John R . Hollenbeck），巴里·格哈特（Barry Gerhart）帕特里克·M·赖特（Patrick M. Wright），刘昕译．人力资源管理：赢得竞争优势（第五版）．北京：中国人民大学．2005.

（三）知觉运动型工作设计方法

如前面已经介绍的，生物型工作设计法所注重的是人的身体能力和身体局限，而知觉运动型工作设计法关注人的心理能力和心理局限。这种工作设计方法的目的是确保工作的要求不会超过人的心理能力和心理局限。这种方法通常是通过降低工作对于信息加工的要求，来改善工作的可靠性和安全性。

进行工作设计时，首先分析衡量那些能力最差的工人的能力水平，然后使具有这种能力水平的人也能完成工作的方式确定工作的要求。与机械型工作设计法相类似的是，知觉运动型工作设计法一般也能够降低工作对于人的认知能力的要求。

像空中交通管制人员、石油冶炼操作工及质量控制监督员等工作，都需要大量的信息处理工作。而另一方面，许多事务性工作和流水线上的工作却只要求任职者完成很少的信息处理工作。在对所有的工作进行再设计的时候，管理人员必须意识到信息处理的要求，并且确保所有这些要求不会超出那些能力最差的人的能力范围。

我们可以通过如下方法简化工作的脑力需求：

（1）限制工作所要求的信息数量和记忆。

（2）提供足够的照明、易于理解的标准和告示、便于操作的设备和清楚的操作说明。

（3）评估雇员能否满足该工作的脑力需求。

应用该方法的一个例子是，利用电子收银机简化收银员的工作。以前，收银员在工作中需要读取收银机显示的总价款、接受顾客的付款，然后计算找零。现在，多数商店安装了电子收银机系统，机器会自动计算找零并显示金额。收银机使收银员的工作变得更轻松。但是，一些收银员曾经可能对自己计算找零的本领非常得意，对于这些人来说，商店引入电子收银机可能降低了这些人的工作满意感。从这个角度讲，简化工作对任职者的脑力需求的同时，也会降低工作的趣味。

表 3－6　　知觉运动型工作设计法对于工作特征的描述维度

1. 照明：在该工作所处的工作场所中的照明充分并且不刺眼吗？
2. 显示：在该工作中使用的显示器、量器、仪表以及计算机化的设备容易阅读和理解吗？
3. 程序：在该工作中所使用的各种与计算机有关的设备中的应用程序容易学习和理解吗？
4. 其他设备：在该工作中所使用的其他设备都容易学会并使用吗？
5. 打印工作材料：在该工作中所使用的打印材料容易阅读和解释吗？
6. 工作场所布局：该工作所处的工作场所布置有利于任职者看和听吗？
7. 信息投入要求：完成该工作需要的注意力非常少吗？
8. 信息产出要求：从行动和沟通两个方面来说，员工必须从该工作中获得的信息产出非常少吗？
9. 信息处理要求：从思考问题和解决问题的角度来说，在该工作上的工作必须加工的信息数量非常少吗？
10. 记忆要求：在该工作中必须记住的信息数量非常少吗？
11. 压力：在该工作中需要承受的压力相对较小吗？
12. 厌烦：对该工作产生厌烦的可能性非常小吗？

资料来源：雷蒙德·A·诺伊（Raymond A . Noe），约翰·R·霍伦贝克（John R . Hollenbeck），巴里·格哈特（Barry Gerhart），帕特里克·M·赖特（Patrick M. Wright），刘昕译．人力资源管理：赢得竞争优势（第五版）．北京：中国人民大学，2005.

二、基于人本价值的工作设计方法

（一）工作轮换

工作轮换是将员工轮换到另一个同样水平、技术要求相接近的工作岗位上去工作。

工作轮换应当遵循的原则是：

（1）对于敏感或有高度机密性的工作，不适合经常调动。

（2）一般工作轮换首先从同一个工作类别中开始，然后再考虑不同工作类别之间的工作轮换。

（3）工作轮换必须有序进行，以免影响正常的工作秩序和工作效率。

（4）应充分考虑员工的个人意愿，不能进行强制性的工作轮换。因为有的员工并不一定喜欢过多地尝试新工作和适应新的环境，而是希望专注于一个领域发展。

（5）注意工作轮换的时间间隔。如果在过短时间内员工工作岗位变换频繁，对于员工心理带来的冲击远远大于工作新鲜感给其带来的工作热情。一般来说，每个员工在同一工作岗位上连续待5年以上，又没有得到晋升的机会，就可考虑工作轮换。如果一名员工一直在同一组织中工作，考虑其晋升和工作轮换的总数大约在7~8次较为合适。

工作轮换的优点是：

（1）丰富工作内容，减少员工对工作的枯燥单调感，提高员工的工作积极性。

（2）员工能学到更多的技能，提高对环境的适应能力，也为员工的生涯设计提供参考。不少大公司内部提升的管理人员都要求有在几个不同的部门或工作工作的经验。

（3）有助于员工认清本职工作与其他部门工作的关系，从而理解本职工作的意义，提高工作积极性。

（4）使管理部门在安排工作、应付变化、人事调动上更具弹性。比如，降低由于人员的流失导致工作衔接滞后。为人员流出后顺利开展工作做了根本性的弥补，有利于人员的稳定与业务持续的推进。

（5）降低员工的离职率。很多员工离职是因为对目前的工作感到厌倦，希望尝试新的有挑战的工作。如果能够在公司内部提供给员工流动的机会，使他们能有机会从事自己喜欢的有挑战性的工作，他们也许就不到公司外部寻找机会了。

工作轮换的缺点是增加了员工的培训成本，而且一个员工在转换工作的最初时期效率较低，此外，变动一个员工的岗位就意味着其他相关联的岗位会随之而变动，因此会增加管理人员的工作量和工作难度。

（二）工作扩大化

20世纪50年代，工作扩大化（Job Enlargement）方法开始流行，这种方法是在横向水平上增加工作任务的数目或变化性，将原来狭窄的工作范围、频繁重复的情况加以改善，使工作多样化。

工作扩大化的具体方式有如下三种：

（1）延长工作周期。将若干分工很细、周期较短的岗位合并，由几名员工组成作业小组共同承担原来多个岗位的生产任务。

（2）增加岗位的工作内容。比如安排员工承担力所能及的设备维修、前期准备以及后期收尾的工作任务。改变过去辅助或服务工作由专门岗位负责的状况。又比如，一个服装厂工人的工作不仅像原来那样只负责为服装订商标，还要负责检查服装的尺码是否准确，接缝处的针脚是否匀称，然后再为服装订上钮扣和商标。

（3）包干负责制。增加岗位活动的范围，将原来几个不同性质的岗位归并在一起，由一个员工负责。例如，由一个员工负责装配、检验和包装等作业活动，完成任务后挂上署名标牌，以便由客户对装配包装的质量进行监督。

工作扩大化使员工有更多的事情可以做，有效地避免员工无所事事的情况发生。通常，这种扩大的新工作同员工原先所做的工作非常相似，因此对于扩大的这部分工作，员工可以熟练地去做，而不需要专门的培训。这一方面节省了培训的费用，另一方面带来了工作效率的提高，因为这样做的结果是不必把产品或任务从一人手中传到另一人手中，减少了交接的程序，节约了时间。此外，由于员工完成的是整个产品或一项任务，而非在一个大件或一项任务中从事一小部分工作，这样员工在心理上也可以得到更多的安慰和满足。因此，工作扩大化的设计方法通过增加某一工作的工作内容，使员工的工作内容增加，要求员工掌握更多的知识和技能，丰富工作经验，从而提高员工的工作兴趣。

工作扩大化的设计方法有很多人曾经研究过，一些研究者的报告也表明，工作扩大化的主要好处是增加员工的工作满意度并提高工作质量。公司的研究报告表明，工作扩大化导致公司的工资费用和设备检查的增加，但由于工作扩大化带来的质量改进，员工满意度提高而抵消了增加的费用成本。美国 MAYTAG 公司就是通过实行工作扩大化提高了产品质量，降低了劳动成本，提高了员工的满意度，生产管理也变得更有灵活性。

然而，有时工作扩大化的成效并不十分理想，因为它只是增加了工作的种类，却在工作的挑战性和意义性方面改变不大。有的员工反对工作扩大化，他们认为，以前只有一件令人厌恶的工作，在工作扩大化之后，就有两三件令人厌恶的工作了。

（三）工作丰富化

1. 工作丰富化的含义

与工作扩大化相比，工作丰富化（Job Enrichment）关注提高工作的挑战性、意义性和完整性等方面，有利于在工作特征上得到改进。

工作丰富化是指在纵向上赋予员工更复杂、更系列化的工作，通过参与工作规则的制定、执行、评估，使员工有更大的自由权和控制权。例如，美国一家公司的会计业务原来被分割成发票、审核和查询三个业务，分别由不同的部门人员完成，后来改成每个会计对一笔买卖的全过程负责。由于员工感到有一定的自主权和肩负的责任感，而且工作的完整性、反馈性和技能的多样性也提高了，让员工体验到了工作的意义，所以丰富化之后的工作的内在激励程度提高了，因而员工满意度和生产率都上升了。

2. 工作丰富化的方式

实施工作丰富化可以采取下列五种方式：

（1）任务组合：把现有零散的任务结合起来，形成范围较大的、内容丰富的工作单元，增加技能多样性和任务完整性。

（2）建构自然性的工作单元，使员工能独立负责一个有意义的工作整体，而非仅仅看到工作整体中的一个环节。这样做能够使员工看到工作的成果，看到工作的意义和重要性。

（3）建立员工——客户关系。客户是指员工的工作产出（包括产品和服务）所指向的对象，即接受者。这些客户可能是外部客户，也可能是内部客户。当一个员工与客户建立直接的关系时，他们会从客户那里得到重要的反馈，同时也使他们感受到一种自主性。另外，与客户建立直接的关系也需要员工具备为客户服务的技能和人际交往技能。因此，建立员工—客户关系，有利于增加工作的技能多样性、自主性和反馈程度。

（4）纵向扩充工作内涵，使员工不仅要做执行性的工作，还要赋予员工一些原本属于上级管理者的职责与控制权，以此缩短工作的“执行层”与“控制层”之间的距离，并让员工感受到自己所承担的责任，增强工作自主性和任务重要性。

（5）开放反馈的渠道，使员工不仅能够知道自己的绩效，还可以知道自己在工作上是进步了、退步了还是没有变化。最理想的是让员工在工作中直接收到反馈，而非由上级间接转达，这可以增加自主性，减少被监督意识。

工作丰富化是以工作特征模型为核心的。工作特征模式就是工作丰富化的模式，两者的关系如图 3－2 所示。

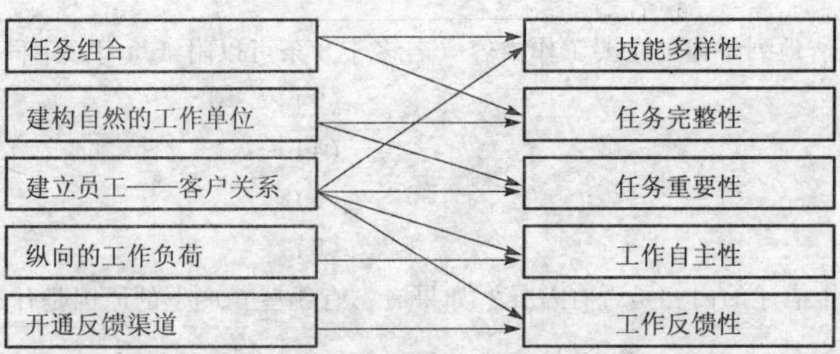

图 3－2　工作丰富化的手段与核心工作要素的关系

表 3－7　工作丰富化举例

原来的情况	工作丰富化后的情况	对应提高的核心工作特征
每人轮换使用机器	每人固定负责两台机器	任务完整性
当机器发生故障时，操作工让维修工来维修	操作工接受维修训练，负责所使用机器的维修	技能多样性
操作工按照操作手册的规定，调换重要的零件	操作工根据自己的判断来调换零件	工作自主性
工长对操作工实施监督，对不符合标准的操作予以纠正	建立工作绩效反馈制度，使操作工了解自己的工作情况	工作反馈性
在工作流程中个人做单一的作业	由 3～5 个人组成小组，完成整个工作任务	技能多样性、任务完整性
工长决定谁干什么工作	由工作团队决定干什么工作	工作自主性
检验员和工长检验产品，纠正操作方法	由工作团队对产品进行自我检验	技能多样性、工作自主性、反馈性、

表 3－8　工作丰富化诊断问卷调查表

一、基本信息

姓名：	填写日期：　　年　月　日
工作名称：	工作编号：
所属部门：	部门经理姓名：

二、工作内容调查

1. 请准确、简洁地列举你的主要工作内容（若多于 8 条可以附纸填写，下同）：

(1)　　　　(2)

(3)　　　　(4)

(5)　　　　(6)

(7)　　　　(8)

上述内容与工作描述的内容是否有差异？如果有，有哪些？产生的原因是什么？

续表 3-8

2. 请列举你有决策权的工作项目： (1)　　　　　　　　(2) (3)　　　　　　　　(4) (5)　　　　　　　　(6) (7)　　　　　　　　(8) 上述内容与工作描述的内容是否有差异？如果有，有哪些？产生的原因是什么？
3. 请列举你没有决策权的工作项目： (1)　(2) (3)　(4) (5)　(6) (7)　(8) 上述内容与工作描述的内容是否有差异？如果有，有哪些？产生的原因是什么？
三、职业发展调查
1. 请描述你为自己设定的职业发展目标：
2. 你认为这个目标和组织为你制定的发展目标一致吗？如果不一致，差别在什么地方？
3. 为了达到你个人的职业发展目标，你认为组织应该为你做什么？
4. 在当前的工作情况下，你是如何向你的目标迈进的？
四、适应性调查
1. 你是否还具有工作的热情？如果没有，原因是什么？
2. 你是否对现在的状态感到满意？如果不满意，你希望什么样的状态？
3. 你能否在没有工作热情时同样做好自己的工作？

续表 3-8

4. 你是否认为工作和兴趣相结合很重要？
五、相关问题调查
1. 你在工作中最大的困难和苦恼是什么？
2. 你是否喜欢为自己的工作做计划？
3. 你认为直接上级应该再给你哪方面的权力？
4. 你对目前的工作描述和工作资格要求有什么看法？
5. 你希望对工作描述和工作资格做哪些方面的修改？
6. 你对工作资格要求有哪些建议和意见？

3. 工作丰富化的优缺点

工作丰富化承认员工在社会需要方面的重要性，因此，它有助于提高员工的工作动力、满意度和生产率，降低缺勤率和离职率；但是，采用这种方法的成本和事故率都比较高，还必须依赖管理人员的控制。

我们可以通过一个例子来更好地理解工作丰富化带来的好处。戴姆勒-克莱斯勒（Daimler Chrysler）汽车公司的托来多北部工厂对装配生产线上工人的工作实施了工作设计。该公司的发言人说："管理者的权力正在逐步下放，普通工人的权力正在加强。"该工厂的经理 Vick Crawley 说："传统的装配生产线都是一人负责一个动作，我们已经废除了这种装配生产线了。如今工人们都需要负责多个任务。"他还指出，与传统的生产线相比，这种新的"工作单元"需要更多的员工培训和发展。"我们已经保持了持续增长，员工参与自己'生产单元'的设计。"实施工作设计后，工人都是以 10 个人的工作团队进行工作，他们除了本职工作以外，还要学习其他团队的工作，这样有利于在需要时进行人员调配。此外，改革后的工作设计可以防止因为重复动作使工人受到身体损伤。

事实上，人们对工作特征模型的研究表明，它的实际效果并不明确。只有高度重视并期望个人成就的员工，以及对组织的报酬、安全感和人际关系感到满意的员工，才会具备对上述五个工作特征作出积极的反应，也就是对工作丰富化做出积极的反应。反之，对于那些不需要也不希望承担富有挑战性的工作，只喜欢单调枯燥和一成不变的工作，而把自己的兴趣和精力寄托在工作时间以外的员工来说，工作丰富化的方法无法提高他们对工作的满意度。此外，从管理者的角度讲，只有愿意授权并具有指导下属工作能力的管理者才能够对工作丰富化的实施采取积极的态度。

因此，工作丰富化的设计方法并不适合所有人员，对于大部分人，应当将工作扩大化、工作丰富化、工作轮换等多种方法结合使用。

（四）自主性工作团队

自主性工作团队（Autonomous Work Teams）是工作丰富化在团体上的应用。自主性工作团队对工作有很高的自主管理权，包括集体控制工作速度、任务分派、休息时间、工作效果的检查方式等，甚至可以有人事挑选权，团队中成员之间互相评价绩效。这种工作设计方法特别适合于扁平化和网络化的组织结构。

自主性工作团队有三个特性：

(1) 团队成员间的工作相互关联，整个团队最终对产品负责。

(2) 团队成员拥有多种技能，能执行团队中绝大部分甚至所有的工作任务。

(3) 绩效的反馈与评价是以整个团队为对象。

同一工作在自主性工作团队与传统的工作设计方法中所起的作用不同，比如，在传统的工作设计中，操作工人独立工作，只需要掌握单一技能就能完成任务，而在自主性工作团队中，团队成员之间需要具备多方面的技能，紧密合作，完成大量工作，包括操作、技术支持、工艺改进和管理；团队自己分配工作任务、决定工作时间。工作团队有权在既定的技术约束和预算约束下，自行决定工作任务的分配方式，他们只需要对最终产品负责。工作团队可以是暂时的，也可以是长期的；可以是半自治的，也可以是自我管理的。自主性工作团队强调及时地向全体团队成员发布所有决策信息以供决策参考，而传统的工作设计方法只给员工需要知道的信息。

此外，团队管理者的责任，不再是设计工作，而是建立工作团队，确保团队成员拥有完成工作所需要的资格，确保团队的目标与组织目标保持一致。工作团队的管理者承担着教练和激励者的角色。当然，他们也必须使团队在组织中拥有足够的权力，并对团队实施领导。同时，团队管理者还负责处理纪律问题和对付工作中的困难。

表 3-9 传统的工作设计方法和自主性工作团队的比较

内容	项目	传统的工作设计方法	自主性工作团队
职位	管理者	监控运行、组织资源	确定长远目标，确保资源
	操作工人	独立工作，强调单一技能的操作任务	是团队工作的一部分，完成大量工作，包括操作、技术支持、工艺改进和管理
	技术专家	独立工作，执行技术工作，支持运行	充当团队的顾问、教师和教练
工作设计要素	人	把紧凑的一组工作分配给个人	与他人协调，利用团队关系完成相互联系的活动
	决策	通过命令与控制的层级制度管理生产过程	授权团队制定关于加速周转和改进工艺的决策
	信息	只给员工需要知道的信息	及时地向全体团队成员发布所有决策信息以供决策参考

资料来源：M. J. Wallance JR. and N. F. Crandall. Winning in THE AGE OF EXECUTION：THE CENTRAL ROLE OF WORK-FORCE EFFECTIVENESS” ACA JOURNAL 1，NO. 2，WINTER 1992 ~ 1993

自主性工作团队在许多公司中得到应用。比如：瑞士沃尔沃（Volvo）汽车公司从20世纪60年代就采用自主性工作团队；美国通用食品（General Food）公司在20世纪70年代起开始采用。如今，采用这一做法的组织越来越多，如通用汽车公司和丰田汽车公司的合资组织就是用自主性工作团队的方式制造雪弗莱（Cheverolet Novas）和丰田柯罗拉（Toyota Corolla）轿车的。具体方法是，把汽车厂的员工分为一些小团队，规定各个团队的工作并监督各个团队的生产成效。这些团队有很大的自主权，自己执行每天的质量检查（而这在过去是由另一组员工进行的）。

三、多种方法的综合模式——社会技术系统方法

综合模式的工作设计方法综合了对功能效果和人本价值的思考，这类方法以社会技术系统方法为典型代表。社会技术系统方法最初源自伦敦人际关系学院的研究，它的技巧和设计原则来源于大量的行为学研究。社会技术系统方法理论建立在两个基础性假设之上：一个组织是一个社会和技术结合的体系；同时，这个体系对于它周围的环境是开放的。

（一）社会技术系统

社会技术系统方法理论的第一条假设指出，组织中的工作都是一个运行的系统，这个系统由两部分组成：一个是社会部分，包括从事工作的人以及他们之间的关系；另一个是技术部分，包括工具、技能和完成工作的方法。社会和技术之间是互相独立的，每一部分都遵循着一个截然不同的行为法则系统：社会部分根据生理和心理法则运行，而技术部分则遵循着机械和物理法则；与此同时，社会和技术之间又是彼此相关的，它们必须共同作用才能完成工作。由此它们组成了统一的整体——社会技术系统。

在社会技术系统中，“技术”的产出结果是产品和服务，“社会”的产出结果是员工的满意度和忠诚度。如果工作设计要员工创造出更高水平的产品，而又能满足他们的成就需要，就必须兼顾技术性与社会性。

（二）外界关系

社会技术系统方法理论的第二条假设指出，组织中的工作是一个开放的体系，它必须与环境相互作用以谋求生存和发展。环境为社会技术系统提供必需的能源、原料和信息输入，而社会技术系统向环境输出产品和服务。这里的关键是，怎样设计系统与环境之间的界面，即怎样进行工作设计。既要保护该系统避免外界干扰，同时又要有助于必须的能源和信息的交流，使得社会技术系统能够适应环境变化，并影响环境向好的方向变化。

基于社会技术系统思想方法，工作设计模式如图 3－3 所示。它强调管理人员要分析和评价在工作设计、规划发展和贯彻过程中许多变量可能产生的影响，包括组织内外部因素、员工个人特征因素以及工作设计本身需要考虑的因素。管理者必须首先意识到工作设计在整个环境中进行的，包括组织外部环境以及组织内部环境，而非孤立地在真空中进行，不能片面地考虑工作设计这一活动本身的主要因素。同时，管理者不能忽视员工的个人需要和价值观，工作设计离不开对个人特征的考虑。

在工作设计中需要考虑的因素，可以归结为如下几点：

（1）外部环境因素，包括：社会因素、政治环境、经济环境、地理环境，等等。

（2）组织内部因素，包括：组织结构、工作流程、组织文化、制度、政策、技术工艺，等等。

（3）个人特征，包括：个人需求、价值观、成熟度、变革接受能力，等等。

（4）工作设计因素，包括：工作特征、协作要求，等等。

这些综合因素会导致一系列绩效成果的产生，包括生产率、工作绩效、工作满意度、积极性、责任感、离职、矿工。

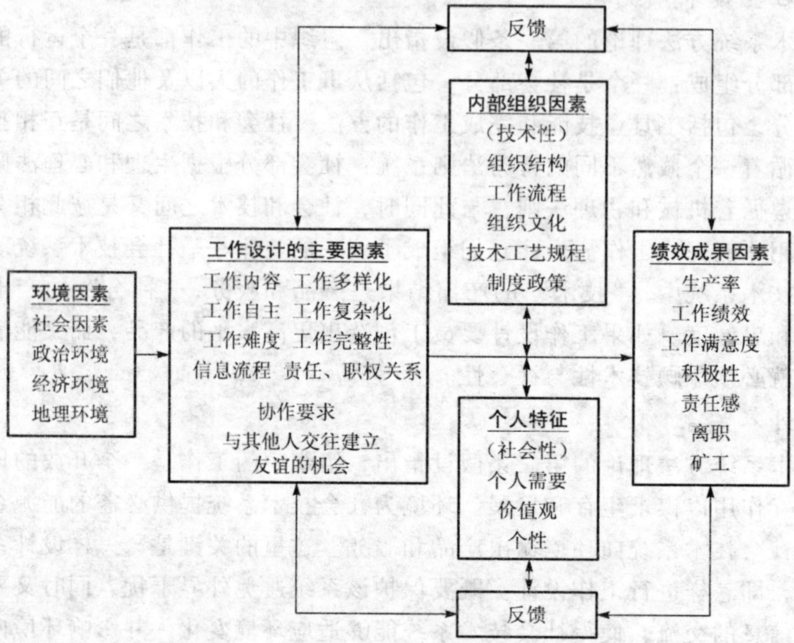

图 3－3 基于社会技术系统的工作设计模式

本章小结

本章主要介绍了工作设计的涵义、原理和方法。

第一节从工作设计的思想来源出发，引入工作设计的概念，并简要介绍了工作设计目的、原则、形式以及工作设计应该考虑的因素。

第二节介绍了工作设计的原理。本节以工作设计思想的发展为主线，重点介绍科学管理原理、工效学原理、“人际关系”理论、工作特征模型理论四种工作设计的原理。本节最后对以上四种工作设计的原理，按照强调功能效果和强调人本价值的工作设计目标，对各原理的效果进行了比较。科学管理原理和工效学原理强调功能效果，把提高岗位工作效率、效益优先作为主要目标；“人际关系”理论和工作特征模型理论强调人本价值，把提高工作生活质量和岗位满意度作为主要目标。

第三节介绍了工作设计的方法。在第二节的对“强调功能效果”和“强调人本价值”的工作设计原理分类基础上，按照工作设计原理将工作设计的多种方法从“基于功能效果的工作设计方法”和“基于人本价值的工作设计方法”的分类角度进行介绍，并介绍了多种方法的综合模式——社会技术系统方法。其中，基于功能效果的工作设计方法包括机械型工作设计方法、生物型工作设计方法、知觉运动型工作设计方法；基于人本价值的工作设计方法包括工作轮换、工作扩大化、工作丰富化、自主性工作团队。

复习思考题

1. 从工作设计的历史发展来看，其思想和原理发生了什么样的改变？

2. 工作特征模型是什么？思考核心工作特征和关键心理状态的联系，如何提高工作的内在激励度？

3. 工作设计的方法有哪些？这些方法的原理基础是什么？

4. 将工作轮换、工作扩大化、工作丰富化进行比较和对照。它们的相似和相异之处是什么？

案例讨论

新型的工厂员工

弗雷德·普林斯（Fred Price）在黑暗中摸索着下了楼梯，手里抓着一块丹麦式的面包，在凌晨4点匆匆忙忙刚去上班。今天对于这位29岁的北卡罗来纳工厂的雇员来说是一个不寻常的日子。来到工作岗位上，他像往常一样给他所在的这个微型工具与模具车间发布工作进度指令，同时，在他自己没有对金属进行加工的时候，他还兼任着监督者的角色。但是到了中午的时候，从位于洛利市的州政府劳工局送来了一些测试的结果。这些能力测试对位于沙罗特市的东北工具制造公司（Southeast Tool & Manufacturing Co.）所雇佣的43名工人进行了从数学和机械技能到领导能力和适应能力的全部智能测验。与这些测验结果一同下来的还有一份“治疗药方”。根据“药方”的要求，普林斯不得不在打鸟上少花点时间了，与婴儿小推车打交道的时间也要减少了。像成千万的美国工厂工人一样，弗雷德·普林斯将要重新回到学校去了。

从小到大，弗雷德一直都喜欢手工工作，而不是用脑工作。他喜欢帮助父亲修理家里的老师福特牌收割机，甚至有一次他们还组装了一台水力劈柴机。在高中时期，他的手工课成绩一向十分优秀，但是数学课和英语课的成绩却总是落在后面。而在现如今的这个经济社会中，即使是工厂工作也越来越受到计算机屏幕上闪烁的小点点们控制着了，进一步接受学校教育是摆在许多工人面前的惟一选择。就拿东北工具制造公司来说，他们就准备在今后的几个月内利用员工测试对每一名工人进行根据客户要求定制产品的技能培训。有些人可能会进入附近的一所社区大学去学习。而另外一些人则将通过在工厂中设置的计算机进行远程学习。还有少数一些人则要在下午时进入来工厂授课的教授的课堂。普林斯想去攻读一个学制两年的冶金学学位，尽管这意味着他将不得不在周末花费更长的时间来学习。普林斯说“我希望有一天能够管理这家工厂”。

直到今天，美国人还常常把在高中读书的青年人划分为两类，一类是像普林斯这样直接当工厂工人的高中毕业生，他们在高中毕业以后往往会去从事工业部门中的工作或者服务性工作，另外一类则是准备在高中毕业以后继续上大学，从而从事白领工作或者专业技术工作为目标的高中毕业生。这两种人在毕业的时候就走了不同的道路，然后分别成为了两种类型不同的工人：手工员工和知识员工。

但是在过去的十年中，管理层级的扁平化已经逐渐使得管理者们不仅为工人配备了机器人，并且教会了他们如何使用计算机控制设备来操作巨大的浇铸机和冲压机。同时，管理者们还通过计算机来过滤大量的信息。工人们还接受了监管库存的培训，了解了供应商、顾客的情况以及各种投入的成本和价格。那些长期以来在脑力工人和手工工人之间的知识鸿沟，现在通过工厂中的计算机也已经变得随时可以获得。在东北工具制造公司，普林斯的上司拉什蒂·阿兰特指着一台他给铣床配备的一台功能强大的计算机说：“我在它里面塞满了存储器，因为我希望我手下的这帮人在工厂一线就能够从事企业的管理工作。”

44 岁的阿德莱·约翰·沃纳也包括在这些正在努力学习的工人之中，他已经为一家位于芝加哥市郊外特种钢材制造商——埃克密金属制造公司（Acme Metal Inc.）工作了长达 25 年之久。沃纳一贯喜欢学习并且对许多事情都能很快地掌握——事实上，在越南战争期间，正是由于他的机敏，才使得作为美国海军一名情报专家的他被任命为高级安全检查官。当他在战争后刚刚回到芝加哥的时候，他本来打算去大学学习的。但是后来，他却先成了家，同时开始到埃克密金属制造公司去当一名体力工人，那时他所能赚到的收入还是比较可观的。

沃纳发现自己所干的工作是令人厌烦的。像其他大多数制造业企业一样，埃克密金属制造公司也主要是由低技能的劳动力组成的，公司是在利用沃纳的身体而不是他的头脑。即使从一名管道装配工学徒开始干起，然后在工作阶梯上连续升迁了几次之后，沃纳所从事的工作仍然是对体力的要求甚于对脑力的要求。沃纳这样描述那时的漫长而空虚的日子：傻头傻脑地坐在那里，等着上头分配下来管道装配的工作，等着在加班的时候拿到一倍半的加班工资。尽管沃纳的年报酬总额最终也达到了 6 万美元，但这些枯燥乏味的生活还是促使沃纳在晚上去芝加哥州立大学心理学系读了一个本科学位，他希望自己能够进入人力资源领域。1978 年的时候他拿到了学士学位，但是这个学位却并没有给他带来任何变化。

在这个时候，埃克密金属制造公司的日子也越来越难过了。其他一些低成本的小型钢厂和国外的一些钢铁厂对其超高碳钢方面——这种钢材广泛运用与刀刃、工具和一些关键性的机器零部件中——的市场地位构成了很大的威胁。而公司中的那些旧设备也已经不能使用。1994 年的时候，管理层投资 4 亿美元引进德国的高技术浇铸机来对工厂进行重新设计——这对于一个年销售额只有 5.6 亿美元的工厂来讲，确实是一个非常大胆的行动。但是，这种要求极高的浇铸机——其作用是把溶解的钢水转化为两英寸厚的钢条——运转速度是很快的，但还是具有一定的危险性。如果工人在操作中不能做出快速的反应，他们就要冒着钢水外溢的奉献，这时，滚烫的钢水会从模具中溢出。在当时，只有像努卡尔公司（Nucor Corp.）这样拥有技能熟练且反应灵活的劳动力队伍的领袖型小型钢铁厂及其下属公司——钢铁动力公司（Steel Dynamics Inc）才有能力利用这种新技术赚钱。

实际上，埃克密金属制造公司是在拿其员工的头脑作为公司的赌注——而沃纳恰恰抓住了这个机会。去年，公司引进了大量的咨询人员到公司中来对那些主动提出申请去填补新剥离出来的 1 100 个职位的员工进行测试。他们通过各种各样的全面测试来考察员工的阅读能力、数学能力、技术水平和沟通技巧。有些员工对此不感兴趣，选择了提前退休。最后大约一共有 750 名员工被挑选出来，组成了一个全新的以团队工作为导向的新工作系统。沃纳成功地获得了一份高级维修技师的工作。

埃克密金属制造公司在工厂附近建立了流动教师，并且从底特律、佐治亚，甚至德国请来了教师。公司为沃纳和其他 130 名工人支付了全部的费用，让他们从事 9 个月的全日制学习，学习的内容包括冶金学、数学、计算机以及对新机器进行逐个零件研究等各方面的知识。“我们现在所接触到的都是我们过去根本没有机会接触的事情”，沃纳充满喜悦地说。

沃纳和他的同伴们还参与了对公司的整个工作系统进行重新改造的过程。今年春天的时候，他与另外 5 名工人被挑选出来与管理人员和咨询人员一起连续数周坐在工厂附近一家小旅馆里。在这里，他们在墙上挂满了书写用的纸板和黑板，为新工厂设计各种新的规划方案，其中包括从以利润为中心的报酬系统的设计到监督管理人员的角色重新界定等各个方面的内容。“在那里工作的工人必须自己作出决策”，埃克密金属制造公司的钢铁生产副总裁安东尼·凯匹托这样说道。这套新的工作系统，包括沃纳和他的同伴们所受到的培训，在今年秋天新的浇铸机到位以后就要接受考验了。

摘编自：S. The New Factory Worke R//Business Week, September 30, 1996

请思考：

1. 弗雷德·普林斯在东北工具制造公司所从事的工作出现了什么样的变化？将这些变化同本章所介绍的工作设计方法加以比较。如果我们用这些方法对普林斯的工作进行事前—事后对比，那么哪一种工作设计方法能够最大程度地揭示其工作内容所出现的变化，而哪一种方法只能较少地揭示出其工作内容所出现的变化：机械型、生物性、知觉性还是激励性工作设计方法？

2. 阿德莱·约翰·沃纳所在的埃克密金属制造公司的变革给沃纳的工作带来哪些变化？对比沃纳过去和现在的工作方式，讨论其中应用了哪些工作设计的方法，会产生什么效果？

3. 技术变化——就像发生在东北工具制造公司的操作机器人化和埃克密金属制造公司的高技术浇铸机设备的使用——会影响到组织的结构，而这又会改变对工人的技能所提出的要求。那么对于这两家公司，对于普林斯和沃纳来说，技术变化是如何影响组织结构以及工人所从事的工作的技能要求的？

你还能够想到其他一些导致对员工的技能要求产生相反影响的技术进步吗（例如在快餐行业和零售行业中）？技术变化对员工技能水平的要求相反的影响会带来哪些问题？

第四章

职位设置与定员

学习目标

- 了解职位设置的概念、目标和原则
- 熟练掌握职位设置的方法和操作步骤
- 理解定员的概念和要点
- 熟练掌握定员的方法和操作步骤
- 理解如何进行职位优化

关键概念

职位设置　组织分析法　关键使命法　流程优化法　标杆对照法　定员　定编　职位设置表

引导案例

东阳饭店始建于1991年，坐落于某市长江路电子商务街中心，2000年被某集团并购。自身定位于新型国际三星级数字化商务酒店，饭店的总体构想是逐步走向市场，达到四星级宾馆的目标。

前厅营销部是饭店形象的重要“窗口”，下设基层组织——商务中心，商务中心的职责应该是负责客人的文印、秘书等实务，它是面向客人服务的。但是目前在饭店，商务中心还要负责饭店内部的文印等原本应该由综合行政部负责的工作，因而增加了相应工作职位的负荷，这些员工每天要工作到很晚，也很疲惫。同时，前厅营销部还要承担本应由财务部负责的前台收银的培训工作，这无疑也加重了这些职位的责任。

前厅营销部商务中心除了要负责上述工作，还有新的工作内容。原来的设想是把东阳饭店五楼的商务吧定位为面向四楼、五楼的客人服务的，提高重要客户的服务档次。但是目前，商务吧面向所有客人开放，对于客人的消费，就增加了上午中心接待的收银、接待工作，加大了商务中心接待的工作负荷。目前商务中心配备3名接待员，分早、中、晚三班，每班只有一个人，工作内容偏多，协调性不好。因为没有领班，很多时候就只能由部门经理抽身出来去顶替。

（资料来源：赵永乐，朱燕等．工作分析与设计．上海：上海交通大学出版社，2006.）

第一节 职位设置

一、职位设置的涵义

职位设置是指将某一项工作按照“职能”、“职责”、“任务”的层次关系，对工作流程、权责利关系进行划分和整合，最终形成若干个相互联系的职位的过程。职位设置能够将组织的目标和功能细化为独立的、可操作的具体业务活动。

企业的运营包括很多功能领域，在不同的功能领域有着承担不同功能作用的“职能”，而每一项“职能”由一系列“职责”构成、“职责”又由一系列“任务”构成。一般在企业中，部门的设置是按照功能划分的（如营销部门、生产部门、研发部门等），一个部门一般承担一项或几项功能，一个其中所承担的功能可以按照流程、需要能力/难易程度的高低、按照管理的实际需求划分形成不同的职位。以人力资源管理职能为例（在企业中，人力资源管理既可以称为一项功能也可以称为一项职能，关键在于企业的规模以及其在企业中作用的大小，在这里我们将其看作一项职能），在职位设置中需要从不同角度把人力资源管理这一“职能”划分为各个“职责”。按照流程的不同，可以划分为招聘管理、薪酬福利、培训开发、员工关系管理等；按照需要能力/难易程度的高低的不同，可以划分为决策层、主管层级、助理层级等。在“职责”划分的基础上，可以进一步划分形成“任务”，如“招聘管理”这一项职责的“任务”包括职位分析、招聘制度与政策制定、招聘计划、招聘渠道建设、招聘实施、人才信息库的建立与维护等。

二、职位设置的目标

（一）体现企业战略意图

所谓企业战略意图，是指对组织战略的实现起关键作用的使命和功能。一个组织的职位设置必须要与其总体战略保持一致。从20世纪70年代开始，雷蒙德·迈尔斯（Raymond Miles）和查尔斯·斯诺（Charles Snow）考察了几百家公司的竞争战略，这些公司分属十几个不同行业。随着时间的推移，他们认识到所有的竞争方法都围绕着一些基本商业战略展开。迈尔斯和斯诺发现成功的企业中组织结构、组织设计和管理过程都与组织战略保持一致并对组织战略起着补充作用。而那些组织机构、组织设计和管理过程与组织战略配合不好的企业绩效要差于其他三种类型的企业。

组织的战略主要有两种，采取增长战略或收缩战略。在实行增长战略时，组织会关心他们的竞争性市场，并雇用和留住核心员工。在这种状况下，职位设置必须考虑到员工的自主性。员工需要有快速决策的自主性，他们的自主性必须要与他们的责任相匹配。进一步讲，对一个正在成长的组织来说增强组织的弹性也是组织的一个重要目标。而在采取收缩战略的情况下，管理者更加关心的是削减成本和达到规模经济。这时候，组织的生存才是最重要的问题。因此，职位设置过程会更加注重决策的集权化，员工工作的自主性会变小。对一个采取收缩型战略的组织来说弹性也是非常重要的，而这时追求的弹性类型常常是关于雇员技术的弹性。在缩减组织规模的同时又不丧失那些关键的技术对组织的生存来说是非常重要的。保持这种关键技术的一个方法就是工作轮换。这种工作轮换包括工作的横向移动，使员工能够在一个组织内如何完成很多种不同的工作。这种类型的弹性能够帮助那些处于收缩期的组织继续生存下去。

（二）适应组织优化和业务流程再造的需要

组织结构和流程与职位设置之间是紧密结合、相辅相成的。组织结构的实现和业务流程的顺利进行需要合理的职位设置来予以保证，反过来，工作职位的内容、职责、关系等方面的设计也要按照组织结构和业务流程的要求来进行。

由于组织结构和业务流程的建造最终落实到具体的工作职位上，工作职位设置的成功与否也决定了组织结构功能的实现和业务流程的顺利与否，所以，职位设置必须适应组织结构和业务流程的需要。

（三）为员工能力开发提供平台

现在的企业发展越来越依赖企业员工，而员工也越来越注重自身发展能力的提升。员工开发不仅仅通过培训完成，工作实践中锻炼也是最有效的办法。在职位设置的过程中，必须能够使员工的能力得到提升，这就要求职位设计要全面权衡经济效率原则和员工生理需要，找到最佳平衡点。就是要让每个员工能够在适度的挑战中工作，在挑战中不断提高能力，就像制定目标要高低适中，不能过高，员工反复努力也无法达到，这就没有激励性了；也不能过低、缺乏挑战性，否则会滋长员工的惰性。

三、职位设置的原则

（一）系统化原则

职位设置应从企业整体出发，全面分析和评估各种职位存在的合理性，把企业看作一个完整的系统，用系统论的思想进行职位设置，使职位设置和组织结构设计、部门职能分解相吻合，避免职位设置时遗漏某些重要的工作和职能。

（二）最低职位数量原则

职位设置应以事为中心，从客观需要出发进行职位设置。在进行职位设置时，应从企业整体出发，分析每个职位在企业工作体系中的作用，凡是能发挥作用的就设；反之，不设，使职位的数量尽可能达到最少。较少的工作职位，可以使企业的工作尽可能集中，便于管理。从经济角度来说，可以降低人工费用，让每个岗位的员工都尽可能地承担更多责任。

（三）高效配合原则

设计工作的时候要对承担的责任进行划分。一般区分为“主责”、“部分”和“支持”三类，以确定配合关系。“主责”是指某一个人所负的主要责任；“部分”指只负一部分责任；“支持”是指责任很轻，只协助他人。每个人的主责、部分和支持一定要划分清楚。同时要使职位发挥更大的作用，要注意每一个职位也都要有相应的主责，然后有部分责任或者支持责任。例如基层工作人员要有两项到五项主责，如果工作分工里没有主责，都是部分责任或支持责任，那么这个员工的积极性会受影响。一项主要责任都没有，会认为自己是跑龙套的，只给别人摇旗呐喊。

（四）职位协调原则

在职位设置时，应考虑到职位与职位之间的协调关系。要明确上下级职位之间的管理与被管理的关系，也要明确同级职位之间的信息沟通与协作关系。

（五）适当管理宽度原则

企业职位的设置还应考虑到管理的效果问题，这涉及不同层级工作职位数量设计的合理性问题。所谓有效管理宽度是指组织中上级主管人员能够直接有效地指挥和领导下属的数量。在职位设置时坚持有效管理宽度原则，要求上级职位与下级职位的数量要保持一个合适的比例，即多少个下级职位对应一个上级职位。

四、职位设置的具体方法

（一）组织分析法

组织分析法是指首先从整个组织的远景和使命出发，设计一个基本的组织结构模型，然后根据具体的业务流程需要，设计不同的岗位。通常适用于大型企业的大范围重组项目，在这个项目中，组织设计和职位设置占整个项目的大部分工作。在运用组织分析法进行职位设置时，通常分三步进行。

（1）组织分析法要明确企业组织设计的目标，理顺企业的组织结构。通常情况下，组织结构设计的目标是为每个组织单元制定清晰的较小目标，并协助组织做出高效的决策以实现整体业务目标。

理顺组织结构的第一步需要在总部和分支机构之间选择合理的管理模型，理顺其中的集权、分权关系。总部和分支机构之间的管理模型包括财务管理型、战略管理型与操作管理型三种（如表4－1所示），选择管理模式时，不仅要考虑授权方式，还要考虑总部服务实现的方式。授权方式是指集团总部与下属经营机构之间在管理上权限的划分，它反映了集团总部对经营机构的管控程度。服务实现方式是指集团内各项服务的提供方式，它主要根据服务性质的不同，确定不同的方式，追求服务的质量和经济效益。服务实现方式包括：总部直接处理、共享服务中心、外包或外界合作、业务单元共享中心与业务单元内部。

表4－1　　三种不同的管理模式管控程度的对比

项目	财务管理型	战略管理型	操作管理型
集权程度	低	中	高
总部与下属关系	以财务指标进行管理和考核，集团总部无业务管理部门	以战略规划进行管理和考核，总部一般无具体业务管理部门	通过总部业务管理部门对下属企业的日常经营运作进行管理
管理目标	■ 投资回报 ■ 共通过投资业务组合的结构优化来追求公司价值最大化	■ 公司业务组合的协调发展 ■ 投资业务的战略优化与协调 ■ 战略协同效应的培育	■ 各子公司经营行为的统一与优化 ■ 公司整体协同成长 ■ 对行业成功因素的几种控制与管理
总部核心职能	■ 财务控制 ■ 法律 ■ 企业并购	■ 财务控制 ■ 战略规划和控制 ■ 人力资源	■ 财务控制/战略 ■ 营销/销售 ■ 网络/技术 ■ 新业务开发 ■ 人力资源

理顺组织结构的第二步就是要明确各职能、各层级之间在主要职责上的决策流程和汇报关系。表4－2为某公司市场部决策流程和汇报关系。

表4－2　　某公司市场部的决策流程和汇报关系

职责＼层级	董事会	总经理	分管副总	其他副总	市场部
（1）策略议题					
a. 中长期市场发展规划	决定权	复核权	审核权		建议权

续表 4-2

职责 \ 层级	董事会	总经理	分管副总	其他副总	市场部
b. 品牌发展战略	决定权	复核权	建议权		
c. 本部门年度财务预算	决定权	复核权	审核权		建议权
(2) 营运议题					
a. 本部门一般员工的招聘录用、考核晋升降级、奖惩、岗位异动					决定权
b. 市场部门内部中层干部的招聘录用、考核晋升降级、奖惩、岗位异动			决定权		建议权
c. 对各分公司市场开发工作的日常支持和管理					决定权
d. 基础及专项市场调研制度和报告			决定权	参议权	建议权
e. 品牌管理			决定权		建议权
f. 部门业务指标的设计、评估及考核			决定权		建议权

(2) 组织结构分析法要对各主要职能进行分析，明确各部门的使命和关键职责。表 4-3 是对某移动通信公司市场部的使命与关键职责进行的分析。

表 4-3　某移动通信公司市场部的使命与关键职责分析

使　命	关键职责
(1) 巩固并发展用户群，并以有价值的重点客户为核心 (2) 保持并发展品牌形象 (3) 保持在个人与企业市场地位的双重领先，并不断提高公司收入 (4) 有力地支持分公司的营销运作，但保持营销规划的整体性以及关键职能的集中管理	(1) 品牌管理 (2) 基础与专项市场研究 (3) 营销战略规划 (4) 年度/月度具体营销计划的制定与执行监控 (5) 对分公司日常业务的管理 ■ 市场推广规划与控制 ■ 销售规划与控制 ■ 定价管理 ■ 产品组合规划与控制 ■ 客户关系管理 ■ 业务流程制定与监控

(3) 在部门内部对职责、任务进行计划分类，再分解到各个工作上。例如，我们

上面所讲的某移动通信公司市场部，内部工作就可以再划分为市场策划、市场调研、促销管理、品牌管理等，可相应设计不同的工作来具体实施。如图 4－1 所示。

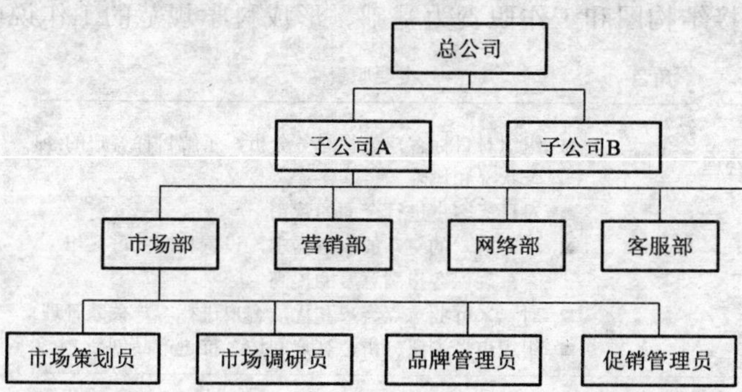

图 4－1　某移动通信公司市场部的职位设置

利用组织分析法有一个必要的前提条件，那就是必须有一个相对稳定的业务环境和发展战略，否则难以形成相对稳定的组织结构和职责分工。

（二）关键使命法

关键使命法是指职位设置仅仅集中于对组织的成功起关键作用的工作，通常适用于那些由于时间和预算的限制而无法对整个组织的工作进行全面设计的情况。在运用关键使命法进行职位设置时，通常分三个步骤进行。

（1）根据已经梳理的组织结构，分析各部门的关键业务和关键职责，明确需要设定的关键工作。图 4－2 即为某银行公司业务部职位设置示例。

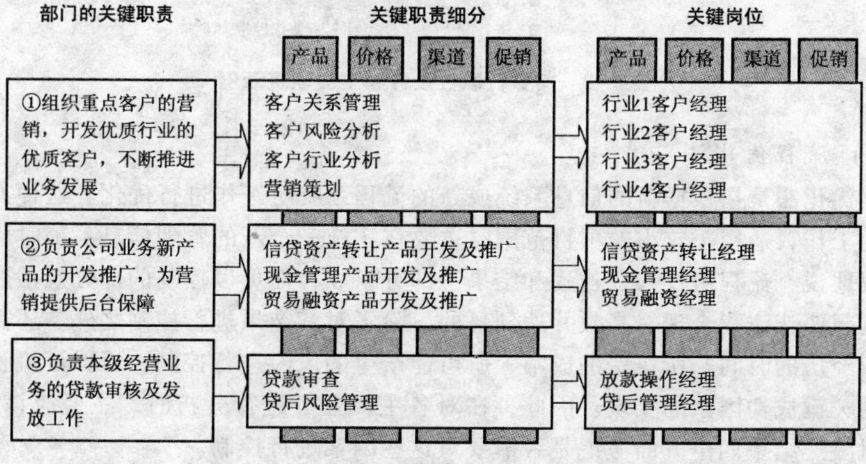

图 4－2　某银行公司业务部职位设计示例

(2) 根据各部门的工作和主要职责设计，进行工作分析，确定各关键工作的核心角色，由此界定关键工作的主要职责。图 4－3 是某银行职位设置和主要职责示例。

(3) 以现有的组织接结构图和工作职责为基础，形成科学规范的工作说明书。

关键职位	角色	主要职责
××行业客户经理	营销	■ 组织对目标客户进行财务分析，了解目标客户的经营状况和风险 ■ 对目标客户进行全面的营销 ■ 针对客户的复杂的金融需求，设置相应的产品组合，确保客户满意度的提高 ■ 对××行业重点客户和优质客户进行客户关系管理 ■ 组织市场调研分析，客户回访，推进产品创新
产品经理	产品	■ 整理、分析客户经理反馈回来的客户金融需求 ■ 对公司业务新产品进行风险预测，设置开发方案，进行投资估算和财务分析 ■ 根据产品开发方案，及时开发新产品，进行产品测试验收，报监管部门批准 ■ 通过各种形式将新的公司业务产品向全行进行推广 ■ 进行产品风险分析，参与资产负债产品的定价 ■ 对新产品的销售情况如客户满意情况，市场占有情况，效益风险情况进行调查评价，评估新产品是否需要改进，进一步扩大推广或退出市场 ■ 参与客户营销活动
放款经理	放款及贷后管理	■ 制订、督导实施本级公司业务的市场营销计划，拓展本级自营业务 ■ 负责对公业务的放款操作 ■ 进行贷后管理，及时发现并控制风险

图 4－3　某银行职位设计和主要职责示例

(三) 流程优化法

流程优化法是指根据新的信息系统或新的流程系统对工作进行优化。这种方法可以确定新的工作，适用于较小的项目范围，重要在实施一个新的管理信息系统时应用。

宏观地说，流程由投入、过程和结果三部分组成，而可以控制的部分包括过程和结果。因此想要让流程合理、高效并达到目的，除了对其结果进行控制之外，还需要对其过程中所经历的时间、所花费的成本、所可能产生的风险进行控制，以保证流程最终促成企业的关键成功因素的实现。因此，在对各主要业务进行分析时，主要应该从时间、成本、风险、结果四个方面考虑是否需要对这些因素进行控制。

（四）标杆对照法

标杆对照法是指在本行业内选取成功的企业作为标杆，以它做参考进行本企业的职位设置。对于那些不需要对职位进行精确具体设置的组织这种方法比较直观、简单，但由于各企业的战略、自身条件等总会有差异，所以也不能简单地照抄照搬，而应该在时间中根据自身情况不断进行调整。有些国家的政府部门（如美国劳工部）每年对本国主要行业的岗位、人数、营业额及岗位的平均工资等情况进行统计并公开公布，这些数据也可以成为企业进行职位设置的参考。

职位设置方法的运用不是绝对的，各企业应该明确各种方法的优缺点，结合企业自身特点以及各部门与工作的实际情况，运用不同的方法。表 4－4 为四种职位设置方法比较。

表 4－4　　四种职位设置方法比较

项目＼方法	组织分析法	关键使命法	流程优化法	标杆对照法
优点	能深入解决许多细节问题，尤其适合于一个大型的传统组织，在从事变革之前，需要对方方面面进行确认； 提供广泛的组织和岗位的设计； 能提交一个与公司长远战略一致的解决方案	注意力集中于关键岗位，可以用较少的投资得到较高的回报； 注意力集中于关键业务领域，可以确保得到业务利益； 这种方法可以比较灵活地用于不同的组织中	注重于新的管理信息系统对在岗者的影响； 服从于系统的要求，根据新的信息系统进行调整	简单易行，可以由企业自身人员设计； 设计成本低，能够很快帮助企业完成工作岗位设计
缺点	往往会成为基于对一个比较理想的组织的模型的设计。这种方法适用一个企业具有明确的目标，并有长远的战略去实现这个目标。而现实情况往往不是这样； 岗位设计往往会过于复杂和具体； 需要客户的大力支持	不是一个综合的方法，（注意：它不求面面俱到），有可能对岗位与岗位之间的衔接处理相对较差； 可能因为把整个组织的业务分成关键与非关键部分而造成组织内部的摩擦； 需要较深的专业知识、对客户的需求有较高、深入了解	并没有真正投入大量的资源进行岗位设计； 可能会导致较差的结果	照搬照抄，容易脱离本企业实际，造成新的混乱； 需要对标杆企业有比较透彻的了解

续表 4－4

方法 项目	组织分析法	关键使命法	流程优化法	标杆对照法
适用范围	通常适用于大型企业的大范围重组项目，在这个项目中，组织设计和职位设置占整个项目的大部分工作	通常适用于由于时间和预的限制而无法对整个组织的工作进行全面设计的情况	适用于较小的项目范围，重要在实施一个新的管理信息系统时应用	适用于不太精确的项目范围
要求	必须有一个相对稳定的业务环境和发展战略，否则难以形成相对稳定的组织结构和职责分工	对管理和支持部门内关键岗位的认定要有判断力和决心，否则很难在这些部门运用本办法	参与人员必须十分熟悉工作流程，否则很难提出改进意见。但是，参与人员又必须能跳出原有的、已经十分习以为常的工作流程，否则也很难提出改进意见	需要对标杆企业或参考数据有比较透彻的了解，否则参考意义有限

五、企业职位设置操作步骤实例

以某城市商业银行 A 为例，说明职位设置操作实务。

（一）明确公司长期战略、盈利模式和年度业务目标

假设我们通过分析得知，商业银行 A 的远景是“将本银行建设成为民族金融业中的精品银行”，为了实现这一远景目标，该银行的近期目标为：

（1）促进业务联动开拓，加快经营发展步伐；

（2）加大业务营销力度，全面强化风险管理；

（3）推进客户经理制，建立现代营销网络体系；

（4）构建人才、科技、管理三大优势，提升核心竞争力；

（5）努力实施服务达标，铸造服务领先银行品牌；

（6）全面推进各项业务快速发展。

（二）明确主要的工作流程，包括主要流程、辅助流程及子流程

在明确而公司长期战略和近期目标以后，接下来就要明确主要的工作流程。首先，利用价值链分析并确定企业的主要工作和辅助工作（如图 4－4 所示）；接下来，确定

流程层次及其关键成功因素。对企业进行研究就会发现，整个组织其实是一个由相互关联的流程组成的集合体，而这些流程的共同作用驱动了整个企业去满足各个利益相关方的需求。流程可以分为主要流程、子流程和辅助流程等几个层次（见图4－5）。在各层次的流程中，都会有关键成功因素存在，它们对流程的顺利进行起着十分重要的作用，决定了流程的成功与否。明确各种流程的层次及其中的关键成功因素，就可帮助我们正确地进行定岗。

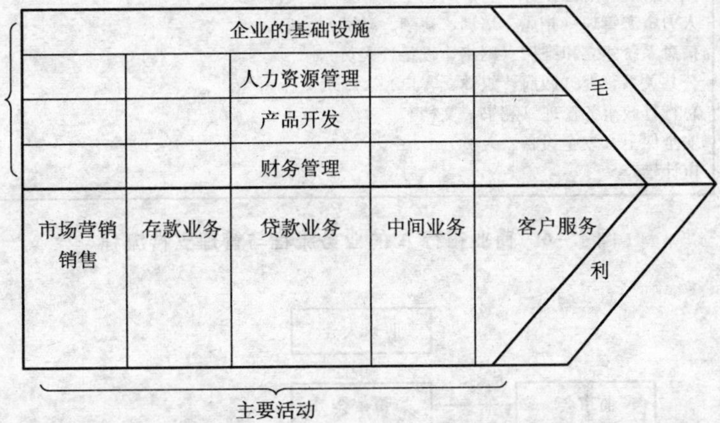

图4－4　价值链分析方法

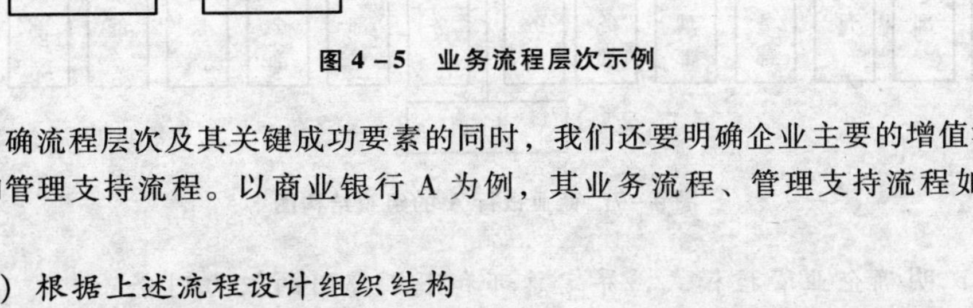

图4－5　业务流程层次示例

在明确流程层次及其关键成功要素的同时，我们还要明确企业主要的增值活动、业务流程和管理支持流程。以商业银行A为例，其业务流程、管理支持流程如图4－6所示。

（三）根据上述流程设计组织结构

在分析完企业的战略目标和主要工作流程后，我们就可以据此来设计组织结构。如图4－7是商业银行A的组织结构图。

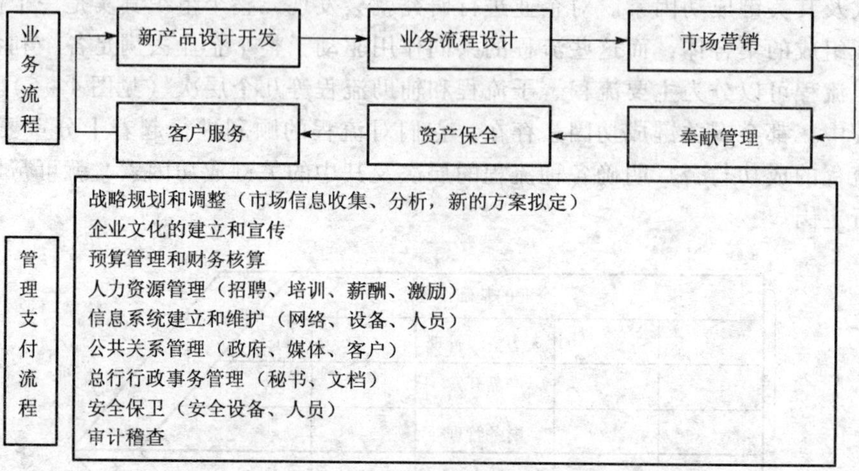

图 4-6　商业银行 A 的业务流程与管理支持流程

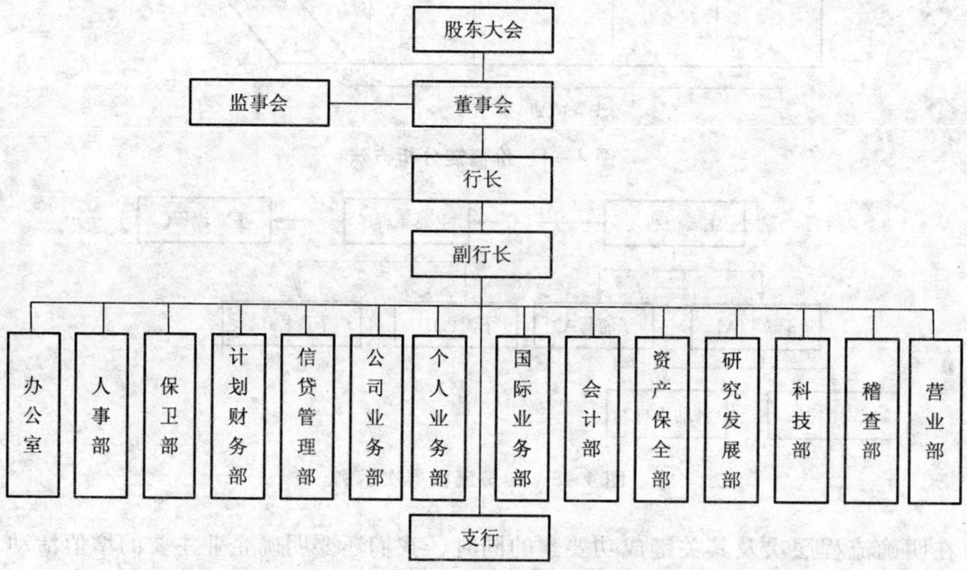

图 4-7　商业银行 A 的组织结构图

（四）明确企业管控模式，界定总部和下级部门的权力划分

在确定企业的管控模式时，要根据企业目前所处的市场环境和本身的特点来进行选择。在对商业银行 A 进行的分析中，我们确定商业银行 A 的管理模式为操作管理型。

那么商业银行 A 在管理上具有以下特点：操作管理型模式属于高度集权的一种管理模式，在这种管理模式下，总部通过业务管理部门对下属企业的日常经营运作进行管理；其管理目标是实现个子公司经营行为的统一与优化，对行业成功因素的集中控制与管理，最终达到公司整体协调成长的目的。在操作管理模式下，总部有以下几种核心职能：（1）财务控制与战略控制；（2）营销与销售；（3）网络与技术；（4）新业务开发；（5）人力资源管理；（6）界定各部门关键职责分工及其相互联系。

（五）界定企业各部门的使命与关键职责

我们以商业银行 A 业务部为例，对其关键职责进行分析。商业银行 A 业务部的关键职责有以下几点：

（1）编制年度综合经营计划，组织对个支行的经营考核工作，促进完成经营任务。

（2）新产品的研发和宣传工作。

（3）组织重点客户的营销，开发优质行业的优质客户，不断推进业务发展。

（4）具体操作优质行业、优质客户的服务、贷款发放等。

（5）组织公司业务的培训，负责高级客户经理的培训、考核及职业生涯设计，不断提高客户经理的业务水平。

（6）针对总行本级客户进行营销并协助支行进行行业营销。

（7）其他行领导交办的工作。

在分析各部门关键职责的同时，我们还要明确各部门在关键职责上的决策流程与汇报关系。商业银行 A 业务的关键职责决策流程与汇报关系如表 4－5 所示。

表 4－5　　商业银行 A 业务部的关键职责决策流程与汇报关系

部门 职责	董事会	总经理	分管副总	其他副总	市场部
一、策略议题					
（1）中长期市场发展规划	决定权	复核权	审核权		建议权
（2）品牌发展战略	决定权	复核权	建议权		
（3）本部门年度财务预算		复核权	审核权		建议权
二、营运议题					
（1）编制年度综合经营计划，组织对个支行的经营考核工作		决定权	审核权	参议权	建议权
（2）新产品的研发和宣传工作			决定权	参议权	建议权
（3）组织重点客户的营销开发优质行业的优质客户					决定权

续表 4-5

职责 \ 部门	董事会	总经理	分管副总	其他副总	市场部
(4) 具体操作优质行业、优质客户的服务、贷款发放等			决定权	参议权	建议权
(5) 组织公司业务的培训					决定权
(6) 针对总行本级客户进行营销并协助支行进行行业营销					决定权

(六) 设计关键岗位

明确了各部门的关键职责及在关键职责上的决策流程与汇报关系，我们就可以将各部门的关键职责进行细化，分解到各个具体的岗位上去，最后形成岗位职责，这样关键的岗位也就设计出来了。我们在设计岗位的时候，要先进行关键岗位的设计，再设计辅助岗位。例如，商业银行 A 业务部内的工作可按不同行业划分为几个小组，然后按关键职责划分为市场营销、信贷审核、客户服务等关键岗位，再确定内勤等岗位。

(七) 设计辅助和支持岗位

为了更好地开展工作，在定好关键岗位后，我们还需要对关键岗位配备一些辅助和支持岗位，这些岗位是以关键岗位为基础的，也就是为关键岗位服务的，要根据关键岗位的需要进行配备。

(八) 根据环境和流程的变化，对职位设置进行再调整

岗位设计不是一成不变的，任何岗位设计都有一个时期和环境的限制，我们应根据环境及业务流程的变化，随时对岗位设计进行调整，这样才能确保岗位设计最优，才能有效地提高工作效率。

在实际进行职位设置时，可能会用到几种职位设置方法，但并不能分割开来孤立运用。在具体的职位设置过程中，应该综合运用各种设计方法，确保职位设置的最优化。总之，我们在进行职位设置的时候，应遵循一个原则，那就是：先定关键岗位，再定辅助和支持岗位。

第二节　定　　员

一、定员的涵义

所谓定员，就是采取一定的程序和科学的方法，对确定的岗位进行各类人员的数量及素质配备。

（1）定员是一个相对的概念。对于某一企业来说，在其不同的时期、不同的阶段，随着业务的拓展，定员的数量比例和素质要求是不断变化的；对于市场中的不同行业、不同企业、不同经济发展阶段，定员的数量比例和素质要求也不同的。定员是弹性的，不存在标准化的比例和固定的公式。

（2）定员必须在组织有一定的业务规模、业务发展方向稳定的基础上进行。对于规模较小、业务随时调整的组织来说，定员并不适用。

（3）定员要求根据企业当时的业务方向和规模，在一定的时间内和一定的技术条件下，本着精简机构，节约用人，提高工作效率的原则，规定各类人员必须配备的数量。

（4）定员所要解决的问题是企业各工作岗位配备什么素质的人员，以及配备多少人员，所以不仅要从数量上解决好人员配备，还要从质量上规定使用人员的标准，从素质结构上实现人力资源的合理配备。

（5）定员是一种预测，是对企业未来人员数量和素质要求的预测，是人力资源规划的重要内容。定员多用于工业企业、操作岗位的当期人员配置，但其人力资源规划的涵义经常被人忽视，科学的定员预测是人才梯队建设的基础。

（6）“定编”的涵义与定员相似。定编主要指机关、事业单位的岗位人员配备，而定员主要指企业的岗位人员配备。

（7）定员工作的前提是“劳动定额”。定额的目标是确定人均工作产出率，在明确了工作总量与人均工作产出率的前提下，就可以明确所需人员的数量。

二、定员的作用

定员作为生产经营管理的一项基础工作，对于企业人力资源开发与管理工作具有重要的作用。具体来说，表现为：

（一）合理的人员编制可以有效控制人工成本

定员一般在人工成本控制的前提下进行的，在定员标准下，企业可以合理、节约地使用人力资源，用尽可能少的人工成本为企业创造更大的价值，从而提高劳动效率。

（二）合理的人员编制是企业人力资源计划的基础

因为企业人员编制的标准是对企业整个生产过程和经营过程全面分析的基础上，以先进合理的劳动定额和定员标准为依据核定的。所以按人员编制标准编制企业各类员工的需要量计划，是企业制定人力资源规划时应遵循的原则。

（三）科学合理的人员编制是企业内部各类员工调配的主要依据

企业内部各类员工调配工作的目的是开发人才，使人尽其才、才尽其能。要做到这一点，除了要了解员工，掌握他们的爱好、技能和健康等各方面的素质状况外，还必须掌握各个生产、工作岗位需要多少人、需要什么样的人。

（四）先进合理的人员编制有利于提高员工队伍的素质

合理的人员编制只能使企业各工作岗位的任务量实现满负荷运转，这就要求在岗的所有人员必须兢兢业业，并且具备一定的技术业务水平；否则，便不能胜任其工作。因此，人员编制可以激发员工钻研业务技术的积极性，从而提高员工素质。

总之，先进、科学、合理的人员编制能促进企业改进工作，克服人浮于事、工作散漫、纪律松懈的现象，能为企业编制劳动计划、调配劳动力、检查劳动力使用情况提供可靠的依据，是改善劳动组织，遵守劳动纪律的必要保证，有利于提高员工队伍的素质。

三、定员的原则

（一）工作效率原则

定员的目的就是为了精简机构、改进生产组织，合理配置人力资源，提高工作效率。所以定员工作应围绕着企业生产经营目标，在保证整个生产经营过程连续协调进行的前提下，本着改进职位设置、合理配备工作人员，提高劳动生产率的原则进行定员。

（二）科学性原则

所谓科学，就是要符合劳动管理的一般规律，做到精简有效，在保证生产经营工作需要的前提下，与国家制订的部颁标准、行业标准或条件大体相同的企业所确立的标准相比较，努力实现组织的机构精干、岗位设置合理、劳动生产率相对较高。

（三）合理性原则

所谓合理，就是要从企业的实际出发，实事求是地结合本企业技术资金装备水平、管理水平和员工素质，考虑提高劳动生产率和挖掘员工潜力的可能性，从而确定岗位设置与人员配备。

（四）岗位、人员比例关系协调原则

为了保证生产经营活动的正常进行，在安排各类岗位及人员的比例时，必须处理好以下几个关系：

1. 企业直接与非直接业务人员的比例

直接业务直接创造物质财富，处在生产第一线，对于组织绩效的提高起着决定性作用。非直接业务人员，为直接业务人员提供服务，对于保证组织生产经营活动的正常进行也是必不可少的。相对而言，非直接业务人员不直接创造财富。在我国目前的条件下，非直接业务人员在可能的情况下应尽量压缩。企业内部直接业务人员则应尽可能得到保证。当然，随着科学技术的发展，对直接业务人员和非直接业务人员的界定已经发生了很大变化，组织应根据自身的实际情况来确定。

2. 企业中业务人员内部基本业务人员与辅助业务人员的比例

基本业务人员与辅助业务人员都是直接从事业务，但是他们两者的作用还是不一样的，前者起着主要作用，而后者只是起着辅助作用。辅助业务人员过多，必然影响劳动生产率的提高。它们两者之间的比例，要根据业务状况和各自的工作量大小进行合理安排。

3. 基本业务人员和辅助业务人员内部各业务种类之间的比例

在基本业务人员和辅助业务人员内部，从事不同业务种类的人员需要相互协作，才能使组织经营活动协调地进行。定员时，对这些不同业务种类的人员应进行合理的安排，以保证工作流的顺畅。

4. 管理人员与全体员工的比例

管理人员占员工总数的比例，与组织的规模、生产类型、专业程度、自动化程度、产品性质、员工的素质、组织文化以及其他一些因素有关。组织在保证做好各项管理工作、减少管理工作失误的前提下，应力求降低管理人员的比重，消除机构的臃肿和人浮于事的现象。

5. 服务人员与全体员工的比例

企业内部的各种服务性岗位，应按照主管部门规定的各项标准执行。服务岗位的比重，应尽可能地减少。某些与组织经营无直接关系的服务性机构，可以不由企业来办，而实行外包管理。

6. 男女员工的比例

国外的心理学研究表明，女员工在场，可以在很大程度上提高工作效率，所以在定员时，应该考虑行业和具体岗位性质的特点，以及法律法规的要求，安排男女员工比例。

需要指出的是，各类岗位、人员的比例并非是一成不变的。它是随着生产力的发展·科学技术的进步，以及管理水平的提高而不断变化的。

四、定员的方法

（一）劳动效率定员法

劳动效率定员法是指根据生产任务和员工的劳动效率以及出勤等因素来计算职位人数的方法。实际上就是根据工作量和劳动定额来计算员工数量的方法。因此，凡是实行劳动定额的人员，特别是以手工操作为主的职位，都适合用这种方法。其中，劳动定额是指平均一名员工在单位工作时间所能够完成的工作量，或完成单位工作量所需要的时间。

定员人数 = 计划期生产任务总量/(员工劳动定额 × 出勤率)

举例来说，某企业每人每年需生产某零件 4 651 200 只，每个车工的产量定额为 16 只，年平均出勤率为 95%，求车工定员人数，计算如下：

定员人数 = 4 651 200(只)/16(只) × (365 − 2 × 52 − 10)(天) × 0.95
= 1 219(人)

由于劳动定额的基本形式有产量定额和时间定额两种。上例是产量定额，如果采用时间定额，其计算公式如下：

定员人数 = 生产任务 × 时间定额/(工作时间 × 出勤率)

以上例来说，如单位产品的时间定额为 0.5 小时，则可按如下方式计算：

定员人数 = 4 651 200(只) × 0.5(小时)/8(小时) × (365 − 2 × 52 − 10)(天) × 0.95 = 1 219（人）

（二）业务数据分析法

业务数据分析法是指根据组织的历史数据和战略目标，确定组织在未来一定时期内的职位人数。其中，业务数据包括销售收入、利润、市场占有率、人力成本等等。

利用业务数据分析法，可以按以下步骤进行：

根据组织的历史数据（业务数据/每人）及组织发展目标，确定组织短期、中期、长期的员工编制。

根据组织的历史数据，将员工数与业务数据进行回归分析，得到回归分析方程。

根据组织短期、中期、长期业务发展目标数据，确定人员编制。

（三）本行业比例法

本行业比例法是指按照组织职工总数或某一类人员总数的比例来确定职位人数的方法。在本行业中，由于专业化分工和协作的要求，某一类人员与另一类人员之间总是存在一定的比例关系，并且随着后者的变化而变化。该方法比较适合各种辅助和支持性职位定员，如人力资源管理类人员与业务人员之间的比例在服务业一般为1∶100。

计算公式：$M=T\times R$（M＝某类人员总数，T＝服务对象人员总数，R＝定员比例）

（四）按组织机构、职责范围和业务分工定员的方法

这种方法一般是先确定组织机构和各职能科室，明确各项业务分工及职责范围以后，根据业务工作量的大小和复杂程度，结合管理人员和工程技术人员的工作能力和技术水平确定职位人数的方法。管理人员的定员受很多因素的影响：

首先是管理人员个人的因素，包括本人的能力，下属的能力，受教育程度等。

其次是工作因素，包括工作的标准化程度和相似程度，工作的复杂程度，下属工作之间的关联程度。

最后是环境因素，包括技术、地点、组织结构等等。

事实上，世界上不同组织对于管理人员的定员，都没有一个定数，都是根据自己组织当时的实际情况确定出来的。

（五）预算控制法

预算控制法西方企业流行的定员方法，它通过人工成本预算控制在职人数，而不是对某一部门内的某一职位的具体人数做硬性的规定。部门负责人对本部门的业务目标和职位设置和员工人数负责，在获得批准的预算范围内，自行决定各职位的具体人数。由于组织的资源总是有限的，并且是与产出密切相关的，因此，预算控制对组织各部门人数的扩展有着严格的约束。

（六）业务流程分析法

业务流程分析法的操作，要首先根据职位工作量，确定各个职位单个员工单位时间工作量，如单位时间产品、单位时间处理业务等；其次，根据业务流程衔接，结合上一步骤的分析结果，确定各职位编制人员比例；最后，根据组织总的业务目标，确定单位时间流程中总工作量，从而确定各职位人员编制。

例如，每5个客户主管必须配备1个客户经理进行指导、监督、协调和管理。

（七）管理层、专家访谈法（德尔菲法）

通过管理层访谈可以获得下属员工工作量、流程的饱满性，员工编制调整建议等信息，并预测其下属员工一定期限之后的流向：提升（部门内和跨部门提升）、轮岗、离职（自愿和非自愿），统计各部门一定期限之后的员工数目。

通过专家访谈可以获取如国内外该行业各种职位类型人员结构等信息（包括管理层次和管理幅度等信息）。

总之，在各种方法中，按效率定员是基本的办法。在实践工作中，通常是将各种办法结合起来，参照行业最佳案例来制定本组织的职位人数。由于各组织的情况差别和情

况的不断变化，很难会有一个所谓“绝对正确、完全适用和一成不变”的编制，它主要还是服从于组织的总体目标要求，在不断的变化中调整，是个动态的过程。人员定编的硬约束是成本投入，组织的投入在一定时期内总是有限的，在投入有限的情况下，职位和人数的有限性是不言而喻的。人力资源管理要做的是，在一定时期内，如何运用有限的资本投入获得最佳的职位和人数的组合。

五、企业定员操作步骤实例

A 贸易公司 2008 年的经营利润为 52 060 万元，2008 年的业务人数为 1 189 人。公司 2008 年职能人员与业务人员的数量比例为 1∶1.94；业务人员中，管理人员与非管理人员的数量比例为 1∶4.2；职能人员中，管理人员与非管理人员的数量比例为 1∶3.9。我们要为 A 贸易公司预测 2011 年的员工总数及员工的构成。

（一）公司业务现状分析

明确公司的长期战略、盈利模式和年度业务目标，确定公司业务人员的人均财务指标，收集公司相关历史数据及本行业相关财务指标。业务人员数量预测方案如图 4－8 所示。

假设条件	
2011年人均经营利润比2008年提高	41%

按照相同的年增长率	12.2%

已知条件	
2008年经营利润（万元）	52 060
2008年业务人员数（人）	1 189
2009年预测经营利润（万元）	64 461
2010年预测经营利润（万元）	72 525
2011年预测经营利润（万元）	80 063

人员数量预测

预测结果				
项目	2008 年	2009年	2010年	2011年
总经营利润（万元）	52 060	64 461	72 525	80 063
人均经营利润（万元）	44	49	55	62
人数（人）	1 189	1 312	1 315	1 294

图 4－8 A 贸易公司业务人员数量预测方案

1. 人均经营利润

2011 年人均经营利润比 2008 提高 41%。这主要是基于以下两方面的原因：该公司

2008 年业务人员人均经营利润 44 万元，市场上服务行业业务人员人均经营利润为 80 万元（资料来源于美国萨拉托加学院数据调查。这里没有参照国内同行业数据，主要原因在于国内公司人员结构比较复杂，各公司的业务人员数量难以确定，因此我们采用国外服务行业数据作为参照），目标是到 2011 年达到两者的平均值 62 万。

2. 年平均增长率

年平均增长率是指相邻年度按照同等比例的增长速度。如果 2011 年人均经营利润比 2008 年提高 41%，2009～2011 年的年平均增长率为 12.2%。计算过程如下，设定年增长率为 p，则：$44\times(1+p)^3=44\times(1+41\%)$，所以 $p=12.2\%$。

（二）确定业务人员、职能人员与管理人员数量

1. 员工人数计算方式

在企业中经常通过以下公式计算各类员工人数：

员工总数 = 业务人员总数 + 职能人员总数

业务人员总数 = 管理人员总数（业务类）+ 非管理人员总数（业务类）

职能人员总数 = 业务人员总数 × P

这里的业务人员包括经营机构的领导人员、业务部门经理及业务人员。P 代表职能人员与业务人员数量比例，是一个可变的数字，根据企业具体情况与市场要求而定。管理人员同非管理人员之间成一定的比例关系，这个比例依企业具体情况而定。

2. 计算公式的操作运用

业务人员的人数依据公司年度财务目标、人均财务指标，参考公司历史数据和行业数据来确定；职能人员数依据本行业业务人员与职能人员比例，参考公司历史数据确定；管理人员数依据本行业业务和职能人员与管理人员比例，参考公司历史数据来确定。

2011 年 A 贸易公司贸易类员工结构预测见图 4－9。解释说明如下：

（1）职能人员与业务人员比例。我们主要参照两方面数据，一是员工历史数据，A 贸易公司职能人员与业务人员之比约为 1∶1.94，二是市场上的参照数据，市场上的参照数据约为 1∶4.85（数据来自美国萨拉托加学院），取得两者的平均值，2011 年职能人员与业务人员比例为中 1∶3.4。

（2）业务人员中管理人员与非管理人员的数量比例。我们采用同样的方法得出 2011 年目标比例为 1∶5.6。这里管理指二级经营机构领导班子、业务部门经理、副经理。

（3）职能人员中管理人员与非管理人员的数量比例。我们采用同样的方法得出 2011 年目标比例为 1∶5.5。这里管理指二级经营机构内非业务部门的经理、副经理。

3. 确定人力费用

企业还需要对照人力费用预算进行调整，如果人力费用远高于预算，则还需进行对

总人数的调整。形式如表 4－6 所示。

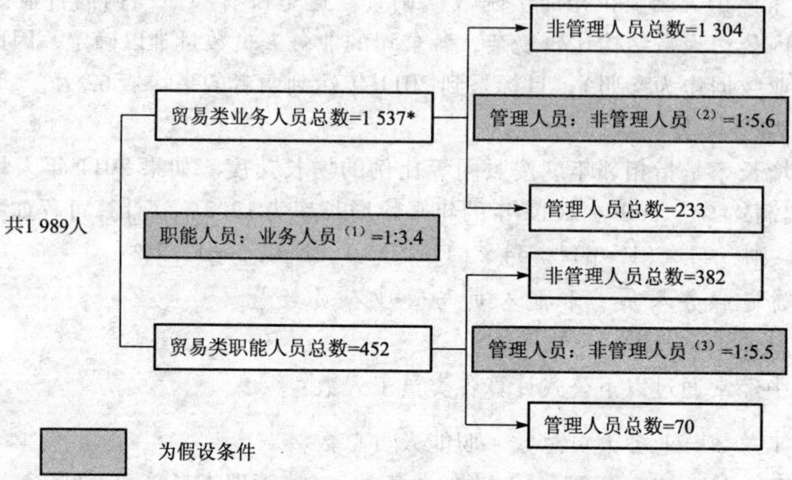

*2011年预测数为1 294人，根据企业实际，考虑到其他因素还产生其他人员243人（原因略），这里的业务人员总数为1 537人。

图 4－9　A 贸易公司贸易类员工结构预测流程图

表 4－6　　新员工结构人力费用统计表

（费用单位：万元；人数单位：人）

类别	2009 年			2010 年			2011 年		
	人数	人均费用	总费用	人数	人均费用	总费用	人数	人均费用	总费用
在岗人员费用	2 095	×	×	2 045	×	×	1 989	×	×
新退休人员费用	14	×	×	28	×	×	43	×	×
新分流人员费用	140	×	×	280	×	×	421	×	×
外部招聘费用	159	×	×	159	×	×	160	×	×
培训费用	2 095	×	×	2 045	×	×	1 989	×	×
合计	×			×			×		

4. 在各部门间分配员工总数

企业员工总数计算出来以后，还要进行在各部门之间的再分配，直到各职位。操作中要注意：

（1）在业务部门间人数的分配原则还应该是价值指标，参考其他各种因素进行。

（2）职能部门的人数分配原则仍应按照比例法，参考其他因素进行。

（3）总部一般只控制职位的设置原则和人数的分配原则，而不进行具体的部门内部职位人数分配，将此权力交给部门领导，以利于其更灵活地调配资源、完成工作任务。

六、职位设置表的编制

职位设置表是职位设置和定员工作后的最后成果，是企业规范化管理的一个正式的、重要的文件。职位设置表通常有部门职位设置表和公司职位设置总表两种形式。

职位设置表跟职位说明书不同。职位说明书是把工作职位的主要职责、部分责任和支持责任全部写清楚，而职位设置表只写主要职责。

（一）部门职位设置表

按照各个部门、各个单位的工作分别设计的职位设置表称为部门职位设置表。这种表主要是介绍部门内有几个职位以及每个职位的职责等，每个部门一张表。如果公司共有 11 个部门，那么就应该有 12 张设置表，因为公司高层，如总经理、各个副总或者总监之间的分工也要有一张表来规范说明。

企业下属单位，例如中心或者实验室也要单独设置一张工作设置表。如果是地区公司或者分公司，可能跟总公司一样有两个层次，一个层次为分公司的高层领导的工作设置表，另外分公司各部门要有各自的部门职位设置表。表 4 – 7 为某公司企业管理部的部门职位设置表。

表 4 – 7　　某公司企业管理部的部门工作设置表

部门名称		企业管理部	
本部门职位设置总数（个）	5	本部门总人数	5
职位名称	职位人数	主要职责分工	
部长	1	全面负责集团的发展战略研究与管理、集团规章制度管理、企业文化建设管理、合同管理、法律事务管理以及计算机网络和信息化管理	
企划专员	1	集团发展战略研究与管理、集团刊物的编辑等	
企管专员	1	组织规章制度的编制、上报和审批，企业文化建设管理	
网络信息专员	1	网络软硬件维护、网上信息编辑发布、筹建集团信息化管理系统、办公自动化系统管理	
合同法律专员	1	处理集团、各子公司的法律纠纷和各类经济合同管理与法律咨询，参与重大合同谈判和合同起草，以及员工法制教育和其他法律事务	
备注			

（二）职位设置总表

职位设置总表，即把整个组织工作统一排成一张大表，上面注明职位编号、职位部门、职位名称，但不注明工作职责。职位设置总表包括三个栏目：

1. 职位编号

在规范化管理中，文件前面都有一个英文字母标明。例如职位设置文件用Z，Z后面的数字表示一个部门。假如公司共有11个部门，则分别用Z-1、Z-2等表示企管部、生产部等。第一个部门的第一个职位为1001，第二个为1002，依此类推。这样编的好处在于便于实现计算机化、信息化管理。

2. 职位部门

每家企业都由若干个部门组成，不同的职位分别隶属于各个部门。例如，人事培训专员这个职位就隶属于人力资源部。

3. 职位名称

首先确定称呼方式。例如公司的最高领导可以称为总裁，也可以称为总经理等；各部门的领导可以称为部长，也可以称为经理；部长或经理之下的职位可以称为主管，有的称为专员；科员里面能承担一定责任的、级别相对高一点称主任科员，承担一般责任、级别相对较低的可能称为员工管理员、培训员等。这样就把所有职位的名称统一起来，列在职位设置总表中。表4-8为某科技集团有限公司职位设置总表。

表4-8　某科技集团有限公司职位设置总表

部门	职位编号	职位名称	职位人数（人）
公司总部	HT-Z-Ⅰ	董事长	1
	HT-Z-Ⅱ	总裁	1
	HT-Z-Ⅲ	运营总监	1
	HT-Z-Ⅳ	市场总监	1
	HT-Z-Ⅴ	财务总监	1
	HT-Z-Ⅵ	行政总监	1
	HT-Z-Ⅶ	技术总监	1
			董事长不计，合计6人
总裁办	HT-Z-1001	主任	1
	HT-Z-1002	秘书	1
	HT-Z-1003	司机	1
			合计：3人

续表 4-8

部门	职位编号	职位名称	职位人数（人）
企业管理部	HT-Z-2001 HT-Z-2002 HT-Z-2003 HT-Z-2004 HT-Z-2005	部　长 企划专员 企管专员 网络信息专员 合同法律专员	1 1 1 1 1 合计：5 人
生产部	HT-Z-3001 HT-Z-3002 HT-Z-3003 HT-Z-3004 HT-Z-3005	部　长 计划统计专员 生产调度专员 设备管理专员 安全管理专员	1 1 1 1 1 合计：5 人
资产管理部	HT-Z-4001 HT-Z-4002	部　长 资产管理专员	1 1 合计：2 人
技术发展部	HT-Z-5001 HT-Z-5002 HT-Z-5003	部　长 技术管理专员 技术研发工程师	1 1 3 合计：5 人
……	……	……	……
行政部	HT-Z-11001 HT-Z-11002 HT-Z-11003 HT-Z-11004	部　长 行政管理专员 基建管理专员 基建管理员	1 2 1 3 合计：7 人
		职能部门总计	49 人

第三节 职位优化

一、职位优化的驱动因素

职位优化是在已有职位的基础上对职位进行重新调整的动态过程。促进职位进行优化的因素有很多，主要的驱动因素可以分为四个方面，分别是技术、竞争、成本压力与员工激励。如图 4－10 所示。

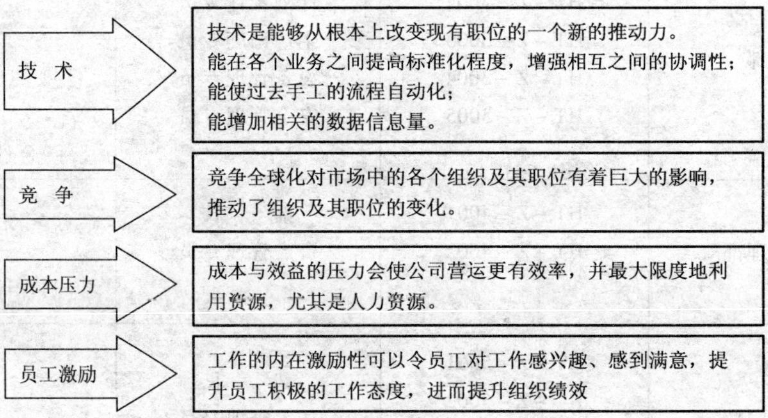

图 4－10 职位优化的驱动因素

二、职位设计的问题诊断

职位优化通常的做法是由职位分析小组给企业的职位提供职位描述，在此基础上，通过一系列的调查和分析，职位分析小组的成员会发现在企业组织层面实际运行中、尤其是职位设计中存在的一些问题，这就是职位设计问题诊断。

（一）诊断的主要内容

企业是一个有机整体，在其生存和发展过程中，伴随着内外环境因素的变化和作用，原本健康、充满活力的企业优势可能会产生一些问题，并由此陷入困境。如果不加以及时有效的诊治，任其拖延下去，后果不堪设想。因此，企业管理者一旦发现问题，就应当立即采取措施，通过调查研究，针对问题的症结，提出相应的治理方法，以确保企业健康持续的发展。

1. 职位优化诊断主体

职位优化诊断的主体一般由管理咨询公司及外部专家担任比较合适，企业自身不太适合作为诊断的主体。这是因为企业自身做出的诊断往往带有很大的局限性，主要表现在以下方面：

（1）对环境和习惯的习以为常使企业自身难以发现真正的问题；

（2）企业内部利益之间的冲突，不便于企业如实地揭示问题和界定责任；

（3）一些外在的现象往往被认为是制约企业生存与发展的因素。

而由管理咨询公司或者外部专家来完成企业职位优化诊断却是较为理想的选择，并且被越来越多的企业所认同。作为专业人员，依据其对企业长期进行咨询与诊断的经验，对基础原理的把持，他们能立足于企业未来与发挥，独立于企业，站在更高的角度，针对现实问题挖掘深层次原因，阐明相互影响关系，进而提出初步建议，并最终完成企业职位设计诊断。

2. 诊断原则

一是客观真实性原则。诊断要建立在客观真实的基础上，以企业实际情况为诊断的依据。实事求是地发现工作体系中不合理之处，从而为企业职位优化奠定扎实的基础。

二是动态适应原则。任何一个企业、组织、流程和工作之间不适应是绝对的，适应是相对的。在组织的发展过程中，一直是从不适应到适应，是一个动态适应的过程，不能片面要求工作体系保持某个固定的模式，要根据企业的发展阶段以及现状来确定。

3. 诊断内容

（1）诊断组织内是否存在职能职责的缺失或重叠，主要维度包括：

① 职位设置能否完成部门职责？

② 职位名称是否与其职责相对应？是否有名无实？

③ 职位设置是否存在多头领导和越级指挥的问题？

④ 各职位之间的相互关系是否健全、合理？是否能在实际中实施？

⑤ 职位的职责是什么？需要完成哪些工作任务？

⑥ 任职者工作职位的工作安排是否饱和？是否需要增加其他工作？

⑦ 任职者是否有足够的资源完成工作任务？

⑧ 任职者是否能在规定的时间内完成工作？是否需要增加人员？

⑨ 职位之间的相互关系是否清楚、合理？

（2）诊断组织内人员与职位是否能合理匹配，主要维度包括：

① 是否按照人员编制定员？是否存在因人设岗？

② 各部门主管与下属比例是否恰当？

③ 各职位的人数设置是否合理？是否恰当？

(3) 诊断组织内人员发展问题，主要维度包括：

① 职位职责是否能调动员工的积极性？

② 职位体系是否为员工的晋升安排了通道？

③ 是否有利于员工的职业生涯发展？

(二) 职位优化的常见问题

企业在实际运转中，职位体系在建立初期能够符合职位设计的原则进行，但是在以后的实际运转中，常会有人因为图省事或是其他原因，在工作职责和领导关系上出现与当初设想相违背的地方。这些工作不合理的地方，表面上能方便人们的工作，实际上给企业带来了很多问题，容易出现职责不清、互相推诿扯皮的情况。通过诊断可以发现企业中一般都会存在以下几种不应该出现的违反职位设计原则的情况。

1. 多头领导

在不少企业中，职位设置存在多头领导的现象。即同时有两个或两个以上的管理者对同一员工进行领导。这样在实际工作中，接受多位领导的指挥，对于每位领导的指示都要贯彻，最终会形成大家都来管，谁也不负责的情况，员工不知道最终该听谁的。多头领导的问题如果不能得到解决，将直接影响企业的工作效率，工作任务的下达、信息的传递速度都将受到影响。

多头领导常常会带来越级管理。领导是否可以越级管理，是一个理论上似乎很明确但实际工作中频频出现的问题。事实上，越级管理是一种正常状态下所产生的不正常现象。在企业管理中越级管理主要指领导在其管理范围内直接越过其下级管理人员而对非直接下级行使职权，也包括不同部门的高层经理人相互跨越自身的职责范围部门对其他部门行使职权。

如图 4－11 所示。其中左图表示的是生产工作人员接受了班组长和质检员双重领

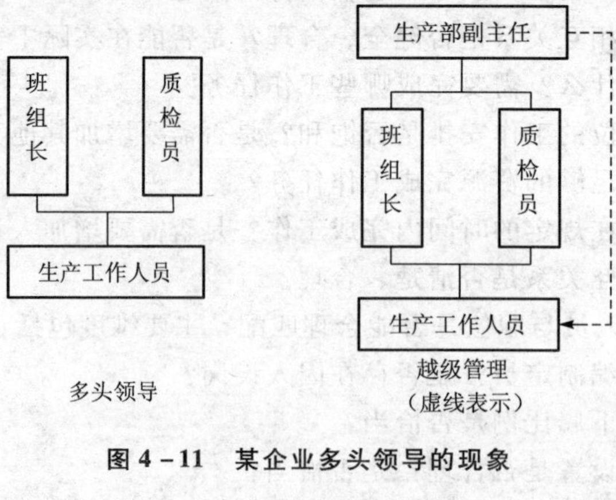

图 4－11 某企业多头领导的现象

导，是典型的多头领导；右图则是较为明显地反映了越级指挥的现象。

2. 副职设置过多

在现实的很多组织，尤其是国企和事业单位中，为了人员安排的需要，人为地设置了很多副职，一方面提高了人员成本，同时出现有些副职只管一两个部门的情况，造成分管过细，沟通障碍，使得信息流不畅通，也容易产生本位主义。在设计副职工作时需要注重考虑管理的幅度的因素，有必要才设，同时避免设置过多。

3. 职位交叉、重叠

还有种情况是职位复杂、重叠。有些企业将一个职位按职责人为地划分成若干个职位，导致职位复杂，这严重违反了效率与精简的原则。与职位设置复杂相仿的是，职位设置重叠。在组织中，性质相同，职责相似，在组织中的作用也相同，其任职资格和工作环境等各方面均相似，却由于人员的不同，而设立不同的职位，冠以不同的职位名称，这种情况属于职位重叠现象。

4. 以技术职位或业务代替行政管理职位

很多企业中存在着一种现象，那就是以技术职位或业务职位来代替行政管理职位。技术职位本身不是管理职位，该职位所赋予的职责是对企业内的其他技术人员进行技术上的指导，但是有些企业在进行职位设置时，却将该职位完全替代行政管理职位，行使对下属的管理。这种做法是不可取的，虽然技术或业务工作被赋予了某些管理职能，但是行政管理职位仍然有存在的必要。

5. 缺少职位晋升路线

这是目前许多企业普遍存在的问题，有些企业还未意识到员工的职业生涯晋升路线进行规划的作用和意义，因此大多数企业在进行职位设置时都忽视了这一问题，对于本企业员工只是给定了目前的工作内容，而与员工职业生涯有关的培训、晋升路线方面却很少考虑到。

三、职位优化的基本思路及方法

（一）职位优化的基本思路

职位优化需要放在一个整合战略实施模型中来考虑，基于组织战略下执行职位优化的步骤主要有以下几步。

1. 识别职位优化的必要性

战略性的职位优化的第一个步骤是识别优化是否需要进行。一般来说，很多因素可以成为职位优化的信号。通常员工对工作的抱怨，和随之出现的工作积极性和绩效的下降是职位设计需要进行改善的第一个信号。如果管理者想要留住并吸引到好的员工，提供一个进行过良好设计，让人产生工作热情的工作是必需的。

另一个会导致战略性职位优化的因素是组织内的可使用技术的变化。新技术的发展可以使生产过程变得更加有效，随着新技术的发展，如果组织想保持在市场中的竞争力，就需要获得在技术上比较先进的装备，这时职位调整就变得很必要。

2. 选择合适的干预方式

其实，当员工工作热情和绩效下降时，职位优化只是可供管理者选择的很多方案中的一种。导致这些问题的因素有很多种，比如说糟糕的沟通、领导或者培训，并不一定是由于职位设计的问题。但是如果员工抱怨工作乏味，缺乏挑战性，那么职位优化也许是最有说服力的干预手段。这一个步骤需要管理者具有丰富的经验、敏锐的知觉和必备的知识来选择适当的干预战略。

3. 工作系统及其环境的诊断

由于在组织优化的过程中必须要保证任何职位的调整与现有的工作系统相一致，因此，在管理层决定实行职位优化后，对工作系统及其环境的深层次诊断在是非常必要的。主要需要对六个领域进行诊断：

（1）现有工作的诊断。例如，评价诸如工作分析和工作诊断调查这些现在使用的方法。

（2）现有员工力量的诊断。例如，将员工现在的绩效、工作的积极性和满意程度与理想水平的绩效、工作积极性和满意程度相比较。

（3）技术的诊断。例如，因为需要高昂的设备或重型机器，技术也许会成为一种限制。

（4）组织设计的诊断。将组织分为机械型的或者有机型的。确定组织的文化类型，并弄清楚组织是否愿意接受变化。

（5）领导行为的诊断。主管们的精诚合作在职位优化的成败方面是至关重要的。

（6）群体和社会状况的诊断。如果职位优化中包括建立自治工作群时，组织的凝聚力是非常重要的。

4. 职位优化的成本/收益分析

对一个组织来说，职位优化的成本也许包括新的机械设备，转换期的停工，由于员工责任和任务绩效的增加所可能发生的工资增加。而职位优化的收益包括员工工作积极性和工作满意度的上升，对组织忠诚度的增加和更好的工作绩效及员工缺勤率、流动率、怠工行为、工作错误和对工作抱怨的下降。职位优化的目标必须是现实的，所带来的收益必须能超过发生的所有成本。

5. 执行计划的制定

制定执行计划时要考虑以下几个方面：（1）谁将制定职位优化计划；（2）对职位需要做出什么实质性的变化；（3）谁将受到这些变化的影响；（4）什么时候进行职位

优化。在进行任何变化之前必须对这些战略问题做出系统的考虑。一些研究者提倡由员工、主管和咨询专家共同参与来制定职位优化计划。但是另外一些人鼓吹在某些情况下可以采取参与方法，但在其他情况下则采取自上而下的方法。是否采取参与方法取决于员工拥有重要信息的程度，要看员工是否有接受变化的要求，以及是否愿意为这个设计投入很多个人的努力。

同时也必须确定哪些工作将进行变化，谁将受到变化的影响，这种职位优化是基于个人的还是基于群体的。例如，由于其复杂性，基于群体的变化（如建立工作自治群）只有当比个人的变化有明显的优势时才可以采用。最后，计划小组必须决定实施优化的时间安排，这包括考虑购买新设备的时间，安装的时间和训练雇员使用这些机器设备的时间。

在职位优化执行时很少不遇到意想不到的问题。因此组织需要仔细地诊断工作条件，遵守根据前面的步骤制定出详细的计划。

7. 职位优化效果的评估

最后一步确定职位优化是否是有效的。如果管理者想看到变化所产生的效果，需要在设计实施前对员工的感觉、绩效和其他与工作相关的成果进行评价。在设计实施后，必须再次得到评价并与实施前的结果进行比较。不幸的是，这一步常常被忽略，没有包括在组织的职位优化中，可能会受到需要付出更多时间和成本的限制。管理者应该全面地考察实施职位优化所带来的后果，并衡量由此所带来的成本和收益。这些信息在将来组织的战略决策中具有非常宝贵的借鉴价值。

（二）职位优化的方法

在流程优化中有一种方法叫做 ESIA 法，该方法主要应用于企业，系统地逐步改进现有流程，提高顾客的满意度，它通过辨析理解现有流程，在此基础上创建提供所需产出的新流程。基本内容可概括为四个词：清除（Eliminate），即清除非增值活动；简化（Simply），即简化必要活动；整合（Integrate），即任务整合；自动化（Automate），即任务自动化。职位优化的方法也可以从流程的角度，参考这四个方法进行。

清除，即清除非增值的活动，职位可以被看作是在特定的生产技术组织中，在一定的时间内，由一名员工承担完成若干项工作的任务，并具有一定的职务和责任、权限。因此，每一个职位包含若干项活动，而每一项活动都有其输入、处理和输出的过程，如果一项活动它只有输入和输出，没有中间的处理过程，那这项活动就没有实现增值，但是在企业的组织生产中，一些非增值的活动是不得已而存在的，而另一些则是多余的，我们所清除应该是多余的非增值活动。我们可以通过思考“这个活动为何要存在?”、“这个活动所产出的结果是整个目标完成的必要条件吗?”、“它的存在直接或间接产生了怎样的结果?”、“清除它会解决怎样的问题点?”、“清除它可行吗?”等一系列的问题，来着手判断是否是多余的，清除是否可行。如果一个职位所包含的若干项活动都没有进行的必要，那么这个职位就可以被清除。

简化，即简化必要活动。在尽可能清除了非必要的非增值的活动后，对剩下的活动如果是必要的但过分复杂的仍需进一步简化，简化中间环节，提高工作效率。比如现在很多组织都热衷于引进最先进的技术和复杂功能的设备，但却被员工所抵制，没有充分考虑到员工的接受程度，虽然花费了大量的成本却收益甚微。合适的才是最好的，在某种程度上简化了技术就相当于提高了效率，该职位上的员工可能有更多的精力承担更多的任务。还有一个就是沟通方面，组织要建立及快捷高效的沟通渠道，以便节省一些活动无必要的等待时间等。

整合，即任务整合。组织在经过清除、简化后，一些职位的任务可能处于不饱和的状态，这时候就需要对性质相近内容相似的一些任务进行整合，把之前多个人承担的任务整合给一个人承担，节省人力成本。整合的另一个目标就是解决"次优化行为"，对各个部门的员工来说，员工们一般都只顾着做自己的事情，热衷于达到或超过自己的目标，但是他们并不了解或关心自己的工作如何影响其他部门的其他人，他们只是对自己所做的事和如何被考核感兴趣，这种情形导致了组织内普遍存在的"次优化行为"。这时候可以基于项目对部门之间的信息、技术等进行横向整合，解决"次优化行为"。

自动化，即任务自动化。指在清除、简化、整合的基础上，工作任务的自动化。比如一些脏活、累活与乏味的工作，数据的采集与传输，数据分析等工作都可以尝试自动化完成，从中解脱出来一些员工从事一些更有意义的工作，这也是企业信息化后的必然结果。

四、职位优化的指导方针

（一）职位优化应考虑的因素

一个成功有效的职位优化，需要综合考虑的因素较多，具体来讲包括如下七个因素：组织的目标和功能、组织结构、工作流程、技术/工艺/设备的要求、工作环境、工作时间以及对人员的开发与激励。

1. 组织的目标和功能

职位优化的基本依据是组织的目标和功能。组织中的每个职位都存在于为了完成特定目标而设置在组织结构之内，职位作为组织系统中的基本单元，其意义是实现组织赋予它的特定任务和目标。因此，每个职位的设置意义、工作内容、工作职责以及工作联系等都是由它所属组织和单位的功能，以及体现这些功能的工作任务和目标决定的。

因此，进行职位优化时，应首先根据组织的目标确定组织的任务；然后将组织的工作任务按照具体的工作流程进行分解产生部门的工作任务，确立部门的内部结构和部门职责；接着，将工作任务继续分解为具体的职位，即将组织的目标和功能细化为独立的、可操作的具体业务活动。

2. 组织结构

不同的组织结构决定了不同的职能设计、管理幅度、权力架构以及组织形式。组织结构优化的结果最终体现在职位的优化上。面对不断变化的内外部环境，组织需要增加其灵活性，以应付连续的变化，这样的组织叫做适应性组织，它从根本上削减组织的管理层次；围绕关键流程组成自我管理型工作团队，取代职能部门；委派流程管理者管理相关流程；通过密集的培训计划，在新组织需要的技能方面，对于团队和流程管理者进行培训。

适应性组织的职位优化比较模糊，没有统一固定的模式，它依据不同项目的流程性质来设置职位，呈现扁平化的结构形态，根据团队成员的能力确定在团队中的职位高低。

3. 工作流程

优化的工作流程是进行合理的职位优化的前提。反过来，职位优化的重要内容之一也是确立或分析组织的工作流程，对不合理的部分进行改进。

进行职位优化时，职位优化人员要明确所设计的职位在工作流程中的位置，按照工作流程的要求，以客户为导向，追求系统最优化。

这就要求职位优化人员根据组织的目标和功能以及组织结构，对工作流程进行分析和设计（或者再设计），确立组织需要什么样的工作流程才能高效地完成任务。科学的工作流程应该符合工作的逻辑性和活动的配合性。

4. 技术、工艺、设备的要求

职位优化要充分考虑信息技术进步以及工艺设备的改进所带来的变化。信息技术的进步能够对传统的管理产生巨大的影响：

（1）提高了组织信息的共享程度，更有利于组织管理层进行迅速地、科学地决策；

（2）扩大了组织管理各方面的功能，提高了管理效率；

（3）改变了原有的工作流程、管理流程，使流程大大优化；

（4）加大了原有管理的幅度和管理层次，使组织结构扁平化；

（5）加深了管理的深度，帮助管理部门大大减轻管理日常事务的负担，加强对战略层面事务的参与；

（6）加强了组织管理的透明度，使组织的股东、员工、业务伙伴等利益相关者都能实现更大程度的参与，促进各方面利益的协调；

（7）促进了“网络组织”的形成，即不仅在组织内部，而且在组织之间形成基于信息系统的管理网络，以提高资源配置的效率。

信息技术通过对传统管理的巨大影响，也改变着传统的职位优化，原来所设计的职位已经不能满足这种技术发展的结果，需要进行职位优化。例如，随着技术的发展，流水线上进行手工作业的包装工被自动化包装机所代替，那么，监督工作就取代了原来的包装工工作。

技术相互依赖的程度也决定了职位优化，当技术的依赖程度低时，可以设计成个人独立工作的方式；反之，当技术相互依赖程度较高，员工必须协同工作时，就设计成团队式的工作方式。

工艺设备的改进导致它们对工作任职者的知识技能要求发生变化，工作时间制度也要随之发生改变。职位优化时要根据工艺设备的要求设计人员编制、工作时间制度以及其他方面。

5. 工作环境

职位优化要力求优化工作环境，这里的工作环境是指办公场所或工作地。所谓工作环境优化，是指利用现代科学技术，改善工作环境中的各种因素，使之适合于劳动者的生理、心理安全健康，建立起人——机——环境的最优系统。

影响工作环境的因素包括物质因素和自然因素。改善工作环境的物质因素，包括三方面：第一，根据生产工艺要求和人体活动规律组织工作地，确保工作地上的劳动者、劳动工具和劳动对象达到最优结合，这样既方便员工操作、提高工作效率，又能保证环境安全和卫生，使员工心情舒畅；第二，设计适宜的照明和适度的色彩环境，给人以舒适感，有利于稳定员工心理，促进工作效率的提高；第三，合理配置设备、仪表和操纵器，适应人体运动特征等特点，提高工作效率。

工作环境的自然因素是指工作地的空气、温度、湿度以及噪声等。进行职位优化时，要尽量降低工作场所的危险性，减少职业病的患病程度，尽量避免在高温、高湿、粉尘、异味、噪声等环境中工作。

6. 工作时间

职位优化要力求合理设计工作时间制度，根据工作性质特点和劳动者的需求设计适当的、灵活的工时制度。对组织来说，合理的工作时间制度设计能够改善和提高工时利用状况、劳动生产率以及组织整体的经济效益；对员工来说，合理的工作时间制度设计将体现如何“以人为本”，科学合理地安排员工的工作轮班和作业时间，保证劳动者的身心健康，使他们始终保持旺盛的精神状态。

工作时间是规定劳动者在工作场所从事生产劳动或工作的时间。工作时间不能无限地延长，它只能在一定的界限内变动，它的最高界限取决于劳动者的生理需要和社会需要，既要保证劳动者的休息、睡眠和其他生理需要的时间，以便恢复劳动能力，又能不断创造物质财富，满足劳动者的精神需要和物质需要。在劳动人数和工作日长度不变的前提下，充分合理地利用工作时间，消除不必要的工时损失，设计适应工作性质特点和劳动者需求的灵活的工时制度，有利于充分利用工时与提高劳动效率。

（二）职位优化过程中需要注意的问题

（1）针对管理层次过少导致管理幅度过大，企业可以设中间层管理人员实现上传下达，做好上下级之间的沟通。

（2）针对企业的部门职能划分不合理、组织结构不健全情况，企业应该对各个职能进行分析，把相近的职能划分到一个部门，性质不同的职能放在不同的部门。

（3）针对组织职责不清问题，企业在进行分析的基础上，严格界定各部门的职能，明确各部门的职责。对于职责过多问题，要在任务完成的前提下，对各部门的职能进行平衡，对于任务过多的部门可以考虑另设新的部门，将其中一部分职能分解出来。

（4）针对组织的业务流程不合理的问题，企业在科学分析的基础上按照流程精简的原则，对其进行工作改进或重塑，通过改变作业或服务的顺序，减少流程周转时间。

（5）针对职位设置不合理和职责不清的问题，企业在分析的基础上对不合理的职位进行重新设置或撤销，明确各个职位的职责和权限。

（6）针对员工对自己的工作职责、权限和职位晋升路线不明确的问题，企业应该建立明确的层次结构图。

本章小结

本章以实用性为导向，对职位设置、定员和职位优化三方面内容进行了详细阐述。

第一节首先结合企业中“职能”、“职责”、“任务”的划分方式介绍了职位设置的涵义。在简要介绍了职位设置的目的和原则后，重点介绍了职位设置的具体方法，包括组织分析法、关键使命、流程优化法、标杆对照法。最后以企业实例的形式介绍了企业中职位设置操作的主要步骤和方法的运用。

第二节详细地阐述了定员的涵义，介绍了定员的意义和原则。在介绍了劳动效率定员法、业务数据分析法、本行业比例法、按组织机构、职责范围和业务分工定员的方法、预算控制法、业务流程分析法、管理层、专家访谈法（德尔菲法）后，以企业实例的形式介绍了企业中定员操作的主要步骤和方法的运用。本节最后，简要举例介绍了职位设置表的编制，职位设置表是对职位设置和定员最终结果的呈现。

第三节介绍了职位优化的相关内容。对于一个初创的组织，需要根据组织架构、业务流程等因素进行职位设置，但职位的内容是随着组织战略、业务发展、流程变革等因素变化的，因此需要对职位进行优化。因此，本章介绍了有哪些因素驱使组织对职位进行优化，如何诊断职位设置的问题，职位优化的基本思路。并以流程优化的 ESIA 法作参照，提出职位优化的四个原则，即清除（Eliminate），即清除非增值活动；简化

(Simply)，即简化必要活动；整合（Integrate)，即任务整合；自动化（Automate)，即任务自动化。在本节最后，介绍了职位优化需要考虑的因素和注意的问题。

复习思考题

1. 职位设置这一过程应该包含哪些内容？
2. 在职位设置中有哪些方法可供选择？各自的操作要点有哪些？
3. 怎样理解定员的涵义？
4. 定员的方法有哪些？考虑这些方法各自适用于哪类工作的人员配置？
5. 简述职位优化的基本思路。

第五章

职位说明书的编制

学习目标

- 了解职位说明书的涵义
- 熟练掌握职位说明书的内容
- 理解职位说明书的编写原则及作用
- 了解职位说明书样本搜索途经
- 熟练掌握职位说明书的编制方法
- 掌握如何依据职位种类和特性选择职位说明书的内容和形式

关键概念

职位说明书　职位描述　任职规范　职位标识　职位概要　职位职责　工作权限　绩效标准　工作关系　工作环境

引导案例

“玛丽，我真不知道你到底需要怎样的机械操作工？”高尔夫机械制造有限公司人力资源部经理约翰·安德森说道：“我已经送去了四个人给你面试，并且这四个人看上去都大致符合所需职位说明书的要求，可是，你却将他们全部拒之于门外。”“符合职位说明书的要求？”玛丽颇为惊讶地回答道：“可我所要找的却是那种一录用，就能够直接上手做事的人；而你送给我的人，都不能够胜任实际操作工作，并不是我所要找的人。再者，我根本就没瞧见你所说的什么职位说明书。”

闻听此言，约翰二话没说地为玛丽拿来职位说明书的复印件。当他们将职位说明书与现实所需岗位逐条加以对照时，才发现问题之所在：原来这些职位说明书已经严重地脱离实际，也就是说，职位说明书没有将实际工作中的变动写进去。例如，职位说明书要求从业人员具备旧式钻探机的工作经验，而实际工作却已经采用了数控机床的最新技术。因此，工人们为了更有效率地使用新机器，必须得具备更多的数学知识。

在听完玛丽描述机械操作工作所需的技能以及从业人员需要履行的职责后，约翰喜形于色地说道："我想我们现在能够写出一份准确描述该项工作的职位说明书，并且使用这份职位说明书作为指导，一定能够找到你所需要的合适人选。我坚信，只要我们的工作更加紧密地配合，上述那种不愉快的事情，决不会再发生了。"

产生这种情况的原因是什么，如何避免？

（资料来源：朱勇国主编，邓洁副主编．工作分析．北京：高等教育出版社，2007.）

第一节 职位说明书的概述

一、职位说明书的概念

职位说明书就是对有关职位职责、职位活动、工作权限和工作对人身安全危害程度等职位特性方面信息进行描述，以及规定职位对从业人员的品质、特点、技能和工作背景或经历等方面要求的书面文件。简单地说，职位说明书就是一份对某项职位的内容加以叙述的文件，说明在这个职位的任职者应执行的工作、如何执行工作及工作的状态。一份良好的职位说明书可以使职位的职责更加明确，使得衡量此职位的绩效标准更容易订出；也因此可以发展出一套人员任用的资格标准（需要哪些技能、经验、知识等），以便在人员的任用选择上更能实现人岗匹配。

二、职位说明书的内容

职位说明书的内容包括两大部分，即职位描述（Job Description）和任职规范，也称职位规范（Job Specification）。其中，职位描述主要涉及到任职者实际在做什么、如何做以及在什么条件下做的有关内容；而任职规范说明了任职者为了圆满完成工所必须具备的知识、能力、技术以及其他要求。这两部分并非简单的罗列，而是通过客观的内在逻辑形成一个完整的系统。

（一）职位描述

职位描述是对职位本身的内涵和外延加以规范的描述性文件。它是对职位职责、职位活动、工作条件以及工作对人身安全危害程度等工作特性方面的信息所进行的书面描述。主要包含如下几方面：职位标识、职位摘要、职位职责、工作权限、工作关系、工作环境。

（二）任职规范

任职规范界定了职位对任职者的教育程度、工作经验、培训、知识、技能、能力、心理特征等方面的要求。当它作为招聘甄选的依据时，也可以视为任职要求或者雇佣标准。

一份完整的任职规范一般包含如下项目：教育程度（学历及专业要求）、所需资格证书、工作经验（一般/专业/管理）、培训要求、知识要求（基础知识/业务知识/组织知识/政策知识/行业知识）、工作技能要求、心理要求（包括气质、性格、兴趣、价值观、态度等）等。

三、职位说明书编写的原则

（一）准确清楚

职位说明书要准确清楚地说明某个职位的具体要求和任职者的资格条件。这有两方面的含义：其一，它所说明的职位要求和任职者的资格条件首先应该是正确的，能真实地反映该职位的基本情况和主要特征；其二，职位说明书应该是明确的，即要表达清楚，不能含混其词、模棱两可。用准确的文字清晰地描述出岗位说明书的每一项要素，为了增强其可读性，尽量避免使用管理学术语。

（二）具体完备

不能为了追求简明而导致语言过于抽象，尤其是职责与知识、能力、技术的任职规范的描述，必须具体完整，不能有遗漏或省略的地方。

（三）普遍性

职位说明书的一个主要作用是为薪酬、考核等提供参考依据。因此，为了使不同的职位之间可以相互参照比较，职位说明书的每一项内容最好是被分析的各种职位所共有的，这样不同的职位之间才有可比性，从而有利于确定各个职位的相对价值，为薪酬、考核等提供参考依据。

（四）结果文件的核对

在职位说明书成型以后，不能认为所有工作就都已经结束了。还要将职位说明书对照之前所收集信息的分析结果，让组织内部的相关工作人员对其进行审核与反馈，经过反复修改确认无误之后，编制工作才算完成。

（五）简明逻辑

编写职位说明书要符合逻辑顺序，尤其是体现在对职位职责的描述上。一般来说，按重要程度和所花费的时间来安排各项职责，并注意将详尽的职责排列在一起，这样有助于人们对职位说明书的理解和使用。无论是职位说明书的结构还是语言文字，都应该在清晰准确的前提下使用尽量简明的语言，也就是要求职位说明书的表达精炼、严谨、合理，如对主要职责的叙述不交叉、不矛盾，条理清晰，不拖沓冗长。

（六）规范性

规范职位说明书的描述方式和用语关系到职位说明书的质量，因此这一工作不容小视。标准的职位职责描述格式应是"动词+名词+结果"。动词的选择参照职位职责动词使用规范表；名词表示该项任务的对象，即职位任务的内容；结果表示完成此项工作所要实现的目标，可用"确保、保证、争取、推动、促进"等词语链接。

(七) 动态管理

职位说明书的管理工作相当重要，行业的发展、企业的变革会给职位提出不同的要求。因此企业编写出规范的职位说明书后，人力资源部应建立职位说明书的动态管理机制，由专人负责管理更新。目前，我国很多企业已经开始重视这一问题，如联想集团规定每半年对职位说明书修正一次。

四、职位说明书的应用

职位说明书在人力资源管理的各个方面都有着广泛的应用，它是人力资源管理活动的基本依据。

(一) 人力资源规划

人力资源规划是企业发展战略的重要组成部分，也是企业各项人力资源管理工作的依据，而职位分析是人力资源管理中一项重要的常规性技术，是整个人力资源管理工作的基础，两者密不可分。职位分析结果将直接运用于人力资源规划的整个过程。组织要保证人力资源的储备能够满足组织不断成长的要求，职位说明书所提供的信息中包括职位的任务有哪些，以及具备什么样条件的人才能完成这些任务，这实际上决定了需要招聘和雇用什么样的人来从事此职位，从而也就确定了招聘甄选计划和甄选条件。因此，可以根据公司的总体设计计划、公司各部门的需求以及职位分析的结果来确定所需要的人员配备及组织内已有的人力资源状况。如果两者都相互匹配，则无需外部招聘，只需做好内部人力资源调配工作；如果两者相互不匹配，则需确定要招聘的职位，根据该职位的职位说明书要求进行招聘工作。

(二) 招聘与录用

企业招聘的最终目的是要寻找和获取合格的候选人，任职规范是成功招聘的基础，如果企业人力资源部门对所要招聘的职位职责不清、任职规范要求模糊，招聘工作将难以获得成功。职位说明书界定了不同职位的任职规范，规定了符合职位要求的人员录用标准，可以客观、公正地评价求职人员，从而使甄选录用工作科学化、正规化，从源头上对工作绩效的影响因素进行控制。

(三) 绩效管理

绩效管理的过程就是将员工的实际工作绩效同要求其达到的工作绩效标准进行对比的过程。而员工应当达到何种绩效标准，以及需要完成哪些特定活动都需要通过职位分析来确定。根据职位说明书提供的关于某一项工作的具体内容，制定出符合组织要求的绩效标准，再根据这些标准对员工工作的有效性进行客观评价和考核。

（四）薪酬管理

职位评价是企业薪酬政策的基本依据，为整个薪酬体系提供支撑性资料，是建立健全企业薪酬体系的关键所在。因为职位评价是根据职位分析的结果，按照一定的标准，对工作的性质、强度、责任、复杂性以及所需要的任职规范等因素的差异程度进行综合评估的活动。它的内容主要包括职位的任务和职责、完成职位任务所需要的技能、职位对企业整体目标实现的相对贡献大小、工作的环境和风险等，这些内容恰恰是职位分析所提供的信息。从这一意义上说，一个系统而科学的职位分析过程是薪酬体系建设的必由之路。没有标准的职位说明书提供的标准化的职位信息，要想在组织中，尤其是在规模庞大、层级关系复杂的组织中进行职位评价，简直是不可想象的。

（五）职位优化

职位优化就是为了有效地实践企业目标，提高绩效，对职位内容、职位职责、工作关系等有关方面进行变革和设计。通过职位分析，可以对职位内容、职位职责、工作关系、工作流程、工作环境和条件等各方面进行系统的审视，通过改进不合理之处来提高员工的工作满意度和工作效率。而且利用职位分析提供的信息，可以对职位所要完成的具体任务及采用的方法进行重新确认，有助于组织通过工作的丰富化和工作的扩大化来对职位进行再设计，使得人与职位能够更好地匹配。

（六）员工晋升与开发

人力资源管理中一项非常重要的工作是人力资源开发，就是通过一些有效的措施使员工的素质和积极性得到提高，最大限度地发挥员工的潜能，为企业做出更大贡献。通过职位分析，有助于我们根据组织与个人情况判断一个人是否适合一项职位，在不需要培训的情况下，可以为员工提供不同的职位机会，提高人与职位的适应性，使每一个员工在既能胜任又符合自己特点的职位上发挥作用。另外，企业应该根据职位说明书为员工制定晋升、异动的路径图，最为规范化管理的一个基础文件，让每一位员工都清楚只要具备什么样的条件就能升到什么职位或几年才能达到什么职位的条件。

（七）员工培训

对员工进行培训是为了满足岗位职务的需要。根据职位说明书的具体要求，可以有针对性地对具有一定文化素质的员工进行岗位专业知识和实际技能的培训，完备上岗任职规范，提高员工胜任本岗本职工作的能力；也可以对一些任职条件不足，但其他方面优秀、符合公司紧急要求的员工进行教育和培训，提升其本身的素质，最后使其达到职位说明书的任职要求；还可以作为新员工的入职培训的教材。

(八) 职业安全与健康

通过职位分析，可以全面了解不同职位的职业危害程度，从而采取有效的安全保护措施。同时，一旦发生事故，也可以根据职位分析的信息，科学地分析和判断事故的原因，为事故的处理提供有效的依据。

总之，职位说明书所提供的信息对员工的薪酬、考核、晋升、职业发展等具有直接的影响。一般来说，职位分析结果的应用都不是独立进行的，不同的应用之间互相联系、互为支撑。

第二节 职位说明书的编写

一、职位描述的编写

职位描述是对职位本身的内涵和外延加以规范的描述性文件。其主要内容包括工作的目的、职责、任务、权限、业绩标准、职位关系、工作的环境条件和工作的负荷等，根据职位分析实践，不同的职位分析目的和不同的职位描述的使用者，对职位描述的内容具有不同的要求。例如：直线管理者和组织的人力资源管理者对职位描述的内容要求是不相同的，前者从向下属传递组织期望的角度，认为职位描述重在对职位目的和职责的详尽描述；而后者则可能从职位评价与薪酬决策的角度，要求职位描述不仅应包括职责的重要程度和复杂程度相关信息，还需要包括工作负荷、工作环境的信息等等。

因此，有必要将职位描述的内容分为两种：

一部分被称为核心内容，是任何一份职位描述都必须包含的部分，这些内容的缺失，会导致我们无法对本职位与其他职位加以区分。另一部分，为职位描述的选择性内容，这些项目并非是任何一份职位描述所必需的，而可由职位分析专家根据预先确定的职位分析的具体目标或者职位类别，有选择性的进行安排，具体参见表 5 - 1 与表 5 - 2。下面将就每一项的具体内容来进行讲解。

表 5 - 1　　根据职位分析目的选择职位描述的内容

内容类别	内容项目	组织优化	招聘甄选	培训与开发	绩效考核	薪酬管理
核心内容	职位标识	√	√	√	√	√
	职位概要	√	√	√	√	√
	职位职责	√	√	√	√	√
	工作关系	√	√	√	√	√

续表 5－1

内容类别	内容项目	组织优化	招聘甄选	培训与开发	绩效考核	薪酬管理
选择性内容	工作权限	√				
	履行程序（职责细分或工作任务）	√				
	工作范围					√
	职责的量化信息	√		√		
	业绩标准				√	
	工作条件					√
	工作负荷					√
	工作特点与领域		√			

表 5－2　不同职位类别对职位描述内容的要求

项目	管理职位	专业/技术职位	操作工人
职位标识	√	√	√
职位概要	√	√	√
职位职责	√	√	√
工作关系	√	√	√
工作权限	√		
履行程序	√		
工作范围	√		
职责的量化信息			
工作条件			√
工作负荷	√	√	√
工作特点与领域	√		

（一）职位标识

职位标识（Job Identification），又称为职位识别，是关于职位的最基本信息，其作用就是将本职位与其他职位区分开。

职位标识包含的主要内容有：

1. 职位名称

职位名称是指一组在重要职责上相同的职位总称。

确定职位名称时要注意以下方面：

（1）职位名称应该可以比较准确地描述出主要的职责。比如，“电话接线员”。

（2）职位名称的命名应该美化并且不失准确度。比如“售后技术支持工程师”就要比“售后维修员”要美化得多，同时也不失准确性。职位名称的美化不仅会增加职位的社会声望，还可以提高任职者对工作的满意度。

总之，好的职位名称往往既可以准确地概括出职位的内容，又具有明确的区分性（如销售经理，人事主管，网络管理员等）。

2. 职位代码

职位代码又称为岗位编号、职位编号，一般按职位评价与分析的结果对职位进行编码，目的在于快速查找所有的职位。组织中的每一种职位都应当有一个代码，这些代表了职位的一些重要特征，比如职位所在部门、层次、工资等级等。

国内企业对职位代码的编制通常采用两种形式进行编码，即：字母编码或者数字编码。

（1）字母编码的形式是：“部门名称－岗位数目”两级形式。例如：市场部经理的岗位编码为“SC－001”。其中，SC是“市场”汉语拼音第一个字母的组合，而001则是按照管理层级和重要程度对部门所有岗位进行排序后得到的数字。

（2）数字编码的形式是：“部门－岗位数目”两级形式。例如：总经理的岗位编码为“0001”，市场部经理的岗位编码为“0004－001”。其中，0004是按照职位评估进行部门排序后得到的代表部门的数字，001则是按照管理层级和重要程度对部门所有岗位进行排序后得到的数字。

3. 所属部门

即岗位所在的部门名称，如“售后技术支持工程师”所在部门为“客户服务部”。

4. 直接上级/下级的职位名称

5. 所辖人数

所属部门、直接上级/下级的职位名称和所辖人数不仅反映了权力关系（指令与汇报关系），还反映了员工职位晋升路线。

6. 定员人数

这是指该职位的人员编制。

7. 职位等级

职位等级是指在组织中存在职位等级分类情况下，此职位处于哪一等级。

8. 薪点范围

9. 工作地点（或工作场所）

工作地点是指职位的地理位置。对于一般公司，可以用职位所在的部门、分部门、工组小组的名称来定义；对于一些特定的职位，如地区销售专员以及不同路线的巡逻警察，则需要找出其在组织中的工作地点特征标准。

除了以上这9点关于职位基本信息的内容之外，在该部分还常常有关于职位分析的基本信息。这些基本信息包括：职位分析的时间、职位说明书的有效期、批准人、职位分析员人名或者职位代码。这些信息有利于职位说明书的统一管理。

在熟悉了职位标识的内容之后，下面将介绍职位标识的编写要求。

编写职位标识，要符合如下几点要求：职位名称概括准确、美观（艺术性）、简练、与市场和国际标准接轨。

职位标识的确定与组织环境有关。在不同的组织范围内，同一职位标识下的任务种类和要求可能有较大的差别。例如一个公司的销售部“经理助理”可能是销售经理的秘书，而另一个公司销售部“经理助理”可能只是一般的销售人员，只是为了方便销售人员开展业务工作而提供的一个职位名称而已。

表5-3　职位说明书中的职位标识部分

职位名称	人力资源部经理	职位代码	HRM-001	所属部门	人力资源部
目前任职者	×××	直接上级	人事行政总监	直接下级	招聘专员、薪酬专业等
职级	2级	薪资标准	3级	工作地点	公司总部
所辖人数	20	定员人数	1	填写日期	×年×月×日

资料来源：祝士苓主编，《工作设计与组织设计》北京，中国劳动社会保障出版社2007年8月

（二）职位概要

职位概要（Job Summary），又称为职位目的，它是对职位内容的简单概括，通常用简洁、明确的一句话表述该职位的职位内容和存在的价值。

职位概要能够使职位描述的阅读者快速、方便地了解职位的总体性质、中心任务和要达到的目标，理解该职位的特点，是使该职位与其他职位区分开来的标志性文件。

我们知道，任何职位的存在价值都在于它能够帮助组织实现其战略目标，如果我们能够对组织战略目标做适当的分解，来确定职位概要的内容。这一过程可通过回答以下问题来完成：

（1）该职位如何对这部分组织目标做出贡献？

(2) 组织整体目标的哪一部分与该职位高度相关?

(3) 如果该职位不存在，组织目标的实现将会发生什么问题?

(4) 我们究竟为什么需要该职位的存在?

职位概要的具体写法可以遵循“范围 + 职责 + 目的”的形式。例如：人力资源部经理的岗位概要为：“组织全公司的人力资源规划、人员引进、薪酬管理、人事调配、人事档案管理以及本部门综合管理等工作，保障全公司人力资源工作的顺利开展。”

值得注意的是，应当通过职位摘要，精确地表达被分析职位的基本职权大小。

表 5－4　某公司市场部信息管理员的职位概要

1. 组织公司及各业务部门参加展览会
2. 进行市场调查和信息收集与处理
3. 完善公司的形象宣传和产品推介
4. 建设、维护、管理和推广公司的网站
5. 建立本部门的文件管理系统，规范管理部门所涉及的文件
6. 负责市场部 ISO90001 管理的部分工作
7. 完成本部门日常工作以及其他部门临时交给的任务

(三) 职位职责

1. 含义和内容

职位职责 (Responsibilities and Duties) 是指该职位通过一系列什么样的活动来实现组织的目标，并取得什么样的工作成果。它是在职位标识和职位摘要的基础上，进一步对职位的内容加以细化的部分。

职位职责包括如下内容:

(1) 日常工作，包括那些经常性的、周期稳定的或常常发生的工作;

(2) 上级分配任务的质量和数量;

(3) 与组织内外人员的关系，包括建议、培训等等;

(4) 对于经营记录、利润等的责任;

(5) 与上级和下级的权责关系;

(6) 所要使用的设备与机器。

在职位说明书中，职位的主要职责都应当列举出来，并用一到两句话分别对每一项任务加以描述。比如，“挑选、培训、开发下属人员”这一任务可进一步定义为“培养合作和相互理解精神……”“确保工作群体成员得到必要的专门训练……”以及“对培训工作进行指导，包括教育、说明、建议……”等。

2. 职责分析的步骤

完成职责分析，主要遵从以下步骤：

(1) 根据组织战略上的部门职能职责定位，确定该职位需要达到的目的；

(2) 通过对职位目的的分解得到该职位的若干职责板块；

(3) 确定关键职责板块必须达成的目标，例如：人力资源经理的“部门预算”这一职责板块所要达成的目标是“确保部门预算与组织的战略及整体预算保持一致”；

(4) 确定达成职责目标的行动；

(5) 形成初步的职责描述。

表 5－5　　职能与职责目标的对应

职责板块	行动方式	具体对象	职责目标（成果）
部门费用控制	制定、执行和监控	本部门年度费用预算	确保本部门的年度费用与公司的经营计划和预算保持一致

3. 职责板块的描述方式

职责板块是根据业务流程或职位的性质、内容对各项职责的概括表述。对职责板块的描述要遵循“穷举、互斥”的原则，要达到“既涵盖了所有的职位内容，相互之间又不重叠”的目的。

在描述职责板块时，应该按照一定的逻辑顺序进行编写。如果职责涉及到一个具体的流程，则可按照业务流程的顺序进行编写。如果职责板块之间缺乏必要的流程关系时，可以根据职能板块之间的相对重要性进行排序。

各层级岗位的职责板块模块有所不同，通常情况下管理人员的职责板块要体现其管理职能，例如：人力资源部主任的职责板块有“培训管理”，而人事专员的职责板块应该包含“调研与分析、培训实施、跟踪反馈”；中层管理人员必须有“计划与制度管理”、“部门管理”职责板块，而高层管理人员则必须有“规划、计划与制度管理”“分管部门管理”等职责板块。所有职位说明书的职责板块均包括“其他”项，即“领导交办的其他任务”，以保证临时性工作的顺利开展。

原则上，对每个岗位的职能划分一般不超过 7 项。

4. 职位职责的描述方式

职责是对每项职能执行过程的具体描述，需体现职能中重要的、常规的职责，同时要对每项职责进行权限界定，对于一些具体的、零散的活动，应以概括性的语言进行总结式的描述。

描述职责时可按照业务流程的顺序进行描述，对于业务流程关系不强的职能项也可以按照关键和重要程度来进行具体职责的描述，而且也要遵循“穷举、互斥”的原则。

（1）描述格式：“动词 + 名词宾语（动词实施的对象）+ 结果”。

例如：“制定本部门阶段性/年度工作计划，报总经理审批后组织实施”。其中，动词“制定”表明这项职责是怎样完成的，宾语“本部门阶段性/年度工作计划”表明了动词实施的对象。部分职责需要增加“报……审批后组织实施”的内容，它表明了该项职责的报送关系与权责关系。

（2）动词选择。由于编写职位说明书要遵循“准确清楚”的原则，因此应当避免采用模糊性动词进行职责描述。比如，“负责”、“管理”、“领导”等词都不能保证明确、清楚地描述职责。

表 5－6　　根据作用对象分类的职责常用动词

动词作用的对象	相应的动词
针对计划、制度、方案、文件等	编制、制定、拟定、起草、审定、审核、审查、转呈、转交、提交、呈报、下达、备案、存档、提出意见
针对信息、资料	调查、研究、收集、分析、归纳、总结、提供、汇报、反馈、转达、通知、发布、维护管理
某项工作（上级）	主持、组织、指导、安排、协调、指示、监督、分配、控制、牵头负责、审批、审定、签发、批准、评估
思考行为	研究、分析、评估、发展、建议、倡议、参与、推荐、计划
直接行动	组织、实行、执行、指导、带领、控制、监管、采用、生产、参加、阐明、解释
上级行为	许可、批准、定义、确定、指导、确立、规划、监督、决定
管理行为	达到、评估、控制、协调、确保、鉴定、保持、监督
专家行为	分析、协助、促使、联络、建议、推荐、支持、评估、评价
下级行为	检查、核对、收集、获得、提交、制作
其他	维持、保持、建立、开发、处理、执行、接待、安排、监控、汇报、经营、确认、概念化、合作、协作、获得、核对、检查、联络、设计、测试、建造、修改、执笔、起草、引导、传递、翻译、操作、保证、预防、解决、介绍、支付、计算、修订、承担、谈判、商议、面谈、拒绝、否决、监视、预测、比较、删除、运用

表 5－7　　美国职位分析常用动词库

Study 研究	Produce 生产	Adapt 采用	Rotate 旋转
Maintain 保持	Establish 建立	Develop 开发、发展	Check 检查、核对
Formulate 阐明	Supervise 监督、主管	Provide 提供	Direct 指导
Assist 协助、帮助	Prepare 准备	Analysis 分析	Build 建造
Determine 决定	Coordinate 协调、调整	Route 发送	Discuss 讨论
Locate 定位、查找	Compose 组成	File 文件处理	Authorize 批准
Arrange 排列、安排、协商	Monitor 监督、检测、监控	Report to 报告	Predict 预测
Plan 计划	Administrate 管理、执行	Manage 管理、设法达成、执行	Control 控制
Identify 确认、识别	Conceptualize 概念化	Cooperate 合作、协作	Ensure 保证
Take charge 主持	Gain 获得	Submit 提交	Resolve 解决
Connect 联络	Design 设计	Lead 带领	Research 研究、调查
Evaluate 评价	Calibrate 校准	Test 测试	Keep 保持、维持
Modify 修改	Write 写、起草、执笔	Make 制作	Enter 进入、输入
Oversee 监视	Resale 转售	Forecast 预测	Negotiate 商议、谈判
Compare 比较	Delete 删除	Use 应用	Reject 拒绝
Observe 遵守	Collect 收集	Conduct 引导、传导	Examine 检查
Schedule 计划、制定进度	Read 读	Organize 组织	Permit 批准
Operate 操作	Perform 执行	Post 张贴、布置、邮寄	Participate 参加

续表 5-7

Patrol 巡逻	Inspect 检查	Prevent 防止	Greet 问候
Handle 处置	Interpret 解释	Dispute 争论、辩论	Work with 共同工作
Recommend 推荐、建议、介绍	Receive 接收、接待	Cash 兑现	Confer 赠与
Pay 支付	Count 计算	Attend 参加	Verify 核对
Construct 建造、构造、创立	Repair 修理、修正、修订	Review 评论	Interview 面谈
Undertake 从事、承担	Support 支持		

5. 描述职位职责时的注意事项

（1）职位职责的描述应要以动词开头描述清楚完成什么工作，在什么范围完成工作以及为什么完成工作，而不是笼统地叙述如何完成工作；

（2）职位职责应当表达出该职位所要取得的所有关键成果；

（3）职位职责仅仅包含岗位最主要的、最常规性的工作内容，而不包含临时的工作（如果有必要，部分临时的、动态的工作可归纳在“其他”职责中分类描述，其余的都可以归纳为一句话——“完成领导安排的其他工作”）；

（4）注明工作任务完成的时间，应实现的工作结果，以便于任职者对工作要求的结果有清楚的认识，有利于对工作进行检查。对工作结果的要求可以从数量要求、质量要求、时间要求、成本要求等几个方面进行衡量。

（5）在职责和任务项目的排序中，按职位的职能任务完成先后顺序或职责任务的重要性进行排序可以确保职位描述更为系统化。在某些情况下，可以用相应的流程来描述职责。在各项职责后，可注明该职责在整体工作中所占的时间百分比和相对重要性，用以衡量、分析工作中的时间分配与职责的重要性。

（6）避免采用模糊性数量词和管理学专业的冷僻术语，如确实需要采用冷僻俗语，须在职位描述的附件中予以解释。

（四）工作权限

工作权限（Authority of Incumbent）是指根据该职位的目标与职责，组织赋予该职位的决策范围、层级与控制力度。它主要用于界定履行职责的方式，对职责的履行进行清楚地界定，有利于明确职责边界，防止在工作中产生相互推诿的现象。

在进行工作权限界定时可从如下两个角度进行考虑：

1. 对象职责的承担程度

通常针对每一条职责，可以采用“全部承担——部分承担——协助承担”这三个级别来描述工作权限，级别的不同主要表现在动词上。

由于职责中动词所作用的对象可以归纳为两类：第一类是制度/方案/计划/报告，第二类是业务活动，所以，针对这两类可以使用相应的工作权限描述方式：

（1）制度/方案/计划/报告：用审批、审核、主持草拟/设计、分担草拟/设计、协助草拟/设计来区分界定。

（2）业务活动：用主持、督导、组织执行、分担执行、协助执行来区分界定。

2. 工作权限所指向的对象

根据权限所指向对象的不同，可以采取如下的工作权限描述方式：

（1）财务权限：批准……元以内的……费用。

（2）人事权限：批准……类（或级）以下员工的录用、考核、升迁、出差、请假等。

（3）业务权限：批准……（事项）。

（五）绩效标准

绩效标准（Standards of Performance）又称为业绩标准或业绩变量，是在明确界定工作职责的基础上，对如何衡量每项职责完成情况的规定。它包括衡量要素和衡量标准两个方面：衡量要素是指对于每项职责应该从哪些方面来衡量它的完成状况；衡量标准是指这些要素必须达到的最低要求，这一标准可以是具体的数字，也可以是百分比。常见的指标包括：销售额、市场占有率、工作完成的及时性、事故率、设备利用率、客户投诉率等等。

确定绩效标准需要遵循 SMART 原则。SMART 是五个英文单词首字母的缩写，即：

1. S 代表具体（Specific），指绩效考核要切中特定的工作指标，不能笼统。

2. M 代表可度量（Measurable），指绩效指标是数量化或者行为化的，验证这些绩效指标的数据或者信息是可以获得的。

3. A 代表可实现（Attainable），指绩效指标在付出努力的情况下可以实现，避免设立过高或过低的目标。

4. R 代表现实性（Realistic），指绩效指标是实实在在的，可以证明和观察。

5. T 代表有时限（Time bound），指注重完成绩效指标的特定期限。

（六）工作关系

工作关系（Relationships）包含两部分内容：第一部分是该职位在组织中的位置，用组织结构图来反映；第二部分是该职位任职者在工作过程中，与组织内部和外部各单位之间的工作联系，包括联系的对象、联系的内容、联系的方式和联系的频次，这反映了工作的流向范围、沟通技巧及频率以及该职位对公司内外的影响。即工作关系不仅仅表示了组织中的权力关系，而且也是员工职业发展的重要指针，包括员工可能的晋升路线。

以下是工作关系的编写原则和方法：

1. 组织结构图

组织结构图反映了该职位在组织里上下左右的关系。一幅制作标准的组织结构图，可以清晰、迅速地反映出组织内部的职位间责权关系，因此组织结构图也成为职位说明书中不应缺少的一部分。

2. 工作联系

工作联系分为纵向联系和横向联系。

纵向联系是指该职位所在的部门内部发生的工作联系，包括与直接上级发生的联系和与直接下级发生的联系。

横向联系分为两种：

（1）与组织内、所在部门外的工作联系。指与组织内其他部门频繁的或重要的工作联系涉及到的对象和沟通内容。

（2）与组织外的工作联系。指在组织以外因工作需要而发生经常性或重要性联系的机构、管理部门、重要客户、服务提供商、中间机构、外部专家、其他单位及个人和具体沟通内容。

在编写工作联系的时候，要遵循两个原则，即：经常性和重要性原则。所谓经常性原则，是指编写工作联系要选择那些经常发生的工作联系。所谓重要性原则，是指对于那些虽然发生频率不高（可能每年一次）但是很重要的工作联系，也要将其编写在职位描述中。因此，在编写工作联系的时候，并非所有工作联系都要列举。

表 5-8　某公司财务副总裁工作联系

主要工作关系	
直接上级	总裁
直接下级	财务部经理
内部沟通	公司总部其他副总裁
外部沟通	公司主管单位的财务部门 物价局、银行、国资委、税务机关、财政厅、商务部等单位 关联企业的财务部门

（七）工作环境

工作环境（Working Conditions）界定的是经常性工作场所的自然环境、安全环境（工作危险性）和社会环境。具体见表5－9。此外，工作环境还关注由于工作本身或工作环境的特点给任职者带来的工作压力。

表5－9　工作环境条件

工作环境	工作的自然环境	环境中的温度、湿度、照明度、噪音、震动、异味、粉尘、辐射等
		任职者与上述环境因素接触的时间
	工作的安全环境	工作的危险性
		可能发生的事故、事故发生率及发生原因
		对身体的哪些部分易造成危害以及危害程度
		易患的职业病、患病率以及危害程度等
	社会环境	工作地点的生活方便程度
		环境变化程度
		环境孤独程度
		与他人交往的程度等

职位分析对工作环境条件的关注，集中在工作环境条件对人体的影响方面。因此，工作的物理环境是我们关注的重点。工作环境条件的信息表明了工作岗位对任职者的身体、生理条件的要求，工作过程中的危险性因素会在职位评价中作为一项补偿性因素进行考虑，它也是劳动安全保障的重要依据。

工作压力方面，主要包括三个维度：工作时间的波动性、出差时间的百分比和工作负荷。在界定工作压力时，可以分等级描述工作压力，具体可以参看下表5－10：

表5－10　工作压力具体界定

维度	具体界定
工作时间的波动性	定时制：一个工作周期内（管理人员一般为一个月，或者更长），工作量基本没有太大的变化，比如出纳员
	适度波动：一个工作周期内，出现以天计的工作忙闲不均的情况。比如工资发放的主管，在月末比较忙，而平时工作比较轻松
	周期性：在长期的工作过程中，出现强烈的反差，比如市场人员，在投标前期工作及其紧张，但是交接工程部门以后则相对轻松

续表 5-10

维度	具体界定
出差时间的比重	经常出差，占总时间的 40% 以上
	出差较为频繁，占总时间的 20% ~40%
	出差时间不多，占总时间的 10% ~20%
	很少出差，占总时间的 6% ~10%
	偶尔出差，占总时间的 0% ~5%
工作负荷	轻松：工作的节奏、时限可以自己掌握，没有紧迫感
	正常：大部分时间的工作节奏、时限可以自己掌握，有时比较紧张，但持续时间不长，一般没有加班情况；
	满负荷：工作的节奏、时限无法自己控制，明显感到紧张，出现少量加班
	超负荷：完成每日工作须加快工作节奏，持续保持注意力的高度集中，经常感到疲劳，有经常的加班现象

以上七点内容，便是编写职位描述的主要方法，最后给出一份范例以供参考。

表 5-11　　某公司培训主管职位描述

<table>
<tr><td colspan="2">职位名称：培训主管</td><td>所在部门：人力资源部</td></tr>
<tr><td colspan="2">岗位编码：</td><td>编制日期：</td></tr>
<tr><td colspan="3">岗位概要：在人力资源部经理的领导下，对公司人员进行培训，丰富员工的业务知识，提高员工的工作技能</td></tr>
<tr><td colspan="3">主要工作关系</td></tr>
<tr><td>直接上级</td><td colspan="2">人力资源部经理</td></tr>
<tr><td>直接下级</td><td colspan="2">无</td></tr>
<tr><td>内部沟通</td><td colspan="2">部门内其他人员、公司事业部等其他部门</td></tr>
<tr><td>外部沟通</td><td colspan="2">管理咨询公司、政府劳动部门、教育机构</td></tr>
<tr><td colspan="2">职位职责</td><td>绩效标准</td></tr>
<tr><td colspan="2">1. 制度规范
（1）草拟公司的培训制度，提交部门经理；
（2）拟定公司培训工作的流程及程序，提交部门经理；
（3）制定新员工手册，编制企业内部培训教材。</td><td>
• 制度可行、完备、有效
• 流程规范、清晰
• 培训材料适用</td></tr>
</table>

续表 5-11

职位职责	绩效标准
2. 培训活动 (1) 制定新员工的教育计划，并具体负责实施； (2) 根据各部门和各事业部提交的培训需求，并结合公司实际拟定年度培训计划，提交部门经理； (3) 按照培训流程，具体实施公司通用技能的培训； (4) 负责公司中高层专业知识和技能的培训。	• 新员工及时融入公司 • 培训费用节省 • 培训对象满意
3. 业务指导 (1) 指导各部门和各事业部制定本单位的培训计划； (2) 帮助各单位处理在培训过程中出现的问题； (3) 检查各单位培训计划的实施情况。	• 各事业部满意 • 计划落实完好
4. 其他 (1) 对各单位外出参加的培训进行审核并备案； (2) 领导交办的其他工作。	• 领导满意

工作环境和条件	
经常性工作场所	公司总部办公室
工作设备	台式计算机
工作时间	每周 5 天，每天 8 小时

资料来源：李永杰，李强．工作分析理论与应用．北京：中国劳动社会保障出版社，2005.

专　栏

获得标准化职位描述的一个重要来源是《职位名称词典》（Dictionary of Occupational Titiles，DOT）。《职位名称词典》由美国劳动部出版，其中提供了超过 12 000 种职业的信息。下栏是从《职位名称词典》中摘录的人事经理的职位描述。166. 117 - 018 经理、人事（profess. & kin.）替换职务名称：

经理、人力资源

制定和执行各种与人事活动相关的政策。为填补职位空缺进行雇员招募、面试和选拔。规划和实施行雇员上岗引导培训，培养雇员对公司目标的积极态度。对于保险投保项目、养老金计划以及人事变动（如录用、晋升、调动及解雇）等情况做好记录。进行意外事故调查，准备想承保机构索赔的报告。在劳动力市场进行工资调查，确定竞争性工资率。编制人事活动经费预算。会见工厂的工人代表以及主管人员以解决申诉。起草解雇通知，向雇员说明解雇原因；进行离职前面谈，了解离职的真正原因。起草有关降低缺勤率和人员流动率的措施的报告和建议。代表公司参加有关人事问题的听证会和调查。与提供雇员服务（如供餐、交通或搬家服务）的外部服务提供商签订合同。可能用计算机终端编制人事活动经费预算。可能负责对求职者进行手工技巧测试。可能监督管理办公室工作人员。可能保管政府报告所要求的受雇雇员特性记录。可能与工会的业务代表［(profess. & kin.) 187.167－018. GOE：S GED：R5 M5 L5 SVP：8DLU：88］进行集体合同谈判资料来源：Dictionary of Occupational Titles，4th ed.（Washington，DC：U.S. Department Of Labor，Employment Training Administration，U.S. Employment Service，1991).

职位名称旁边的数字（166.117－018）对使用《职位名称词典》中的信息非常重要。前三个数字（166）分别代表职业代码、名称和行业。后面的三个数字（117）分别代表典型的人力资源经理在工作中与数据、人员和事情打交道的程度。最后三个数字表示职位名称在同一职业组中的字母顺序，同一职业组中的各种职位在与数据、人员和事情打交道的程度方面相同。《职位名称词典》中的职位描述受联邦政府承认。

二、任职规范的编写

任职规范是职位说明书的另一重要组成部分。在编写任职规范时明确以下编写的几项原则：

（1）职位原则：即职位分析关注工作或者职位本身而非任职者本身。例如："能够经常举起100磅以上的事物"而非是"必须很强壮"。要以工作为依据，制定切实的任职规范，即列出的任何资格条件必须与工作有关。

（2）合法原则：任职规范要符合法律条文，严禁种族、宗教、性别、年龄、身体残疾方面的歧视。

（3）任职者原则：切记任职规范是对任职者的要求，而非对现有岗位人员的要求。

（4）最低标准原则：一般所列出的任职规范是履行职责的最低要求，即必备资格（Junior Requirements)，它是雇佣的最低标准。为了顺应职位说明书的新的发展趋势，我们也可以遵循"适度偏高"原则，在必备资格的基础上，列出期望具备的资格或者任职者能够出色胜任本职位的资格即期望资格（Senior Requirements)，这样有利于为任职者的发展提供牵引和导向。

那么，如何确定任职规范呢？任职规范的确定方法与技术有很多，总的来说，可以分为两类，即基于逻辑推导法和统计分析法。

第一，逻辑推导法。基于逻辑推导建立任职规范的方法又分为两类，即以职位为导向的推导方法和以人为导向的推导方法。这两种方法都依赖主题专家（Subject Matter Expert）。

以职位为导向的任职规范推导方法，是依赖详细的职位描述来获得对员工的要求，即从职位本身的职责和任务出发，分析为了完成这些职责和任务，需要任职者具备什么资格条件。

以人为导向的任职规范推导方法，是以导致任职者获得成功的关键行为或高频率、花费大量时间的工作行为为出发点，分析任职者要从事这样的行为，需要具备什么资格条件。

这两种方法的特点是：适用性比较广泛，成本也比较低，但是准确性也相对较低。

第二，统计分析法。统计分析法主要说明下列两者之间的关系：其一，显示人员特点的一些预测指标，如身高、智力或手指灵活度等；其二，表示工作绩效的一些表现指标或标准（例如主管人员所评定的绩效等级）。

这一过程包括如下五个步骤：

（1）进行职位分析并确定如何对工作进行绩效评价。

（2）挑选出能够作用于绩效水平的那些个人特征，如手指灵活度等。

（3）测试候选人身上的这些特征。

（4）衡量这些候选人实际工作以后的工作绩效。

（5）对人员特征（手指灵活度等）与工作绩效之间的关系进行统计分析，以判断前者对后者是否有预测作用。

这种方法对企业来说更加具有辩护力，因为如果不能确定某些人员特点与工作绩效的高低是有关系的，那么法律将会禁止企业在招聘员工时将这些人员特点作为筛选依据。如果存在以性别、种族、宗教、年龄、原居住国等为依据的歧视，那么必须有证据说明它们确实能够反映出绩效方面的差别，而这通常需要统计上的效度分析。

（一）教育程度要求

教育程度要求包含两部分内容——学历和专业。

学历要求是指胜任该岗位所需要的最低学历要求，比如：中专、大专、本科、硕士、博士等。

专业要求是指任职者需要具备什么样的专业才能承担该岗位工作。核心岗位或行业/专业性要求极强的岗位要明确规定专业范围，如财务人员必须是会计专业，播音员可以是新闻学、传播学、媒体创意等专业。

专栏

美国《职位名称辞典》设计的普通教育水平量表（GED）

美国《职位名称辞典》设计的普通教育水平量表（GED），是用来评价为达到要求的工作绩效所需的教育（包括正规和非正规）水平。普通教育水平量表（GED）包括3个部分，即逻辑思维能力（又译作推理能力）、数学能力和语言能力。其中每个部分都包括1～6的数字评定量表。评定量表越高，代表对普通教育水平的要求越高。对评定量表的简明界定如下：

普通教育水平（GED）量表

能力 水平	逻辑思维能力（推理能力）	数学能力	语言能力
高教育水平	6＝使用抽象概念、符号（诸如用公式表示）以及科学原理 ……	6＝使用高等微积分、现代代数学或统计方法 ……	6＝撰写文学或者技术性报告，或者监督、指导负责撰写的人 ……
低教育水平	1＝遵循1或2步说明，简单按规则处理问题	1＝通过加、减运算进行兑换或衡量	1＝2 500字篇幅的文章，写出简单的句子，或者按照正常规范的顺序表述

下表是人力资源经理基于美国《职位名称辞典》普通教育水平量表的教育程度要求：

普通教育程度——17年以上

	逻辑思维能力	数学能力	语言能力
具体描述	• 能应用逻辑的或科学的方法思考广泛的理论和实际问题； • 能运用非文字的符号（公式、科学方程式、图像、乐符等）； • 能处理抽象和具体的变量，理解最深奥的各种概念	• 能应用高等数学和统计技术； • 能运用许多理论的数学概念； • 能创造性地运用数学方法解决问题	• 能撰写报告、文章和编审文献； • 能起草契约、合同； • 能为各类人员提供咨询意见

（二）资格证书要求

资格证书要求是指国家或行业规定的任职者必须持有的执业资格证书。例如，汽车修理厂要求汽车修理技师持有相应的技术资格等级证书。

（三）工作经验要求

工作经验指该工作的任职者需要具备什么样的经验。由于不同组织、不同岗位对经验的要求都不尽相同，描述工作经验可以从三个方向来描述，即社会工作经验、专业工作经验和管理工作经验。这样的分类可以较全面地体现出岗位的行业性、专业性特点。

（1）社会工作经验：指参加工作的工作经验，包括任职者的所有工作经历。

（2）管理经验：指从事管理职位的工作年限。

（3）专业经验：指从事过相同岗位、相似岗位的工作经验。

表 5－12　　某游戏制作公司项目经理的工作经验要求

工作经验	必备条件	理想条件（期望条件）
一般工作经验	3 年以上社会工作经验	5 年以上社会工作经验
相关工作经验	2 年以上游戏行业从业经验	3 年以上游戏行业从业经验
专业工作经验	1 年以上游戏项目经理经验，参与过知名游戏项目的制作	3 年以上游戏项目经理经验；1 年游戏测试/策划/美工/程序经验；领导过知名游戏项目的制作
管理工作经验	1 年以上担任 10 人项目小组领导者，有很强的协调能力，熟悉游戏项目的操作流程与管理方法	3 年以上担任 10 人项目小组领导者，有管理 20 人以上团队的经验；能迅速适应并领导新组建的团队，很强的协调能力；十分熟悉游戏项目的操作流程与管理方法

（四）培训要求

培训要求一般包括：每年需要的工作培训时间、培训的内容以及培训方式。培训主要分为在岗培训、脱岗培训或者自我培训三类，它们都需要以整个企业的培训开发政策、制度和体系为基础。这种培训的时间度量往往以周为单位。

现代的培训体系在设计培训方式、内容以及培训时间的时候，往往都是针对不同的职位层级展开设计的。比如，针对基础岗位的职位知识与技能培训、企业的基础技术与产品知识培训；针对中层管理人员的管理技能培训；针对中高层管理人员的经营管理理念培训。因此，在确定某一职位的培训内容时，往往可以根据其在组织中所处的职位层级，来确定需要进行什么层次的培训。

专　栏

美国劳工部职位信息网络内容模型——工作经验和培训

1. 经验和培训

（1）与工作有关的经验；

（2）在职培训；

（3）学徒年限。

2. 组织和机构要求

（1）法定要求；

（2）雇主要求；

（3）工会、行业协会或专业协会要求。

资料来源：U. S. Department of Labor Employment and Training Administration. （2002）. O*NET. Washington，DC：Government Printing Office ［Online］. www. doleta. gov.

（五）知识要求

工作对任职者的知识要求可以分四个层级来描述：与工作相关的基础理论知识；专业知识；组织知识；相关的政策法律知识及其他。

1. 基础理论知识

基础理论知识指那些与工作相关的基础性理论知识，一般为一级学科或二级学科。

2. 专业知识

专业知识是指充分体现职位独立于其他职位、在短期内不能被其他岗位所替代的专业知识，这类知识通常是在工作中不断实践与研究积累的知识。同一职位在专业知识的掌握难度与分支学科上也有一定的区别。一般情况下，专业知识是岗位最核心的知识，但对于管理人员来说，管理方面的基础理论知识也很重要。

3. 组织知识

组织知识是指本组织的文化、制度、规定等方面的知识。根据员工所在组织层级和工作特点的不同，应当掌握相应程度的知识。如高层管理人员须有本组织发展战略方面的知识，而一般员工则无需具体战略知识。编写本部分时，要严格按照管理层级来区分。

4. 相关的政策法规知识及其他

政策法规知识即胜任本职位所应当具备的相关的政策、法律、法规、规章或条例方面的知识。通过了解相关的政策法律知识可以开阔任职者的眼界与工作思维，优化工作质量。这部分知识通常包括政策法规知识以及国内外本行业的发展趋势和相关领域的最新趋势。

此外，由于每个工作所要求的知识掌握程度不同，在任职规范中可以采用分级描述的方式来表现知识掌握程度的要求。例如，可以采用“精通”、“掌握”和“了解”这三级动词，也可以采用“精通、通晓、掌握、具有、懂得、了解”这六级动词。

表 5 - 13　　某咨询公司关于人力资源经理的知识要求

基础理论知识	心理学、经济学、管理学、法学、公文写作，等等
专业知识	人力资源规划、职位分析设计、劳资管理、薪酬体系设计、福利管理、考核体系设计、招聘管理、培训规划管理，等等
组织知识	熟悉公司整体战略规划以及战略步骤；熟悉本公司整体运作流程、各项管理制度；熟悉本公司的组织文化；全面了解公司的历史、现状、未来发展定位。
相关法律政策知识及其他	熟悉劳动法及其他相关政策法规；了解国内外本行业发展趋势及相关领域的最新趋势

资料来源：德威乐普企业管理顾问有限公司

表 5 - 14　　O＊Net 人力资源经理的知识要求

人事和人力资源	人员招聘、选拔、培训、报酬和福利、劳动关系和谈判、人员信息系统的原则和程序的知识。
行政和管理	业务和管理原则的知识。参与战略规划、资源分配、人力资源建模、领导技术、生产方法、并协调人与资源。
英语语言	英语语言知识的结构和内容，包括英语的含义和拼写单词，组成的规则和语法。
客户和个人服务	提供客户及个人服务业的原理和程序的知识。这包括客户需求评估，会议的服务质量标准和评估客户的满意度。
法律和政府	法律知识、法律法规、法院的程序、先例、政府规章、行政命令、机构的规则，以及民主的政治进程。
心理学	人类行为的知识；个体在能力、人格和兴趣上的差别；学习和动机；心理学研究方法；关于行为和情感性精神异常的评估和治疗
教育和培训	课程和培训设计的原理和方法；教学和指导个人或者小组；培训效果的评估
数学	算术、代数、几何、微积分、统计的知识及其应用。

资料来源：http：//online. onetcenter. org/link/summary/11 - 3040. 00JHJKnowledge

(六)工作技能要求

工作技能是指对与工作相关的工具、技术和方法的运用。这里我们关注几个对所有职位均通用的技能,包括计算机使用技能、公文写作技能、外语运用技能。

表 5-15 外企人力资源经理通用技能要求

通用技能	具体描述
计算机使用技能	计算机使用技能要求:熟练运用办公软件,顺利完成各项文件的编制、数据统计工作;高效、熟练地运用网络搜集和发送信息。
公文写作技能	写作技能要求:能准确、迅速、有效地完成工作计划、总结以及相关文件的编制、修改。
外语技能	外语能力要求:口语和书面英语都十分熟练,能使用流利的英语进行当面或书面沟通。

专栏

美国劳工部职位信息网络内容模型——工作技能

1. 基本技能

(1) 内容

阅读能力、有效听力、写作能力、语言能力、数学能力、科学能力

(2) 方法

批判性思考、主动性学习、学习策略、监督

2. 跨职能技能

(1) 社会技能

社会知觉、协调能力、说服力、谈判能力、指导能力、服务倾向性

(2) 解决复杂问题的能力

问题识别、信息收集、信息组织、分析/重组、提出方法、评估方法、执行计划、评价解决方法

(3) 技术技能

操作分析、技术设计、设备选择、安装、编程、测试、操作监控、执行并控制、产品检验、设备维护、故障检验、修理

(4) 系统性思维能力

对愿景的把握、系统知觉、分析后续程序结果、分析主要原因、判断并制定解决方

法、系统评估

(5) 资源管理技能

时间管理、财务管理、物料管理、人事管理

资料来源：U. S. Department of Labor Employment and Training Administration. (2002). O*NET. Washington, DC: Government Printing Office [Online]. www. doleta. gov.

(七) 心理品质要求

心理品质要求分析是根据岗位的性质和特点，对员工心理素质及其发展程度的要求所进行的综合分析。按照心理学的解释，“心理”是感觉、知觉、记忆、思维、情感、意志、气质、性格、能力等心理现象的总称。“素质”是人先天的解剖生理特点，主要包括人的神经系统、脑的特性，以及感觉和运动器官方面的特点。本书所采用的“心理品质”，是指人的心理在遗传素质基础上，经过后天的环境熏染和教育所具有的实际水平和发展潜力。

1. 三种心理品质描述模型

国内外学者对心理品质的研究成果有许多，其中较为典型的研究理论分别是：冰山模型、美国 DOT 系统中一般能力倾向模型（GATB）以及能力要求法中的 52 种能力模型。

2. 心理品质的内容——能力和个性特质

(1) 能力。描述能力要求，可以按照职位族分类描述，例如，经营类工作要求任职者应当具备的能力一般为：公关能力；市场开拓能力；市场调研能力；信息收集能力；分析判断能力；协作能力；学习能力；解决问题能力；应变能力；谈判能力；预测能力；成本控制能力；等等。而技术类工作要求任职者应当具备的能力一般为：分析判断能力；解决问题能力；执行能力；协作能力；演绎能力；归纳能力；学习能力；等等。

(2) 个性特质。个性特质主要指个人的性格、气质、兴趣、价值观以及态度。常用的个人特质如表 5－16 所示。

性格是人对现实的态度和行为方式中比较稳定的心理特征的总和。例如，正直、诚恳、热忱、谦虚，或者虚伪、焦化、懒惰、粗心、傲慢等都属于性格特征。常用的几种对性格的研究成果有：卡特尔的 16 种主要特质、霍兰德的人格类型与职业范例等。

气质指人的典型的、稳定的心理特征，主要表现为情绪体验的快慢、强弱以及动作的灵敏或迟钝方面，是人的心理活动的动力特征。心理学上把人的气质分为 4 类，即多血质、黏液质、胆汁质和抑郁质，各自对应不同的职业适应性。正如 4 类气质的名称一样，多血质对应于活泼型，黏液质对应于安静型，胆汁质对应于兴奋型，而抑郁质对应的是抑郁型。

表 5－16 常用的个人特质举例

常用的个人特质	
社会使命感	全局意识
责任感	心理承受力
亲和力	保密意识
服务意识	团队精神
个人感召力	进取心
新闻敏感性	仔细、认真
艺术感悟力	专业灵敏度
灵活性	专业精神
主动性	影响力
……	……

兴趣是使个体积极探索某种事物的认识倾向。兴趣使人对有兴趣的事物给予优先注意，积极地探索，并且带有情绪色彩和向往的心情。

表 5－17 霍兰德的人格类型与职业范例

类型	人格特点	职业范例
现实型偏好：需要技能、力量、协调性的体力活动	害羞、真诚、持久、稳定、顺从、实际	机械师、钻井操作工、装配线工人
研究型偏好：需要思考、组织和理解的活动	分析、创造、好奇、独立	生物学家、经济学家、数学家、新闻记者
社会型偏好：能够帮助和提高别人的活动	社会、友好、合作、理解	社会工作者、教师、临床心理学家
企业型偏好：能够影响他人和获得权力的言语活动	自信、进取、精力充沛、盛气凌人	法官、房地产经纪人、公共关系专家
艺术型偏好：需要创造性表达的、模糊的且无规律可循的活动	富于想象力、无序、杂乱、理想、情绪化、不实际	画家、音乐家、作家、室内装饰等
传统型偏好：规范、有序、清除明确的活动	顺从、高效、实际、缺乏想象力、缺乏灵活性	会计、业务经理、银行出纳员、档案管理员

第三节　职位说明书的范例

职位说明书的内容要依据职位分析的目标加以调整，内容可简可繁。

一、简单的职位说明书

简单的职位说明书格式如表 5－18 所示：

表 5－18　　试验车间技术员职位说明书

职位：试验车间技术员　　职位编号：15038
部门：技术开发部　　职位等级：8
日期：1988 年 5 月 4 日

工作范围：从事实验工作，包括零部件的设计、加工、装配和改造

责任范围：（1）根据图纸或工程师的口头指示，运用各种机械工具或安装设备，加工、改造产品
（2）与工程师及车间主任一起，改进生产工艺
（3）操作机床，使用焊枪并从事钳工的工作
（4）阅读有关图纸及说明
（5）指导本车间工人操作机器

仪器、设备及工具：普通车床、六角车床、成型机、钻孔机、磨削机、电锯、冲压机、测量仪及其他手工工具

资格条件：高中毕业，或具有同等学历，具备了 3～4 年操作各种机械设备的经验，有较高的理解、判断能力，会看图纸，能熟练完成试验操作，且身体健康

资料来源：郑晓明，吴志明．工作分析实务手册（第 2 版）．北京：机械工业出版社，2006.

二、较复杂的职位说明书

较复杂的职位说明书格式如表 5－19 所示：

表 5－19　　销售监督职位说明书

销　售　监　督

薪酬等级：12
部门：国内市场
直接上级：部门经理
职责：在指示下，监督 6～15 个销售人员是否与公司签了合同，直接监督、计划市场活动，以便获得最大的利益，帮助销售人员获得新的市场合同等。

续表 5－19

（1）执行监督职责、计划工作、回答问题：根据形式商讨对策，与下属讨论，与工作申请者约谈，经部门经理同意选择下属，告知其有关升迁、薪酬待遇等，监督经费及旅费的记录。

（2）直接监督、计划市场活动以获得最大的利益；帮助销售人员增加新的直接买卖合同。接受部门经理指派的特别工作，必要时与经理讨论政策问题，按其指示进行买卖行为，按既定的政策只有工作，注意观察市场变化趋势。

① 通过个人、报纸来招募新销售人员，与候选人面谈，与部门经理共同选择销售人员，收集必需的情报，拟定训练中心课程，为受训完毕者安排职位，制定进一步训练计划，给予新销售人员工作计划，安排新销售人员亲自观察部门及销售人员的工作，给予销售人员训练中心的事务。

② 检查由销售人员提供的月利益，遗失证明等，找出工作中出现问题的可能原因，如个人的借贷，不平衡买卖等。和销售人员讨论工作，讨论过去的损失，计划未来的蓝图及目标。

③ 训练并帮助销售人员，卖出产品获得新合同；找出并安抚销售人员的不满，并帮其克服困难；要求人事部门提供帮助，及负责必要的联络。

④ 与部门经理联络调查职位，编写服务报告、人事工作知识等。扫视、检查职位，建议员工应该改正之处，密切地与销售人员联系并改进关系。

⑤ 执行与负责有关的杂事，计划推销会议，参加部门工作会议，管理办公室的人事。提供部门每月的市场信件，帮助部门经理准备工作报告，在地方服务组织内演讲，并承担各工商业协会会员的角色。

（3）当部门经理度假或缺席时，担任其部分工作，如签字等。平时则由部门经理签字，依其平常的办事观点及方法，解决类似的问题，极严重的问题，与公司员工讨论，提出解决方法或代其作出决定。

所需教育程度：高中毕业

开始时的专门知识：销售者买卖的一般知识，公司生产部门组织，公司买卖政策及方法，服务岗位作业，监督经验。生理状况：精力充沛

责任：人员：监督 6～15 个销售人员

物资：公司供给一般物质

装备：保管、使用公司装备，检查服务岗位

市场：获得有效的服务利润，偶然从事公共关系

现金：自已及下属均使用公司的钱财

方法：实行、选择、控制直接指导买卖的方法

记录：指导买卖行动的记录、报告分析

工作情况：规定工作时间，早晨 8:30 至下午 5:00，每周 5 天

10%～60%，正常的公司情况。

40%～90%，具有危险性的外出旅行情况。

资料来源：郑晓明，吴志明．工作分析实务手册（第 2 版）．北京：机械工业出版社，2006.

专 栏

编制符合 ADA 规定的职位说明书

为了减少或消除严重歧视残疾人的问题，美国国会颁布了《美国残疾人法案》。根据 ADA 的规定，个人必须具备必要的技能、教育背景以及履行该职位基本职能的经验。其中工作职能，只有当它是某职位存在的理由的时候，才成为基本职能；或者只有当这一职能非常专业化的时候，企业才能雇用具有这种专门技术的人来履行这一特殊职能。如果某残疾人不能在现有条件下完成该工作，则要求雇主提供"适当的条件"，除非提供这种条件对雇主来说是各"过分的难题"。

如前所述，ADA 不要求有职位说明书，但准备好职位说明书是明智的做法。事实上，ADA 的所有法律行为都围绕这样一个问题展开，那就是"什么是该职位的基本职能?"如果没有列出这种基本职能的职位说明书，就难以向法院证明那些职能是某职位的基本职能。显然，结论是你应当清晰地确定这种职能，而不是将它们与其他工作任务一起罗列在职位说明书中。

基本职能是雇员必须能够履行的工作职责，不论是否需要借助适当的条件。要确定某种职能是不是基本职能，应当问以下问题：

1. 履行这个职能该职位就能存在吗?
2. 该职位的雇员实际上被要求履行这个职能吗?
3. 能履行该职能的其他雇员是否很有限?
4. 要履行该职能需要什么程度的专业知识或技能?
5. 现在或过去担任该职位的人具有什么样的实际工作经验?
6. 一个雇员实际用于履行该职位的时间总量是多少?
7. 不要求完成这个职能会产生什么结果?

职位说明书可以用表格形式表示，也可采用叙述式。

三、叙述形式的职位说明书

叙述形式的职位说明书如表 5－20 所示：

表 5－20　　发货员职位说明书

职务：发货员
部门：货品收发部门
地点：仓库 C 大楼

续表 5－20

财务概况：挺仓库经理指挥，根据销售部门递来的发货委托单据，将货品发往客户。和其他发货员、打包工一起，徒手或靠电动设备从货架搬卸货品，打包装箱，以备卡车、火车、空运或邮递。正确填写和递送相应的单据报表，保存有关记录文件。

教育程度：高中毕业

工作经历：可有可无

岗位责任：

1. 花 70% 的工作时间从事以下工作：
   (1) 从货架上搬卸货品，打包装箱；
   (2) 根据运输单位在货运单上表明的要求，磅秤纸箱并贴上标签；
   (3) 协助送货人装车。
2. 花 15% 的工作时间从事以下的工作：
   (1) 填写有关运货的各种表格（例如装箱单、发货单、提货单）；
   (2) 凭借键控穿孔机或理货单，保存发货记录；
   (3) 打印五花八门的表格和标签；
   (4) 把有关文件整理归档。
3. 剩余时间从事以下工作：
   (1) 开公司的卡车送货去邮局，偶尔也搞当地的直接投递；
   (2) 协助别人盘点存货；
   (3) 为其他的发货员或收货员核查货品；
   (4) 保持工作场所清洁，一切井井有条。

管理状态：听从仓库经理指挥，除非遇到特殊问题，要求独立工作。

工作关系：与打包工、仓库保管员等密切配合，共同工作。装车时与卡车司机联系，有时也和销售部门的人接触。

工作设备：操作提货升降机、电动运输带、打包机、电脑终端及打字机。

工作环境：干净、明亮、有保暖设备。行走自如，攀登安全，提货方便。开门发货时要自己动手启门。

四、表格形式的职位说明书

表格形式的职位说明书如表 5－21 所示：

表 5－21　营销总监工作说明书

职位名称	营销部经理	职位代码	MTM－001	所属部门	营销部
职级	2 级	直接上级	业务副总经理	直接下级	市场部经理、销售部经理等

续表 5－21

所辖人数	20 人	薪金标准	3 级	填写日期	
工作描述					
一、工作摘要 全面负责公司的营销组织、营销策划和营销管理，确保公司营销工作的正常运行					
二、工作职责 1. 全面了解国家的宏观政策走向 2. 参与公司经营策略制定 3. 组织制定中长期市场营销策略 4. 组织市场运营机制建立 5. 全面把握公司产品的市场状况，了解同业竞争策略与消费有效需求，为公司产品的市场定位提高科学的决策依据 6. 全面负责公司营销部各项目标和计划的落实执行 7. 负责拟定营销预测及行销计划 8. 负责监督拟定销售价格策略的执行方案，并监督执行 9. 负责拟定产品销售价格策略的执行方案，并监督执行 10. 全面负责协调营销部与公司其他部门之间的工作关系 11. 负责公司营销费用的审核 12. 负责控制营运成本 13. 负责制定公司的营销管理制度及工作规范 14. 负责对公司营销人员进行业务指导和专业培训 15. 定期主持召开公司营销工作会议，全面准确地把握公司的营销运行状况 16. 及时、准确地领会公司的意图和直接上级的指示，并贯彻执行 17. 代表公司协调处理与政府相关职能部门、新闻媒体、广告策划公司的关系 18. 负责审核销售佣金内部分配方案的执行 19. 领导、规范、考核直接下级的工作 20. 完成直接上级为拍的其他任务 21. 负责对分公司行销计划的审核及管控 22. 全面负责公司客户信息管理，妥善处理营销层面的客户投诉问题					

续表 5-21

三、绩效标准

1. 为公司产品市场定位提供的依据准确、及时、科学

2. 所制定的行销计划及营销推广方案切合实际，科学合理，可操作性强，且行之有效

3. 拟定的销售价格执行方案既能确保公司的投资效益，又有利于销售工作的开展，最大限度发挥产品价值

4. 在营销费用的审核中严格把关，营销费用控制在年度预算内

5. 营销人员的整体素质满足业务开展需要

6. 销售佣金的内部分配严格按既定方案执行，且公开、公平、公正、合理

7. 营销部的队伍建设和业务整合到位，各项工作开展有序，且绩效达到预期目标

8. 在对外业务交往中，不使公司利益或形象受到损害

关键绩效指标	要求目标			
	月度	季度	半年	年度
销额完成率	100%	100%	100%	100%
销量完成率	100%	100%	100%	100%
产品组合完成率	100%	100%	100%	
回款率		85%	95%	99%
利润率	1.78%	1.78%	1.78%	1.78%
新行业拓展率		≥35%	≥35%	≥35%
新客户拓展率	≥50%	≥50%	≥50%	≥50%
销售预测准确率	≥70%	≥70%	≥70%	≥70%
费用率	0.35%	0.35%	0.35%	0.35%
客户投诉次数	0	0	1	2
投诉处理满意率	100%	100%	100%	100%
报表上交及时准确率	100%	100%	100%	100%

四、工作权限

1. 对营销部所有资源的管理权和调配权

2. 市场营运稽核权

3. 市场营运费用规划、审批权

续表 5－21

4. 营销组织建设规划权 5. 对直接下级人事任免的建议权 6. 对直接下级的工作分配、指导、监督、考核权 7. 对公司营销部各项具体业务的决策权 8. 对经公司决定的营销事项的执行权 9. 对公司营销决策的建议权 10. 向直接上级的工作报告权 11. 代表公司与外界相关部门和机构的联络权
五、工作联系 1. 企业内部主要联系 （1）所受监督：在本职业务工作开展中接受业务副总经理及总经理的指导、监督 （2）所施监督：对直接下级及全体营销人员的工作开展实施指导、监督 （3）所施指导：对下属部门实施指导 （4）合作关系：在行销计划和推广方案的实施、营销费用审核、营销部业务工作开展等方面与公司相关中高层管理人员发生合作关系 2. 企业外部主要联系 （1）与政府房管、物价、工商等职能部门的公共关系 （2）与新闻媒体、广告公司、策划公司的业务关系
六、工作时间 在公司制度规定的正常上班时间内，有时需要加班
七、工作条件与环境 1. 工作场所：大部分时间在有空调的办公室，有时候需要外出办事 2. 使用设备：电话一部、计算机一台、传真机一台、打印机一台、投影仪一台 3. 危险性：基本无危险，无职业病危险 4. 环境状况：舒适
基本任职规范
一、学历要求 具有经济管理类相关专业大学本科以上学历，MBA 营销管理专业研究生优先考虑

续表 5-21

二、年龄与性别要求
1. 年龄要求：30岁以上
2. 性别要求：不限
三、专业要求
营销管理、企业管理及相关专业
四、必备的知识、培训经历
1. 必备的知识：市场营销、经济学、经济法、公共关系、商务谈判、心理学、管理学等方面的知识
2. 外语要求：英语听说读写能力，国家4级以上
3. 计算机要求：计算机2级以上，熟练掌握办公软件
五、工作经验
具备6年以上营销部相关工作经验，有丰富的品牌管理经验，规划能力强，其中担任部门经理以上职位2年以上
六、职位技能要求
1. 具备很强的市场分析能力和判断能力
2. 具备较强的组织协调能力和思考决策能力
3. 具备较强的商务谈判能力和营销策划能力
4. 具备较好的语言表达能力和文字处理能力
5. 具备极强的沟通和敏锐的洞察力
6. 具有一定的计算机操作能力
七、个性特征
1. 性格直爽　2. 意志坚强　3. 主动积极　4. 豁达乐观　5. 思维敏捷　6. 忠诚守信　7. 工作严谨、敬业、责任心强　8. 具有团队合作精神
八、其他素质要求
1. 具有健康的体魄和充沛的精力
2. 具有逻辑思维敏捷、用于创新的个人特质
3. 情商高

续表 5-21

九、职位关系	
可直接晋升的职位	业务副经理
可相互轮换的职位	总经理助理
可晋升至此的职位	销售部经理、市场部经理、推广部经理
可降级的职位	销售部经理、市场部经理、推广部经理、招商部经理、客服部主管

资料来源：祝士苓主编，周占文主审．工作分析与组织设计．北京：中国劳动社会保障出版社，2007.

本章小结

本章介绍的是职位分析的成果——职位说明书的相关知识。文章共分为三大部分，第一部分是对职位说明书的概述；第二部分介绍了职位说明书各组成部分是如何编写的；第三部分给出了职位说明书的很多范例。

职位说明书就是对有关工作职责、工作活动、工作权限和工作对人身安全危害程度等工作特性方面信息进行描述，以及规定工作对从业人员的品质、特点、技能和工作背景或经历等方面要求的书面文件。

职位说明书的内容包括两大部分，即职位描述和任职规范。其中，职位描述主要涉及到工作执行者实际在做什么、如何做以及在什么条件下做的有关内容；而任职规范说明了工作执行者为了圆满完成工作所必须具备的知识、能力、技术以及其他要求。职位描述主要内容包括：工作的目的、职责、任务、权限、业绩标准、职位关系、工作的环境条件和工作的负荷等；任职规范主要内容包括：教育程度（学历及专业要求）、所需资格证书、工作经验（一般/专业/管理）、培训要求、知识要求（基础知识/业务知识/组织知识/政策知识/行业知识）、工作技能要求、心理要求（包括气质、性格、兴趣、价值观、态度等）等。

职位说明书广泛应用于人力资源规划、招聘与录用、绩效管理、薪酬管理、职位优化、员工晋升与开发、员工培训、职业安全与健康管理等人力资源管理的各个方面，它是人力资源管理活动的基本依据。

复习思考题

1. 职位说明书的作用有哪些？

2. 职位说明书由那些部分组成，简述其内容。

3. 在一个只有25名雇员的公司中，对为该公司雇员编写职位说明书的需求是否要更小些？为什么？

4. 利用 O * NET，搜寻一份销售类别的职位说明书，这些职位说明书中包含哪些类型的信息？分析其具体工作任务、工作方法以及任职规范等信息。

5. 个别或分组活动，为你的授课教授或学校的教师辅导员设计一份职位说明书。可以分小组讨论，也可以结合我们所学的技术方法，了解所选的职位的工作任务、职责、任职规范要求等信息。最后将你的结论与其他学生或小组的结论进行比较，它们是否存在重大分歧？你认为这些分歧的原因何在？

案例讨论

动态学习公司——我们要雇佣什么样的人呢？

迁入新办公室的兴奋劲儿刚过，动态学习公司的两大股东梅尔和詹尼弗就开始进行新雇员招聘工作。在其业务计划中，他们已经为刚得到的风险资本投资确定了几个基本目标。他们要雇佣一个团队去完成这些计划目标。他们知道，如果没有一个合适的团队，他们的其他目标，如推进销售、扩大网站等，也不可能实现。

他们正要去登广告，梅尔提的一个问题把他们给难住了。这个问题就是“我们要雇佣什么样的人呢?”看来他们真的没有想过这个问题。当然，他们指导一般意义上的答案，比如，他们知道他们至少需要 2 名销售员、1 名程序员、1 名网站设计员以及几名能够将导入的资料转化为挂在他们网站上的网页内容管理员。但是显然，仅仅用职位名称不能提供充分的指导。例如，如果他们不能清楚地说明这些职位的具体任务和责任，他们如何能决定他们是否需要有经验的人呢？如果他们不清楚地了解职位候选人必须做什么的话，他们如何清楚地确定他们必须寻找具有什么类型经验和技能的候选人呢？他们甚至不指导要问些什么问题。

当然，问题还不止这些。显然还有其他的工作任务要完成，而且这些任务不一定包括在销售员、程序员、网站设计员或内容管理员分工的内容中。比如，由谁负责接听和回应电话？（詹尼弗和梅尔员打算安装一套自动联想式电话号码簿和语音信箱系统，但后来发现其大约要花费 1 万美元便放弃了。）作为一个实际问题，他们知道必须雇个人来负责回应电话和将来电接到有关分机。谁负责记录每个月的费用支出并汇编提供给会计？谁为风险投资商编写月度报告？销售人员是否要自己编写销售宣传资料？公司是否必须雇网上冲浪者去搜索和查找适合做销售员的人，以便给他们打电话或发电子邮件？在该公司不得不购买办公用品时又会发生什么问题？是由公司老板自己去做这些事，还是应当让公司里的其他什么人去替他们做？看来这个工作清单写起来会没完没了。

梅尔和詹尼弗必须得通盘考虑其管理活动了，现在他们希望你（他们的管理顾问）

能够帮助他们。以下就是他们希望你为他们做的事。

(1) 为销售员、网站设计员、程序员和网页内容管理经理这几个职位各起草一套职位说明书，内容包括职位描述和任职规范两部分。你可以使用你想要的任何资料，但是最好是在互联网上查找和搜索相关网址，因为你希望得到的是适合于 .com 公司的职位说明书和工作任务清单。

(2) 记住该公司预算很紧。起草一份短小的建议书，说明应当如何完成案例中该公司所遇到的问题，例如接听和回应电话，汇编销售宣传资料、编制阅读报告以及购买办公用品等。

(资料改编自：加力·德斯勒著．吴雯芳 刘昕译．人力资源管理（第9版）．北京：中国人民大学出版社，2005.)

第六章

职位体系的设计

学习目标

- 了解职位体系的内容和价值
- 理解职位体系设计的逻辑顺序
- 理解职位序列、职位族、职位通道、职位层级的概念
- 了解职位体系设计的原则与目标
- 理解职位序列设计的内涵，熟练掌握其设计的标准
- 理解职位通道设计的内涵，熟练掌握其设计的标准
- 了解规范和科学的职衔

关键概念

职位体系　职位序列　职位通道　部门职能　业务流程　职责重要性　职责范围及难易程度　职衔

引导案例

某银行的两个负责人赵广恩和张军一边喝着咖啡，一边讨论着共同关心的员工混日子问题。张军说："我开始有点灰心了。4 年前我到公司时，觉得我确实能在得到份工作，现在我不这么确信了。上周我跟老板讨论今后的几年我将在哪时，她只是坚持说，'有各种可能。'我要听到的不只是这句话。我想知道如果我继续干好工作，可得到什么具体的机会。我不能确信是否要把我的职业一直定在这项工作上。我知道在过去的两年里我们已取消了好几个管理层级，但是可能会有更好的机会增加我在其他领域的知识。这是一个大公司。"

赵广恩回答道："我也遇到同样的麻烦。她告诉我，'你正在从事一项挺重要的工作，我们希望你留在公司。'但我也想知道，如果我经过适当的培训能得到别的什么样的工作。"

在大量的管理实践中，企业往往受到以下管理方面的困惑：

■ 公司建立了能力模型（也称素质模型、胜任力模型），可用于招聘选拔等，但是面临岗位晋升、工资晋级等实质问题时，又显得束手无策，无据可依；

■ 经过公司考察，将在业务上屡创佳绩的某明星员工提拔为管理人员。结果业务专家沦为平庸的经理，不但四周的人不满，本人的职业生涯也陷入泥潭，进退两难；

■ 任何员工都有主观愿望，希望把工作做好并有所成就，但由于员工发展通道不明确，在公司看不到个人的未来，公司飞速发展，个人却没有相应增值，员工日益消极；

■ 一旦某些管理人员或明星员工离职，身后往往留下一大片空白，对知识、经验、技能的提炼和传递缺乏有效性和系统性，成为不少公司业务断层的难治之症。

鉴于上述原因，为了管理的需要，应当构建企业的职位体系。

第一节　职位体系设计概论

通过前面职位分析，我们了解了企业中各职位的职责、任职资格等信息，在此基础上，我们可以构建企业的职位体系。职位体系是企业员工要完成的各项任务和职责的集合，是实现企业战略目标的客观要求，是人力资源工作或企业管理理念、组织管理理念最基本的载体。

一、职位体系的涵义及价值

（一）职位体系的涵义

1. 职位体系的含义

职位体系是指组织内部所有不同的领域的职位按照所属关系和等级关系，形成的职位组合系统。它以组织的战略目标为导向，反映组织中目标、任务、职能的安排，组织结构的安排，职位之间的关系以及在工作性质、晋升、发展、工作难易程度上的关系，它是人员管理的基础。

2. 职位体系设计的方法

职位体系形成来源于组织管理人需要，它根据人力资源管理策略，以职位分类法（Jcb Classification）作为基础，从横向上将所有的职位，按其业务性质分为若干职位序列、职位族，然后从纵向上按责任大小、工作难易、所需教育程度及技术高低分为若干职位通道、职层、职级，对每一职位给予规范的职衔、准确的定义和描述。

3. 职位体系设计形成的内容

职位体系设计形成的内容包括两大方面：从横向看，将企业所有职位根据不同的专业领域的职位工作内容相似性横向组合为职位序列；从纵向看，根据各职位的价值贡献，职位从基层不断向高层发展纵向划分为职位等级后所形成的职位通道。因而职位体系是涉及职位、职位序列、职位通道、职位层级以及职衔等一系列人力资源管理基本要素的职位管理系统。如图 6－1 所示。

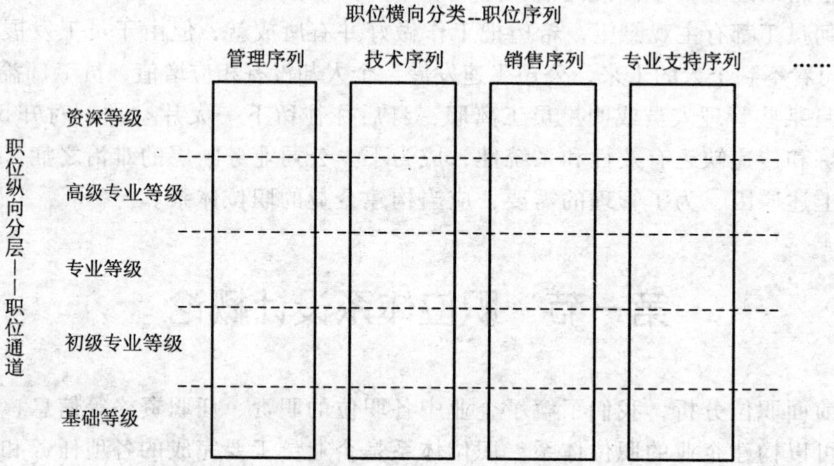

图 6－1 职位体系概念图

（二）职位体系设计的价值

图 6－2 表示的是职位管理体系在企业战略和人力资源管理各模块之间的关系：

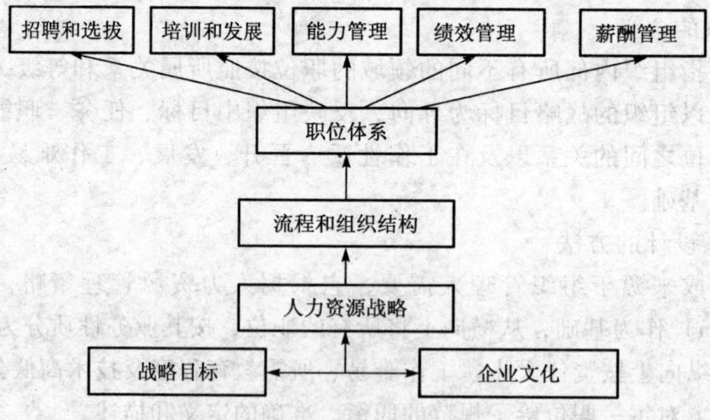

图 6－2 职位体系的地位和作用

1. 职位体系设计在企业战略管理中的地位

（1）从企业的战略管理来看，职位体系设计通过对职位进行分析，阐明职位的职责和任职要求，不仅将企业的战略目标转换为一系列相互联系和支持的具体工作任务，而且明确了职位间职责的边界，避免了由于边界不清可能导致的责任不明，使企业的每一项工作都得到具体落实。

（2）从企业的人力资源战略来看，职位体系的建立能够明晰企业核心业务的职位界定以明确需要何种专长与技能的核心人才，能够为实现人才梯队建设提供顺畅的职位通道，从而实现人力资源战略中的人才战略。同时，职位体系强调系统性，通过职位体系整合招聘管理、职业发展、培训开发、绩效管理、薪酬管理等职能，为把人力资源工作的重点从单独做好某一项工作转向以强调系统整合的战略性人力资源管理提供客观基础。

（3）从企业的组织结构来看，职位是组织结构中的最小要素。作为对职位的分类形成的所有职位的集合，职位体系明确了职位在组织结构中的角色和职责，实现了组织结构划分的意义。如图 6－3 所示。

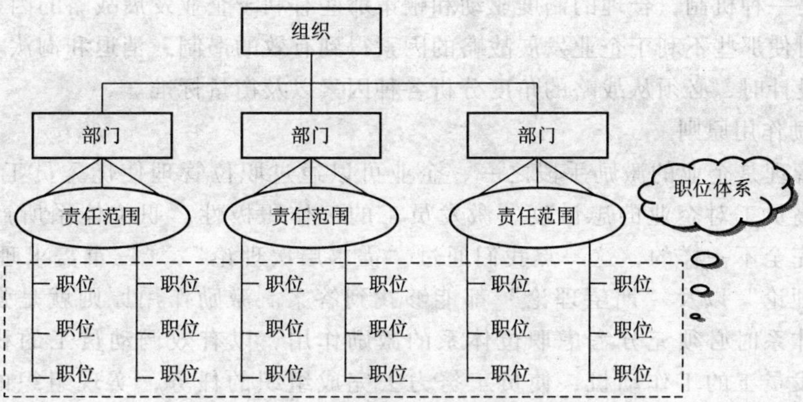

图 6－3　职位体系与组织结构划分

（4）从企业的核心业务流程来看，企业中职位的职责包含了核心业务流程中的所有关键活动，职位序列应与关键增值活动基本对应。

总之，合理的职位体系应以战略为导向，以组织为基础，与流程相衔接，是企业战略目标、企业文化、流程和组织结构向人力资源管理各大模块过渡的桥梁。

2. 职位体系设计在人力资源管理职能中的作用

职位体系是公司对职位的相对细化的管理工具，是人力资源管理主要活动实施的基础和前提，为实现人力资源业务的简化和公平准确创造了条件。科学的职位体系设计可以在以下方面对企业提供有效的帮助：

（1）职位体系使人力资源管理工作在人员任用时更具有针对性。

（2）职位体系设计是实现同工同酬，建立公平、合理的薪酬制度的基础和依据，有助于调动工作人员的工作积极性。

（3）职位体系是对各类工作人员进行考核、升降、奖惩、培训管理的依据。

（4）职位体系是实行职位责任制的基础和依据。

（5）完整的职位体系是建立和推动离休、退休制度的依据。

（6）职位体系是员工职业通道设计的基础。

二、职位体系设计原则与目标

（一）职位体系设计的原则

1. 战略导向原则

战略导向原则强调企业设计职位体系时必须从企业战略的角度进行分析，制定的职位管理政策和制度必须体现企业发展战略的要求。企业的职位体系不仅仅只是一种制度，它更是一种机制，合理的制度驱动和鞭策那些有利于企业发展战略的因素的成长和提高，同时使那些不利于企业发展战略的因素得到有效的遏制、消退和淘汰。因此，在职位体系设计时，必须从战略的角度分析各种因素以及衡量标准。

2. 激励作用原则

职位管理是企业的激励手段之一，企业可以通过职位管理使优秀员工得以晋升，还可以提高员工对企业的忠诚度，激发员工的工作积极性。职位体系所产生的激励效果是与完全不一样的，这一点我们通过“需求层次理论”、“三重需求理论”、“激励－保健理论”以及“期望理论”都能够找到答案。激励作用原则就是强调企业在设计职位体系时必须充分考虑职位体系的激励作用，以有效调动员工的积极性和创造性，激发员工的工作动机，使员工努力去完成组织的任务，实现组织的目标，同时实现自身的需要，增加其满意度，从而使他们的积极性和创造性继续保持和发扬下去。

3. 整分合原则

整分合原则是指一个组织必须在整体规划下明确分工，在分工的基础上进行有效的合作，以增强整个组织的效应。在进行职位分类时，应以组织的总目标和总任务为核心，从上至下层层分解，分解为一个个具体的分目标、分任务和子目标、子任务，直至分解落实到每一个职位上；然后，再对这些职位从下至上进行综合，层层保证，确定各职位上下间的隶属关系和左右间的协调合作关系，以确保组织系统的整体功能。

4. 专业化原则

职位体系的设计应当根据企业战略对人才的要求以及不同职位类别工作难度、任职能力要求的复杂性来对不同职位类别进行层级划分。也就是按工作任务的性质进行专业化分工，这就是说，组织内的各部门、各岗位都应该尽量按专业化原则来设置，以便使工作精益求精，达到最高效率。

5. 权变的原则

任何系统都必须适应外部环境条件及其变化，和其他有关的系统相互联系，构成一个更大的系统。

（二）职位体系设计的目标

第一，职位管理的标准化。合理规划职位序列，统一职位序列与职位通道和层级，统一职衔与称谓。

第二，建立职业发展的基本通道，为职位的轮换奠定基础。改变单一的行政管理职务晋升方式，通过建立多轨制的晋升阶梯，使管理人员和专业人员都获得通畅的职业发展路径。

第三，为人员规划和使用、人员结构比例配备建立职位结构基础，以优化员工队伍结构，提升员工能力，最终提高组织的绩效。

第二节　职位序列的设计

一、职位序列设计的内涵

职位序列设计是指利用职位横向分类的方法，根据职位中的业务性质或者承担者的性质和特点，对职位进行横向的区分形成若干职位类别，即职位序列和职位族的过程。

二、职位序列设计的价值

职位序列的划分的价值可以从企业和员工的个人发展两个角度分析：

（一）职位序列设计对于组织的意义

（1）职位序列的划分体现了人员的任职资格、培训、绩效考核、人员聘用等共同要求，便于对不同领域或方面的职位进行管理。

（2）职位序列的划分便于区分重要的专业领域或经营管理活动的主要方面，有利于合理分配和调整资源。

（3）职位序列的划分便于将员工的才能进行分配，有利于各专业领域或经营管理活动方面的专业化发展。

(4) 职位序列是划分职位层级设计职位通道的前提，进而成为人力资源管理中员工任职资格管理、人员晋升轮换等的基础。

(二) 职位序列设计对员工个人的意义

职位序列将人的才能进行分配，能帮助员工人分清各发展领域，便于个人发展领域的定位和选择；员工在明确其发展领域后，能专注于该领域，投入精力，有利于个人成长。

三、职位序列设计需要考虑的因素

(一) 各部门职能

如图 6－4，在职位体系的逻辑图中，首先要明确实现目标需要什么性质的部门提供什么类型的职能，然后考虑为执行职能，需要什么样的职位来履行怎样的职责，最后详细确定职位在履行职责过程中需要完成什么任务，完成任务的标准是什么，要完成这些任务需要什么能力等等。如图 6－5 所示。

图 6－4 职位体系设计的基础图

(二) 业务流程

我们知道，职位体系设计以企业的战略目标为导向，应与业务流程相衔接，以组织结构为基础。那么，在设计职位序列时，应对企业的业务流程进行分析，按照活动或任务的相关性，对其中重要的生产、经营、管理活动进行分类、集合。这些经过分类后的活动集合可以作为划分职位序列的主要依据。

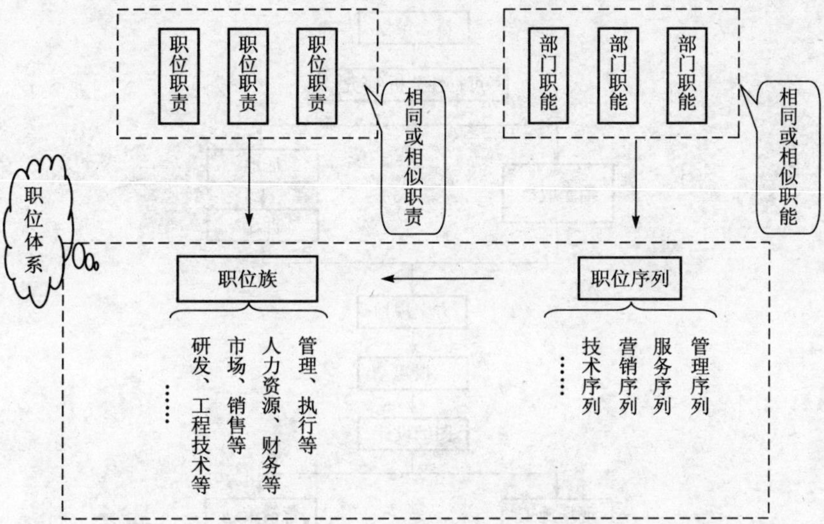

图 6－5　基于各部门职能的职位序列设计的整体逻辑图

企业的业务流程是设计职位序列时应考虑的主要因素，但要注意，最终形成的职位序列不一定与企业的业务流程完全吻合。这是因为：业务流程是企业开展活动的线路，它是依据企业的经营活动进行的时间和发展顺序进行设计和规划的，其目的是帮助管理者明确企业经营活动中价值创造的主要环节；而职位序列是以企业经营活动所属的不同专业领域或主要方面来划分的，其目的是明确职位的职责，对职位进行定位、便于管理者协调和管理。基于业务流程和职位体系的不同含义和目的，一般情况下，业务流程不会与职位序列完全对应。

比如，某房地产公司在项目的可行性分析、施工两个环节中都需要进行地质勘探工作，而在设计该公司的职位序列时，两个环节的地质勘探工作可以作为一个职位序列——“勘探设计序列”；再比如，企业的业务流程中，很多环节都需要管理工作，如财务管理、人力资源管理等的支持，这些管理工作都可以作为管理支持职位序列。下面我们以某房地产公司为例说明业务流程与职位序列的关系，图 6－6 所示的是某房地产公司的核心业务流程。

在分析核心业务流程的基础上，该公司将职位职责、工作内容相关的职位进行分类，形成以下职位序列，根据核心业务流程中的主要经营活动，按照业务流程的先后顺序该公司将职位序列划分后如图 6－7 所示，每一职位序列下方列出该职位序列的主要工作职责，可以看出，这些职责包含了核心业务流程中的所有关键增值

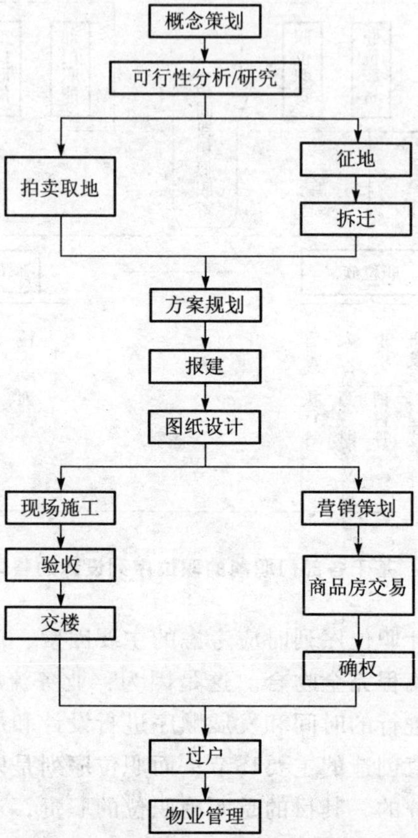

图 6-6 某房地产公司的核心业务流程

活动。

（三）职位工作内容的相似性

职位工作内容的相似性是划分职位序列的主要依据和根本依据。相似性包括职位的性质的相同或相似、职责内容的专业属性相同或相似、工作内容或职责范围属于同一方面，等等。比如，依据工作内容的专业领域不同，某地铁工程企业的职位序列划分如下，见图 6-8。

（四）行业中成熟的实践

对形成一定规模的行业来说，经营活动类似的众多企业在大量实践的基础上形成的职位序列划分方法，还具有较普通的适用性，可以作为参照。在设计职位序列时，在立

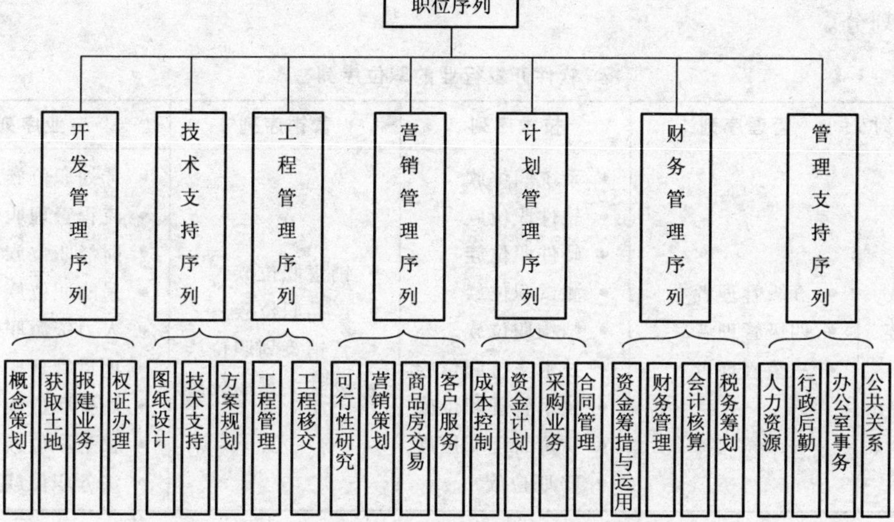

图 6－7　某房地产公司的职位序列划分

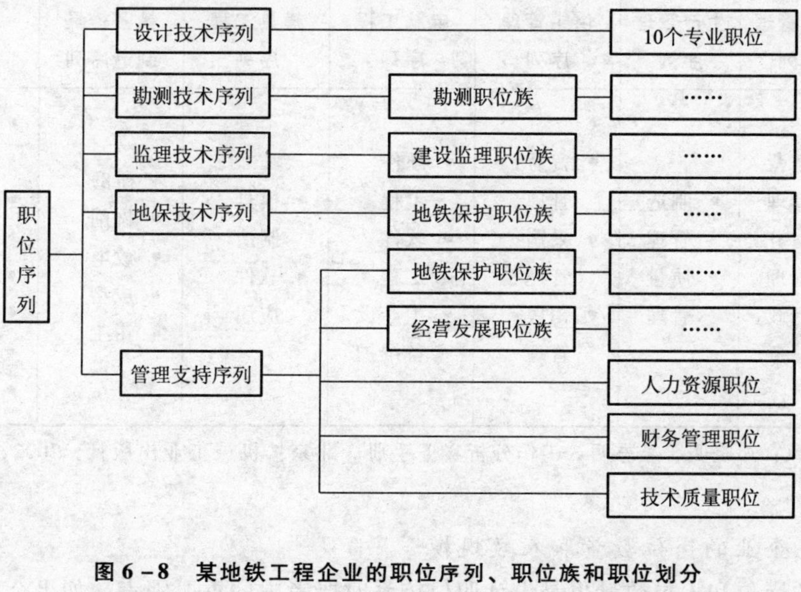

图 6－8　某地铁工程企业的职位序列、职位族和职位划分

足企业实际的前提下，参考这些行业通用的职位序列划分实践成果，对构造合理、适用的职位序列大有帮助。表 6－1、表 6－2 分别为软件开发行业和生产制造行业职位序列的一般划分。

表 6－1　　软件开发行业的职位序列

职位序列	管理序列	技术序列	营销序列	专业序列
职位族	• 五级管理者 • 四级管理者 • 三级管理者	• 系统职位族 • 软件职位族 • 硬件职位族 • 测试职位族 • 结构职位族 • 技术支持职位族 • 技术管理职位族 • 质量管理职位族 • IT 职位族	• 销售职位族 • 产品职位族 • 营销策划职位族 • 公共关系职位族	• 计划职位族 • 流程管理职位族 • 财经职位族 • 采购职位族 • 人力资源职位族 • 项目管理职位族 • 商务职位族 • 秘书职位族 • 法务职位族

表 6－2　　生产制造行业的职位序列

职位序列	管理类			技术类		生产类	
	行政管理序列	生产管理序列	供销管理序列	电脑工程序列	模具工程序列	精密模具制造序列	生产支援序列
职位族	• 经营管理 • 财务管理 • 行政总务	• 制造管理 • 质量管理	• 贸易管理 • 采购管理 • 销售管理	• 硬件工程 • 软件工程 • 生产设备维护	• 模具制造 • 软件应用	• 研磨 • 铣削 • 放电 • 成型 • 钳工	• 模具零件成品管理 • 材料 • 热处理 • 焊接 • 表面处理 • 备料作业 • 机电维修

资料来源：郑晓明、吴志明．工作分析实务手册．北京：机械工业出版社，2002，P249，略有改编．

（五）企业的岗位数量和人数规模

企业的岗位和人员数量也是设计职位体系时要考虑的重要因素。如果企业的岗位和人员数量较少，就没有必要将职位序列划分得太细，划分太细反而增加了许多不必要的工作，增大了管理的难度。如果岗位和人员数量比较多，职位序列的划分也应相对细些，将众多岗位划分到比较具体的职位序列中去，并配备相应的人员，便于同类工作或经营活动的统一规划，也便于管理和协调。

第三节　职位通道的设计

一、职位通道设计的内涵

职位通道设计是指从纵向上按责任大小，工作难易，所需知识技能高低，将职位序列分为若干职位职层、职级的过程。

二、职位通道设计的价值

（一）职位通道设计对组织的意义

职位通道的设计是企业对各职位前景和发展的规划，按照这一规划，企业可以有目的地、有针对性地展开培训，提高员工能力，发展和扩大各领域的专业人才队伍，更好地为实现企业战略目标服务。

通过职位通道的设计，使不同等级职位责任大小、工作复杂程度与难度、员工能力的高低在企业内部达成共识。管理者可以将达成共识的职位等级作为制定薪酬水平的依据之一，便于实现企业内部的相对公平。

职位通道的设计不仅是对管理领域类的职位进行等级设计，而且也对技术领域内的职位进行等级设计，改变了员工中普遍存在“只有跻身管理层，才能得到更好的发展和更高的薪资水平”的旧观念，有利于企业的管理和技术两大领域平衡发展。

（二）职位通道设计对员工个人的意义

职位通道确定了各领域职位的发展出路，能够帮助员工认清各职位的发展趋势，提前“看到”各职位的未来，对职业前途作出明确的选择。

不同的职位等级对员工掌握的知识、技能等方面的要求也不同，根据不同等级职位的要求，员工能对自己在职业发展通道中所处的位置进行正确的定位，也能正确地理解要发展到更高的级别的职位，自己还欠缺的知识和能力，从而有针对性地提高、发展个人能力，少走或尽量不走弯路，有利于个人尽快地发展和成长。

三、职位通道设计需要考虑的因素

（一）主要因素

职责的重要性、职责的范围及难度，需要的知识、技能、素质的高低是职位通道设计的主要因素。职责越重要，职责范围和难度越大，那么，该等级的职位需要的任职者的知识、技能、素质相对比较高，该职位的等级也较高；反之，职责重要程度越低，职责范围和难度越小，那么，该等级的职位需要的任职者的知识、技能、素质相对比较低，该职位的等级也较低。其构成如图 6－9 所示。

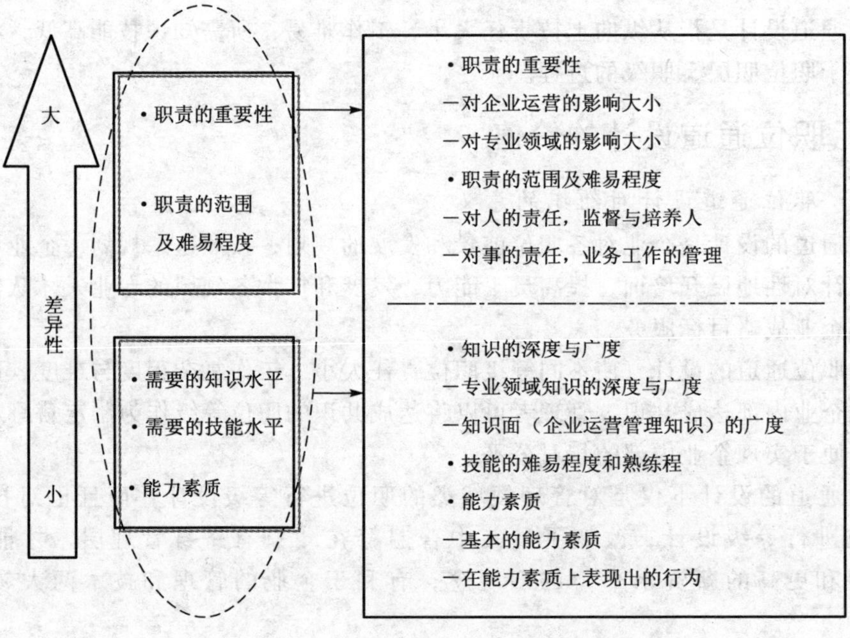

图 6－9 职位通道主要因素构成模型

按照某一序列的职位在职责的重要性和职责的范围及难度、所需的知识、技能、素质的差异性，一般我们将该类序列的职位划分成为 4～6 个层级。以图 6－10 所示的一般性划分为例，按照职责的重要性和职责的范围及难度两个维度，该序列中的职位被分为基础职位、专业职位、核心职位、关键职位、决策性职位，从而形成了该职位序列Ⅰ级到Ⅴ级的五个层级。

我们接下来看某一特定职位通道设计，表 6－3 所示为某设计院的“工程设计职位序列”的层次划分。在每一个层次的描述中我们可以明确该层次职位对于任职资格、

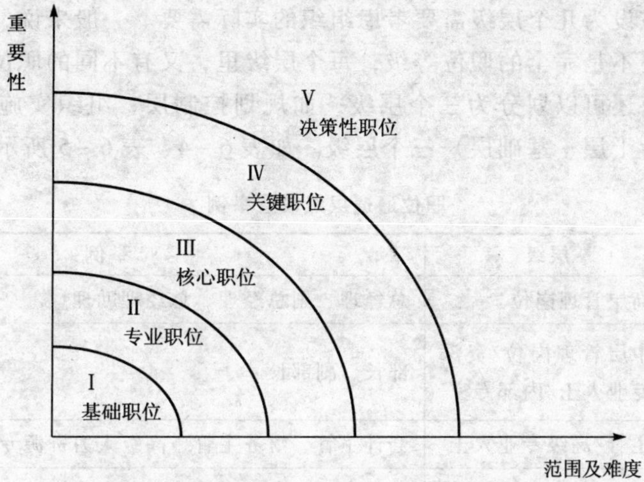

图 6－10　重要性和难度维度下的职位划分

职责与管理范围的要求，即划分的标准。

表 6－3　工程设计职位序列的职位通道设计

层　次	描　　述
首度设计师	• 通常是设计院内或行业内公认的技术专家 • 对专业领域有很深的研究，同时对相关专业有一定的了解 • 通常要求该职位开发出一些新的工具和方法给基层的技术人员使用
资深设计师	• 要求在某个特定的专业领域内具有很深的研究，能够在该专业领域内开发或者修改标准的指导原则 • 能够使用一些非常规的方法或技术解决技术或业务的挑战
高级设计师	• 能够自如地应用事先设计好的专业工具和知识 • 通常需要具有一定年限的设计经验，且参与了一定的项目 • 能够指导基层员工的工作，或者监督基层员工的工作质量 • 在这个位置上，职业生涯向专业技术或管理层两个角度发展
专业设计师	• 通常在有限的监督下，应用具有一定深度的知识 • 要求具备一定的能力去理解来自客户的要求或技术要求，从而应用那些已经开发好的工具
助理设计师	• 通常是该专业范围内的入门职位 • 通常在紧密和监督下从事日常的工作 • 不要求具备相关的工作经验，但学历则是必需的

职位通道应该设为几个层级需要考虑组织的实际需要。一般来说，职位层级分为五级，但这种层级还不是完全的职位等级，每个层级里，又有不同的职位和职位等级；而有些组织职位通道还可以划分为三个层级，如规划控制层、组织实施层、操作层（或者称为核心层、骨干层、基础层）三个层级。如表 6－4、表 6－5 所示。

表 6－4　职位通道层级设置举例

<table>
<tr><td rowspan="6">五层级的职位通道设计</td><td>层级</td><td colspan="3">举例</td></tr>
<tr><td>高层管理岗位</td><td colspan="3">总经理、副总经理、总经理助理</td></tr>
<tr><td>中层管理岗位/资深专业人士/内部专家</td><td colspan="3">部长、副部长</td></tr>
<tr><td>主管/高级专业人士</td><td colspan="3">会计主管、财务主管、高级人力资源专员</td></tr>
<tr><td>专业人士</td><td colspan="3">会计、人力资源专员、行政专员、销售代表</td></tr>
<tr><td>普通员工</td><td colspan="3">文员、小车司机、人事助理、销售助理</td></tr>
<tr><td rowspan="8">三层级的职位通道设计</td><td>层级</td><td>销售序列</td><td>产品序列</td><td>—</td></tr>
<tr><td rowspan="2">规划控制层</td><td>高级销售总监</td><td>高级产品总监</td><td></td></tr>
<tr><td>销售总监</td><td>产品总监</td><td></td></tr>
<tr><td rowspan="2">组织实施层</td><td>高级销售经理</td><td>高级产品经理</td><td></td></tr>
<tr><td>销售经理</td><td>产品经理</td><td></td></tr>
<tr><td rowspan="3">操作层</td><td>销售主管</td><td>产品主管</td><td></td></tr>
<tr><td>高级销售代表</td><td>高级产品代表</td><td></td></tr>
<tr><td>销售代表</td><td>产品代表</td><td></td></tr>
</table>

有时候为了对员工的能力做更细致的区分，需要在层级类别的范围下进一步分等。一般可以将每级划分为四等：预备等、基础等、普通等和职业等。预备等最低，职业等最高，如图 6－11 所示。如果企业员工人数比较少，每层或每级也可以设计为三等甚至二等，例如设计为基础等、普通等和职业等。

（二）其他因素

1. 企业的人员数量的多少和职责分工的粗细

企业的人员数量是确定职位等级数量的需要考虑的因素之一。职位通道将某一领域的职位划分到不同的职位等级中，每一职位等级的人数不能过多，过多不便于管理和协调；也不能过少，过少甚至空缺会导致该职位等级失去实际意义。一般来说，比较合理

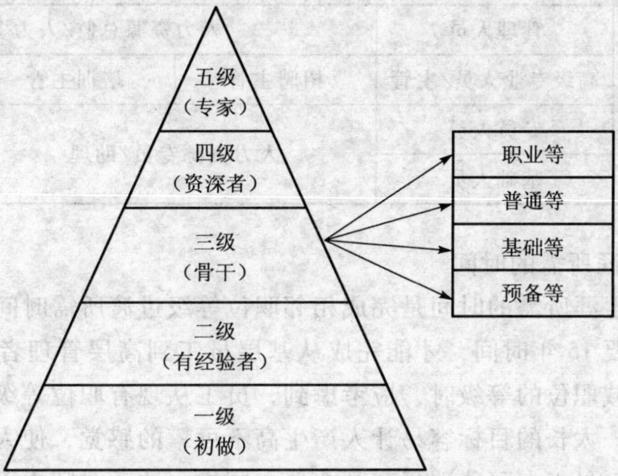

图 6－11　层级类别下的职位分等

的职位通道结构应该是“橄榄形”——两头小、中间大，也就是说，基层员工或助理的人数、高层管理者的人数占企业总人数的比例相对较小，而中高层专员人员和普通管理人员占企业总人数的比例相对较大。在设计职位通道时，应根据企业的实际人数和每一职位等级人数占总人数的大致比例，合理确定职位等级的数量。

职位等级数量的设计也要考虑企业的职能划分程度，若企业职能较多、分工较细则需要对多个职位序列进行划分；若企业的职能较少、分工不细时，可以对承担主要职能或职责的职位划分较多层级。表 6－5 以人力资源部为例，说明了如何在综合考虑人员数量、职能划分和分工程度的实际情况下划分职位等级。

表 6－5　不同人员数量、职能划分和分工程度下的人力资源部门职位通道设计

	层级	职位		
		招　聘	培　训	薪　酬
职能较多、人数众多、分工较细时职位通道设计	中高层管理人员	人力资源总监		
	管理人员	招聘经理	培训经理	薪酬经理
	高级专业人员	高级招聘专员	高级培训专员	高级薪酬专员
	专业人员	招聘专员	培训专员	薪酬专员
	基础人员	招聘助理	培训助理	薪酬助理

续表 6－5

<table>
<tr><td rowspan="4">职能较少、
人数不多、
分工不细时
职位通道设计</td><td>管理人员</td><td colspan="3">人力资源总监/人力资源经理</td></tr>
<tr><td>高级专业人员/主管</td><td>招聘主管</td><td>培训主管</td><td>薪酬主管</td></tr>
<tr><td>专员人员</td><td colspan="2" rowspan="2">人力资源专员/助理</td><td>薪酬专员</td></tr>
<tr><td>基础人员</td><td>薪酬助理</td></tr>
</table>

2. 完成职业生涯所需的时间

完成整个职业生涯所需的时间是完成相邻职位等级过渡所需时间的总和。比如，一名基层员工大约需要 15 年时间，才能完成从基层员工到高层管理者这一职业生涯。那么，在设计这一领域职位的等级时，应考虑到，员工从现有职位等级过渡到高一级别所需的时间不能太长，太长的目标容易让人产生高不可攀的感觉，使人丧失斗志，面对遥遥无期的升职机会，员工有可能选择离开企业。同样，这一时间也不能太短，过渡时间太短的目标可能太容易实现，不能对员工起到激励作用，也不利于员工的个人发展。也就是说，职位晋升的周期过长或过短都没有意义。比如，在上面的例子中，将基层员工发展到专业人士的时间规定为 10 年（过长）或半年（过短）都是不合理的。

所以，在设计职位通道时，我们应仔细掂量完成这一职业生涯需要的总时间，如果这一时间较长，那么，可以考虑适当增多职位等级，以免职位晋升的周期过长；如果时间较短，那么，可以考虑适当减少职位等级，以免职位晋升的周期过短。

五、职位体系的形成（横、纵、职衔、任职资格标准）和应用

（一）职位体系的形成

通过对职位横向划分形成职位序列/职位族，对职位序列/职位族纵向的划分形成职位通道后，就搭建成了职位体系的基本框架，如图 6－12A 所示。

在职位体系的基本框架构建完成后，需要为与不同职位序列和不同层级相对应的职位设定名称，也就是通常所说的职衔的设计。职衔是企业对其内部各个类别等级职位的称谓，因此不同的企业中对其内部性质层次相似的职位的可能会有不同的称呼。例如，同样是专业技术序列最高层级的职位，不同企业可能会称其为总工程师、技术总监或者首席专家等。图 6－12B 是在图 6－12A 的基础上规定相应职位的名称。

职衔设置应遵循以下原则：

1. 对内统一规范原则

职位名称在企业内部统一应规范、简明，应与职位的职责相对应，能使人一看到名称就能大体了解职责内容，各部门相同职位的名称也应一致。一般采用“职业通道等

图 6－12　某企业职位体系内各类别职位等级名称的确定（节选）

级名字”给任职资格的通道级别命名。例如，研发技术通道的级别可以命名为研发技术一级、研发技术二级、研发技术三级、研发技术四级和研发技术五级，以便于组织内部管理。

2. 对外可比较性原则

对职位名称进行确认时应尽量与社会通用名称一致，方便对外交流和对比。在很多企业里，同样是作一线销售的人员，有的公司叫业务员，有的叫业务代表，有的叫销售代表，众多工作职责相同的职位名称却不统一，可能会给内部的管理造成混乱和制约。因此，在设定职位名称时，应该尽量与社会通用名称保持一致。

3. 激励性原则

在对外可比较性的基础上，还要适当考虑激励效果。同样的岗位，取一个恰如其分的名字，会给人很大的激励作用。沃顿商学院人力资源中心主任彼得·卡普利说，“以前，人们只想获得更多的薪酬，而现在，他们却期望在职位上得到认可，如有必要，他们将会不断前进以获得提升。”例如，为了突出对司机的激励，可以将司机职衔改为行政助理等。但是同时要防止职衔膨胀的危险。

在职衔设计完成后，为不同职位序列和不同层级的职位设计任职资格等级标准是职位体系形成的最后一项内容。任职资格等级标准的建立能够明晰不同类别和不同层级间的职位对任职者的不同层次的要求，它体现了职位体系划分的依据，是界定不同类别和层级职位的标尺。对于任职资格等级标准的设计和管理，我们将在下一章介绍。

（二）职位体系的应用

职位体系最直接的应用是设计员工职业发展通道，员工职业发展通道就是根据企业职位分类以及职位分层、分级结果来确定的。

1. 职位序列/职位族划分与发展通道

一般一条划分后形成职位序列或职位族就对应一条职业发展通道。如图 6 – 13 所示。

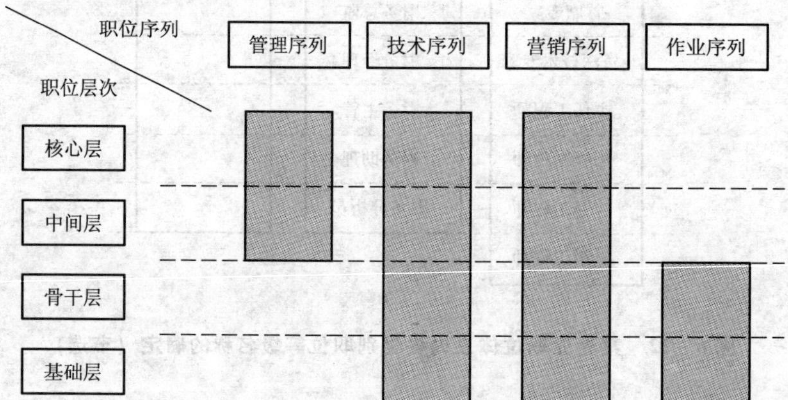

图 6 – 13 职位分类分层与职业发展通道

在企业的职务序列或职位族中，对于那些技术含量不高，专业性不强的任职者以及可替代性很强的职务序列或职位族，我们认为不需要为其设置专门的职业发展通道，如事务性职位族；其次，从企业发展战略实现角度来审视按企业现有职位族来设置职业发展通道是否满足企业战略对人才的需求。如果基于目前的职位体系建立起的职业发展通道无法培育出未来企业需要的专门人才时，可以增设职业发展通道，因此，在设置员工职业发展通道时就增加了“市场营销”职位族。实行依据职位序列、职位族的发展通道管理，打破部门的用人差异，实行统一的人才管理标准。

2. 职层/职级、职等划分与职业发展通道

每一个职层和职级代表一个职业发展阶梯。对员工职业发展通道设置阶梯，有利于企业判断各业务系统员工任职能力和专业水平，也有利于员工个人了解自己的水平，从

而制定下一步职业发展的目标。

图 6－14 为最典型的五级双通道模型，五级双通道从横向分为管理通道和专业通道；从纵向上每条通道划分为 5 个不等的级别。专业技术类一般划分为 1 ~ 5 级，管理通道则为 3 ~ 5 级。专业通道可以进一步细分，不同的通道之间可以相互转换。

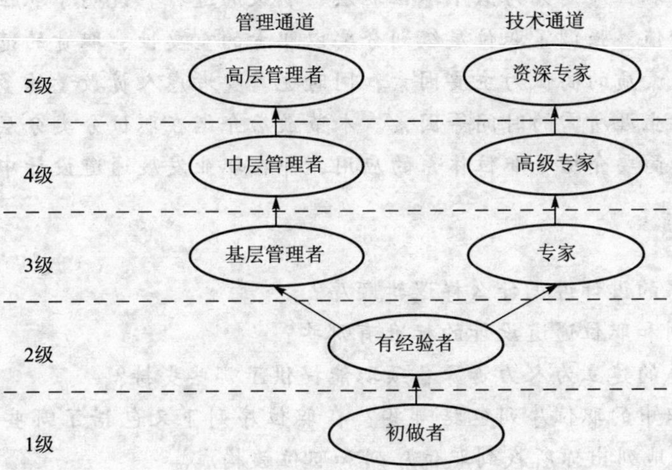

图 6－14　五级双通道模型图

在五级通道发展模型中，每个员工至少拥有两条职业发展通道。以技术人员为例，在获得技术资格二级之后，根据自身特长和意愿，既可以选择管理通道，也可以选择技术通道的发展。由于两条通道的资格要求不同，如果技术特点突出，但领导或管理能力相对欠缺的话，就可以选择在技术通道上继续发展，直至成长为自身技术专家。

本章小结

本章主要介绍了如何通过职位类别的划分、职位层级的划分设计职位体系。

第一节为本章概述，介绍了职位体系的内容、价值、原则和目标。职位体系是指企业内部所有不同的领域的职位按照所属关系和等级关系，形成的职位组合系统。它以企业的战略目标为导向，反映组织中目标、任务、职能的安排，组织结构的安排，职位之间的关系以及在工作性质、晋升、发展、工作难易程度上的关系，它是人员管理的基础。明确了在职位体系设计的过程中需要遵照战略导向原则、激励原则、整分合原则、专业化原则、环境适应性原则，以达到职位体系的设计目标。

第二节介绍了如何利用职位横向分类的方法，根据职位中的业务性质或者承担者的性质和特点，对职位进行横向的区分形成若干职位类别，即职位序列和职位族的过程。

说明了职位序列对企业和员工个人的价值，重点介绍了划分职位序列需求考虑的因素，具体包括：各部门职能、企业业务流程、职位工作内容的相似性、行业中成熟的实践、企业的岗位数量和人数规模。

第三节介绍了职位通道设计的涵义，即指从纵向上按责任大小，工作难易，所需知识技能高低，将职位序列分为若干职位职层、职级的过程。说明了职位通道设计对企业和员工个人的价值，强调了职位层级划分要以职责的重要性、职责的范围及难度，需要的知识、技能、素质的高低为主要因素，同时也需要考虑人员数量的多少和职责分工的粗细、完成职业生涯所需的时间等因素。本节最后介绍在职位分类分层后如何规定相应职位的名称，并简要介绍了职位体系的应用，即在职业发展通道设计中的作用原理。

复习思考题

1. 职位体系的设计遵循什么样逻辑顺序?

2. 职位序列和职位通道设计的标准有哪些?

3. 职位体系的建立为人力资源各项职能提供了哪些支持?

4. 一般组织中的职位序列包括哪些? 在职位序列下又包括了哪些职位族? 搜集信息，尽可能全面地列出你所找到职位序列和职位族构成。

5. 分析你所在学校的组织结构及职位设置情况，尝试着对这些职位划分类别，并根据你的经验为这些职位划分等级。最后与其他同学讨论分析你们在划分方式上有什么不同? 原因何在?

案例讨论

吉林省网通公司职位体系

吉林省网通公司隶属于中国网络通信集团公司，公司现有员工 1.6 万人，总资产 121 亿元，年收入规模在 43 亿元以上；下设有 9 个市州分公司，40 个县（市）分公司。吉林省网通公司拥有吉林省覆盖最广、规模最大的数字电话交换网、数据网、智能网、支撑网、管理网和技术先进的干线传输网，建成了技术先进、功能完善、覆盖全省的各类数据通信网以及基于数据通信网的多种资源平台和应用平台，业务范围分为固定电话、小灵通、数据、网间结算、电话卡、网元出租、代维等七大类业务，可向社会提供固定电话、小灵通、本地电话、国内国际长途、宽带互联网、电子商务、多媒体等多种语音、图像、数据通信等多种通信服务。

现在的吉林省网通公司由原来政企合一的吉林省邮电管理局历经分拆重组演变而来，其前身是吉林省邮电管理局，在先后历经寻呼业务剥离、邮电分营、移动业务剥离、南北拆分、融合重组之后，2005 年 10 月，公司由中国网通集团注资收购，在纽约、香港成功上市，成为中国网络通信集团（有限）公司的子公司。吉林省网通公司紧紧抓住国家实施“以信息化带动工业化”战略的历史机遇，广泛依靠各级政府和社会各界力量，积极跟踪和应用世界先进技术，加快网络技术演进步伐，推进企业转型，把企业建设成为业务种类齐全、服务质量优良、网络运行稳定、基本建立现代企业制度、全面协调可持续发展的宽带通信和多媒体服务提供商。但是随着企业一系列分拆重组的重大演变和市场经营环境的变化及企业自身的发展，作为一家国有特大型企业，同时也是一家海外上市公司，正处于转型时期的吉林省网通公司现有的职位体系暴露出来诸多问题，比如职位序列不足、职位晋升通道不畅、缺少职位及工作分析等等，职位体系已经越来越不能适应企业发展的需要，使得企业的人力资源竞争力越来越不能适应现代企业制度的需要，影响员工的工作绩效和职业生涯发展。建立有效的职位体系和职位管理机制，从而有效调动员工积极性和创造性，成为摆在吉林省网通公司管理层面前的一个严峻而紧迫的课题。

一、吉林省网通公司职位体系现状

（1）吉林省网通公司职位体系的岗位序列划分为管理、技术业务两大序列，如表 1、表 2 所示。

管理岗位的岗位层级为 1 ~ 10 级；技术业务岗位的岗位层级分为 1 ~ 13 级。

表 1　吉林省网通公司管理职位序列表

岗位分类	管理岗位			
	省公司	省会分公司	地市分公司	县局
一	总经理			
二	副总经理	总经理		
三	部门经理	副总经理	总经理	
四	部门副经理	部门经理	副总经理	
五	业务主管	部门副经理	部门经理	局长
六	业务主办	业务主管	部门副经理	副局长
七	业务助理	业务主办	业务主管	部门经理
八	业务员	业务助理	业务主办	业务主办
九		业务员	业务助理	业务助理
十			业务员	业务员

表 2　　吉林省网通公司技术业务岗位工资标准表

岗位分类	管理岗位		
	省级公司	地市级公司	县级公司
一			
二			
三			
四	高级××经理		
五	××经理	高级××经理	
六	××主管	××经理	××经理
七	××主办	××主管	××主管
八	××助理	××主办	××主办
九		××助理	××助理
十		生产辅助四级	生产辅助四级
十一		生产辅助三级	生产辅助三级
十二		生产辅助二级	生产辅助二级
十三		生产辅助一级	生产辅助一级

(2) 员工按照岗位划分为管理、市场经营、运行维护、研发和其他五大类别。分别是：

① 管理人员：指在各单位组织生产经营活动和从事生产经营及职能管理的人员，包括从事企业策划、法律事务、财务审计、市场经营、人力资源、安全保卫、工会、综合事务管理的人员。

② 研发人员：指从事经营、技术研究开发的人员。

③ 市场经营人员：指从事经营工作的人员。包括营业、话务、营销、客户服务等人员。

④ 运行维护人员：指各单位从事设备、线路运行维护和日常值守的人员。其中包括网管监控、资源管理、设备和线路维护、综合日常值守、应急通信等人员。

⑤ 其他人员：指从事后勤保障服务的人员。

(3) 上述人员除管理人员划入管理序列管理外，其他均在技术业务序列。在员工晋升方面，以市州分公司为例，技术业务序列的技术人员最高只能达到五岗，如果在想得到晋升，则需要转为管理人员。在现有的职位体系中，管理人员比例非常高，全省职能管理人员占员工总数比例达到16%，而作为企业产品销售的市场一线人员所占的比例刚刚达到38%，产品研发设计人员不足1%，但是从事运行维护的人员比例约占40%，同时还有相当比例的后勤保障如物业管理等非通信生产岗位人员。

复习思考题：

1. 试分析目前吉林省网通公司职位体系目前存在的问题？
2. 如果网通公司要进行职位体系设计，该从哪些方面入手？

第七章

任职资格等级标准的设计与应用

学习目标

- 了解任职资格等级标准的概念和内容
- 理解任职资格等级标准的价值意义
- 掌握任职资格等级标准设计中的行为标准、能力标准和基本资格标准设计逻辑关系
- 熟练掌握行为标准和能力标准设计的流程
- 理解能力素质模型的涵义，熟练掌握能力素质模型的方法
- 掌握任职资格定级和任职资格等级调整的方法

关键概念

任职资格　任职资格等级标准　基本资格标准　行为标准　能力标准　能力素质　任职资格等级认证　任职资格体系的管理

引导案例

“人盯人”的后备计划

A 公司经过近二十年的发展，已经具有了一定的规模。与此同时，在公司创业阶段的员工的年龄也越来越大，精力和能力也逐渐跟不上公司发展的需要。公司领导层认识到这一问题后，决定在公司内启动人才储备计划，目的就在于为公司培养和建设一支素质优良、结构合理的后备人才队伍，保证公司人才队伍的成长并激励员工的发展，以实现企业与个人的双赢。

为了人才储备计划的实施，A 公司出台了相应的政策。

1. 储备人才的数量和结构

储备人才数量原则上按定员人数 1:1 的比例，如下属人员非常优秀并具有培养价值，比例可扩大到 1:2，但需公司人力资源部门审批同意后方可。

2. 储备人才选拔程序

储备人才的选拔程序包括“个人自荐/上级选拔、组织考察、征求意见、公司审批”几个步骤。

(1) 个人自荐/上级选拔。在选拔后备人才时，将选拔条件、选拔程序进行公开；采取个人自荐和上级选拔相结合的方式，各部门将储备人才的候选名单报公司人力资源部审核。

(2) 组织考察。根据个人自荐/上级选拔的情况，对各部门确定的储备人才人选进行考察。考察的主要依据为年度行为评估结果，辅以多角度反馈。考察要全面具体、客观公正地进行。考察结果要形成考察材料，包括自荐情况、奖惩情况、主要表现、推荐情况、培养目标及培养措施等，考察人要在考察材料上署名。

(3) 征求意见。根据考察情况，征求有关部门和领导意见。

(4) 公司审批。将认定结果向公司决策层进行汇报，在总经理会上进行审批。

上述政策出台后，全公司各级员工的初期反应都非常好。李经理负责公司生产采购工作，下属有15名员工。经过李经理的推荐，并按照上述储备人才选拔程序，高级采购员王某成为李经理的后备人选。李经理年富力强，也当仁不让地被选拔为公司生产部赵总监的后备人选。王某被选拔为后备人选后工作更积极了。

可是半年以后，李经理却发现了两件事。

其一，某天有一件紧急事情需要处理，正好下属张某有空，李经理就想交代给张某区完成，不料张某却推辞说：“还是让王某去办吧，他是后备人选，应该让他多锻炼。”这种推卸工作的情况之前从来没有出现过，现在这种情况不仅仅发生在张某身上，其他未被选定为后备人选的部分人员也出现了这样的态度。不但不愿意承担例外的工作，就是职责内的日常工作，完成情况也大不如前。

其二，王某经常在各种场合了解和打听赵总监的年龄、退休时间以及最近有没有调令等信息。

就这样又过去了一年多，大家的职位都没有发生变化，但李经理却发现王某对待工作没有了当初的激情。与此同时，另外一种议论在公司逐步传开，公司人才储备计划其实并不会真的实施。

（摘编自：范金，景成芳著．任职资格与员工能力管理．北京：人民邮电出版社．2008.）

第一节　任职资格等级标准概述

一、任职资格等级标准的涵义

（一）任职资格

任职资格（Competence）是指与工作绩效高度相关的一系列人员特征，包括为了完成工作任职者所需具备的基本资格（包括教育程度、经验、业绩）、有效的行为、能力素质（包括知识、技能）等。

（二）任职资格等级标准

任职资格等级标准描述了每个职位序列、每个职位族不同等级的员工应该知道什么，能做什么，应该如何做，能够做到什么程度的衡量。任职资格等级的高低取决于其所具备的条件与能力水平高低。当员工具备更高一级的任职资格时，才能赋予其相应更高一级的职位/工作。

如果将企业的职位体系、员工职业发展通道比喻为一栋大楼的通道，那么职业发展的等级就是楼层段，而楼层的高度就是任职资格等级标准。有了等级标准，才能对员工的能力进行衡量评价，定位员工现在的能力水平，并清楚下一步的发展目标。

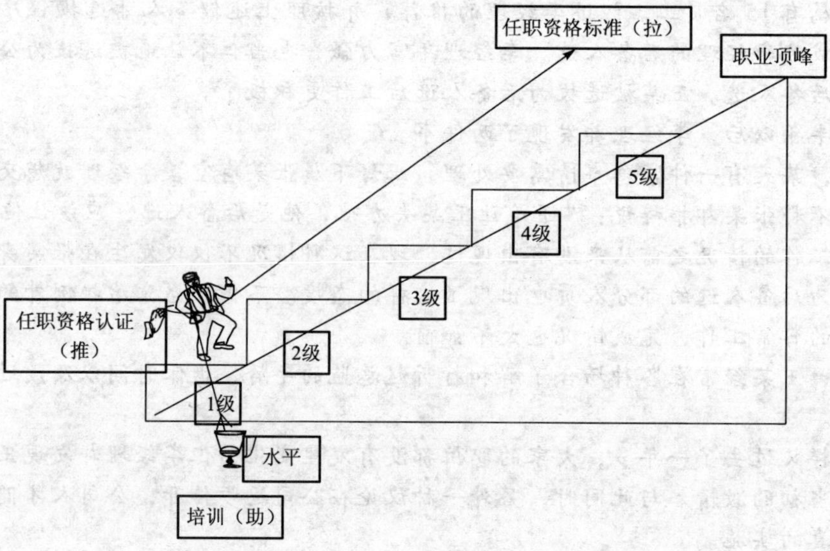

图 7－1 任职资格标准及其应用图示

二、任职资格等级标准的基本框架

任职资格等级标准是应该基于学历、经验、绩效，还是其他要素，是任职资格等级标准设计首先要解决的问题。

职位体系设计中，我们知道，组织结构中不同职位要有相应水平和能力的人员来承担并履行该职位应负的责任，而业务流程则要求该员工要遵循企业特有的行为方式来工作，这种行为方式对员工技能提出了相应的要求。因此，我们认为任职资格应该包含担任某一职位工作的基本条件、行为要求和能力要求三个部分。因而任职资格等级标准应该由基本资格标准、行为标准和能力标准三个部分构成。

（一）基本资格标准

基本资格标准强调的是任职者在专业领域中处在什么样的位置上，是任职者技能水平的标尺。它包含教育程度（学历及专业要求）、工作经验（一般经验/相关经验）和业绩等方面的内容。这些标准通过资格证书、背景审查或者绩效评价等方法来进行证明或衡量，具有很高的准确性。

（二）行为标准

行为标准描述了员工以什么样的行为规范来开展工作并取得好绩效。通过行为模块、行为要项、行为标准项三个层次来分析。

行为标准界定了员工应该以什么样的行为规范来开展工作取得好绩效。如果将基本资格标准、能力标准作为良好绩效输出的基础条件控制的话，那么行为标准则是其过程控制的必备条件。管理学的20/80法则认为高绩效的工作是由80%的正确过程控制与20%的无障碍沟通来获得的。只有过程的正确才有可能使工作结果正确，过程越来越被管理工作所重视。因为不管你具备多么好的能力标准，如果不落实于行为当中，良好的绩效也只能是追求而已。

（三）能力标准

能力标准是依据企业发展战略和企业管理实际要求制定，是管理者评价某一序列层级或岗位上任职者能力水平的标准和依据，包括知识技能、社会角色、自我形象、个性、动机，界定了员工适合做什么，能做什么，做到哪种程度。其中，知识和技能是能力标准的主要构成。能力标准难以测量或者测量的准确性较低，但是与工作绩效相关性更高。

行为标准是由业务流程提炼而来，是能力标准提炼的前提和依据。行为标准可以作为行为规范最终写入任职资格等级标准中，但很多情况下，它是作为提取能力标准的中间变量存在，最终并不出现在任职资格等级标准中。

在能力维度中，知识是人才发挥作用的基础要求，没有良好的知识底蕴，专业化的程度会大大降低，这就是我们在工作中经常看见的有些人满腔热情，但是缺少方法，最后的工作成效并不理想；技能是在知识的基础上，综合运用知识的能力，如果没有对知识的综合运用能力——技能，知识就不能够发挥作用，这也就是我们经常看见的高学历、低能力的现象。

在基本资格维度中，教育程度、经验与业绩是衡量能力的直接可见的信息依据。

综上所述，我们可以得出："基本资格标准（基础条件资格）+有效行为标准（应该怎么做）+能力素质标准（适合做什么）=高绩效（做出了什么）"。

表 7－1 通用任职资格等级标准框架内容

标准	组成部分	组成要素	内容描述
基本资格	教育	教育水平	对学历的要求
		专业	对所学专业或过去从事专业的要求
		培训经历	与本职位工作相关的培训
	经验	一般经验	社会工作经验，主要是工作年限
		相关经验	与职位相关的专业领域、管理领域的工作经历，包括工作时间长短、具体工作项目内容（规模、类型、参与程度等）
	业绩	业绩	在公司内或公司外从事本专业工作取得的工作成果
行为	行为模块：某类专业关键的业务工作模块	行为要项：有效完成该业务模块的关键内容	行为标准项：有效完成行为要项的成功行为步骤
能力	知识	专业知识	是员工从事本职位族工作所需要具备的专业技术知识，包括与本职工作相关的其他专业知识
		环境知识	与本职位族工作相关的国家法规与政策
			企业竞争对手基本情况
			与本职位族工作有关的行业管理惯例
			与本职位族工作有关的国际惯例
		组织知识	组织制度与政策
			组织结构及本部门的组织结构
			与本职位族工作有关的各业务流程
			组织文化等
	技能	通用技能	现代社会职场中必备，几乎在所有单位所必需的技能（类别和熟练程度），如：办公设备的使用、软件使用、基本外语、公文写作等
		特殊技能	针对职位工作所要解决和处理的问题，所需要的操作能力，如：统计分析技能、焊接技能等

三、任职资格等级标准设计的功能和作用

以任职资格为基础，可以牵引人力资源系统，进而达到推动组织成长的目的，主要表现在：

（一）引导建立起组织的“能力库”

建立符合组织战略发展所需要的能力库，对于组织的战略目标的实现非常重要，在能力库中不但定义了符合组织战略发展所需要的知识，而且还定义了必需的技能与价值观。如果组织未来的战略重点发生变化与转移，由于能力库与组织战略有紧密的逻辑关系，能力库自然而然地要发生变化，使组织的能力库始终支持战略的发展。

（二）了解每个岗位的培训需求，指引培训

任职资格应指引员工与组织一同发展。任职资格可以比较好地将组织发展与个人发展有机地结合起来，因为员工可以通过学习、培训提高自己的技能，进而在一定范围内提高自己的收入与就业机会，而员工在自我学习或者接受培训时，会以任职资格作为指引，也就是说，员工的培训会紧密支持组织发展战略。

（三）指引组织的招聘工作

在组织招聘的过程中参考任职资格，可以从各个方面对应聘者进行评价，有效地避免招聘的随意性与不确定性；另外，可以塑造公平的招聘环境，使得只看能力，不重学历成为了可能。

（四）建立组织选拔合格专业化人才的管理体系和机制

在员工的晋升通道上，可以通过资格对员工进行指引，使员工能够对个人的未来发展做适当的定位。员工可以通过资格的指引，学习成长；组织可以通过资格标准，选择符合组织发展需要的人才。

（五）提高了薪酬的合理性

通过建立能力库，引入资格管理，使得即使在相同的岗位上，由于员工能力、知识、态度的差别，从而在个人收入上有区别。

四、任职资格等级标准设计的原则及影响因素

（一）任职资格等级标准设计的原则

1. 源于工作

标准级别的划分、标准的内容都应从分析实际工作而来，而不能仅从技能本身进行推理。

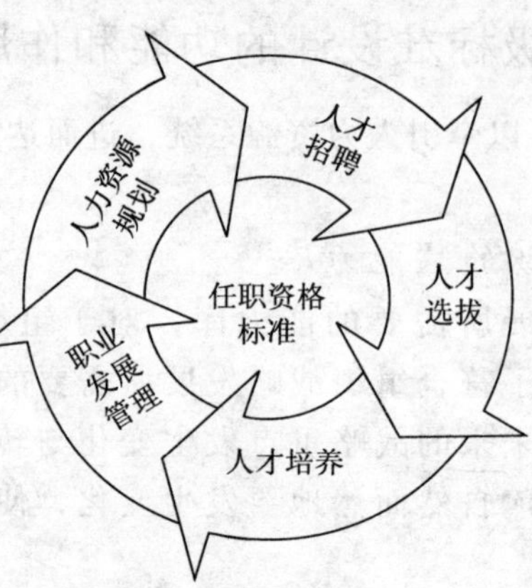

图 7－2 任职资格标准在人力资源管理中的价值

2. 结果导向

任职资格标准认证所需的素材应尽可能取自员工日常工作成果，尽量减少为认证而额外增加的工作。

3. 现实性与牵引性相结合

这主要明确任职资格标准界定的能力等级特性：

（1）现实性——达标标准。任职资格标准需要归纳提炼组织中优秀员工的成功工作行为，以反映组织员工能力的实际水平，普通员工通过努力也可以做到。

（2）牵引性——优秀标准。任职资格标准不能仅限于员工目前的能力水平，还应该借鉴业界优秀的做法和先进的经验，并纳入任职资格标准中。

4. 持续改进

这主要针对标准本身不断完善、不断发展的问题，也包含两层含义：

（1）标准需要适应组织业务发展的要求。任职资格标准和组织业务紧密联系的。因此，伴随组织业务的发展，任职资格标准的内容和要求也需要进行相应的调整，以适应组织业务的要求。

（2）标准需要随员工能力的提升而修订。伴随员工职位化水平的不断提高，任职资格标准也要相应地进行调整，以不断牵引员工能力的发展。伴随着标准的提高，组织中员工能力的基准也在不断地提升。

（二）任职资格等级标准设计的影响因素

1. 企业战略要求

任职资格标准必须符合企业业务要求和发展方向，企业对员工队伍的期望是什么，在设计时予以考虑。

2. 职位的功能要求

仔细分析各职位的功能，分解成多项工作任务，要达到期望的结果需要差异能力层次，再一次划分出能代表职类能力区分度的部分，即能力的要求，再建立初步的任职资格基础。

3. 企业成功经验的积累

任职资格标准中各级别的的内容是从目前企业中业绩优秀人员的行为中提炼出来的，把这些员工的关键成功因素反映到标准中，以固化以往的工作经验，为其他人员提供行为改进的指引。

4. 行业优秀的标杆

在关注企业内部的同时，也要引进同行企业中先进的工作方法、技术和工具，结合企业实际情况进行分析、节俭、吸纳、创新，以形成全面的任职资格标准。

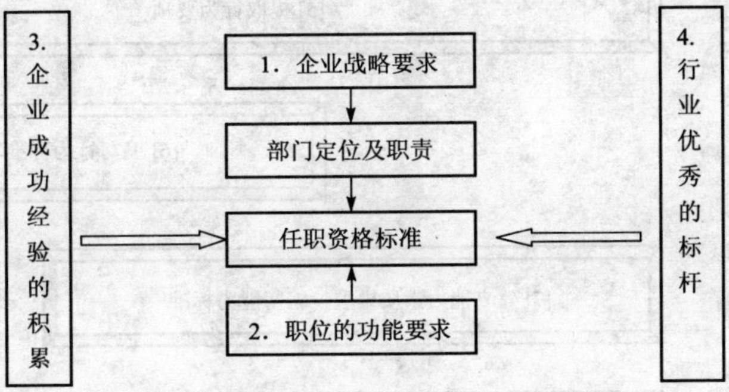

图 7－3　任职资格标准设计的影响因素

五、任职资格等级标准设计流程

如图 7－4 所示，任职资格等级标准设计以职位体系设计为基础，主要包括行为标准设计、能力标准设计和基本资格条件（教育、经验和成果）设计三个模块，我们将在接下来的三节分别介绍这三个模块的内容。

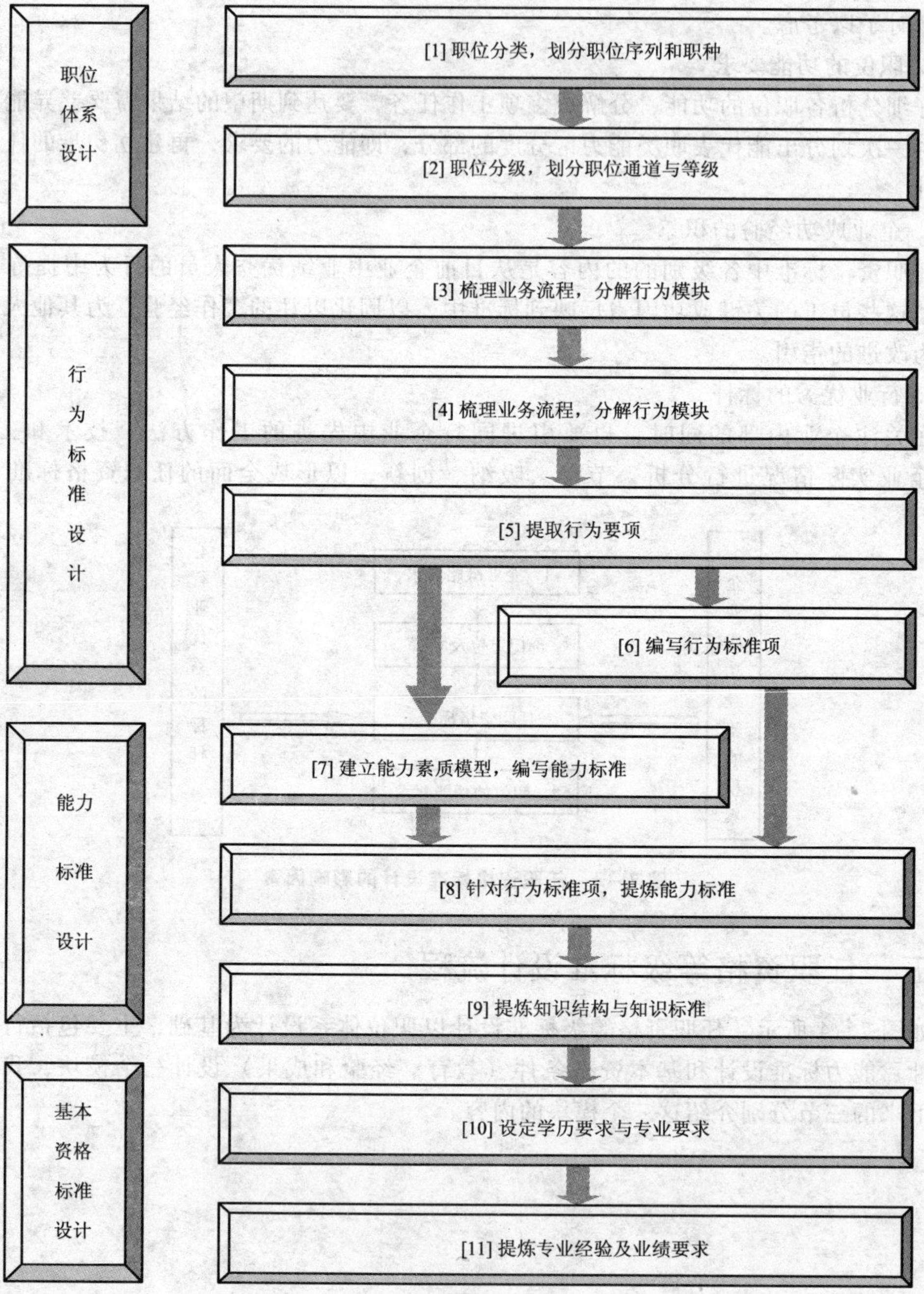

图 7－4　任职资格等级标准设计流程

第二节　行为标准的设计

一、行为标准的内涵

行为标准描述的是员工应该以什么样的行为规范来开展工作更容易取得好的绩效。它包括三个层次的内容，见图7－5。

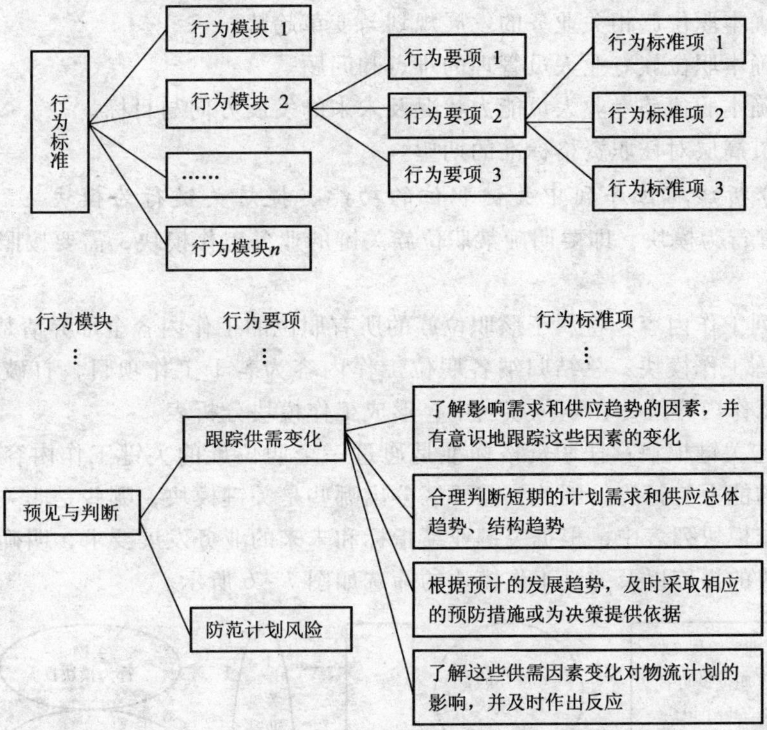

图7－5　行为标准的构成及某职位行为标准构成举例

（一）行为模块

行为模块是指影响某类职位族业绩最为关键的若干业务模块（或工作领域）。在一套行为标准中，一般可选择4～6个最为重要的行为模块。

（二）行为要项

行为要项是有效完成该业务模块的关键步骤。一个行为模块可以细分为3～5个行为要项。

（三）行为标准项

标准项是有效完成行为要项的关键行为。标准项用行为语言按行为要项逐项进行描述，一般每个行为要项的标准项可设计为2~3个。

二、行为标准的设计流程

（一）职位序列相关信息的收集与分析

明确总体任职资格标准设计的工作方向，例如：

（1）明确本职位族相关业务的发展规划与变革趋势。

（2）明确本职位族专业人员管理的难点和问题。

（3）明确本职位族专业人员能力状况及未来的发展方向与目标。

（4）宣贯高层对任职资格标准的期望。

（二）分析该职位序列中关键职位的功能，提炼关键行为模块

提炼关键行为模块，即要明确某职位族关键的业务工作模块，需要按照以下四个步骤进行。

（1）罗列工作内容：将属于该职位族的所有职位的工作内容全部弄清楚。

（2）提炼工作模块：总结归纳各职位工作内容为若干工作项目，打破职位和部门的界限，将工作内容统一在职位族当中，形成工作模块分析表。

（3）筛选关键模块：任职资格标准是通过一个职位族的关键工作内容来衡量或规划业务人员的能力与行为，因此，需要区分出哪些是关键模块，哪些是非关键模块。从已形成的工作模块列表中，根据关键业绩指标和未来的业务发展要求，明确关键行为模块。工作模块的提炼以及关键工作模块的筛选如图7-6所示。

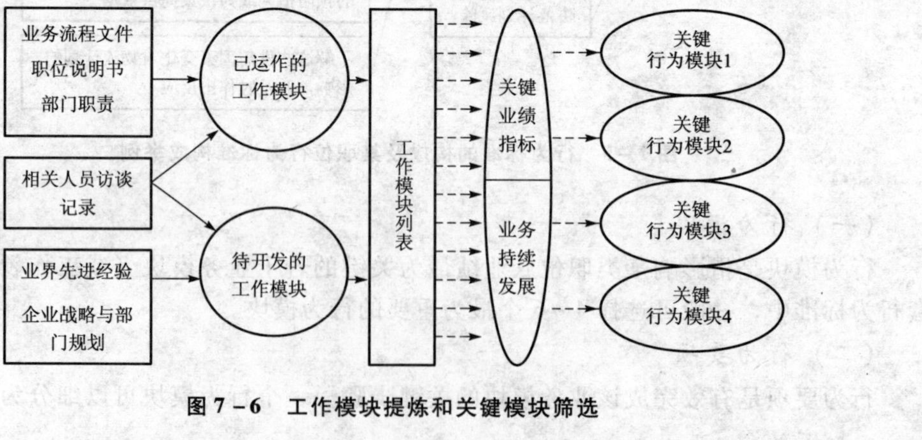

图7-6 工作模块提炼和关键模块筛选

4. 总结业务模式

明确关键模块之间的相互关系，保证关键工作模块恰当地反映了业务运作的实际情况。最终形成的关键行为模块即为下一流程“设计行为要项”的分解对象。如表 7 - 2 所示的就是某企业 IT 职位族的关键行为模块。

表 7 - 2　　某企业 IT 职位族的关键行为模块

关键工作模块	主　要　内　容
IT 设计与规划	■ IT 系统规划 ■ 需求分析 ■ 实施计划制定 ■ 系统设计
IT 维护	■ 系统维护 ■ 网站维护 ■ 安全维护 ■ 工作站维护
IT 实施	■ 应用系统实施 ■ 应用系统运行
IT 业务支撑	■ IT 资源管理（软件、硬件、知识产权、技术资料） ■ IT 合作伙伴管理 ■ 培训与咨询服务

（三）分解与职位功能相关的工作任务并设计行为要项

1. 分析行为要项

设计行为要项，要明确为成功完成行为模块所必须采取的若干关键任务。在分析行为要项时，可以遵循以下三个思路。

（1）从工作开展的内在逻辑关系或流程关系（如图 7 - 7a 所示）进行分析，例如，对行为模块“培训需求分析”进行分解。按照工作的逻辑顺序形式，可以分解为“制订调查方案”、“实施调查”、“分析调查数据”和“确定培训需求”四个行为要项。如图 7 - 7 b 所示。

同理，研发技术通道的“产品设计”模块可以分解为“可行性分析”、“概要设计”、“详细设计”、“集成测试”等行为要项，这实际上是按产品研发流程框架进行分

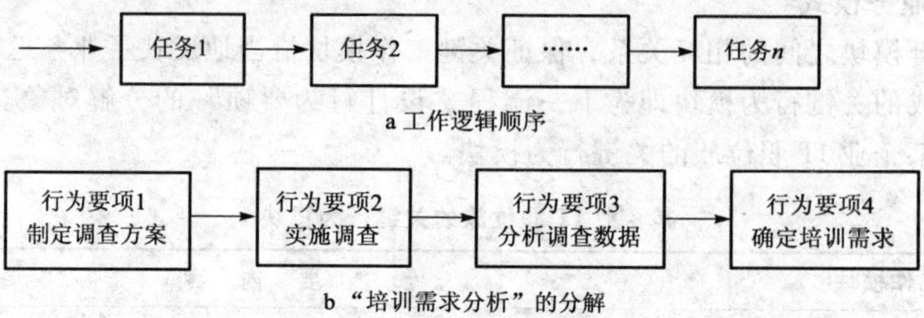

图 7-7 从工作关系/流程分解关键行为模块

解的；而管理通道三级行为模块“工作任务管理”模块可以分为“制定工作计划”、“组织实施计划”、“指导与监控计划的实施过程”等行为要项，这实际上就是按 PDCA① 的过程进行分析的。

（2）从工作活动范围进行分析。从同一个行为模块分解成的行为要项之间存在上下左右或内外等位置关系，形式如图 7-8 所示。

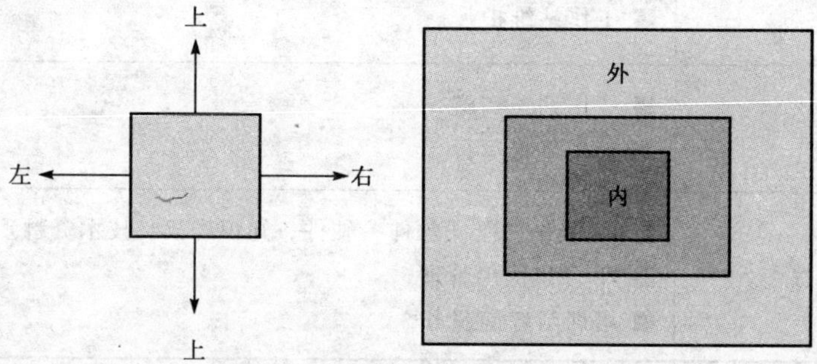

图 7-8 从工作活动范围分解关键行为模块

例如，“影响与促进决策”行为模块可以分解为“进行决策”、“促进上级决策”、“参与同级决策”等行为要项，就是从组织中上下左右的范围进行分解的。而“团队气氛建设”行为模块可以分解为“建立并维护部门内良好的工作关系”、“与相关部门建立良好的关系”等行为要项，这实际上就是按部门内、外的维度进行分析的。

① PDCA 循环又叫戴明环，是英语单词 Plan（计划）、Do（执行）、Check（检查）和 Action（行动）的第一个字母，PDCA 循环就是按照这样的顺序进行质量管理，并且循环不止地进行下去的科学程序，它是全面质量管理所应遵循的科学程序。

（3）从活动内容本身的组成部分进行分析。将行为模块按组成部分分解为行为要项，这些行为要项之间是相互并列的（图 7－9a）。例如“信息处理”行为模块可以分解为“接听电话”、“收发邮件包裹”、“处理传真与电子邮件”等行为要项，如图 7－9b 所示。

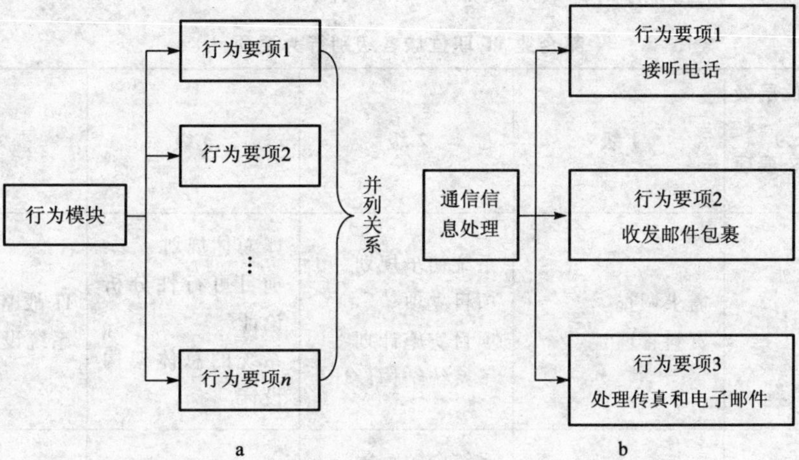

图 7－9　从工作组成部分分解关键行为模块

同理，“工作环境的管理”行为模块可以分解为“硬环境管理（设备、卫生等）”、“软环境管理（案例、知识库等）”等行为要项。

按以上思路进行分析，可以确定某行为模块的行为要项。每个行为模块的行为要项一般可分解 3 至 5 项，但不需要将上述分析所得的所有活动全部纳入行为要项中，行为模块中的关键要项，或者该类人员较薄弱的环节，才考虑纳入行为要项中。例如，在“工作任务管理”的分析中，并不一定要将 PDCA 四个活动全部纳入行为要项中。

行为模块、行为要项的设计与组织中员工的能力水平密切相关。如果员工在某方面普遍比较差，就可以纳入标准中，牵引员工提升这方面的能力水平。但是，一旦大部分员工都达到要求，就可以用新的行为要项代替。

2. 设计任职资格标准的级别，概括行为要项

（1）明确级别定义。根据第五章职位体系职位纵深的设计结果，我们进一步明确级别的定义，确定该职位族各职位层级的总体特征是什么。

（2）分析级别差异。根据级别定义，与专业人员一起讨论各个级别在关键工作模块上的工作内容与能力差异，差异包括纵向差异和横向差异两个内容。简单理解，

纵向差异指的是高级别的人员能做而低级别的人员做不了的事情。横向差异指的是高级别的人员与低级别的人员都能做，但是高级别的人员比低级别的人员做得更好的事情。

（3）概括行为要项。归纳各个级别的工作内容要求，提炼出各个级别的行为要项。依然以某企业 IT 职位族为例，其形式如表 7－3 所示。

表 7－3　　某企业 IT 职位族各级别行为要项

行为模块 ＼ 行为要项 ＼ 职位层级	1 级	2 级	3 级	4 级
IT 规划与设计	需求调查 资料管理	系统初步规划 项目立项 项目实施计划 子系统结构设计	IT 总体规划 项目可行性分析论证 系统的总体架构设计	IT 战略规划 系统设计评估
IT 实施与建设	网络基础工作	系统资源配置 项目安全建设 系统调试与测试 项目实施过程监控	项目实施管理 项目系统集成 企业安全体系建设	整体系统集成
IT 管理与维护	IT 设施日常保养与维护	系统运行状况监控 故障处理 资源管理	系统性能优化与调整 资源配置评估与优化	—
IT 业务支撑	—	合作伙伴管理 技术咨询 用户培训	合作伙伴选择与评估	—

（四）设计行为标准项

完成行为要项以后，就需要进一步分析每个行为要项应该如何一步步落实，即设计资格等级标准的标准项。行为标准的标准项要求细化到具体的行为动作层面，描述具体的操作内容。以“制订工作计划”为例，其标准项需要明确工作目标，分析资源情况，考虑工作任务与进度的安排，以及预先考虑在计划执行过程中可能遇到的问题等。

建立行为标准项时，需要注意以下要点：

（1）每一条行为标准应该尽可能描述清楚四方面的内容，即行为内容（做什么）、行为方式（怎么做）、行为结果（输出什么），以及衡量标准（输出结构的质量和形式/载体要求）。

例如，综合运用方法研究、作业测定、工效学等基础知识（行为方式），对由4M1E①构成的整体运作状况进行分析、研究，发现现存问题（行为方式），并在此基础上提交改进方案（行为结果），并获得上级的认可（衡量标准）。

（2）行为标准之间要体现行为的内在逻辑。这一点与根据行为模块划分设计行为要项的思路是相同的。下面我们以行为要项“作业分析与现场改善”为例，编写行为标准。

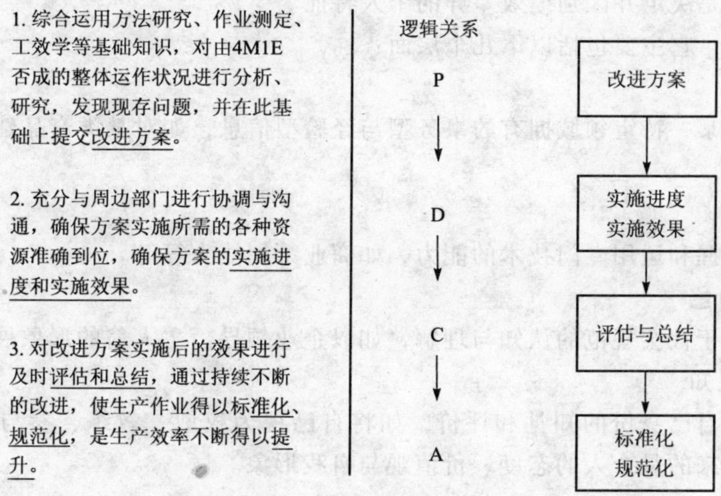

图7－10　要项“作业分析与现场改善”的行为标准编写

第三节　能力标准的设计

能力标准来源于能力素质模型，它是由能力素质模型将每个岗位序列所需要的特定

① 4M1E指Manpower（人）、Machine（机器）、Material（物）、Method（方法）、Environments（环境），故合称4M1E法，即人、机、料、法、环的现场管理五大要素。

能力素质通过科学的方法提取出来，形成相对固定的能力条目；然后，使用重要程度和熟练程度/掌握程度两个维度对每个能力条目进行刻度的定义；最后，针对特定序列层级的行为要项要求，筛选能力条目与不同层级的职位进行匹配，从而固化形成能力标准体系。能力标准的设计要以能力素质模型的建立为基础，在这里我们首先讨论能力素质模型是如何建立起来的。

一、能力素质

（一）能力素质的含义

能力素质亦被称为“素质”、“胜任力”，源于英语“Competency”，意思为能力、技能①。它是驱动一个人产生优秀工作绩效的各种个性特征的集合，反映的是可以通过不同方式表现出来的个人的知识、技能、个性与内驱力等，是判断一个人能否胜任某些工作的起点，是决定并区别绩效差异的个人特征。

一般认为，它主要包括以下几个层面：

1. 知识

即个人在某一特定领域拥有的事务型与经验型信息，如对某类产品营销策略的了解等等。

2. 技能

指个人掌握和运用专门技术的能力，如商业策划能力等等。

3. 社会角色

指个人对于社会规范的认知与理解，如以企业领导、主人翁的形象展现自己等等。

4. 自我认知

即个人对自己身份的知觉和评价，如将自己视为权威、教练、参与者或执行者等等，它表现出来的是个人的态度、价值观与自我形象。

5. 特质

即一个人的个性、心理特征对环境与各种信息所表现的一贯反应，如善于倾听、处事谨慎、做事持之以恒等等。

6. 动机

即推动个人为达到一定目标而采取行动的内驱力，如希望把自己的事情做好，希望控制影响别人，希望让别人理解和接纳自己等。

---

① 艾迪生·维斯理．朗文当代高级英语辞典．北京：商务印书馆，1998.

专　栏

冰山模型

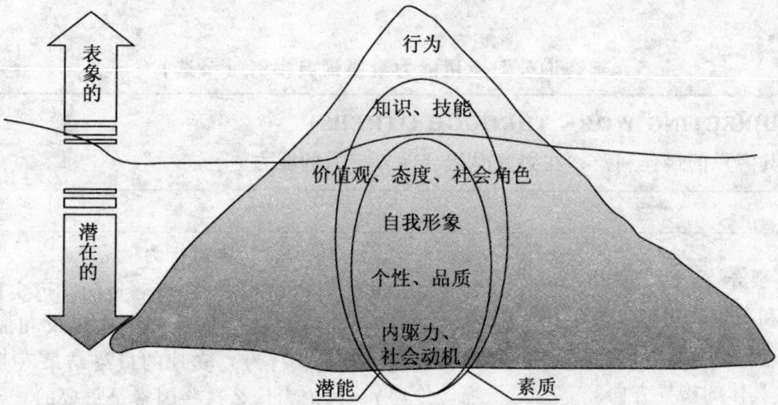

（二）能力素质模型的含义

能力素质模型（Competency Model），是指为了完成某项工作，达成某一绩效目标，要求任职者具备的一系列不同能力素质要素的组合，其中包括不同的动机表现、个性与品质要求、自我形象与社会角色特征以及知识与技能水平等。能力素质模型中包括对能力素质的分类、能力素质释义、能力素质的不同等级划分等方面，这些方面共同构成某个职位的能力素质模型。

（三）通用能力素质

1989 年麦克利兰对全球 200 多项工作所涉及到的素质特征进行了观察研究，经过发展与完善，共提炼形成了 21 项通用能力素质要素构成了能力素质词典（Competency Dictionary）的基本内容。这 21 项要素概括了人们在日常生活和行为中所表现出来的知识与技能、社会角色、自我概念、特质和动机等特点，形成了企业任职者的能力素质模型。

基于麦克利兰队能力素质特征进行研究和分析，后来的学术界和企业界都在各自研究与实践的基础上，将能力素质特征词典加以丰富和细化，使之不仅具有了更广泛的适用性，而且变得更加清晰有效。

例如某研究机构提出了 20 个能力纬度，六大类的能力素质，具体包括：

其一，成就特征：成就欲、主动性、关注秩序和质量；

其二，助人/服务特征：人际洞察力、客户服务意识；

其三，影响特征：个人影响力、权限意识、公关能力；

其四，管理特征：指挥、团队协作、培养下属、团队领导；

其五，认知特征：技术专长、综合分析能力、判断推理能力、信息寻求；

其六，个人特征：自信、自我控制、灵活性、组织承诺。

再如，某咨询公司提出了更为详尽的通用能力素质词典，并且对行为进行了分级，见表7－4。

表7－4　某咨询公司通用能力素质词典举例（节选）

<table>
<tr><td colspan="2">督导能力（DIRECTING WORK THROUGH OTHERS）
为了组织及其客户的最佳利益，在必要时指导他人行为的能力。</td></tr>
<tr><td colspan="2">一级</td></tr>
<tr><td>做出指导：要给予充分的指导。提出的需要和要求要明确、具体。
行为示范
➢ 给出非常具体的指导方向。
➢ 清楚解释支持目标的原理/理论。
➢ 提出要求时提供清晰的目标和参数。
➢ 检查员工是否知道对他们的期望。</td><td>典型行为
➢ 制定SMART目标（具体的、可测量的、可实现的、有结果的、及时的）。鉴别和讨论主要工作要求和成功指标（时间、数量、质量、行为）实现的最终结果（是否得到了增加或发展）。讨论为什么这些因素是重要的。
➢ 通过与员工当面确定目标，确保绩效目标与期望的清晰。要求员工以书面形式总结关于最低期望的协议，并保留一份副本。为增加清晰度，讨论任何你不同意或认为有必要增加的内容。
➢ 做出指示或提出要求时，要进行总结或理解测试（要求他们向你反馈对于要求的理解）。设法核实讨论的方法、可利用的资源以及发送时可能出现的任何风险。</td></tr>
<tr><td colspan="2">二级</td></tr>
<tr><td>有效分配任务：为了将个人从常规事物中解脱出来，以便进行更有价值的或长远工作的考虑，明确地分配常规工作细节。在分配工作和从别人那里接受工作时要坚定而自信（如：对于不合理的要求要勇于说“不”）。
行为示范
➢ 为使个体可以从事其他工作，进行任务或责任分配。
➢ 给别人完成常规任务的自由，不乱加干涉。
➢ 为避免个人或工作小组的超负荷劳动，可以拒绝额外的任务分配。
➢ 分配工作时，给予充分的自主。</td><td>典型行为
➢ 寻找机会将你的工作分配给雇员，以便腾出时间思考组织或部门所面临的更广泛的议题。监督员工的进步，为其提供指导，但允许雇员有尽可能多的合理的工作自由。
➢ 保持一份可使用的部门技能清单，并详细记录能力水平和是否愿意从事新工作的倾向。工作分配要与个人发展计划和个人技能有明显联系。然后分配任务并跟踪雇员以确保任务正被正确地执行着。
➢ 对过去有时会妥协的要求，尝试着稍加解释便予以拒绝。你会发现这种为别人设置防线的做法，只要做得适度、合理，将有助于在你的小组成员中产生一种更清晰和导向性的感觉。</td></tr>
</table>

续表 7－4

<table>
<tr><td colspan="2">三级</td></tr>
<tr><td>建立明确的绩效标准：依靠清楚的标准监督绩效。设立普通标准并根据这些标准进行一致性比较。
行为示范
➢ 设立可测量的员工绩效优良标准。
➢ 根据被接受的标准和目标，检查并反馈进度。
➢ 进行一致性的交流以提供高质量的绩效、产品和服务。</td><td>典型行为
➢ 为雇员工作提供清晰、及时的反馈。让他们知道什么事情做得好，哪些事情未满足你的期望。明确可以或不可以继续的行为。定期提供这样的反馈，员工将能更迅速更准确地意识到你的期望与标准。
➢ 更加侧重设立与协商关键职能的先后顺序，将主要职责分配给下属，预期分权结果。确立这些标准，将会更加明确职责分配及其结果的重要性。
➢ 开发出判断所有员工工作的模式或系统。用这种模式增加工作评价的一致性，使雇员能够进行自我评价，提高工作绩效。</td></tr>
<tr><td colspan="2">四级</td></tr>
<tr><td>采取有效措施，解决绩效问题：直接、坦率地面对别人的绩效问题。及时提出问题
行为示范
➢ 抓住对质量负责的员工。
➢ 告诫失败的后果或定期预测的好处，来采取措施提高绩效问题。
➢ 采取明确的行动或坚定的立场，纠正绩效问题，保证制定出可行性计划。
➢ 在适当时候，有效运用纪律/惩处程序。</td><td>典型行为
➢ 保持一份与雇员间发生相互合作或绩效问题的具体纪录。定期回顾这个纪录和召开工作回顾会议。直接与雇员探讨你担心的事件，这种探讨只针对行为而非针对个人。
➢ 在会上要求有绩效问题的员工帮助你为下一步工作设立绩效目标。清楚地表述成功或失败的工作后果，为员工提供一份被认可的文件副本。进行目标追踪，以便及时应对继续存在的绩效问题。
➢ 腾出时间坐下来谈论和检查每一位员工的工作，总结其强项与劣势。与别人交谈以寻求发展必要绩效品质的机会或提供任何有助于提高个人绩效的建议。
➢ 熟悉公司的绩效发展和纪律程序的政策。用你的人力专员讨论解决绩效问题的最优/最佳策/战略。</td></tr>
</table>

影响力（INFLUENCE）

说服或影响他人接受某一观点，采用某一议程，或从事某一具体行为的能力。

续表 7-4

一级	
运用直接说服法：以试图产生影响。呈现合理的论据、数据和具体的实例。并清楚地组织事实与论据。 **行为示范** ➢ 清晰地解释相关事实；呈现合理的准备充分的案例。 ➢ 运用直接的证明诸如关于实质特征的数据、意见一致范围与利益等进行说服。 ➢ 提出有说服力的论据以支持个人观点，要求对方做出承诺或保证。	**典型行为** ➢ 在提出论点之前，组织好观点。列出提纲，确保论点清晰、简洁和深思熟虑。提出问题的方式更具影响力。 ➢ 准备论点时，检查一下哪种强有力的证据可以支持你的主张。找出这些信息并在提出问题时使用这些信息。当试图影响他人时，数据总是有价值的。 ➢ 开会时注意观察别人是怎么发挥影响力的。记下他们诸如发布信息或搜索信息，表达原理，证实和总结的重点，对反对意见的处理和建立联盟的语言行为。然后判断你能否在必要时具体运用其中的一些技巧。
二级	
采用行动或语言的方法以引起别人的兴趣和想法。预测你的语言或行动将会造成何种影响。 **行为示范** ➢ 通过指出他们的忧虑以及强调共同利益来说服他人。 ➢ 预期别人怎样反应，并采取相应的表现方式。 ➢ 根据相应的需要采取实时的风格和语言应对。 ➢ 用案例或论据创造出一个“双赢”的解决方案实现双方目标。	**典型行为** ➢ 尽可能多地了解将要会见的人情况，在第一次会面时运用。将兴趣放到个人事务上，使对方将会更易于接受你和你的观点。 ➢ 预测听众的反应，为他们可能提出的批评准备可供选择的论据。既然不是人人都有相同的动机，设计出偶然性论据是非常重要的。通过大量的论据为你的观点辩护，就增加了影响听众的可能性。 ➢ 熟知听众的关心/忧虑的问题。试图说服这些人时，应查明哪种资料是最有影响力的。汇集这些资料，以此提出你的观点。知道什么能激发别人是很关键的。当试图获得听众的支持时，诱发这些动机极为重要。

续表 7－4

<table>
<tr><td colspan="2">三级</td></tr>
<tr><td>采取多元化习惯化的影响战略：采用多样的行为去影响听众，每一种行为要适应其目标听众。
行为示范
➢ 运用新的宣传媒介吸引听众。
➢ 开发有选择性的信息发送媒介，每种媒介适应不同听众的兴趣。
➢ 使用的宣传方式适于整合关键听众的“兴奋点”，并结合其他关键事件和策略以提高你的影响力。</td><td>典型行为
➢ 花时间准备可选择性的论据并应用在说服性的努力上。优先使用可能对听众最具诱惑力或影响力的术语。
➢ 当设计一份提出决定性议题计划时，要密切关注重要的股东。查明他们的利益/动机和对其施加影响的个人。利用这些资源，发展你的论据。针对其需要设计你的论据，还要获得那些影响股东的人们的支持以确保成功。运用大量的说服性资料将会让你产生更多的影响力。
➢ 理解你的合作者和客户，查明每一个合作者或客户独有的问题、关心事件和动机。记录下这些信息，在制定将会直接或间接影响他们的决策时应用。</td></tr>
<tr><td colspan="2">四级</td></tr>
<tr><td>运用复杂间接的影响：通过第三者或专家来施加影响。结成联盟，建立幕后支持，构成影响别人行为的有利形势。
行为示范
➢ 游说关键性人物，证实并解决他们的忧虑和担心，利用这些个人去支持自己的观点影响他们。
➢ 通过确保他们的参与给人们以结果的
➢ 精心策划事件以间接影响他人（如计划时间的安排，策划关键事件，预测有关关键联盟的提议，影响证言等）。</td><td>典型行为
➢ 当非正式影响他人时，采取更少直接的方法。可以包括给出提议预测，作些幕后工作以获取关键人物的支持等。
➢ 在本组织内外与有影响的个人建立联系。可以利用他们的影响和声望来支持你的立场。
➢ 加深对非正式组织的理解。经常让同事了解组织内部工作运行的实际情况。</td></tr>
</table>

二、能力素质模型的建立

（一）建立能力素质模型的原则

建立能力素质模型，必须遵循以下几个方面的原则：

1. 战略导向原则

能力素质模型决定于组织战略，它的设计以组织的使命、愿景和战略目标为基础，以确保员工具备的能力素质与组织的核心竞争力一致，为组织的长期目标服务。

2. 分类分层原则

能力素质模型的建立基于各职位族或职位的不同任务和职责，能力与素质要项的选择，它既要囊括不同职位所必需的通用素质要求，也要呈现员工在某个特定角色或工作中所需的特殊的、独特的核心能力、素质，必须注重概括性与区分性的结合。

（1）分类。员工能力素质分类是建立能力标准的基础，按照不同的素质类别及其要求构建企业所需能力素质结构。根据能力素质要项的不同适用范围，能力素质模型可以分三个类别：组织核心能力素质、职位序列专业能力素质、关键典型职位专业能力素质。如图7－11 所示。

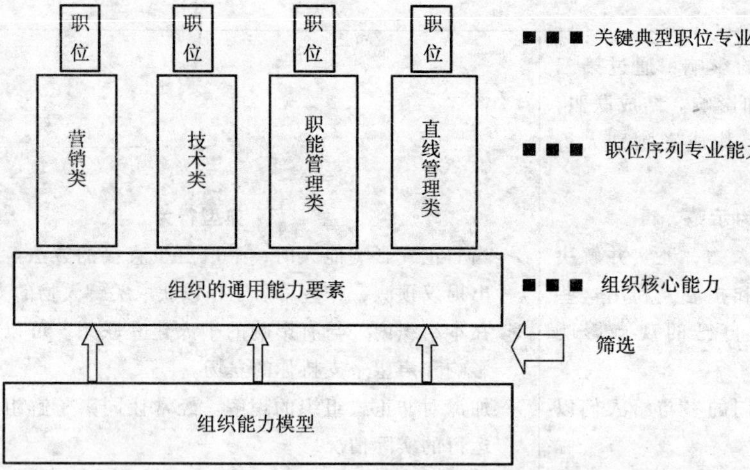

图 7－11 组织能力素质分类

组织核心能力是指反映组织的价值观、文化和经营准则，是所有员工应该具备和展示的，它是组织企业文化的表现，是组织内对员工行为的要求，体现组织公认的行为方式；职位序列专业能力是指组织内（尤其是同一职位序列内）多个角色都需要的技巧和能力，但重要程度和精通程度有所不同；关键典型职位专业能力是指某个特定角色和工作所需要的特殊技能，大多是针对职位来设定的，为完成该职位工作所应具备的特殊能力。

（2）分层。根据每层能力使用重要程度和掌握程度对每个能力条目进行定义，依据定义进行分层，如表 7－5 所示。

表 7－5　　能力层次的定义方式举例

能力标准	分层定义
责任心	层次 1 基本要求
	层次 2 基于第一层基础上表现出的能力要求
	层次 3 基于第二层基础上表现出的能力要求
……	……
调研能力	层次 1 有个别能力倾向
	层次 2 能在较基本的情况下应用
	层次 3 能在复杂的情况下应用
	层次 4 能传授或指导别人

3. 绩效导向原则

能力素质模型构建的基本原理是辨别优秀员工与一般员工在知识、技能、社会角色、自我认知、特质、动机等方面的差异。通过对于每一项能力或素质均按照水平的不同、分级别进行行为特征描述，以区分同员工的不同能力水平，进而预测员工的未来工作绩效。

（1）能否显著地区分工作业绩，是判断一项能力素质的唯一标准。也就是说，在实际工作中，表现优秀与表现一般的员工必须在所确认的能力素质上有明显的、可以客观衡量的差别。

（2）判断一项能力素质能否区分工作业绩必须以客观数据为依据。任何主观判断、理论假设和过去的经验必须有客观数据的支持才能成立。在确定能力素质后，企业还需要建立能客观衡量个人能力素质水平的评价系统。同样，评价系统的有效性也必须经过客观数据的检验。评价的结果必须能显著地区分工作业绩，并在此基础上，设计能力素质在各种人力资源管理工作中的应用。

4. 动态原则

随着企业的发展、环境等方面的变化，能力素质要求也会随之发生改变，指标的增减、绩优标准的变化，都要求能力素质模型在一定的时间与范围内进行不断地调整、修改，以确保其准确性。

（二）建立能力素质模型的方法

1. 能力素质模型的方法概述

为了获得某一岗位的能力素质，我们需要利用不同的方法收集大量的数据信息以进行分析、归纳，可以采用的方法包括：行为事件访谈法、专家小组座谈法、工作职责分析法以及问卷调查法。

（1）行为事件访谈法：通过对绩优员工和一般员工的访谈，获取预告绩效相关的能力素质信息的一种方法。

（2）专家小组座谈法：通过召开在某一领域有较深研究、造诣的专家座谈会，获取某工作族或职位所需要的能力素质。

（3）工作职责分析法：通过分析不同岗位的工作职责，得到完成这些职责所必需的专业能力素质。

（4）调查问卷分析法：通过发放问卷调查初步得到的能力素质要项，进行统计分析，修订能力素质模型。

2. 行为事件访谈法

（1）行为事件访谈的含义。行为事件访谈（Behavioral Event Interview，BEI），又称“关键事件访谈”，由美国哈佛大学心理学教授麦克利兰（David C · McClelland）开发，采用结构化的问卷对优秀和一般的任职者分两组进行访谈。通过对比分析访谈结论，发现那些能够导致两组人员绩效差异的关键行为特征，继而演绎成特定职位任职者所必须具备的素质特征。

（2）行为事件访谈的目的。“行为事件”的目的在于通过访谈者对其职业生涯中的某些关键事件的详尽描述，揭示与挖掘当事人的素质，特别是隐藏在冰山的潜能部分，用以对当事人未来的行为及其绩效产生预期，并发挥指导作用。

采用行为事件访谈法时，要求被访谈者列出他们在工作中发生的关键事件，包括成功事件、不成功事件和负面事件三种，并且让被访者详尽地描述整个事件的起因、过程、结果、时间、相关人物、涉及的范围以及影响层面等。同时，要求被访者描述自己当时的想法或感想，例如是什么原因使被访者产生类似的想法以及被访者是如何达成自己的目标等，在行为事件访谈结束时最好让被访谈者自己总结一下事件成功或不成功的原因。

（3）行为事件访谈的实施过程。通过图 7 - 12，我们可以大致了解行为事件访谈的流程。实施行为事件访谈时，首先要进行访谈前的准备，了解被访者的相关信息（背景情况、姓名、职务、所属部门等）并确定访谈提纲、访谈时间、访谈地点等。在进入访谈时，首先明确访谈的目的、内容、信息的用途等方面，建立彼此的信任。当被访对象开始介绍其工作时，需要其重点强调目前的工作内容、流程，并引导其集中、清楚地描述一些具体的事例，以利用我们对其工作职责的了解与梳理。访谈的核心目的是了解被访者对关键事件的全面详尽的描述，事件的数量为4～6个最佳。通过其描述，提炼、概括工作所需的素质特征，并将访谈中获得的信息加以整理，以进一步分析、确认。

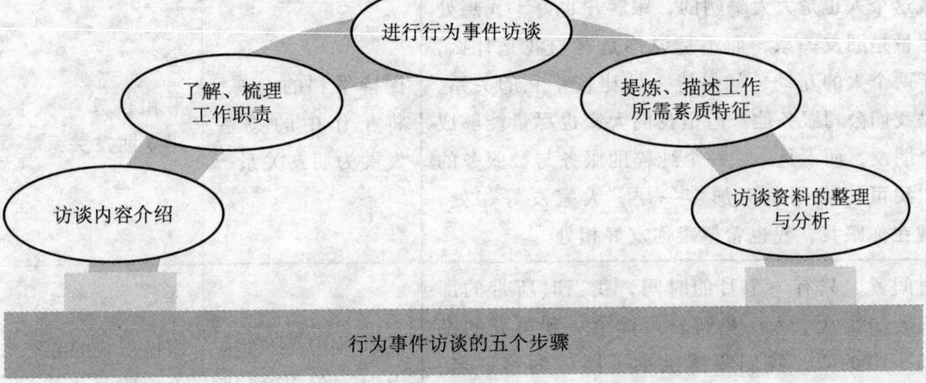

图7－12　行为事件访谈的五个步骤

行为事件访谈的优点是能够有效地解释素质与行为的驱动关系，为企业实施招聘面试、人才培育与规划等方面提供导向性信息，并对如何实现与获得高绩效具有指引作用。但是，它的缺点也不容忽视。一次有效的访谈需要耗费的时间较长（一般2个小时左右），对访谈人员的要求较高，访谈规模较小，这些因素直接导致了成本的上涨。同时，由于这种访谈的针对性很强，所以容易导致所收集信息的全面程度的下降。

（4）基于行为事件访谈记录的编码。在行为事件访谈结束后，接下来要对能力素质模型编码工作，编码的作用在于将BEI所收集到的“故事”细节分类并量化，将行为描述转化成层级，也就是归纳杰出者和胜任者的差异特质并分出层级的过程。而这一过程就形象地称之为编码。一般来说，只有经过编码的BEI信息，才会产出能力素质模型的标准文档—“能力素质辞典”。

编码的过程可以分为以下三步：

第一，通过分析访谈记录，对篇幅较长的访谈记录进行概括，形成初步的指标。分析的结果，是将大篇幅的访谈记录归纳为一两句描述性的话。请注意，这里所说的是初步的指标而非最终的指标，初步的指标是对原始资料的初步归纳，是杂乱无序的，是为确定最终指标服务的。

第二，进一步浓缩和概括指标，对其进行概括和提炼。这一步的结果是将“一两句描述的话”浓缩成一到两个词语。

表 7－6 记录了某通信公司的客户经理的原始访谈记录、归纳出的指标。

表 7－6　　某通信公司的客户经理的原始访谈记录编码

原始的行为事件访谈记录	行为归纳（行为/能力指标）	指标主题
因为我这个人也是大大咧咧的，跟客户也好，我想处得也尽量是朋友关系，而不是说你是客户我是什么，相当于两个人的互动，就保持一种比较平和的关系，虽然是我们公司服务他，但是我们大家也尽量能够成为一个朋友，而不是站在一个纯粹的服务与被服务的关系。我可能就是里面加多一层，大家友好相处，就像现在你跟我，我也希望跟你友好相处	保持平和的心态，将工作中的关系发展为朋友关系	平和心态 建立朋友关系
当时时间紧，只有一个月的时间，我当时所带的那个小组，加我八个人。我们公司排第一到第五的都是我们小组的人，我们团体也拿了团体的第一名，还有我们公司也拿了全省第四名。当时给我一个感触就是，任务下来，你与其去抱怨它，我干不了这么多，不可能完成，还不如说你去试一下，尽你自己的本职、你的能力，你能完成多少就算多少	在面临任务和压力时，保持积极心态，首先去执行和适应	积极乐观的心态 承担压力 迎接挑战 行动导向
鼓励呗，因为本身要实施的任务是人家已经认为不可能成功的事，那你认为呢？要逐渐地消除一些心理上的顾虑，就好像你刚才一进来说“我是受你们公司委托的”，我才可以比较公开地跟你谈，是不是？就是消除以下那顾虑，还有呢，无论在哪种情况下说，你个人的优秀表现程度一般都不会大过一个团队，就像“1＋1”不一定会大于2，但你要想办法让“1＋1”大于2，怎么做呢？当时我们是八个人，有两个是新成员，六个是老组员。这两个新成员一上岗就面临这个比较艰巨的任务，你要教他，让他尽量能做到一点，获得成就感，这一个就是我当时的一个重要角色，我不但要完成自己的分内职责，跟人家一样做。而且还得看着他们，知道他们今天做了什么、做得怎么样，明天又会做什么，你还要不断跟他打气，因为当时任务确实比较艰难	采取方式消除团队成员的顾虑，培养团队荣誉感，并以身作则	鼓励 建立自信 经常交流 团队荣誉感
……	……	……

三、能力标准设计流程

（一）能力素质模型的建立

1. 了解现状、理解目标

建立能力素质模型的首要步骤是明确企业的发展战略和目标、与实施战略计划的关键环节相关的核心职位，了解企业的组织结构，搞清公司的文化和价值观；同时，明确人力资源管理者和企业高层领导关心的焦点问题以及企业期望的最终结果。

2. 明确绩优标准

明确绩优标准，就是要制定一些明确的标准与规则，用来确定和衡量什么样的绩效是优秀的，什么样的绩效是较差的。绩优标准一般采用工作分析和专家小组讨论的办法来确定。即采用工作分析的各种工具与方法明确工作的具体要求，提炼出鉴别工作优秀的员工与工作一般的员工的标准。

专家小组讨论则是由优秀的领导者、人力资源管理层和研究人员组成的专家小组，就此岗位的任务、责任和绩优标准以及期望优秀领导表现的能力素质行为和特点进行讨论，得出最终的结论。如果客观绩优指标不容易获得、不容易量化衡量或经费不允许，一个简单的方法就是采用“上级提名”。这种由上级领导直接给出的工作绩优标准的方法虽然较为主观，但对于优秀的领导层也是一种简便可行的方法。企业应根据自身的规模、目标、资源等条件选择合适的方法确定绩优标准。

3. 选取研究样本

根据岗位要求，在从事该岗位工作的员工中，分别从绩效优秀和绩效普通的员工中随机抽取一定数量的员工进行调查。如果目的是为了确立合格水平的基本能力素质标准，还可以抽取绩效差的样本，用以推断某项工作不成功的影响因素。一般，每个工作的研究样本都应该包含至少 20 个对象（12 名绩效优秀员工与 8 名一般绩效员工），以避免在进行统计分析时，因样本量小而导致的结果的失真。

4. 收集研究样本的能力素质数据信息

收集研究样本的能力素质信息时，可以采用多种方法，包括行为事件访谈法、专家小组座谈法、工作职责分析法以及问卷调查法，其中，以行为事件访谈法为主。这些研究方法将在后面进行详细介绍。

5. 分析数据信息

分析数据信息的过程包含如下几步：

（1）将录音资料、访谈记录等进行归纳整理，需要整理的资料包括被访者的职位及工作职责描述、行为事件描述和任职者的素质，最终汇总、编辑成行为访谈报告。

（2）重点分析对员工关键行为、思想或感受有显著影响的过程片断，发现绩优员工与绩效一般的员工处理片断时的反应与行为之间的差异，识别导致关键行为及其结果的、具有区分性的素质特征，以提纲的形式列出任职者所具备的素质特征。

（3）形成初步结论。

6. 编码

通过行为访谈报告提炼能力素质，对行为事件访谈报告进行内容分析，记录各种能力素质在报告中出现的频次。然后对优秀组和普通组的要素指标发生频次和相关的程度统计指标进行比较，找出两组的共性与差异特征。根据不同的主题进行特征归类，并根据频次的集中程度，估计各类特征组的大致权重。

7. 论证能力素质模型

采用统计分析等方式，对初步归纳的所有素质要项进行论证与筛选，确认素质项目是否能够将绩效优秀的员工与绩效一般的员工区分开来。同时，进一步精炼素质要项及其定义、分类。最后，初步形成目标职位的能力素质模型。

论证的步骤是：

（1）将一系列的能力素质转换成一份 360 度反馈的调查问卷。

（2）从不同部门选取处于三个绩效等级的员工——超过绩效标准的、达到绩效标准的和低于绩效标准的——分别让他们参与进来，将问卷发给直接下属、同事、老板，并且如果合适，也把问卷发给外部客户。

（3）分析数据。将问卷结果按个人列表，分析能力素质与不同绩效等级之间的相关程度。如果二者能力素质与高绩效相关，则认为这一能力素质具有协同效度。此外，还需要考察高绩效群与低绩效群之间能力素质的显著差异。如果能力素质与高绩效群之间的相关性较弱，应考虑行为描述是否清楚。

8. 评估与确认能力素质模型

在能力素质模型的框架形成之后，还要通过管理实践对能力素质模型进行评估与确认。一方面，通过与相应职位的任职者及其上级进行讨论，确认能力素质模型中的素质要项是否为驱动任职者达成高绩效的关键因素。同时，对素质要项的界定与划分是否准确、是否还有其他重要的素质被遗漏等等。这种修正方式能够使能力素质模型更具操作性，并使员工通过参与讨论，强化对企业所需素质的认识，有利于员工通过提高自身素质、改变行为方式实现个人工作绩效的改进。

（二）针对行为要项和行为标准项，提炼技能标准

1. 提炼所需要的技能项目

针对行为标准项的每一项，结合“能力素质模型库”，逐项提炼所需要的技能项目。以某组织人力资源管理职位族为例，根据之前建立完成某组织人力资源职位族能力素质模型库（如表 7－7 所示），针对行为要项和行为标准项，提炼技能标准（如表7－8 所示）。

表 7－7　　某组织人力资源职位族能力素质模型库

	技能名称	技　能　定　义
通用技能	调研能力	运用适当的调研技术和方法开展调查研究活动的能力
	写作能力	具有本业务文档的撰写能力
	组织协调能力	组织调动各方力量，进行有效协调，领导团队，完成既定目标的能力
	指导能力	具有指导他人开展业务的能力
	人际沟通能力	有效理解并维系良好人际关系的能力
	办公工具使用能力	使用相关办公软、硬件的能力
专业技能	系统分析能力	条理清晰、层次分明地分析、总结、归纳问题的能力
	素质测评能力	运用评价中心的测评方法对测评人员进行测评
	业务分析能力	对其他职位族业务进行有效分析的能力
	心理分析能力	对员工心理调试与心理咨询的能力
	口头表达能力	清晰、完整、正确地表述自己观点的能力
	数理统计分析能力	运用数理统计方法分析相关数据的能力
	成本分析能力	运用成本分析等方法、工具分析人工成本的能力
	公共关系能力	有效进行人际沟通，建立并维系良好关系的能力

表 7－8　　某组织人力资源职位族技能标准提炼（节选）

职位族名称：人力资源管理职位族

	行为模块	行为要项	行为标准项	技能
1	人力资源战略规划 ——战略与规划制定（动态调整与执行、指导与审定）	环境分析 ——编写环境分析报告	收集资料	系统分析能力 业务分析能力 数理统计分析能力 调研能力 写作能力 组织协调能力 指导能力 人际沟通能力 办公工具使用能力
			参与编写报告	
			编写报告	
			审核、指导	
		人力资源需求分析	（同上）	
		人力资源供给分析	（同上）	
		制订规划	参与编写规划	
			编写规划	
			审核、指导	

续表 7-8

<table>
<tr><th colspan="2">行为模块</th><th>行为要项</th><th>行为标准项</th><th>技能</th></tr>
<tr><td rowspan="7">1</td><td rowspan="2">人力资源战略规划
——人力资源管理体系设计与优化</td><td>分析与诊断</td><td>……</td><td rowspan="7">系统分析能力
业务分析能力
数理统计分析能力
调研能力
写作能力
组织协调能力
指导能力
人际沟通能力
办公工具使用能力</td></tr>
<tr><td>制订优化方案</td><td>……</td></tr>
<tr><td rowspan="3">人力资源战略规划
——综合信息管理（信息系统、信息汇总、信息综合分析）</td><td>信息系统构建与维护</td><td>……</td></tr>
<tr><td>信息收集、整理、分析与运用</td><td>……</td></tr>
<tr><td>员工档案管理</td><td>……</td></tr>
<tr><td rowspan="2">人力资源战略规划
——员工满意度测评与调研</td><td>问卷设计</td><td>……</td></tr>
<tr><td>数据统计分析与建议</td><td>……</td></tr>
<tr><td rowspan="9">2</td><td rowspan="2">教育培训
——教育培训体系优化</td><td>分析与诊断</td><td>……</td><td rowspan="9">调研能力
写作能力
组织协调能力
口头表达能力
指导能力
人际沟通能力
办公工具使用能力</td></tr>
<tr><td>制订方案（体制、课程、师资、教材）</td><td>……</td></tr>
<tr><td rowspan="4">教育培训
——培训管理与实施</td><td>需求调查和分析</td><td>……</td></tr>
<tr><td>制订计划</td><td>……</td></tr>
<tr><td>组织实施</td><td>……</td></tr>
<tr><td>培训评估</td><td>……</td></tr>
<tr><td rowspan="3">教育培训
——智力引进</td><td>项目计划制定</td><td>……</td></tr>
<tr><td>项目实施</td><td>……</td></tr>
<tr><td>项目评估</td><td>……</td></tr>
</table>

2. 定义每一职位层级的技能要求等级

分析行为要项下对各层级职位的行为标准项要求，确定该层级职位在各技能上的等级要求，如表 7-9 所示。

表7-9　某企业人力资源职位族的技能等级表（节选）

职位族名称：人力资源管理职位族

项目	技能名称	三级职员	二级职员	一级职员	高级职员	资深职员
人力资源战略规划	系统分析能力	NA	2	3	4	5
	业务分析能力	NA	2	3	4	4
	数理统计分析能力	2	3	3	4	4
	调研能力	2	3	4	5	5
	写作能力	2	3	4	4	5
	组织协调能力	2	3	4	5	5
	指导能力	2	3	4	4	4
	人际沟通能力	NA	NA	3	4	5
	办公工具使用能力	3	3	3	3	NA
教育培训	调研能力	2	3	3	4	5
	口头表达能力	2	3	3	4	4
	写作能力	NA	2	4	4	5
	组织协调能力	2	3	3	4	NA
	指导能力	NA	2	3	4	5
	人际沟通能力	2	3	4	4	5
	办公工具使用能力	3	3	3	3	NA

注：NA　不做要求

2　实践过的，在有协助的情况下能够运作

3　具有无需协助的运作能力，可以成功完成大多数任务

4　具有独立的运作能力，可以带领和指导其他人有效运作

5　可以给出专家级的意见，能领导其他人成功运作，被其他人当作权威。具有正确的评判能力，能够总结出有用的改进意见

（三）提炼知识结构和知识标准

（1）根据业务模块要求并参照“行为标准项”，提炼相应的知识结构和主要内容，并规定掌握程度。提炼中遵循兼顾现实与未来需要的核心知识，结合行为要项以及参照资深人员为标杆的标准。

2. 根据上一步提炼的知识结构，提取知识标准，确定需要掌握的标准级别。结果如表 7－10 所示。

表 7－10　某企业人力资源职位族知识标准等级表（节选）

知识标准分类		标准级别	职位层级				
			三级职员	二级职员	一级职员	高级职员	资深职员
专业知识	专业技能知识	调查研究方法	1	2	3	3	4
		统计分析	1	2	3	3	3
		工作分析	2	3	4	4	5
		人员素质测评	2	3	4	4	4
		薪酬管理知识	1	2	2	3	4
		绩效考核知识	2	3	3	4	5
		培训开发	1	2	2	3	4
		招聘与甄选	NA	1	2	3	3
		合同管理	NA	1	2	3	3
	基础知识	管理学	2	2	2	3	4
		组织行为学	2	2	2	3	4
		心理学	1	2	3	3	3
		政策法规	1	2	3	3	3
通用知识	组织知识	企业文化等	1	2	3	4	5
	环境知识	航天知识	2	2	2	2	2
	办公知识	外语知识	2	2	2	2	2
		财务知识	1	2	2	2	2
		办公自动化软件知识	3	3	3	2	2

NA　不作要求
1　有限的了解能力，仅仅有一般的、概念性的知识
2　充分了解，在有协助的情况下，可以完成工作
3　熟练掌握，可根据这些知识独立完成工作
4　深入彻底了解，熟练的运用，并可以带领和指导其他人有效地运作
5　全面的掌握和运用，能够总结出有用的改进意见

第四节　基本资格标准的设计

基本资格标准是在明确某一职位具体的行为能力标准后，对其人员准入条件的规定。基本资格标准包括教育程度、经验和业绩三个纬度，如图 7－13 所示。基本资格标准是衡量行为能力水平的硬性指标，即冰山模型中浮于水面以上的部分，其特点在于信息易于获取，标准易于量化比较。很多人认为教育水平、经验和成果水平是行为能力的反映，应该属于能力标准或行为标准的一部分，但是基于教育水平、经验和业绩水平易于获取和衡量的特性，以及在设计方法中它与隐性的行为能力有很大的不同，所以在设计任职资格等级标准时，应该把基本资格标准作为单独的模块进行设计。

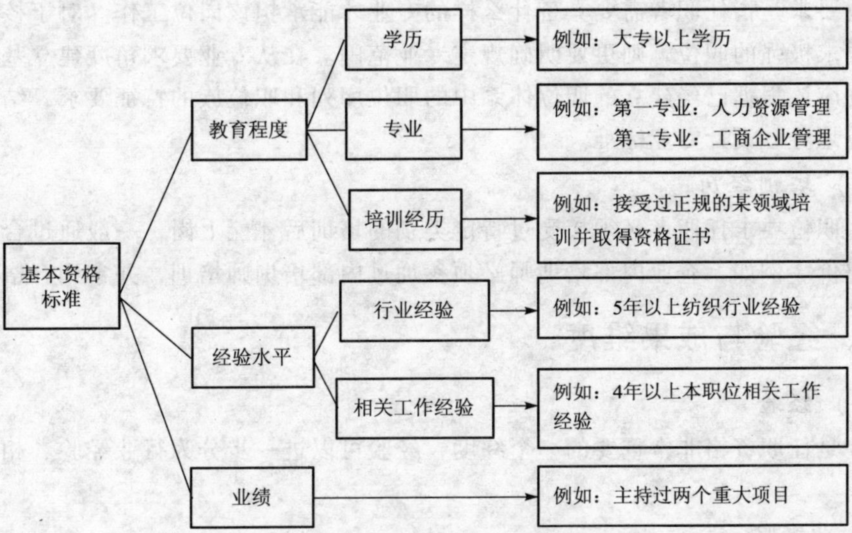

图 7－13　基本资格标准内容框架及举例

一、教育程度维度

正式的教育程度要求包含两部分内容，即：学历要求（教育层面）和专业要求（教育范围）。

（一）学历要求

学历要求是指国家规定的大中专院校的教育层次对应，比如中专、大专、本科、硕士、博士等。在从学历要求角度建立基本资格标准时，结合组织实际要求，可以按照表

7－11所示划分等级，设计学历标准。

表7－11 按学历要求的基本资格标准等级划分

级别	定　义
一级	高中、中专及以下
二级	大专
三级	本科，双大专
四级	硕士、双学士
五级	博士、双硕士

（二）专业要求

专业要求是指任职者需要具备什么样的专业才能承担该岗位工作。对于核心职位或专业性要求极强的职位，则更要明确规定专业范围。在从专业要求角度建立基本资格标准时，则应该根据已经建立的职位体系中的职位序列和职位族的特征要求，结合教育部门的专业划分，设计专业标准。

（三）培训经历

某些职位要求任职者必须接受过特定类别的培训后才能上岗，一般通过合格证书来核实和评价。例如，企业内部培训师必须参加过内部培训师培训，并拿到合格证书。

二、经验与成果维度

（一）经验

经验是任职资格非常重要的一个纬度，经验可以进一步分为行业经验、相关工作经验等。

1. 行业经验

行业经验是指该岗位对任职者在行业从业经验上的要求，例如：一些IT行业企业招聘IT销售工程师对IT行业从业经验有最低的限制。

2. 相关工作经验

相关工作经验是指相类似的岗位工作经验，例如：IT企业招聘IT销售工程师还要求市场营销的工作经历。

由于工作的时间是衡量经验的最直接有效的信息，任职资格等级标准划分，一般采用从事获得该经验的工作的年限长短来定级别，如行业工作年限、相关工作年限等，表7－12所示的是基于工作年限的一种经验维度标准的设计方法。

表 7－12　　基于工作年限的一种经验维度标准设计

级别	定　义
一级	1 年以下
二级	1～2 年
三级	2～4 年
四级	4～7 年
五级	6～11 年
六级	11～15 年
七级	15 年以上

（二）工作经验与教育程度之间的替代关系

教育程度与工作经验，二者之间往往会存在着可以相互替代的关系。例如对于同一职位，大学本科毕业具备两年工作经验的人，与大学专科毕业具备五年工作经验的人都同样能够胜任，并且他们之间并不存在显著的绩效差异。对于这种关系，我们在基本资格标准设计中，可以运用“学历与工作经验的二维替代表”来表达，如表 7－13 所示。

表 7－13　　学历与工作经验的二维替代表

学历 / 工作年限	大专以下	大专	本科	硕士	博士
应届毕业生	√	√	√	√	——
1 年	√	√	√		——
3 年	√	√			——
5 年	√				——
7 年	√				——
9 年	√				——
11 年	√				——
11 年以上	√				——

从表中可以看出，该职位可以由大专、本科和硕士三种不同学历的人担任，但大专学历的人需要具备五年的工作经验，本科学历的人需要三年工作经验，硕士学历的人只需要具备一年工作经验，而博士学历的人则不适合该职位的要求。

（三）业绩

业绩是指在公司内或公司外从事本专业工作取得的工作成果。比如，对于研发人员来说，其业绩一般包括：申请技术专利数、制定或修订国家级标准数、发表论文数、完成技术攻关项目、新产品开发数等。

以上所属教育程度、专业经验和成果综合形成任职资格等级标准中的基本资格标准。以某组织工程技术序列为例，设计形成的基本资格标准的形式如表 7－14 所示。

表 7－14　　某组织工程技术序列基本资格标准

职层	教育程度		专业经验		业绩
	学历	专业	行业经验	领域经验	
5 级工程师	中专或以上	热能动力、机械制造或近机械类专业	9 年	大学本科 10 年，大专 15 年，中专 20 年	至少主持过 2 个重大项目
4 级工程师	中专或以上		5 年	大学本科 8 年，大专 12 年，中专 16 年	至少主持过 2 个大型项目
3 级工程师	中专或以上		3 年	大学本科 5 年，大专 8 年，中专 12 年	参与过 4 个项目并主持 1 个以上项目
2 级工程师	中专或以上		1 年	大学本科 1 年，大专 3 年，中专 5 年	至少参与过 2 个项目
1 级工程师	中专或以上		N/A	N/A	至少参与过 1 个项目

【附录】任职资格标准模板——实际案例：销售类任职资格标准

第一部分　概　　述

一、标准名称：销售类任职资格标准

二、标准定义：销售类任职资格标准是指从事区域客户平台建设、项目运作、区域市场规划等工作内容的职位胜任要求

三、标准适用范围：销售类

四、标准等级：本标准共设五个等级，分别为：一级标准、二级标准、三级标准、四级标准、五级标准

五、标准结构：本标准包括级别角色定位、基本资格标准、技能标准

第二部分　级别角色定位

级别角色定位

级别	角　色　定　位
○级	客户线的初做者
一级	具有本专业的一些基本知识或单一领域的某些知识点；在适当指导下能够完成单项或局部的业务。
二级	具有本专业基础的和必要的知识、技能，这些知识和技能已经在工作中多次得以实践；在适当指导的情况下，能够完成多项的或复杂的业务，在例行情况下能够独立运作。
三级	具有本专业某一领域全面的良好的知识和技能，在某一方面是精通的；能够独立、成功、熟练地完成本领域一个子系统的工作任务，并能有效指导他人工作。
四级	精通本专业某一领域的知识和技能，熟悉其他领域的知识；能够指导本领域内的一个子系统有效地运行，对于本子系统内复杂的、重大的问题，能够通过改革现有的程序/方法来解决之，熟悉其他子系统运作。
五级	精通本专业多个领域的知识和技能；能够准确把握本领域的发展趋势，指导整个体系的有效运作，能够指导本领域内的重大、复杂的问题解决。
六级	能够洞悉本领域的发展方向，并提出具有战略性的指导思想。

第三部分　标准核心模型

销售类任职资格标准模型

<table>
<tr><th colspan="2">任职资格级别
核心内容</th><th>一级</th><th>二级</th><th>三级</th><th>四级</th><th>五级</th></tr>
<tr><td rowspan="2">基本条件</td><td>营销业务知识</td><td rowspan="8">（略）</td><td colspan="4">通过例行考试</td></tr>
<tr><td>产品知识</td><td colspan="4">通过例行考试</td></tr>
<tr><td rowspan="3">核心技能</td><td>客户平台建设能力</td><td rowspan="4">所有核心技能达到2级</td><td rowspan="4">两项3级，其他项2级</td><td rowspan="4">两项4级，其他2级/一项4级、其他项3级</td><td rowspan="4">一项5级，一项4级，其他为3级/三项4级，其他为3级</td></tr>
<tr><td>项目运作能力</td></tr>
<tr><td>区域市场规划能力</td></tr>
<tr><td rowspan="3">可选技能</td><td>品牌推广能力</td></tr>
<tr><td>市场拓展能力</td><td rowspan="2">一项1级以上</td><td rowspan="2">一项达到2级</td><td rowspan="2">一项达到3级</td><td rowspan="2">一项达到3级</td></tr>
<tr><td>网络规划与设计能力</td></tr>
</table>

第四部分　标准核心内容描述

一、最低经验标准

资格级别	工　作　经　验
一级	连续从事营销工作1年以上
二级	获得营销一级资格后，连续从事营销工作1年以上
三级	获得营销二级资格后，连续从事营销工作2年以上
四级	获得营销三级资格后，连续从事营销工作2年以上
五级	获得营销四级资格后，连续从事营销工作2年以上

二、必备知识

级别	分　级　描　述
1级	1. 了解公司核心产品的相关知识。了解公司非核心产品的卖点和市场空间。 2. 了解通信网原理，熟悉电信网的结构、特点和发展趋势；理解产品组网基本原理和典型解决方案的思路，熟悉核心产品典型应用和样板点，对竞争对手的产品有一定的认知。 3. 熟悉订单流程与商务管理业务知识、货款回收与融资业务知识、组织运作常识、投标业务等方面的知识。 4. 了解公司的概况、产品发展战略与服务等方面的知识
2级	1. 熟悉公司核心产品的相关知识。了解公司非核心产品的卖点和市场空间。 2. 了解网络发展演进的思路，熟悉公司核心产品发展趋势、产品特点、产品卖点、产品市场空间与市场机会点、产品引导思路和竞争策略、典型解决方案的优点（组网思路）、样板点推介及竞争对手产品的优劣势 3. 掌握订单流程与商务管理业务知识、货款回收与融资业务知识、组织运作常识、投标业务等方面的知识。 4. 熟悉公司的概况、产品发展战略与服务等方面的知识。

续表

级别	分　级　描　述
3级	1. 熟悉公司核心产品的相关知识。了解公司非核心产品的卖点和市场空间。 2. 了解网络发展演进的思路，熟悉公司核心产品发展趋势、产品特点、产品卖点、产品市场空间与市场机会点、产品引导思路和竞争策略、典型解决方案的优点（组网思路）、样板点推介及竞争对手产品的优劣势 3. 掌握订单流程与商务管理业务知识、货款回收与融资业务知识、组织运作常识、投标业务等方面的知识。 4. 熟悉公司的概况、产品发展战略与服务等方面的知识。
4级	1. 掌握至少一个公司核心产品的相关知识，如：产品基本结构、技术特点和业务提供能力等。熟悉公司非核心产品的卖点和市场空间。 2. 熟悉产品技术和网络的发展趋势和演进思路、公司产品的发展（路标）、公司产品在国内电信网络上的地位、公司产品在世界同类产品中的地位和优劣势、公司产品技术特点和引导思路、公司产品市场空间和产品策略、公司产品典型市场应用、公司典型网络解决方案、竞争对手的市场策略、产品特点及在国内网络上的地位。 3. 掌握订单流程与商务管理业务知识、货款回收与融资业务知识、组织运作常识、投标业务等方面的知识。 4. 熟悉公司的概况、产品发展战略与服务等方面的知识。了解公司产品发展战略。
5级	1. 掌握至少两个公司核心产品的相关知识。熟悉公司非核心产品的卖点和市场空间。 2. 熟悉产品技术和网络的发展趋势和演进思路、公司产品的发展（路标）、公司产品在国内电信网络上的地位、公司产品在世界同类产品中的地位和优劣势、公司产品技术特点和引导思路、公司产品市场空间和产品策略、公司产品典型市场应用、公司典型网络解决方案、竞争对手的市场策略、产品特点及在国内网络上的地位。 3. 精通营销业务相关知识。 4. 熟悉公司的概况、产品发展战略与服务等方面的知识。了解公司产品发展战略。

三、技能标准

销售类任职资格标准共包含3项技能：客户平台建设能力、项目运作能力、区域市场规划能力。

1. 技能等级定义

技能水平分为1～5级，各级别的定义如下。

等级	熟练程度	评 价 标 准
1级	有限的运作（Perform）能力	初做者，经验有限
2级	在有协助的情况下的运作能力，实践过的知识	在有协助的情况下，在多种场合运作，在例行情况下独立运作过
3级	无需协助的运作能力，触类旁通的知识，可以成功完成大多数任务	重复的、成功的经验和案例
4级	深入彻底的知识，可以带领和指导其他人有效运作	有效的，资深的，带领他人运作的经验
5级	可以给出专家级的意见，能领导其他人成功运作，被其他人当作磋商者和领袖。全面的知识和正确的评判能力，能够总结出有用的改进意见	全面的、广博的，领导他人运作的经验，咨询经验

2. 销售类任职资格标准各项技能定义及分级描述

（1）技能名称：客户平台建设能力。

技能定义：是指采取有效的方式方法，与客户建立良好、稳固的关系平台的能力。

等级	分级描述	评价要素	评 价 标 准
1级	有限的运作（Perform）能力	（略）	
2级	在有协助的情况下的运作能力，实践过的知识	工作角色	能够与省局科级人员或主管工程师层级人员建立稳定关系，或与地市局影响层建立稳定关系。
		客户满意度	1. 客户对公司售前、售中、售后满意度较高，对申请人的评价也较高。 2. 能较好地处理好历史遗留问题和客户的异议。 3. 所负责区域客户投诉不多于1次。
		公关能力	1. 对于负责的客户群领域，建立了全面的市场关系平台。 2. 在负责期间，客户关系得到了提升。 3. 具有较好的公关技巧。能够与局方科级人员或主管工程师层级人员建立稳定关系。

续表

<table>
<tr><th>等级</th><th>分级描述</th><th>评价要素</th><th>评　价　标　准</th></tr>
<tr><td rowspan="6">2 级</td><td rowspan="6">在有协助的情况下的运作能力，实践过的知识</td><td>信息渠道建设</td><td>具有强烈的信息收集意识，在所负责区域建立了有效的信息渠道。</td></tr>
<tr><td>信息平台建设</td><td>1. 建立有规范、方便查询的信息档案，并经常进行整理和充实，信息全面、真实。
2. 对公司的信息调查要求能及时反馈。</td></tr>
<tr><td>公司品牌的树立</td><td>1. 能够成功地组织样板点考察、公司考察、技术交流会、用户恳谈会等活动；
2. 通过上述活动，有效地推动了所负责区域公司品牌的提升，客户对公司认可程度高。</td></tr>
<tr><td>公关策划</td><td>1. 年初按公司要求制定公关策划，并在每季度修改。
2. 公关报告对客户的现状反馈准确，能够提出有效地提升客户关系的措施。</td></tr>
<tr><td>服务收费</td><td>经常向客户进行服务收费宣传，在售前、售中、售后都能很好支持服务的收费工作。</td></tr>
<tr style="display:none"></tr>
<tr><td rowspan="4">3 级</td><td rowspan="4">无需协助的运作能力，触类旁通的知识，可以成功完成大多数任务</td><td>工作角色</td><td>能够与省局处级层级人员建立长期稳定的关系，或能与地市局副局等决策层级建立关系。</td></tr>
<tr><td>客户满意度</td><td>1. 客户对公司售前、售中、售后满意度较高，对申请人的评价也较高。
2. 能较好地处理好历史遗留问题和客户的异议。
3. 所负责区域客户投诉不多于 1 次。</td></tr>
<tr><td>公关能力</td><td>1. 对于负责的客户群领域，建立了良好、均衡、稳固的市场关系平台。
2. 在负责期间客户关系得到了提升。
3. 具有较好的公关技巧。能够与局方处级层级人员建立长期稳定的关系。</td></tr>
<tr><td>信息渠道建设</td><td>具有强烈的信息收集意识，在所负责区域建立了有效的信息渠道</td></tr>
</table>

续表

等级	分级描述	评价要素	评价标准
3级	无需协助的运作能力，触类旁通的知识，可以成功完成大多数任务	信息平台建设	1. 建立有规范、方便查询的信息档案，并经常进行整理和充实，信息全面、真实。 2. 对公司的信息调查要求能及时反馈。
		公司品牌的树立	1. 能够成功地组织样板点考察、公司考察、技术交流会、管理研讨会、高层拜访、用户恳谈会等活动； 2. 通过上述活动，有效地推动了所负责区域公司品牌的提升，客户对公司认可程度高。
		公关策划	1. 年初按公司要求制定公关策划，并在每季度修改。 2. 公关报告对客户的现状反馈准确，能够提出有效地提升客户关系的措施，实施后效果明显。
		服务收费	经常向客户进行服务收费宣传，在售前、售中、售后都能很好支持服务的收费工作。
4级	深入彻底的知识，可以带领和指导其他人有效运作	工作角色	与省局处级/副局级层级人员建立长期稳定的关系，表现为稳定的中层支持力。或与地市局级层级建立长期稳定关系，表现为地市局稳定的高层支持力。
		公关规划	规划全面、均衡，对客户的分析准确，对各种类型的客户都能有针对性的策略，公关策略手段有创新。
		客户满意度	1. 客户对公司售前、售中、售后满意度很高，对申请人的评价也很高。 2. 所负责区域客户没有投诉。
		信息平台建设	1. 在所负责区域建立了有效的、多边的信息渠道。 2. 强烈的信息收集意识，建立有规范、方便查询的信息档案，并经常进行整理和充实，信息全面、真实。 3. 对公司的信息调查要求能及时反馈。
		公司品牌树立	充分利用公司已有的高层互访、高层技术交流、公司考察等常规手段以及其他创新性的策略，显著地提升了所负责产品、客户群或区域的公司品牌，关键客户对公司高度认可。

续表

等级	分级描述	评价要素	评价标准
4级	深入彻底的知识，可以带领和指导其他人有效运作	公关能力	1. 以良好的个人修养、丰富的知识、敏感的机会把握能力和个性化的公关手段，赢得客户对个人和公司的信任和认可，具有较强的攻坚能力。 2. 工作期间，普遍客户关系改善较大，对决策层客户有明显的吸引力和影响力。 3. 与局方处级/副局级层级人员建立长期稳定的关系，表现为稳定的中层支持力。
		服务收费	经常向客户进行服务收费宣传，在售前、售中、售后都能很好支持服务的收费工作。
5级	可以给出专家级的意见，能领导其他人成功运作，被其他人当作磋商者和领袖。全面的知识和正确的评判能力，能够总结出有用的改进意见	工作角色	省局局级层级客户关系改善较大，建立了长期稳定的关系，对其决策有较好影响，保证决策层的一贯支持。
		公关规划	1. 规划全面、均衡，要考虑到政府、金融、行业协会等周边公共关系的建立以及市场的长远发展和市场培育。 2. 对客户的分析准确，对各种类型的客户都能有针对性的策略，公关策略手段有创新。
		客户满意度	1. 客户对公司售前、售中、售后满意度很高，对申请人的评价也很高。 2. 所负责区域客户没有投诉。
		信息平台建设	1. 在所负责区域建立了有效的、多边的信息渠道。 2. 具有强烈的信息收集意识，建立有规范、方便查询的信息档案，并经常进行整理和充实，信息全面、真实。 3. 对公司的信息调查要求能及时反馈。
		公司品牌树立	充分利用公司已有的高层互访、高层技术交流、公司考察等常规手段以及其它创新性的策略，显著地提升了所负责产品、客户群或区域的公司品牌，关键客户对公司高度认可。
		公关能力	1. 以良好的个人修养、丰富的知识、敏感的机会把握能力和个性化的公关手段，赢得客户对个人和公司的信任和认可，具有较强的攻坚能力。 2. 工作期间，省局局级层级客户关系改善较大，建立了长期稳定的关系，对其决策有较好影响，保证决策层的一贯支持。
		服务收费	经常向客户进行服务收费宣传，在售前、售中、售后都能很好支持服务的收费工作。

(2) 技能名称：项目运作能力。

技能定义：是指在销售项目及其他跨部门推动的各项工作中，运用项目管理的方法，驾驭跨功能部门团队的能力。

等级	分级描述	评价点及评价要素	评价标准
1级	有限的运作（Perform）能力	（略）	
2级	在有协助的情况下的运作能力，实践过的知识	工作角色	地市级项目组关键成员
		项目成功率	通过一段时间工作，保持一般市场的项目成功率
		项目策划与总结报告质量	1. 策划：分析思路清晰，逻辑性强；策略实用，计划可操作。 2. 总结：对照当初策划报告总结经验与教训，在总结中不断提高自己策划能力。
		项目档案	必须保存有立项表、项目策划、关键信息资料、重要客户拜访报告，重大阶段进展报告、项目分析会纪要、项目总结等关键资料。
		项目实施与过程控制	1. 能够按照总体计划制定阶段性计划及监控点，并按监控点检查项目进展情况。 2. 定期组织项目分析会对项目进行阶段性的讨论和总结，并形成纪要发送项目组所有成员及项目监控人。 3. 能够及时掌握竞争对手及客户的动态变化并实施相应应对措施 4. 能够判断问题的重要程度，不能解决的问题及时上报求助。
		项目协调与配合	虚心听取多方面意见，很好地配合他人工作。
		技术商务谈判	1. 事先进行谈判策划，有能力独立进行谈判，掌握多种谈判技巧。 2. 能够妥善处理客户的要求，不随意给客户承诺。

续表

等级	分级描述	评价点及评价要素	评　价　标　准
3级	无需协助的运作能力，触类旁通的知识，可以成功完成大多数任务	工作角色	省级重大项目项目组关键成员
		项目成功率	通过一段时间工作，稳定提升一般市场的项目成功率
		项目策划与总结报告质量	1. 策划：分析思路清晰，逻辑性强；策略实用，计划可操作。 2. 总结：对照当初策划报告进行总结，思想论点深刻。
		报告规范性	项目结束后能够及时总结，在总结中不断提高自己的策划能力。
		项目实施与过程控制	1. 能够按照总体计划制定阶段性计划及监控点，并按监控点检查项目进展情况。 2. 定期组织项目分析会对项目进行阶段性的讨论和总结，并形成纪要发送项目组所有成员及项目监控人。 3. 能够及时掌握竞争对手及客户的动态变化并实施相应应对措施 4. 能够判断问题的重要程度，有能力亲自解决大部分问题，不能解决的问题及时上报求助或协调资源。
		项目档案	必须保存有立项表、项目策划、关键信息资料、重要客户拜访报告，重大阶段进展报告、项目分析会纪要、项目总结等关键资料。
		协调与配合	能够协调项目组内部的分工协作，虚心听取多方面意见，很好地配合他人工作。
		技术商务谈判	1. 事先进行谈判策划，有能力独立进行谈判，掌握多种谈判技巧。 2. 能够妥善处理客户的要求，不随意给客户承诺。
		融资与回款	有较好的融资回款意识，经常对客户进行融资推广，回款指标完成良好。

续表

等级	分级描述	评价点及评价要素	评 价 标 准
4级	深入彻底的知识，可以带领和指导其他人有效运作	工作角色	省级或国家级重大项目项目经理
		市场培育	通过策划组织推动一系列的营销活动，有计划地培育市场，提前引导和经营市场战略项目，充分挖掘市场潜力，改善市场格局，使市场能够持续、稳定地发展。
		项目策划	1. 能准确分析出影响项目成败的关键问题、机会点。思路清晰，逻辑性强； 2. 针对项目中关键问题有操作性强的解决方案，有效指导项目实际运作。
		项目总结	及时对项目以会议和文字方式进行深刻总结，提炼出经验和教训，并主动与同事共享。
		项目实施与过程控制	1. 能及时得到高层次、重要的信息，进行准确判断。 2. 善于较强地调动相关公司资源及部门内部资源的能力。 3. 能预见项目运作中重大问题，并制定有效防范措施，化解问题。有能力解决项目运作出现的重大问题。
		协调与配合	能够合理配置项目组成员，协调项目组内部的分工协作，营造项目组良好的工作气氛。
		技术商务谈判	事先进行充分的策划准备，能很好地把握客户的心理，熟练运用各种谈判技巧，达到预设的目标。
		合同质量	在一般的市场环境下，付款方式及商务条款高于公司的期望，付合订单流程，规范性好。
		融资回款	有强烈的融资回款意识，经常向客户进行融资推广。回款目标完成优秀。

续表

等级	分级描述	评价点及评价要素	评　价　标　准
5级	可以给出专家级的意见，能领导其他人成功运作，被其他人当作磋商者和领袖。全面的知识和正确的评判能力，能够总结出有用的改进意见	工作角色	公司级变革项目主要参与人或项目经理。
		市场培育	具有前瞻性的长远市场眼光，通过策划组织推动一系列的营销活动，有计划地培育市场，提前引导和经营市场战略项目，充分挖掘市场潜力，改善市场格局，使市场能够持续、稳定地发展。
		项目策划	1. 能准确分析出影响项目成败的关键问题、机会点。思路清晰，逻辑性强； 2. 针对项目中关键问题有操作性强的解决方案，有效指导项目实际运作给出意见及指导。
		项目总结	及时对项目以会议和文字方式进行深刻总结，提炼出经验和教训，并主动与同事共享。
		项目实施与过程控制	1. 能及时得到高层次、重要的信息，进行准确判断。 2. 善于较强地调动相关公司资源及部门内部资源的能力。 3. 能预见项目运作中重大问题，并制定有效防范措施，化解问题。有能力解决项目运作出现的重大问题。
		协调与配合	能够合理配置项目组成员，协调项目组内部的分工协作，营造项目组良好的工作气氛。
		技术商务谈判	事先进行充分的策划准备，能很好地把握客户的心理，熟练运用各种谈判技巧，达到预设的目标。经常培训与指导相关人员此项技巧。
		合同质量	在一般的市场环境下，付款方式及商务条款高于公司的期望，符合订单流程，规范性好。
		融资回款	有强烈的融资回款意识，经常向客户进行融资推广。回款目标完成优秀。

（3）技能名称：区域市场规划能力。

技能定义：是指能够运用市场分析的各种方法，制定有针对性、有竞争力的产品解决方案、进而制定市场发展策略、并进行市场发展规划的技能。

<table>
<tr><th>等级</th><th>分级描述</th><th>评价点及评价要素</th><th>评价标准</th></tr>
<tr><td>1级</td><td>有限的运作（Perform）能力</td><td>（略）</td><td></td></tr>
<tr><td rowspan="5">2级</td><td rowspan="5">在有协助的情况下的运作能力，实践过的知识</td><td>工作角色</td><td>在协助下，可以对本客户群的一个区域级市场进行市场规划。</td></tr>
<tr><td>信息描述</td><td>客户、对手信息完整、全面，符合市场真实情况。</td></tr>
<tr><td>市场分析</td><td>1. 客户需求分析结论准确，全面；
2. 能分析出市场的主要机会、问题点。</td></tr>
<tr><td>策略</td><td>可操作，可评估，有一定的针对性，能够将公司的营销策略和市场实际情况有机结合。</td></tr>
<tr><td>市场策划的写作与实施</td><td>1. 在策划报告完成前组织过相关人员讨论。
2. 能够严格按照规划报告实施，并且在每个季度对规划报告进行自检和建议。在年底能够对照年初的规划报告和实际情况进行分析，总结经验教训。</td></tr>
<tr><td rowspan="5">3级</td><td rowspan="5">无需协助的运作能力，触类旁通的知识，可以成功完成大多数任务</td><td>工作角色</td><td>能够单独对本客户群的一个区域级市场进行市场规划。</td></tr>
<tr><td>信息描述</td><td>客户、对手信息完整、全面，符合市场真实情况。</td></tr>
<tr><td>市场分析</td><td>1. 客户需求及建设思路分析结论准确、全面。
2. 竞争优劣势分析准确、全面。
3. 能分析出市场的主要机会、问题点。</td></tr>
<tr><td>策略</td><td>可操作，可评估，针对性强，能够将公司的营销策略和市场实际情况有机结合，对实际市场运作有指导意义。</td></tr>
<tr><td>市场策划的写作与实施</td><td>1. 在策划报告完成前组织过相关人员讨论。
2. 能够严格按照规划报告实施，并且在每个季度对规划报告进行自检和修正。在年底能够对照年初的规划报告和实际情况进行分析，总结经验教训。</td></tr>
</table>

续表

4级	深入彻底的知识，可以带领和指导其他人有效运作	工作角色	对本客户群的重要区域市场进行卓有成效的市场规划。
		信息收集与分析处理	通过敏锐的洞察力和广泛、有效、均衡、可靠的信息渠道，了解并掌握本领域内宏观政策等宏观环境信息，并能够对各种信息进行正确的分析处理，得出进一步的信息。
		市场分析	1. 能够准确地分析预测出市场的发展潜力、市场格局及发展趋势、竞争对手的策略手段对所辖市场网络现状、发展趋势。 2. 能够把握市场节奏，敏锐地捕捉到市场重大机会点与增长点，预见市场重大问题。
		目标策略	1. 目标具有挑战性、牵引性、前瞻性。 2. 市场策略有一定创新，具有针对性、实用性、延续性。
		市场规划的实施与总结	1. 能够有效地落实市场规划中制定的工作计划并指导他人完成。 2. 按季度或阶段及时检查、总结规划实施情况。 3. 充分预见可能出现的问题，并提前确定相应的防范应变方案措施，对目标、策略进行修正。
5级	可以给出专家级的意见，能领导其他人成功运作，被其他人当作磋商者和领袖。全面的知识和正确的评判能力，能够总结出有用的改进意见	工作角色	对各区域市场规划具指导意义。
		信息收集与分析处理	通过敏锐的洞察力和广泛、有效、均衡、可靠的信息渠道，掌握行业发展趋势、本领域内宏观政策等宏观环境信息，并能够对各种信息进行正确的分析处理，得出进一步的信息。
		市场分析	1. 能够准确地分析预测出市场的发展潜力、市场格局及发展趋势、竞争对手的策略手段对所辖市场网络现状、发展趋势。 2. 能够把握市场节奏，敏锐地捕捉到市场重大机会点与增长点，预见市场重大问题，具有半年以上的预见性。
		目标策略	1. 目标具有挑战性、牵引性、前瞻性。 2. 市场策略有一定创新，具有针对性、实用性、延续性，能对市场整体产生积极的、长远的推动作用。
		市场规划的实施与总结	1. 能够有效地落实市场规划中制定的工作计划。 2. 按季度或阶段及时检查、总结规划实施情况。 3. 充分预见可能出现的问题，并提前确定相应的防范应变方案措施，对目标、策略进行修正。

		一级工程师	二级工程师	三级工程师	主任工程师	资深技术专家	首席专家
知识	专业知识	要求大学以上或相当于大学水平的专业基础知识；对某部分技术能初步理论联系实际（核心的专业知识必须达到一级，其他关联性较强的专业知识达到零级以上）	需要系统的本专业基础理论知识和专业技术知识，（核心的专业知识必须达到二级，其他关联性较强的专业知识达到一级以上，其他至少达到零级以上）	需要系统的本专业基础理论知识和专业技术知识，熟悉本专业国内外现状和发展趋势；对全系统技术有较好的掌握（核心的专业知识必须达到三级，其他关联性较强的专业知识达到二级以上，其他至少达到零级以上）	需要系统坚实的本专业基础理论知识和专业技术知识，较宽的知识面，掌握本专业国内外现状和发展趋势；较精通全系统技术，在某一方面能有效地指导别人（核心的专业知识必须达到四级，其他关联性较强的专业知识达到三级以上，其他至少达到一级以上）	需要坚实广泛的专业基础理论知识，知识面广博，对相关学科有较好的认识，对某一技术领域有深入的研究，并取得一定成果；精通全系统技术，在某一方面有专长（核心的专业知识必须达到五级，其他关联性较强的专业知识达到四级以上，其他至少达到三级以上）	需要坚实宽厚的专业基础理论知识，对本工作领域有很深的造诣；得到行业的公认；对全系统技术非常精通，至少在某方面有精湛的造诣（核心的专业知识必须达到六级，其他关联性较强的专业知识达到四级以上，其他至少达到三级以上）
	产品知识	了解产品的类别、规格、型号及其主要应用领域及质量标准，能初步理论联系实际，能就上述问题与客户进行简单的沟通与交流	掌握产品的类别、规格、型号及其主要应用领域及质量标准，能在与客户交流时，独立运用知识对于一般性的技术疑问进行解答	掌握产品的类别、规格、型号及其主要应用领域及质量标准，能在与客户交流时，独立运用知识对于一般性的技术疑问进行解答	熟悉产品的类别、规格、型号及其主要应用领域，质量标准与检测方法，对于客户提出上述领域的疑问，不仅仅能够运用知识对一般性技术问题进行分析总结进行解答，还具备解答的高度正确性；对于一些有难度的疑问也能初步分析总结	熟悉产品的类别、规格、型号及其主要应用领域，质量标准与检测方法，对于客户提出的有较深难度的问题能够找出问题所在，组织人员有效解决	熟悉产品的类别、规格、型号及其主要应用领域，质量标准与检测方法，对于客户提出的有较深难度的问题能够找出问题所在，组织人员有效解决

续表

		一级工程师	二级工程师	三级工程师	主任工程师	资深技术专家	首席专家
知识	公司知识*	一级：熟悉员工手册中的基本内容	二级：了解公司发展历史，熟悉本广为相关管理制度、流程	三级：全面了解公司的历史、现状、未来发展方向目标以及相关管理制度、流程	三级：全面了解公司的历史、现状、未来发展方向目标以及相关管理制度、流程	四级：熟悉公司整体运作流程，制度，了解公司整体战略规划以及战略步骤	四级：熟悉公司整体运作流程，制度，了解公司整体战略规划以及战略步骤
	行业知识*	一级：了解行业现状	二级：对行业的未来几年的发展趋势有一定的认识	二级：对行业的未来几年的发展趋势有一定的认识	三级：不仅能认识本行业的发展趋势，相关行业的相关影响关系及其走势	四级：对行业发展的及相关行业对本行业的影响能够做出十分精辟的分析，对未来相当长的时间行业竞争格局与发展趋势有深入把握，判断结果具有一定的准确性	四级：对行业发展的及相关行业对本行业的影响能够做出十分精辟的分析，对未来相当长的时间行业竞争格局与发展趋势有深入把握，判断结果具有一定的准确性
	法律知识			基本了解	基本了解	基本了解	基本了解
技能	计算机技能	二级以上：掌握工作相关的计算机及信息系统应用知识，能熟练借助软件进行方案的编辑与打印	二级以上：掌握工作相关的计算机及信息系统应用知识，能熟练借助软件进行方案的编辑与打印	二级以上：掌握工作相关的计算机及信息系统应用知识，能熟练借助软件进行方案的编辑与打印	二级以上：掌握工作相关的计算机及信息系统应用知识，能熟练借助软件进行方案的编辑与打印	二级以上：掌握工作相关的计算机及信息系统应用知识，能熟练借助软件进行方案的编辑与打印	二级以上：掌握工作相关的计算机及信息系统应用知识，能熟练借助软件进行方案的编辑与打印

续表

		一级工程师	二级工程师	三级工程师	主任工程师	资深技术专家	首席专家
技能	英文水平	一级：要求借助英文字典能看懂专业英文科技资料	二级：要求能较熟练地阅读专业英文科技资料，能用英语简单会话	二级：要求能较熟练地阅读专业英文科技资料，能用英语简单会话	三级：要求能针对专业科技资料进行中英文互译，能用英语进行交流，但不一定要求流利	四级：要求能流畅地用英语进行交流，能自如地对专业科技资料进行中英文互译	五级：要求能流畅地用英语进行交流，能较熟练地进行写作，能快速自如地对专业科技资料进行中英文互译
	数据库	基本操作必须具备	基本操作必须具备	基本操作必须具备	基本操作必须具备	基本操作必须具备	基本操作必须具备
	产品设计能力	一级：了解产品设计的流程的框架及主要步骤与方法，能够在别人的指导下从事产品设计整个过程中其中某一部分工程（非核心过程）	二级：熟悉产品设计的流程的框架及主要步骤与方法，能够在别人的引导下从事产品设计整个过程中其中重点步骤工作，基本能独立操作，但可能时时要求别人指导	三级：熟悉产品设计的流程的框架及主要步骤与方法，能够在别人的引导下从事产品设计整个过程中其中重点步骤工作，完全能独立操作（基本不太要求别人指导）	四级：十分熟悉产品设计的流程的框架及主要步骤与方法，能够引导产品设计的全部过程，指导别人工作	五级：精通专业内的产品设计的流程的框架及主要步骤与方法，不仅仅能够引导产品设计的全部过程，指导别人工作，而且擅长解决产品设计中疑难的问题及重大产品设计	六级：要求能够密切注意公司内外的环境变化，能够提前采取技术预防措施，避免研发问题的出现
	生产技术改进能力	一级：能够在别人的指导下从事本专业技术改进整个过程中其中某一部分工作，并且随时需要别人指导	二级：能够在别人的引导下从事本专业内生产技术改进整个过程中其中重点步骤工作，基本能独立操作（但时时需要别人指导）	三级：熟悉产品设计的流程的框架及主要步骤与方法，能够在别人的引导下从事产品设计整个过程中其中重点步骤工作，完全能独立操作（基本不太要求别人指导，只需要大方向上的点拨）	四级：能够引导本专业一般性的生产技术改进的全部过程，指导别人工作，对涉及其他专业的技术改进也有一定的认识	五级：精通专业内生产技术改进工作，不仅仅能够引导技术改进的全部过程，指导别人工作，而且擅长解决车间现场技术改进中疑难问题及重大的技术改进，对于涉及的其他专业内的专业技术改进能够有引导的能力	六级：要求能够密切注意公司内外的环境变化，能够提前采取技术预防措施，避免生产技术问题的出现

续表

		一级工程师	二级工程师	三级工程师	主任工程师	资深技术专家	首席专家
技能	书面表达能力	二级：利用一定的文法规范：在书面沟通时需要也能够利用一定的文法规范；关键事件：能够独立地按照专业文件规范编写一般性的专业技术文件，意图能够表述清楚	二级：利用一定的文法规范：在书面沟通时需要也能够利用一定的文法规范；关键事件：能够独立地编写一般性的专业技术文件，意图能够表述清楚	二级：利用一定的文法规范：在书面沟通时需要也能够利用一定的文法规范；关键事件：能够独立地编写一般性的专业技术文件，意图能够表述清楚	三级：指导专业规范文件：对专业文体体系的规范性十分清楚，指导整个文件过程编写；关键事件：指导整个文件过程编写，所有内容往往表叙述的十分清楚，该节省字数的地方绝不啰嗦，该详细的地方表述十分翔实	三级：指导专业规范文件：对专业文体体系的规范性十分清楚，指导整个文件过程编写；关键事件：指导整个文件过程编写，所有内容往往表叙述的十分清楚，该节省字数的地方绝不啰嗦，该详细的地方表述十分翔实	三级：指导专业规范文件：对专业文体体系的规范性十分清楚，指导整个文件过程编写；关键事件：指导整个文件过程编写，所有内容往往表叙述的十分清楚，该节省字数的地方绝不啰嗦，该详细的地方表述十分翔实
	项目管理能力	一级：有实际项目管理参与的感受，对项目管理全过程由感性认识，能阐述项目管理的框架	二级：有实际项目管理主要阶段参与的感受，对项目管理全部的流程与方法基本了解，对于其中部分管理细节有实际操作经验	三级：有实际项目管理主要阶段参与的感受，对项目管理全部的流程与方法比较熟悉，对于其中主要管理细节有实际操作经验；掌握其中的主要问题的处理方法；基本具备一般项目的管理能力	四级：对项目管理的全部过程有实际操作经验，对其中所有的流程与方法十分熟悉，对所有管理细节的处理都能进行实际操作，掌握所有的项目管理问题的处理方法，完全具备一般项目的管理能力，基本可认定有重大项目管理的能力	五级：不仅仅对项目管理的所有的流程与方法十分熟悉，对所有管理细节的处理都能进行实际操作，而且能够对公司项目管理的方法进行整体改进，特别擅长处理难度在重大项目以上的管理	五级：不仅仅对项目管理的所有的流程与方法十分熟悉，对所有管理细节的处理都能进行实际操作，而且能够对公司项目管理的方法进行整体改进，特别擅长处理难度在重大项目以上的管理；认定有特大型项目的管理能力

续表

		一级工程师	二级工程师	三级工程师	主任工程师	资深技术专家	首席专家
技能	计划能力*	一级：管理个人短期目标：掌握编制个人计划的方法，能够在上级要求下制定自己的工作计划并控制个人日常工作。关键事件：高效完成日常工作（如列一份必做事物清单，为会议做好充分准备。排好每天/每周必须完成的关键工作顺序，计划工作日程）	一级：管理个人短期目标：掌握编制个人计划的方法，能够在上级要求下制定自己的工作计划并控制个人日常工作。关键事件：高效完成日常工作（如列一份必做事物清单，为会议做好充分准备。排好每天/每周必须完成的关键工作顺序，计划工作日程）	二级：管理短期目标：掌握对年度计划或大项目计划进行细化的方法，管理短期目标；在年度或整体的项目计划框架下，为自己及别人开发并执行预测未来短期的、逐周的计划。关键事件：确保计划有清晰的目标与里程碑，利用计划程序来系统有效地管理项目，设计合理的行为顺序	二级：管理短期目标：掌握对年度计划或大项目计划进行细化的方法，管理短期目标；在年度或整体的项目计划框架下，为自己及别人开发并执行预测未来短期的、逐周的计划。关键事件：确保计划有清晰的目标与里程碑，利用计划程序来系统有效地管理项目，设计合理的行为顺序	二级：管理短期目标：掌握对年度计划或大项目计划进行细化的方法，管理短期目标；在年度或整体的项目计划框架下，为自己及别人开发并执行预测未来短期的、逐周的计划。关键事件：确保计划有清晰的目标与里程碑，利用计划程序来系统有效地管理项目，设计合理的行为顺序	二级：管理短期目标：掌握对年度计划或大项目计划进行细化的方法，管理短期目标；在年度或整体的项目计划框架下，为自己及别人开发并执行预测未来短期的、逐周的计划。关键事件：确保计划有清晰的目标与里程碑，利用计划程序来系统有效地管理项目，设计合理的行为顺序
	日常沟通能力*	一级：能够进行简单信息交流：通过倾听获取与别人的信息，并能直接表达自己的意图。行为示范：在做一般沟通时，基本能够准确地理解、记住或记录有关事实；能够像别人说清楚自己要表达的意思	二级：能够与不同受众同时进行交流：选取适当的内容、表达风格进行思想、计划和决策方面的交流。关键事件：在沟通中运用非语言信号证明在注意倾听；能用言语提示别人正在倾听；能够准确地记住或记录有关事实；能够向不同的受众表达清楚自己的意思，并且重点突出	二级：能够与不同受众同时进行交流：选取适当的内容、表达风格进行思想、计划和决策方面的交流。关键事件：在沟通中运用非语言信号证明在注意倾听；能用言语提示别人正在倾听；能够准确地记住或记录有关事实；能够向不同的受众表达清楚自己的意思，并且重点突出	二级：能够与不同受众同时进行交流：选取适当的内容、表达风格进行思想、计划和决策方面的交流。关键事件：在沟通中运用非语言信号证明在注意倾听；能用言语提示别人正在倾听；能够准确地记住或记录有关事实；能够向不同的受众表达清楚自己的意思，并且重点突出	二级：能够与不同受众同时进行交流：选取适当的内容、表达风格进行思想、计划和决策方面的交流。关键事件：在沟通中运用非语言信号证明在注意倾听；能用言语提示别人正在倾听；能够准确地记住或记录有关事实；能够向不同的受众表达清楚自己的意思，并且重点突出	二级：能够与不同受众同时进行交流：选取适当的内容、表达风格进行思想、计划和决策方面的交流。关键事件：在沟通中运用非语言信号证明在注意倾听；能用言语提示别人正在倾听；能够准确地记住或记录有关事实；能够向不同的受众表达清楚自己的意思，并且重点突出

续表

		一级工程师	二级工程师	三级工程师	主任工程师	资深技术专家	首席专家
技能	思维能力*	一级：将简单的信息进行加工，得出一个新的结果但对该结果无法进行判断，只能进行简单的对比	二级：通过大量的信息汇总，得出一个结果并对该结果进行初步的分析，分析过程中采取分析的步骤与技巧涉及的类别不是特别多或特别复杂；分析的对象不具备高度复杂性	二级：通过大量的信息汇总，得出一个结果并对该结果进行初步的分析，分析过程中采取分析的步骤与技巧涉及的类别不是特别多或特别复杂；分析的对象不具备高度复杂性	三级：通过大量的杂乱无章信息汇总，进行的深入的分析，分析过程中能够或需要好几个分析步骤，并根据不同情况。选择、采取不同的分析技巧来进行综合的判断	三级：通过大量的杂乱无章信息汇总，进行的深入的分析，分析过程中能够或需要好几个分析步骤，并根据不同情况。选择、采取不同的分析技巧来进行综合的判断	三级：通过大量的杂乱无章信息汇总，进行的深入的分析，分析过程中能够或需要好几个分析步骤，并根据不同情况。选择、采取不同的分析技巧来进行综合的判断
	学术成果				有学术论文发表，有一定的专业水准，但不一定强调较高的学术价值	有较高学术论文发表，但该论文不一定强调对该行业的推动力	在主要专业知识的研究上有较高学术论文发表，该论文还必须得到行业认可，形成一定的行业的推动力
经验	相关工作经验	大专 本科 硕士	大专 本科 硕士 博士	大专 本科 硕士 博士	大专 本科 硕士 博士	大专 本科 硕士 博士	
	项目经验	参与实际一般项目工作	从事过一般项目的主要阶段（最低要求：非主要角色）	从事过一般项目的主要阶段（最低要求：非主要角色）	主持过一般项目的全过程或重大项目的主要阶段	主持过重大项目的全过程（例如有过1～2个国家大型项目承接的经验），或参与特大型项目的（主要角色）主要工作及全部过程	主持并参加至少两个重大项目的全过程或

续表

		一级工程师	二级工程师	三级工程师	主任工程师	资深技术专家	首席专家
职业素养*	进取心	一级	一级	一级	二级	三级	四级
	学习意识	二级	二级	二级	三级	四级	四级
	创新意识	一级	一级	一级	二级	三级	四级
	诚信意识	二级	二级	二级	二级	二级	二级
	团队精神	一级	一级	一级	二级	三级	四级
	自信	一级	一级	一级	二级	三级	四级
	组织纪律遵守	一级	一级	一级	一级	一级	一级
	服务意识	二级	二级	二级	二级	二级	二级
影响他人（广度）					要求在部门内具有一定技术知名度，能够影响本部门的项目小组（二级）	要求在本公司本专业内有较高的技术知名度，在事业部技术部门中享有较高的声誉（三级）	要求是行业内专家，具有较高的社会知名度，是本企业在该领域的学术权威，作为权威必须在整个企业有技术知名度（四级）

注：加＊项对技术人员作为参考项目

经验可以作为准入的基本标准；知识与技能（除掉参考项）作为考核系数，价值关于技能中的参考项目作为参考标准可以调整知识与技能考核的分值。

历史绩效考核达到中等以上者可以进入，但可不调整分值；历史考核连续三年达到优秀者可以上调分值（调整幅度每年由任职资格评价委员会决策）。

第五节 员工任职资格管理

在任职资格等级标准建立的基础上，要将等级标准应用于员工的任职资格管理中。员工任职资格管理最首要的任务是任职资格等级的认证，对员工进行任职资格定级，并作周期性的等级调整，形成员工任职资格管理的动态体系，为员工能力和行为管理、培训体系设计、人才梯队建设和员工职业发展规划等战略性人力资源管理工作建立基础。

一、任职资格等级认证

任职资格等级认证是在职业发展体系和人力资格等级标准基础上，将员工的实际工作表现和能力水平与职衔和任职资格等级标准进行比较，对员工是否具有相应任职资格而进行的鉴定活动。

任职资格等级认证包括任职资格定级和任职资格等级调整两方面内容。任职资格定级，即任职资格初始等级的确定，是指员工第一次参加职位资格等级认证，在此之前，员工属于哪个职位通道，在通道中的级别没有明确的认定；任职资格等级调整，即任职资格等级的周期性认证，是指员工在原有职位通道相应等级的基础上，根据其阶段性的表现和能力提升或下降，所进行的周期性的职位通道或职位等级的调整。

二、任职资格等级确定与调整

（一）任职资格定级

1. 任职资格定级的流程框架

（1）确定职位通道类别。根据员工所承担的职位，按“职位序列/职位族”的划分确定员工所属的职位通道类别。

（2）受理申请。在确定员工任职资格所属等级的过程中，原则上采取由被认证员工的直接主管推荐的模式，员工个人负责准备相关个人材料提出申请。

（3）资本任职资格审核。基本任职资格标准是某一等级的最低门槛，应首先对员工的基本任职资格进行审核，确定其是否符合最低要求。资本任职资格审核的内容包括教育程度、工作经验、工作绩效等。

（4）行为认证、知识和技能测试。在资本任职资格审核之后，对照任职资格标准中的行为标准和能力标准要求，对员工进行行为认证、知识和技能测试。

（5）专家组综合评审。在对所有维度标准测试后，专家组需要综合各维度评定结果，确定被评价人的所属职位通道等级。

（6）结果反馈。在综合评审后，评价者需要向被评价人说明其优点和不足，与其沟通讨论下一步如何改进，而不是只告诉被评价者是哪个任职资格等级而已。

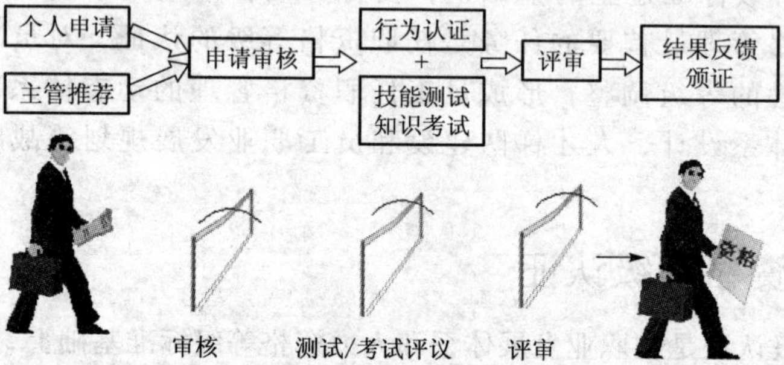

图 7－14　任职资格定级的主要流程

（二）任职资格定级的认证方法

员工任职资格初始等级的确定以任职资格等级标准为判断依据，对不同的评价要素要设计不同的评价方法，以确保评价方法科学有效。

表 7－15　基于标准类别特征的认证方法参考

标准组成		认　证　方　法
基本资格标准	教育程度	证书认证
	经验水平	背景分析、书面考试
	业绩	绩效结果评价
能力标准	知识	知识考试（开、闭卷） 撰写业务论文/业务文案 参加课程培训即可视为通过考核
	技能	任职资格评价会
行为标准		调查问卷法 任职资格评价会 关键事件观察鉴定

1. 知识考核

知识的考核可以通过笔试、业务论文/业务文案的撰写来考核，也可以通过参加课程培训，同时也可以将两者相结合。

根据任职资格等级标准的知识点，企业也可以开发出不同级别的课程；然后给每一门课程确定学分，并确定每个级别任职资格必备知识和分数要求；最后为每门课程配备相应的师资并组织开发配套的教材、讲义等培训资源，从而形成分类分层的任职资格课程体系。在此基础上，企业可以根据需要组织考试或其他形式的测评，以检验培训的成果，评价参与者的资格水平。

2. 专业技能评价

对于专业技能的评定，则需要通过组织任职资格定级评价会集体评议完成。

（1）任职资格定级评价会的组织。任职资格定级评价会是任职资格定级评价的主要场合，一般由任职资格评价专家小组、被评价人和证据三个要素组成。

任职资格评价专家小组是任职资格评价的主要负责人。原则上，任职资格评价专家小组成员要尽可能保持稳定，同一类专业人员的评价由一个专家小组完成，以保证标准把握的一致性。专家小组人选必须是该业务的高层主管或业绩资深人员，每个小组以3～5 人为宜。专家小组的主要职责是：深刻准确地理解任职资格等级标准和任职资格评价程序，客观公正地进行任职资格评价，向被评价人提出改进建议。

被评价人是符合任职资格定级参评条件的员工。其主要的责任包括：深刻准确理解任职资格等级标准和任职资格评价程序，在人力资源专业人员的指导下进行认真的自检评价，整理真实有效充分的任职资格证据并及时提交，认真回答任职资格评价专家小组提出的问题，虚心听取专家小组的改进建议并在实际工作中改进。

任职资格评价证据是被评价人实际工作过程中产生的产品和成果、经历的项目等，是任职评价的主要依据。

（2）专业技能的评价实施。专业技能评价分成两个部分，即评价前期准备工作和评价过程。评价步骤如图7－15 所示。

① 被评价人分类。首先要确定同一职位族中的不同小类，然后对不同小类人员技能按重要性程度赋予不同的权重，最后计算出每个等级的原始分数区间。表 7－16 是某企业财务管理职位族被评价人分类表。该企业财务人员在每一个专业技能项上权重是不一样的，对于该类人员来说最重要的专业技能项的权重为 3，次重要的权重为 2，一般重要的权重为 1，不做要求的权重计为 0。

在明确权重的基础上是分数区间的计算，区间的最低分是假设被评价人在每个技能项上达到 1 级的要求，因此每个技能上的得分均为 1 分（符合 1 级要求得 1 分，符合 2

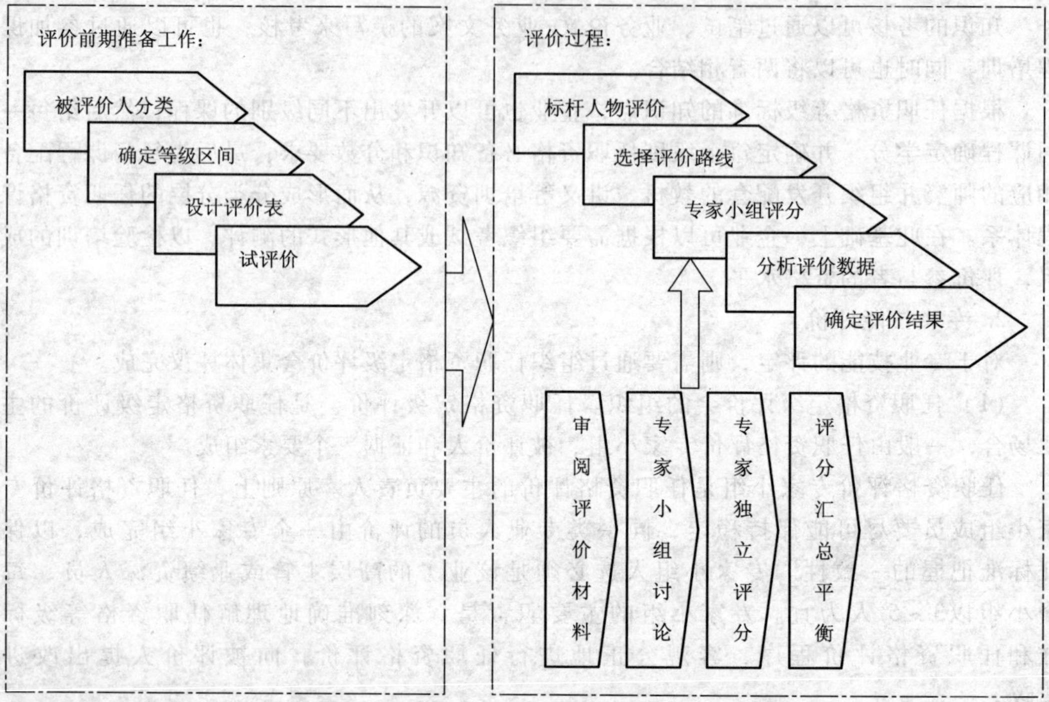

图 7－15 专业技能评价步骤

级要求得 2 分，因此类推)，各技能项得分乘以相应权重后累加之和即为最低分；最高分是假设被评价人在每个技能项上都达到 5 级的要求，因此每个技能上的得分均为 5 分，各技能项得分乘以相应权重后累加之和即为最高分。

表 7－16 某企业财务管理职位族被评价人分类表

序号	权重技能项	财务核算人员权重	财务分析人员权重	资金管理人员权重
1	财务处理	3	1	2
2	会计稽核	3	1	2
3	会计报表处理	3	3	2
4	成本管理	2	2	1
5	税务管理	2	1	1
6	资金管理	1	2	3

续表 7－16

序号	权重技能项	财务核算人员权重	财务分析人员权重	资金管理人员权重
7	财务分析	2	3	3
8	财务检查	2	1	3
9	财务制度建设	3	3	3
最低分～最高分		21～105	17～85	20～100
百分制调整系数＝100/最高分		0.95	1.18	1

② 确定等级区间。由于职位族内各小类人员各技能项权重不同，各等级的原始分数区间也不同，因此可以通过百分制调整系数将每个人的原始分数转化为百分制分数，这样，同一小类的人员以调整后的分数按同一个等级分数区间来确定专业技能评价结果。

③ 评价表设计。评价表要针对每一小类设计，列举技能项目内容、各项目相应的权重和评分栏。

④ 试评价的目的是测算权重设置是否恰当，验证任职资格等级标准在评价时是否可操作。试评价首先需要根据主管直觉判断，在不同级别人员中找出 2～3 个代表人物，如果评价结果与之前的判断差异很大，则需要进行深入分析，找出问题所在。

⑤ 标杆人物评价。标杆人物评价的目的是要通过评价标杆人物，每位专家充分讨论各自评价结果的差异点，找出理解上的分歧，统一专家小组各成员之间的评价尺度。

⑥ 任职资格评价通常会在一个时间段同时评价若干申请人，这时，评价专家组在评价路线上主要有两种方式可以选择。一是以被评价人为中心，即一个对员工评价完所有技能项后再评价下一个员工；二是以专业技能项为中心，即评价完所有员工的第一个专业技能项后再评价下一个技能项。当然也可以根据需要两条路线交叉使用。

⑦ 专家小组成员评分。包括：审阅评价材料、专家小组讨论、专家独立评分、评分汇总平衡四个步骤。

⑧ 分析评分结果数据。从多个角度来分析专家小组各成员给出的评分结果，如果发现专家小组各成员的评分差异异常，需要进行原因分析并及时处理。如果针对一个职位族的评价有很多不同的专家小组，还需要分析各个小组评价尺度并对结果进行适当的调整。

⑨ 确定评价结果。评分调整后，根据等级分数区间，确定每个人的专业技能等级。

3. 行为认证

行为认证的操作可以通过调查问卷法，调查问卷的发放对象按360度方式选择，一般在10人以上，至少包括员工的主管2人（直接行政主管、业务主管），工作相关流程上下游人员各3人，员工下属和同事2人。行为认证也可以通过任职资格评价会的方式，方法和步骤与专业技能评价相似。其他的操作方法这里不做详细讲述。

（三）任职资格等级调整

任职资格等级不是终生的，任职资格管理实行能上能下的原则。对于那些能够不断学习，提升自己职业技能，为企业创造价值的员工，企业可以通过调整他们的任职资格等级，给他们更多的回报；而对于那些工作表现和知识技能相对退步的员工也要通过调整他们的任职资格等级。通过任职资格等级的调整，保持员工职业发展的动力和热情，在企业内部形成了动态的职业发展机制，同时为企业创造更多价值。

1. 任职资格等级调整的类别

任职资格等级调整根据内容可以分即任职资格升级、任职资格保级、任职资格降级和任职资格等级破格提升几种类型。

在任职资格等级的初始认定后，员工被安排到与之能力水平相应的职位，在这个职位，员工要依据任职资格等级标准中的“行为标准”规定的行为方式开展工作。这以后就会有三种可能的情况：

（1）任职资格升级。如果员工在规定的任职资格等级调整周期内，绩效一直非常优秀，企业认为他不仅能够胜任当前的工作，而且具备承担更多责任的潜质，完成难度更大或者更适合他的工作。因此，企业可以给他提供任职资格等级提升机会，但是他的能力是不是确实提高，他的任职资格是不是确实可以上升到更高的级别，则需要按照之前介绍的任职资格定级的程序和方法按照更高的标准来衡量评定。

当企业某一职位出现人才紧缺，或者员工的业绩表现和能力潜质的确十分出色时，企业可以考虑对其任职资格等级机型破格提升。

（2）任职资格保级。如果员工在规定的任职资格等级调整周期内能够胜任目前的职位，但绩效一般，这种情况下，企业可以保留该员工的现有的任职资格等级，不再需要进行任职资格的评价和调整。

（3）任职资格降级。如果员工在规定的任职资格等级调整周期内，业绩总是非常差，那么，企业有理由相信该员工已经不符合目前任职资格等级标准的要求。这时，可以在原有职位通道中降低任职资格等级。而选择其他职位通道也是应对这种情况的调整办法。

2. 任职资格等级调整的流程框架

（1）根据前一个周期内员工的绩效考核结果来判断员工任职资格等级调整与否，是任职资格升级，还是任职资格降级。

（2）如果员工有资格参加任职资格升级评价，那么企业就可以按照任职资格定级的程序和方法对其进行定级评价。

三、任职资格体系的管理

（一）任职资格体系管理的基本原则

任职资格管理是人力资源开发与管理系统的基础，是企业导入基于能力的人力资源管理体系的切入点。

1. 以工作业绩为导向原则

必须能够带来工作业绩的能力或能力提升才能得到承认，这是任职资格管理必须坚持的第一个原则。

2. 能升能降的原则

任职资格标准不能终生制，要动态调整，对员工能力进行适时的评估，以反映员工真实的能力水平，保持人力资源的持续活力。

3. 持续改进与提高原则

员工能力在不断时升，企业业务不断高速与变化，任职资格管理工作也需要及时优化和调整。根据企业发展和业务变化情况，阶段性修正完善任职资格等级标准中各要素内容。同时，对于任职资格管理工作本身也需要适时的评估和改进。

4. 共同参与原则

任职资格体系的管理需要员工、管理者和企业的沟通和共同参与。

（二）员工任职资格管理职责的划分

企业任职资格的管理要由相关组织，专业人员来承担相应的职责，各相关部门和人员责任划分如图 7－16 所示。

（三）员工任职资格管理制度

任职资格体系的管理需要以管理制度作为基础，需要配套完善任职资格管理流程和文件，包括任职资格评价的整体“流程图”，用于员工申请任职资格定级和等级调整的“认证申请表”，用于比照任职资格等级标准的“评价对照表”，用于任职资格评价会议的“现场评价表”，用于员工自我评价的“个人评价结果汇总表”，“任职资格认证申诉表”以及“评价结果汇总统计表”、“任职资格认证申诉表”等。见表 7－17 至表 7－22

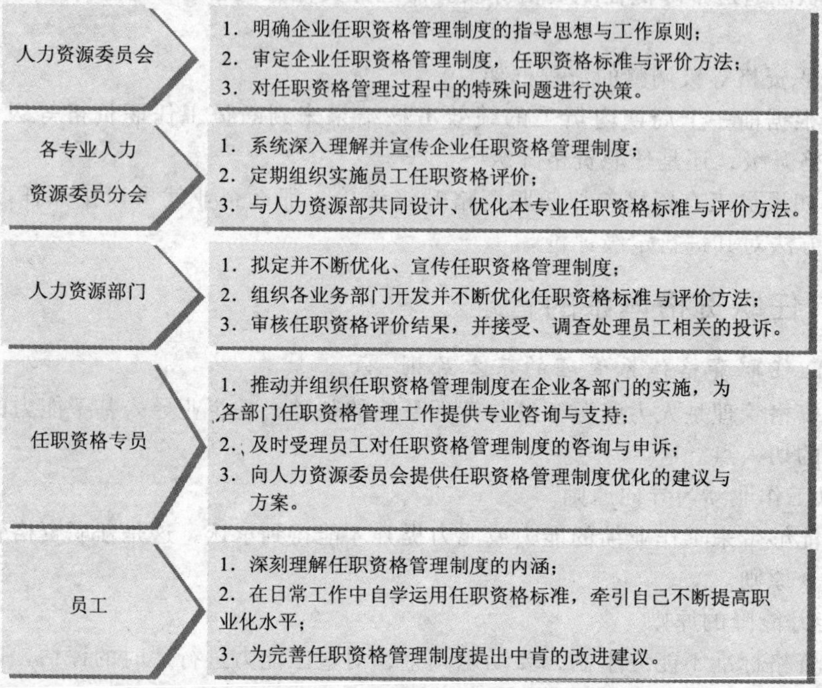

图 7－16　任职资格管理职责

为某公司技术序列任职资格认证管理使用的表格样式。

表 7－17　首席专家/资深技术专家任职资格认证申请表

一、申请人基本资料			
申请人姓名		籍贯	
出生年月		性别	
所属单位		所属部门	
目前岗位名称		职称	
学历		专业	
毕业院校		入职时间	
申请性质： （　）定级　（　）保级　（　）一般晋级　（　）破格晋级			

续表 7－17

<table>
<tr><td colspan="3">申请职种与职类：
（　　）
申请级别：
（　）首席技术专家　　（　）资深技术专家</td></tr>
<tr><td colspan="3">二、准入条件自检</td></tr>
<tr><td>序　　号</td><td>准入项目</td><td>申请资格/证据</td></tr>
<tr><td></td><td></td><td></td></tr>
<tr><td></td><td></td><td></td></tr>
<tr><td></td><td></td><td></td></tr>
<tr><td></td><td></td><td></td></tr>
<tr><td colspan="3">个人申报理由陈述：</td></tr>
<tr><td colspan="3">个人承诺：
本人承诺提供的上述材料信息真实，否则将承担由于信息不真实而带来的一切后果！</td></tr>
<tr><td colspan="3">三、准入资格审核　　签名：　　日期：</td></tr>
<tr><td colspan="3">人力资源部初审意见：
签章：　　日期：</td></tr>
<tr><td colspan="3">任职资格委员会复审意见：
签名：　　日期：</td></tr>
<tr><td colspan="3">四、认证结果反馈</td></tr>
<tr><td colspan="3">签名：　　日期：</td></tr>
</table>

续表 7-17

五、个人意见反馈
签名：　　　　日期：
六、认证最终意见
签名：　　　　日期：

表 7-18　　任职资格认证评价对照表（节选）

职种			职类				
晋升级别							
分类	权重		等级要求	评价方法	试题编号	备注	
知识	专业知识	A-11 知识	15%	6	成果评议		所有评委专家打分
		A-12 知识	10%	6	成果评议		
		A-13 知识	10%	4	答辩	E-123	
		A-14 知识	5%	3	答辩	E-124	
		A-15 知识	5%	3	展示		现场测试
		——	——	——	——	——	——
	基础知识	A-21 知识	5%	3	开卷考试	E-222	
		A-22 知识	2.5%	2	闭卷考试	E-221	
		A-23 知识	2.5%	2	培训		培训导师
技能	A-31 技能		20%	6			
	A-35 技能		10%	5			
	——		——	——	——	——	——
……	……		……	……	……	……	……
……	……		……	……	……	……	

制表：　　　　　　　　　　　　时间：

表 7－19　　　　任职资格现场评价表

姓名			职种/职类		所在单位	
所在部门			目前级别		目标级别	

类别	分　类		权重	评分 5	4	3	2	1

填表人：　　　　　　　　　　　　填报日期：

表 7－20　　　　任职资格认证个人评价结果汇总表

姓名			职种/职类		所在单位	
所在部门			目前级别		目标级别	

类别	计分要项		权重	评价得分 3	2	1
	评价得分汇总					

（填表说明：分数 3、2、1 与打分表中的优秀、合格、不合格分别对应）

填表人：　　　　　　　　　　　　填表日期：

表 7－21　　评价结果汇总统计表

填表人：（　　　　）　　填表种类：（　　　　）

序号	姓名	单位	职位族/职类	目标层级	综合得分	认证结论

表 7－22　　任职资格认证申诉表

姓名		职种		职类	
所属部门		目前级别		目标级别	

申诉理由
申诉人： 签名： 日期：
申诉处理
过程阐述： 最终意见： 签名： 日期：

四、员工任职资格管理在人力资源管理中的应用

在任职资格定级的任职资格等级调整工作的支持下，任职资格等级标准可以更广泛地应用于企业的员工能力和行为管理、培训体系设计、人才梯队建设和员工职业发展规划等活动中。

（一）员工能力管理和行为管理

在任职资格等级标准建立后，组织明确了企业对员工的能力和行为要求。但是，仅仅有任职资格标准，也只是评判员工目前的能力水平和行为表现。因此，企业需要自任职资格等级建立的基础上，进一步开发企业内的能力培养机制，来提升员工能力进而提升其工作中的行为结果。这样任职资格标准的歉意、激励机制就会发挥功效。

（二）培训体系设计

任职资格等级标准明确了每一通道内职位层级的知识和技能要求，因此，企业在培训体系设计中可以针对不同资格的人员分别进行达标辅导培训，再开发培训，使培训更有针对性，与工作联系更密切，并通过对培训方式、培训课程的系统整合达到节约培训成本的目的。

（1）根据任职资格等级标准中各通道各级别的基础知识和技能设计达标培训。

（2）根据员工任职资格等级认证的情况增加提升能力短板的培训。

（3）同一通道不同级别或者相关通道同一级别的职位对于某系通用能力具有相同的要求，这样就可以采取公共培训的方式开设通用能力的培训课程。例如，可以为初级职位设计“公文写作”、“商务礼仪”、“有效沟通”，为中级职位设计“教练技术”、“宣讲技巧”，为高级职位设计“变革管理”、“战略规划与经营计划”等方面的培训。

（三）人才梯队建设

在许多企业中，管理者往往用一些模糊、概念性的词汇，作为对单一的某一职位后备人才的评价标准。但这样的人才评价标准的描述缺乏对人才要求的明确定义，同时缺乏基于职位体系的职位间的参照比较标准，所以在这样的企业中，人才梯队建设很难构建起来。

企业人才梯队建设的本质是建立一套动态的、例行化运作的人才考察、选拔、培养、使用、淘汰的机制。人才梯队管理体系主要包括人才阶梯资源池、人才区分机制、梯队人才培养机制、人才选拔机制和人才发展激励机制五个部分。

（1）人才阶梯资源池是按职位通道，分级别建立起来的，资源池中人选主要来源与两个方面：职位通道内各个层级和职位通道外。任职资格等级标准明确描述了对于不同通道，不同层级的任职要求，因此各职位间存在了类别和层级间的可比性，为人才能够在职位通道内层级的变更、职位通道间职位的转换奠定了基础。

(2) 从人才区分机制来讲，对于人才的区分来源于两个方面：任职资格体系和绩效管理体系。任职资格等级标准的建立也同样在人才区分机制中得到应用。

(3) 任职资格等级调整的机制为员工提供了等级提升的机会，同时也带来了降级的风险，可以对梯队人才产生激励的效果。

(四) 员工职业发展规划

任职资格等级标准中对于基本资格、行为和能力标准的规定，成为员工职业发展不同阶段中的努力的目标，为员工提供了职业发展的标尺。同时，周期性任职资格等级调整，让员工看到了自己晋升和角色转换的可能性，是顺畅的职业发展通道建立的基础。

本章小结

本章共分为五节，介绍了任职资格等级标准的构成要素及任职资格等级标准设计的整体流程和方法。

第一节为本章概述，首先介绍了任职资格标准的涵义、整体框架。任职资格等级标准描述了每个职位序列、每个职位族不同等级的员工应该知道什么，能做什么，应该如何做，能够做到什么程度的衡量，包含基本资格标准、能力标准、行为标准三个部分。基本资格标准强调的是任职者在专业领域中处在什么样的位置上，是任职者技能水平的标尺；行为标准描述了员工以什么样的行为规范来开展工作并取得好绩效。通过行为模块、行为要项、行为标准项三个层次来分析；能力（或称素质）标准是依据企业发展战略和企业管理实际要求制定，是管理者评价某一序列层级或岗位上任职者能力水平的标准和依据，主要包括知识和技能两大要素。在此之后，介绍了任职资格等级标准的功能和作用、设计原则和影响因素。

本节最后提出了任职资格等级标准设计流程，本章第二、三、四节按照这一流程的逻辑顺序分别对行为标准、能力标准和基本资格标准的构成和设计进行了详细介绍。

第二节介绍了如何设计行为标准。行为标准的设计需要经过职位序列相关信息的收集与分析、分析该职位序列中关键职位的功能，提炼关键行为模块、分解与职位功能相关的工作任务并设计行为要项、设计行为标准项四个主要步骤。

第三节介绍了如何设计能力标准。能力标准的设计需要经过针对行为要项和行为标准项，提炼技能标准，提炼知识结构和知识标准几项步骤。

能力素质模型是指为了完成某项工作，达成某一绩效目标，要求任职者具备的一系列不同能力素质要素的组合，其中包括不同的动机表现、个性与品质要求、自我形象与社会角色特征以及知识与技能水平等。能力标准来源于能力素质模型，它是由能力素质模型将每个岗位序列所需要的特定能力素质通过科学的方法提取出来，形成相对固定的能力条目；之后，使用重要程度和熟练程度/掌握程度两个维度对每个能力条目进行刻度的定义；最后，针对特定序列层级的行为要项要求，筛选能力条目与不同层级的职位进行匹配，从而固化形成能力标准体系。能力标准的设计要以能力素质模型的建立为基础。

第四节简要介绍了基本资格标准的构成和设计要点。基本资格标准是在明确某一职位具体的行为能力标准后，对其人员准入条件的规定。基本资格标准包括教育程度、经验和业绩三个纬度。

第五节介绍员工任职资格管理。任职资格等级标准建立的基础上，要将等级标准应用于员工的任职资格管理中。首先需要对任职资格等级进行认证。任职资格等级认证是在职业发展体系和人力资格等级标准基础上，将员工的实际工作表现和能力水平与职衔和任职资格等级标准进行比较，对员工是否具有相应任职资格而进行的鉴定活动。本节分别对任职资格等级认证的两方面内容，即任职资格定级和任职资格等级调整做了介绍。

对于任职资格等级标准中的不同评价要素要设计不同的评价方法，本节重点介绍了专业技能评价的形式——任职资格定级评价会，详细介绍了专业技能评价的步骤，包括评价前期准备工作、评价过程两大阶段，具体包括被评价人分类、确定等级区间、设计评价表、试评价、标杆人物评价、选择评价路线、专家小组评分、分析评价数据、确定评价结果。

本节最后，并对与员工任职资格管理在员工能力管理和行为管理、培训体系设计、人才梯队建设、员工职业发展规划中的应用做了简单的介绍。

复习思考题

1. 任职资格等级标准设计中的行为标准、能力标准和基本资格标准设计存在什么样的联系？

2. 思考能力素质模型与能力标准的关系？

3. 任职资格等级标准是如何应用于人力管理中的？

4. 思考一名人力资源部门经理应该具备哪些素质。利用本章所学的知识，设计一个人力资源部门经理的能力素质模型。

5. 利用网络、书籍等渠道，搜集人力资源管理职位族的任职资格等级标准，分析其中包含哪些类型的信息？它们是否符合本章中讲述的任职资格等级标准的设计原则？如果不符合，你将怎样修改？

6. 任职资格定级包括哪些流程？任职资格评价会的一般工作步骤有哪些？

案例讨论

A企业经历十几年艰辛创业和发展，已成长为一家集技术投融资、项目建设和项目托管于一体的综合性专业环境工程公司。凭借雄厚的技术力量，公司拥有国家重点环境保护实用技术示范工程多项；并在印制线路板废水治理、电镀废水治理、印染废水处理、食品等高浓度有机废水处理和生活污水处理等领域形成了一套成熟、稳定的处理工艺。

随着国家环保法律的强制限制和各类大型工业园的建立，公司有了更多的发展机会。未来几年的战略目标：适应和配合大型工业园区的发展和独立承接工业园的托管项目。

由于业务领域的延展和项目的数量增多，经常出现技术方案一改再改，而且近期出现了一次重大失误。一个大项目由于在资质申报过程中一份文件过期而导致项目没有中标，这给公司老板的震撼很大。由于业务的增长速度加快，以前技术人员既是技术方案的制定者也是公司业务的开展者，这样的工作方式使得他们对下属的技术指导和技术开发都难以兼顾，加上技术人员的比较追求完美的特点、不善于和客户进行商务洽谈，导致他们每天叫苦连天，分身无术。技术阶梯队伍出现断层，高素质的技术人员压力巨大，但是成就感却非常低，技术开发、技术积累、经验复制的速度缓慢，重复的工作一做再做。为了激励技术人员和专业人员，公司设立了“副经理、副部长”等管理职位，导致公司职位管理混乱，干得好只有“当官”这一条路。提拔上来的人与以前想象的差距很大，但是只能“凑合用”，由于提拔的人管理能力欠缺和忙于救火式的工作方式，带领的下属团队意识、能力培养都没有到位，很大程度影响了公司项目的运作。激励手段的单一，好几名高级研发人员看不到自己的成长空间，跳槽到竞争对手那里，给公司造成损失。

国内企业在发展的过程中类似A企业这样情形非常之多。他们普遍遇到了同样的发展瓶颈，即员工的职业化程度不高，管理人才和专业人才不能满足业务的需要，没有完善的绩效考核，激励失衡、好的经验无法传递，业务开拓后才发现没有人才储备。现有的人才离未来的发展差距太大。

分析思路：传统的人力资源管理平台关注的是针对某一职位族的“一个职位”，反映的是一个职位对企业战略中应负的责任。而企业基于业务发展往往是需要为某一职位族的员工比如研发类工程师依据不同的能力设立成长阶段路标，关注的是能力的成长，这个能力不是抽象的能力，而是组织基于成果经验和未来发展要求的“知识、技能、文化、贡献、行为规范”的实际工作能力，关注的是业务工作过程的管理和实现，这是传统的“知识”为核心的能力转变为“职业化的行为”为核心的能力的突破。职位为基础的“人”锁定在一个固定的“岗位”，而为每个职位设立发展轨迹显然是不现实的。一个职位的能力只是一个“点”，无法成为一类职位族中任职能力的多个点而成型的“面”。

这个瓶颈单纯的用传统的绩效考核是无法解决的。绩效考核是关注过程的结果。虽然绩效方案中也设计了能力指标，对员工能力发展有一定的牵引性，但是归根到底与目标设定相关，绩效考核中没有也不可能对能力成长设立系统的方法和操作评估。即绩效考核还是没有解决“怎么样的过程才是做得好”的标准。同时由于目标偏重对短期利益的关注而牺牲公司的长远利益，促使员工关注当前目标的达成而忽略组织能力的长远建设。即使员工想成长也不知道如何成长，组织想帮助员工成长也不知道如何帮助。依据绩效考核结果制定的“行动改善计划”是发现一次改善一次，缺乏系统的联系和一致性。

这个瓶颈单纯的用传统的薪酬激励也是无法解决的。因为岗位评估主要解决的是对岗位与岗位之间当前价值的量化问题，从根本上无法解决员工的长远发展需要和内在激励问题，此外，对同一岗位的任职者，它也无法解决横向攀比及内部公平问题。

而基于员工的职业发展通道和任职资格等级标准来设定员工的绩效体系、培训体系、报酬体系、成长体系，无疑是解决组织能力和员工发展的关键点。强调员工职业发展通道，强调企业要求的行为规范、技能、贡献、文化、知识等特征的任职资格是解决的一个有效途径。它解决了企业需要什么样的人（何种知识、技能、贡献），该怎么做事（行为表现），有什么贡献（成果和业绩）。

案例思考题：

1. 根据以上分析思路，判断我们为 A 企业设计任职资格等级标准，能否帮助其解决面临的问题？

2. 如果可以，尝试为 A 企业设计任职资格等级标准。

第八章

职位价值体系的建立

学习目标

- 了解职位评价的含义、特点和基本原则
- 理解评价的作用
- 掌握评价的基本流程
- 掌握评价的四种主要方法
- 熟练掌握要素计点法的应用
- 熟练掌握海氏和美世评价系统的要素指标及其应用
- 理解职位评价结果在薪酬管理中的应用

关键概念

职位评价　排序法　因素比较法　分类法　要素计点法　薪酬结构线　薪酬策略　薪酬等级

引导案例

F公司是一家生产电信产品的公司。在创业初期，依靠一批志同道合的朋友，大家不怕苦不怕累，从早到晚拼命干。公司发展迅速，几年之后，员工由原来的十几人发展到几百人，业务收入由原来的每月十来万发展到每月上千万。企业大了，人也多了，但公司领导明显感觉到，大家的工作积极性越来越低，也越来越计较。

F公司的老总黄明裁一贯注重思考和学习，为此特别到书店买了一些有关成功企业经营管理方面的书籍来研究，他在介绍松下幸之助的用人之道一文中看到这样一段话："经营的原则自然是希望能做到'高效率、高薪资'。效率提高了，公司才可能支付高薪资。但松下先生提倡'高薪资、高效率'时，却不把高效率摆在第一个努力的目标，而是借着提高薪资，来提高员工的工作意愿，然后再达到高效率。"他想，公司发展了，确实应该考虑提高员工的待遇，一方面是对老员工为公司辛勤工作的回报，另一方面是吸引高素质人才加盟公司的需要。为此，W 公司重新制定了报酬制度，大幅度提高了员工的工资，并且对办公环境进行了重新装修。

高薪的效果立竿见影，W 公司很快就聚集了一大批有才华有能力的人。所有的员工都很满意，大家的热情高，工作十分卖力，公司的精神面貌也焕然一新。但这种好势头不到两个月，大家又恢复到懒洋洋、慢吞吞的状态。这是怎么了？

F 公司的高工资没有换来员工的高效率，公司领导陷入了两难的困惑境地，既苦恼又彷徨不知所措。那么症结在哪呢？

第一节　职位评价概述

一、职位评价的含义及特点

（一）职位评价的含义

职位评价（Job Evaluation）也称为岗位评价或工作评价，是在职位分析的基础上，系统地对各职位的价值进行评价，从而确定各项职位相对价值及相互关系的过程。职位评价要以对工作内容、所需技能、对组织的相对价值、组织文化以及外部市场的综合考虑为基础。这种把组织力量和外部市场力量相结合的潜在能力既是职位评价的优点又是职位评价面临的挑战。

（二）职位评价的特点

一般来说，职位评价具有三大特点：

1. 职位评价“对事不对人”

职位评价的对象是组织中客观存在的具体职位，其评价的核心是某一职位工作的职责、任职资格及工作条件等，而非以“人”为中心对工作的现有任职者进行评价。这也是很多组织在职位评价过程中常犯的错误。

2. 职位评价是对各项工作在组织中的贡献价值的评价

职位评价是将各项工作特定的工作任务对组织的贡献价值进行比较、评价的过程，而非对任职者的工作绩效进行评价。因此，也就是说，职位评价所使用的基础数据不是现在的任职者在这一工作上所做的贡献大小、完成任务的好坏，而是一般情况下，由某一工作的工作任务的重要性、难易程度所决定的其在组织总体中的相对贡献价值。

3. 职位评价衡量的是各工作之间的相对可比较价值，而不是绝对价值

职位评价是对同一组织内不同工作间相对价值进行评价，根据预先选定的报酬要素

及各等级标准，对各工作的逐一进行测评，得出各个工作的相对量值，使工作之间有了比较的基础，并形成相对的价值体系。最后再按评定结果，将各工作之间的相对价值划分为一定的等级，使不同的工作间具有一定的价值可比性，而非确定薪酬的绝对价值。也就是说职位评价可以根据每种职业、每个工种的内在要求，将它们分类、定级，力图指出什么级别应当获得较高的薪酬，但并不对每个级别的合理薪酬制定标准。因为薪酬绝对价值的确定仍需参照社会上各类工作的供求关系及组织自身的支付能力而定，而最终员工能得到的薪酬水平还要受到员工自身条件和工作绩效的影响。

二、职位评价的作用

上一章所讲的职位体系设计可以把各个职位族的纵深划分成不同等级，然而这种等级的划分只是存在于职位族内部，并没有对职种间各职位族的等级进行比较。而职位评价的作用就在于从相对价值角度，对组织内各职位族间的职位进行评定分级，最终形成组织内部所有职位的价值等级，而不仅仅是职位族内部的等级。所以，职位评价的作用主要体现为以下两点。

（一）能够科学有效地确定职位价值等级

职位价值等级在一个组织内部有着非常重要的作用，它常常被组织作为确定薪酬级别、福利标准、出差待遇、行政权限等的依据，甚至职位价值等级的差别也会影响到内部股权的分配。职位评价能够通过科学系统的评价方法对组织内的各个职位进行比较，得到各职位间的相对价值形成职位在价值上的等级差别。因此，职位评价能够科学有效地确定职位价值等级。

相反，目前仍有一部分组织不是依据职位评价来确定工作等级。例如在一些国有企业中，更多的仍是依照组织内部工作的行政等级或职称来划分工作等级。然而，行政等级或职称并不能完全准确的体现一项工作的重要性或在组织中的相对价值。举例来说，在某组织内部，财务科科长和后勤科科长从行政级别上来讲都是科长级别，但他们在组织内的价值很明显是不相同的。因此，以行政等级或职称来划分工作等级不但很难保证等级划分的准确性，而且很容易造成员工的不公平感。

还有一些组织，在确定工作等级的时候，直接套用其他组织的工作评定等级，这样做同样是不可取的。因为在不同的组织之间，尽管都有人力资源总监，但由于组织的行业性质不同、组织规模不同、战略目标不同，所以该工作的具体工作职责、工作难度也不尽相同。这样说来，同一工作在不同组织中的工作等级也是不可能完全一样的。因此组织必须根据自身现状利用适合的职位评价方法，才能有效地确定工作等级。

（二）能够作为薪酬合理分配的基础

在很多组织的薪酬结构中，一般都有岗位薪酬（或基本薪酬）这个项目。而这一项目的确定，正是通过职位评价获得的。正如前面我们所提到的，职位评价是确定工作等级的手段，因此，通过职位评价我们能够准确的获得组织内的工作等级，也就是各工作在组织中的相对价值。在此基础上，根据能级对应原则，我们就可以科学地确定各项工作间岗位薪酬（或基本薪酬）的差异了。职位评价有助于消除薪酬结构中的不公正因素，为组织薪酬等级间的逻辑关系和公正性奠定了坚实的基础。

三、职位评价的起源和发展

（一）职位评价在国外发达国家中的形成和发展概况

作为一项基础性的人力资源管理工具，职位评价伴随着工业革命的兴起和快速的发展，经过百余年的理论和实践探索，形成了较为成熟的理论体系和方法体系，随着知识经济的到来，职位评价也面临着较大的挑战和置疑。系统地回顾职位评价的发展历史，有助于我们加深对其的理解。

职位评价起源于美国，最初的尝试是美国政府试图建立起一套公正合理的方法去评价政府雇员的工作价值，以确定其报酬水平。1838 年，美国国会通过一项在政府雇员中进行职位评价工作的法案，基于不同职责和任职条件来确定其报酬，使得具有相似工作特点的职位能够拥有相同的报酬水平。

1909 年至 1910 年间，E·O·格里芬哈根创立了一套较为完整的职位分类程序，运用于对芝加哥公共部门的职位评价。1912 年，美国一家私营公司建立起对其 5 000 个雇员适用的职位评价方法，职位评价扩展到私营部门领域。在 1909 年到 1926 年间，职位评价专家陆续开发出四种职位评价方法。

二战前，采用职位评价或相关人力资源管理技术的企业数量相对较少，随着公平报酬立法的出现，大量企业、工会组织采用了各种职位评价方法，以适应公平立法对企业内部经营管理行为的规范约束，职位评价在理论和实践方面获得了迅速的发展，成为企业人力资源管理的一项基础性工具，同时也产生了大量成熟的职位评价系统。

（二）职位评价在我国的发展概况

职位评价在我国的出现主要是依托我国国有企业岗位责任制的建立和发展。1949 ~ 1952 年，我国企业全面实行和贯彻了生产责任制，在直接生产人员中实行了八级工资制。此时，工作等级的概念已经产生，职位评价的雏形也开始展露。1953 年以后，对企业管理制度和管理方法进行了更深入的探索，将生产责任制扩展到技术设计、工艺、材料等职能科室。1961 ~ 1965 年，党中央颁布了中国第一个工业企业管理试行条例《国营工业企业工作条例（草案）》，以及《企业计时奖励工资暂行条例》、《企业计件工资暂行条件》等指导性文件，强调了“多劳多得，少劳少得，不劳动者不得食”的按劳分配原则，为职位评价的深入发展奠定了法律基础及社会环境。

随着改革开放的进行，我国迅速融入到世界经济、文化以及政治的大潮之中。我国的企业管理也逐步纳入了科学化、合理化、标准化的轨道。岗位责任制也进一步发展为经济责任制，形成了一套完整的科学管理体系。在按劳分配原则的指导下，初步形成了适合企业自身需求的职位评价体系，为合理体现工作差别提供了科学的依据。20 世纪 90 年代至今，我国的各类企业组织经过不断地深入改革，将人作为企业最重要的资本，实现了人力资源管理理念和体制上的飞跃。职位分析作为人力资源管理中最为重要的基础，其作用得以充分发挥。职位评价作为职位分析的应用之一，其积极的作用已经得到越来越多的企业组织的重视于关注。通过十几年的不断摸索和实践，在熟练应用国外先进职位评价方法的基础上，已经基本形成了一系列适合我国企业及其他类型组织的职位评价指标体系，为我国企业的职位评价实现进一步的普及化与科学化提供了重要的前提手段。

四、职位评价的流程

（一）职位评价准备阶段

1. 明确职位评价的目的

不论是职位评价还是其他任何一项工作，在工作开始前我们最先要明确的就是这项工作的目的是什么，我们为什么要做这项工作。这就如同大海行船一样，如果我们失去了方向，我们任何的努力只能是枉费，甚至会给我们带来更糟的结果。而对于职位评价来说，如果其目的不明确，可能就会使接下来的职位评价陷入复杂的程序和繁文缛节之中，不能顺利地进行下去。

通常情况下我们进行职位评价的目的是为了建立合理的薪酬体系，而薪酬体系的建立则是为了保障组织战略目标的有效实现。因此，要明确职位评价的目的，首先要明确的就是组织的战略目标，确定薪酬战略，从而明确职位评价为配合薪酬战略所要达到的目的。

2. 了解组织现状

组织是一个错综复杂的系统，各项工作之间有着密切的关系。在考察组织每项工作之前，必须先对整个组织有所了解，这包括组织的历史、现状、组织战略目标、组织性质、组织所属行业特性、组织规模、组织结构、关键产品和市场、生产流程以及人员状况等等。

3. 确定职位说明书

职位评价是以职位分析为基础而进行的，因此要进行职位评价就必须先进行职位分析。而职位说明书是职位分析的重要成果文件，其中包含了工作职责、权限、任职资格、工作环境等重要的工作信息，是职位评价的主要信息来源。因此，在职位评价开始前，必须先确定各项工作的职位说明书。可以通过职位分析的方法，对现有工作进行重新梳理定义；也可以对已有的职位说明书进行补充完善。但最重要的是要尽可能地保证职位说明书的翔实性、完整性以及真实性，以保证职位评价结果的科学、有效。

4. 建立职位评价委员会

职位评价委员会是评价工作的组织与执行机构，在进行职位评价前都应建立相应的职位评价委员会，以主要承担这一工作。职位评价是一个科学方法结合主观判断的过程，需要来自组织内部、外部各方面的人员对工作进行客观公正的评价。由于职位评价委员会是由来自不同利益群体的多名成员组成，并通过一定的统计方法得出各职位评价结果的。因此，通过集体决策的相互制衡，以及科学合理的评价程序，可以在一定程度上降低评价委员个人偏见造成的影响，使评价结果客观公正。同时，依靠评价委员会进行职位评价，可以大大提高员工以及管理层对职位评价结果的接受程度。因为，评价委员们是各领域的代表，他们作为非人力资源管理专家参与并了解了职位评价的全过程。这样有助于降低以往职位评价过程中出现的信息不对称的程度，同时还使组织各个层级员工增强了来自于集体判断和“自己人操作”的心理优势，这对于职位评价结果的解释和接受有很大帮助。

职位评价委员会的职能一般是，根据职位分析的结果，针对组织内部的所有或部分工作进行职位评价体系的设计，选择评价方法，并对相应工作做出评价，形成工作等级。这些工作可以由一个小组完成，也可以由多个小组分工协作共同完成。一般来说，在比较小型的组织中，由于评价工作的难度也会相应比较小，因此建立一个职位评价委员会，即可完成所有的工作。但对于规模较大或工作类别较多的组织来说，评价工作不但在难度上有所提高，而且在工作量方面也不可小视。因此，就应建立多个评价委员会，将评价工作的各个环节进一步细分。所以，不同的组织中职位评价委员会的职能、责任和权利可能会有很大差别。

常见的职位评价委员会类型及其构成：

（1）职位评价指导委员会。这一委员会从组织的层面，对职位评价工作加以指导和把握。因此，一般由组织高层管理人员和工会代表组成，其主要责任就是审查、批准职位评价方案，对职位评价的各个环节加以控制，并时时检查方案执行的进度，同时，承担着对所用程序和结果的协调工作。

（2）职位评价实施委员会。评价委员一般会参照分析小组提出的技术性建议，按照所采用要素的重要程度对工作进行排列。由于该工作比较棘手，所以必须小心选择其成员，要选择那些得到管理人员和工人双方信任，并且技术上能够胜任的人。而且，因为这项工作很费时，所以还要求成员们有足够的时间来处理评价委员会的工作。

（3）分析小组。分析小组的构成是一个根本性问题。该小组中要有一位资深专家起草基本方案，并给分析人员和各委员会成员以适当的培训。如果组织内部没有这种合适的人员，可以请外面的专家或咨询公司。各个委员会的工作都将根据这个小组提供的论据来展开，其领导成员必须能回答评价中发生的技术问题。

（4）申诉委员会。一旦建立了新的工作结构，并且每一个职位都划分了等级以后，就要有一个申诉程序受理等级分类上诉。无论多严格的评价程序，等级的变化一般总会引起那些认为他们被排列到比他们自己所希望等级更低的工人们的反对。人们将要求这个委员会来决定有争议职位的分等是否合适。它一般要独立于经理而工作，以便于被工人们接受。

5. 选择标杆职位（Benchmark Jobs）

在大型组织中，由于职位众多，很难同时将所有的职位都进行评价。因此，需要首先选择一部分标杆职位或基准职位进行评价，然后与外部的组织薪酬水平进行对比。标杆职位或基准职位是指那些在大多数组织中都存在，且工作职责和任职资格条件差异不大的一般化工作。标杆职位一般包括四点特征：第一，其工作内容或职责是在长期以来相对稳定，且被大多数人熟知和认可的；第二，是基本上所有组织都有的职位；第三，是组织中有代表性的职位，与非标杆职位具有可比性；最后，通常是以劳动力市场用来确定工资水平的职位。一般选择标杆职位时，需要在组织中选择10%～15%左右的标杆职位进行职位评价，其他没有作为标杆职位的，则其相对价值将通过与标杆职位的职位评价结果相对比而得出。

6. 选择评价方法、建立评价体系

在确定基准职位之后，我们便应该根据职位分析结果，对各项职位类别进行划分，并决定使用单一的职位评价方法是否可以用来评价所有不同类别的职位。通常在统一评价因素基础上的一种职位评价方法是不足以用来评价所有不同类别的工作的。例如经营、书记、管理、专业、技术和行政类工作，他们之间显然存在着很大的差异性，这就使得一种评价方法很难准确地对所有类别的职位做出科学的评价。因此，使用单一方法还是多种方法是关于同等价值争论的关键问题。在选择评价方法时，还是应着眼于组织的需求和所能接受的程度。

职位评价指标、各指标的分级定义以及各指标的权重共同构成了职位评价体系。职位评价指标是指，通过职位分析结果将各项工作的工作职责、任职资格条件等进行分解概括，提取各工作均具备的因素作为职位评价的指标维度。

选择职位评价指标时应该依照以下原则：

（1）全面性原则。评价指标的全面性原则要求所选择的职位评价指标要能够全面反映所有职位的特征，提炼它们的共性，同时又能体现不同职位之间的特性。

（2）适用性原则。评价指标的选择必须从组织目前所处的经营环境和未来的战略目标出发，选择能促进组织生产和管理发展需要的评价指标，以提高职位评价的实用价值。

（3）独立性原则。各评价指标之间应该是相互独立，没有重叠的。相重叠的评价指标会使评价结果包含了重复计分的部分，使结果存在偏差的可能性。

(4) 可评价性原则。指组织能够为所选择的评价指标制定统一的评价标准，而且这些评价标准是组织能够运用相关技术和方法来评定的。

(5) 与组织战略相一致原则。在评价因素选择时还应结合组织战略。例如，采取产品区别战略的组织，可能就会把创新作为研究人员和市场经理的重要评价因素。通过高品质的客户关系取胜的组织，可能就会把客户服务和人际交往的技巧这类评价因素作为评价的重点。

选择职位评价指标时，大多数职位评价指标都是由技能、责任、努力程度和工作环境四大类组成的，也可以从各项工作的工作流程的输入、处理、输出及工作环境或工作条件的角度，提炼出对各工作具有代表性的抽象化指标。组织再根据自身特点及现状将这些概括的因素分为更多的、更适用于组织的具体因素。例如，工作要求的责任可以进一步划分为对财务的责任和对人员的责任。

在选定并定义了评价指标后，就需要为这些指标赋予不同的权重，即确定各个评价指标的相对重要程度。由于各行业、各组织在要素的重要程度上是不同的，因此，每个组织在为各评价指标确定权重时，就需要从组织的自身情况出发，分析组织的业务性质、工作内容以及各评价指标的含义，然后再进行赋值。一般，在确定权重时会适用到两种方法：

(1) 排序法。由职位评价委员会成员对各评价指标进行排序，先选择一个最为重要的指标，然后直接判断其他各指标对该指标的相对重要程度，最后计算出各要素的权重。其优点是简单易行，但使用该方法则对评价委员会成员在知识面和经验丰富程度上有较高的要求。

(2) 矩阵法。由职位评价委员会成员对相同层次上的各个评价指标的重要性进行两两比较，并根据其重要程度的差异赋以其不同的分值。在配对比较结束后，便可以得到一个得分矩阵，然后运用归一化等方法对该矩阵进行计算，最后得到该层次上各个指标的相对价值，即权重。该方法有较强的理论基础，过程比较严密，并在一定程度上削弱了评价者的个人主观判断的不利影响，所以通过这种方法得到的结果更为准确。但该方法对操作人员的理论知识要求较高，在数据处理方面也较为复杂，消耗的时间和成本也相应较高。

(二) 职位评价实施阶段

1. 对职位评价者进行培训

对职位评价者进行培训是十分重要，正如我们前面所提到的，即使职位评价体系设计得再完美，一旦执行者对其理解上出现偏差，或由于某种利益的驱使不能公正地依照评价体系作出决定时，评价工作只能是徒劳无功，甚至还会给组织带来负面影响。

因此，除了要向职位评价者清楚地传达组织进行职位评价的目的，以及职位评价所能为组织和员工个人带来的利益，使他们摆正对职位评价的态度之外，还必须通过培训，使他们准确掌握职位评价方法、评价流程，正确理解职位说明书中所包含的内容，以及被评价工作的其他相关信息。

2. 职位的初评和正式评价

职位评价过程中，由于评价者中可能会有来自组织不同层级的成员，因此，他们不一定对人力资源工作十分精通，所以需要一个熟悉评价体系和评价方法的过程。为此，可以让职位评价者对某些工作进行初评，从中发现他们所存在问题，并加以解释。通过这种方法，可以使评价者对职位评价体系从逐步熟悉到能灵活运用。同时通过初评，还可以有效地检验评价因素及评价方法的选择是否具有很强的代表性和适用性。实际操作中，可以选用一个大家很熟悉的工作作为初评对象，各评价者进行独立评价，然后检查各自评价结果的差异性，查看差异形成的原因，并加以改善，使评价者对评价体系和评价方法的使用和标准的掌握达到一致。

初评通过后，便可对标杆工作进行正式评价。在需要的情况下，对评价结果进行一定范围内的调整。通过对标杆工作的评价，再将其他非标准工作与相应的标杆工作进行对比评价，就可以确定组织内所有工作间的相对价值，形成工作等级。

（三）职位评价结果应用阶段

1. 工作等级转换成薪酬等级

职位评价通过比较工作信息建立起工作等级结构，它为建立新的基于工作的薪酬体系提供了基础。工作等级只是对工作的相对价值进行了比较排序，但并没有确定各等级的绝对薪酬水平。以工作等级为基准建立薪酬体系的第一步，就是将工作等级转换为薪酬等级。这部分内容，将在下面的章节中具体介绍。

2. 与员工进行沟通并建立申诉机制和程序

职位评价的结果对组织内的每一位员工来说都很重要。在整个职位分析和评价的过程中，组织都应该正式和组织内成员进行交流，使评价的目的、方法、标准等充分透明化，使他们认识到职位评价的重要性，并让他们亲身参与到职位评价当中来，从而有助于员工对评价过程和结果的理解和接受。

同时，组织应该建立申诉机制和程序，给予员工发表自己见解的机会与途径，避免由于不满且无法从正当途径得到科学合理的解释，而使员工内部产生不安定因素。

（四）职位评价完善与维护阶段

随着组织经营状况的不断变化，组织战略目标的转移，以及一些工作内容的变化，当初的职位评价体系所根据的现实基础已经发生了变化，那么就意味着这套评价方案已经失去了现实意义。如果不能及时加以必要的调整，就可能为组织带来诸多问题。因此，为了避免这些问题的出现，避免使职位评价体系成为一纸空文，就必须把职位评价看作是一个不断完善的过程。

1. 日常维护

日常维护主要针对组织内产生的新工作。一般来说，在新工作产生后就应先按照已经建立起来的职位评价体系对其进行职位评价，将其纳入工作等级结果中去。日常维护的另一项职责就是在实行了职位评价之后，当某些工作发生了变化时，对其做出重新的评价。

2. 定期维护

为了保持职位评价体系能够与时俱进，就需要建立一套定期检查维护的制度体系。其主要工作是检查：第一，标杆工作是否仍具有代表性，是否需要更新；第二，升级和降级情况；第三，等级是否出现堆积；第四，“红圈工作”的处理情况；第五，评价指标及权重是否需要重新调整；第六，薪酬结构是否需要进行调整，薪酬水平是否需要提高。这样做的目的是为了保证职位评价能够满足组织发展的正常需要。

第二节　职位评价的方法

一、职位评价中的排序法

排序法（Job Ranking），是职位评价中使用较早的一种较为简单的评价方法，同时也是最易于理解的，它是指由经过培训的有经验的评价者，依据对职位所承担责任、困难程度等基本情况的了解，比较每两个职位之间的级别关系，从而对各项职位的重要性作出判断，并根据职位相对价值的大小按升值或降值顺序排序来确定职位等级的一种职位评价方法。应当注意的是，简单排序法将职位视为一个整体来考虑。图 8 - 1 总结了用排序法进行职位评价的步骤。

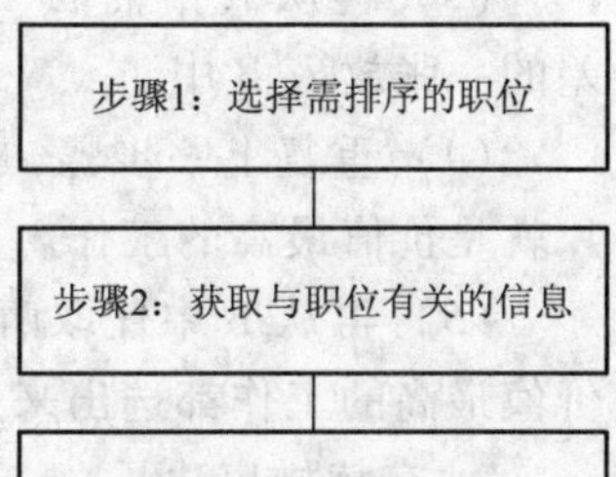

图 8 - 1　职位排序法的步骤

（一）排序法的步骤

1. 选择需排序的职位

一些事项在选择被排序的职位时必须要考虑到：如果有很多的职位，采用排序法将是很困难的，所以只有在部门中进行排序才最为有效。实际上，在部门内采用排序法与评价职位族是相似的。职位族是把执行类似工作任务的职位划分为较大群体的方法。在不同的职位族中进行职位排序时，组织通常会针对每一个职位族内的职位选择排序标准。因此，在大型组织内，由于存在多种职位，因此不能进行简单排序。

2. 获取与职位有关的信息

获取的信息包括职位责任大小、难度大小、与其他职位之间的关系，所需的知识、技能及经验等。

3. 对职位进行排序

由职位评价委员会的全体委员分别根据职位有关的信息，利用简单排序法、交替排序法和配对比较法，将职位按照难易程度或贡献大小进行排序。

4. 达成排序共识

职位评价委员会成员完成独立的职位评价后，要讨论职位排序并寻求对整体相对排序的共识。如果讨论不能解决不同意见，一个办法是平均计算委员会成员的排序结果。但这种平均方法只能作为最后的手段，因为他不能体现排序不一致的根本原因。

（二）三种常用的排序方法

1. 简单排序法

简单排序法是一种最为简单的职位评价方法。职位评价者只需根据自己在工作中长期积累的经验，通过主观判断的方法，对职位的相对价值进行排序。具体步骤如下：

（1）将要评价的职位名称分别写在卡片上，将所有卡片放在 A 公文筐中。

（2）在 A 中任意选取两张卡片进行比较，选取两者中较好的，并将较差的一个放到 B 公文筐中。

（3）再从 A 中抽取一张卡片，将其与手中较好的那张卡片进行比较，取出其中较差的一张放入 B 中。

（4）重复上一步骤，直到将 A 中的卡片都比较完为止。那么，最后握在手中的卡片就是价值最高的工作。

（5）再从 B 中任取两张卡片进行比较，并重复 2 ~ 4 的步骤，直到将每个公文筐中价值最高的工作都选出来为止。

2. 交替排序法

交替排序法是简单排序法的进一步延伸。可以依据以下操作步骤进行：

（1）评价者先在所有职位中判断出价值最高的一个，并将职位名称写在另一页纸上的第一行，然后将原来那页纸上的工作名称划掉。

（2）再判断所有职位中价值最低的一个，同样将它的职位名称从原来那页纸上划掉，将职位名称写在另一页纸上的最后一行。

（3）依法效仿。再从剩下的职位中选择出价值最高的职位和最低的职位，整个过程一直持续到所有职位都进行了排序为止。

3. 配对比较法

配对比较法可能是最通用的排序方法。将所有要比较的职位，分别列在表格的各行和列中。这种表格就是所谓的配对比较排序表。

例如，某部门有 A、B、C、D、E、F 六个职位，利用配对比较的方法对其进行评价。先将六个职位横竖排列于表中，把每一个职位与其余的五个职位逐一比较，并做出不难、或者难度相同、或者难的判断。当行的要素比列的要素判断为难时，就在行和列到交叉的空白处做“2”记号；判断为难度相同时，做“1”记号；判断为不难时，做“0”记号。最后在表中“总额”一栏加总计算每项职位的最后得分，得分最高的职位其对组织的价值也就最高。

经配对比较后，各职位在比较中所获得的总分数决定了各职位等级排列的先后。

表 8－1　　配对比较表

职位名称	A	B	C	D	E	F	总分数
A		2	2	2	2	2	10
B	0		2	2	2	2	8
C	0	0		1	2	2	5
D	0	0	1		2	2	5
E	0	0	0	0		2	2
F	0	0	0	0	0		0

（三）排序法的优点和缺点

简单是排序法的主要优点之一。因为简单，它也就成为实施起来最快的方法。毫无疑问，在花费员工的时间和员工参与方面，它也是成本最低的。在小型组织或工作较少的组织里，这些优点大概能压倒其缺点。

当然，排序法也有比较大的缺点。首先，如果涉及很多职位，将每一个职位都相互比较是相当困难的。例如，如果是六个职位，就要进行 15 次比较（$6\times5/2$），而如果有 12 个职位则要做 66 次比较（$12\times11/2$）。所以，该方法适用于较小的组织或者是职位族中很少有职位需要排序的组织。第二个缺点是，这个方法可能找不出职位之间的重要区别。最后一个缺点，也可能是最严重的缺点，排序法不能确定一个职位的价值比另一个职位的价值大多少。虽然可以知道职位 1 比职位 2 更有价值，但却不能展现它们之间量的差距。

二、职位评价中的因素比较法

在因素比较法（Factor Comparison）中，最重要的是先决定职位评价的因素和标杆职位，再用评价因素和标杆职位制成关键职位分级表，其余职位以此表为尺度决定其地位。由于关键职位应得报酬是可知的，那么在评价其他职位时，只要与关键职位的各个项目进行比较，就可以得出各评价项目应得的货币价值。

由于因素比较法能给出各职位进行比较后的相对量化价值，因此，它被广泛应用于各类不同的组织当中。许多人力资源咨询机构致力于因素比较法的研究，为不同组织建立了各具特色的因素比较体系。

（一）因素比较法的步骤

1. 选择需评价的标杆职位

在设计有效的因素比较法时，选择恰当的关键职位极为重要。标杆职位的数量一般为15到30项职位。

2. 选择报酬因素

职位评价委员会对报酬因素有广泛的选择范围，一般可选择五个因素。委员会有可能要设计或者使用由其他职位评价体系发展而来的报酬因素。参考表8－2，可以总结出更为常用的一般报酬因素。

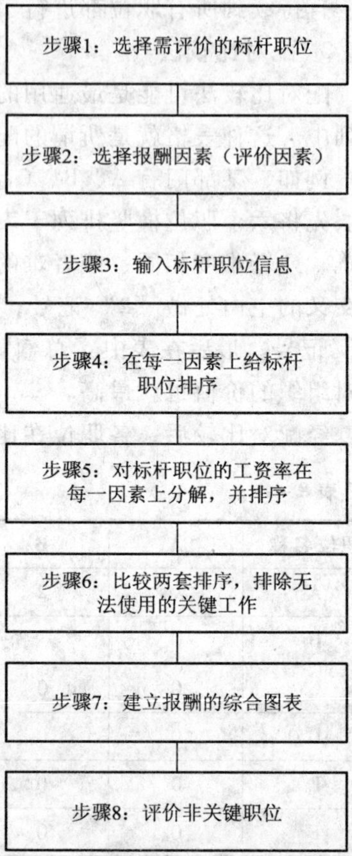

图8－2 因素比较法的步骤

表8－2 常用的报酬因素

Bass公司	Benge公司	NEMA－NMTA	FES公司	Hay and Purves公司	同工同酬法案＊
• 技术 • 责任 • 工作环境	• 智力要求 • 技术要求 • 体力要求 • 责任 • 工作环境	• 技术 • 努力程度 • 责任 • 工作环境	• 职位所要求的知识 • 管理控制 • 指导 • 复杂性 • 范围与效果 • 个人接触 • 体力要求 • 工作环境	• 实际知识 • 解决问题 • 责任	• 技术 • 努力程度 • 责任 • 工作环境

＊同工同酬法案不是职位评价方案，但它明确了界定报酬因素的标准

3. 输入标杆职位信息

这一步跟其他职位评价方法相同。需要注意的是职位描述经常用术语来帮助建立职位评价方案中的报酬因素。由于某些因素经常出现在职位评价方案中，它们有时也就被当作通用因素。（表 8－2 展示了一组报酬因素，读者从中可以看到在不同评价方案中因素的高度重叠。）

4. 在每一因素上给标杆职位排序

这一步有力地证明了因素比较法是排序法的一个改进。评价委员会成员在每一因素上对标杆职位进行排序。表 8－3 是将排序方案应用到几个职位上的示例。

表 8－3　　标杆职位排序表

等级顺序	脑力	技能	体力	责任	工作条件
1	职位 A	职位 A	职位 D	职位 A	职位 F
2	职位 B	职位 B	职位 E	职位 B	职位 C
3	职位 C	职位 D	职位 F	职位 D	职位 A
4	职位 D	职位 C	职位 C	职位 C	职位 B
5	职位 E	职位 E	职位 B	职位 E	职位 E
6	职位 F	职位 F	职位 A	职位 F	职位 D
7	职位 G	职位 G	职位 G	职位 G	职位 G

5. 对标杆职位的工资率在每一因素上分解，并排序

将各标杆职位的现行薪酬，按前面确定的五项因素，予以适当的分配。由于评价者在职位评价过程中完全独立进行，因此，不同的职位评价人员对同一标准职位在各因素上的工资分解就会出现分歧。为解决这一问题，我们就需要汇总所有评价结果，并利用均值法最终确定某一职位在各评价因素上的工资率。例如，对职位 A 的工资分解如表 8－4 所示。

表 8－4　　职位 A 的工资分解表

评价者	脑力（元）	技能（元）	体力（元）	责任（元）	工作条件（元）	现行工资数 元/小时
评价者甲	0.8（10%）	0.8（10%）	3.2（40%）	0.8（10%）	2.4（30%）	8.00（100%）
评价者乙	0.4（5%）	1.2（15%）	2.4（30%）	1.2（15%）	2.8（35%）	8.00（100%）
评价者丙	0.8（10%）	1.2（15%）	2.4（30%）	0.4（5%）	3.2（40%）	8.00（100%）
合计（甲＋乙＋丙）/3	0.67（8.38%）	1.06（13.24%）	2.67（33.38%）	0.8（10%）	2.8（35%）	8.00（100%）

利用这种方法，我们就可以得出所有标杆职位的工资分解表。如表 8 – 5 所示。

表 8 – 5　　标杆职位工资分解表

职位名称	脑力（元）	技能（元）	体力（元）	责任（元）	工作条件（元）	现行工资数 元/小时
职位 A	0.67	1.06	2.67	0.80	2.80	8.00
职位 B	1.00	2.00	2.50	1.50	3.00	10.00
职位 C	1.80	3.60	1.20	3.00	2.40	12.00
职位 D	2.70	3.45	0.75	2.25	5.85	15.00
职位 E	4.14	4.50	0.90	4.50	3.96	18.00
职位 F	6.00	6.00	1.00	6.00	1.00	20.00
职位 G	7.00	6.50	3.00	6.50	5	28.00

在形成标杆职位工资分解表后，根据各标杆职位在每一因素上的工资率，就可以在每一因素上对标杆职位进行排序。结果如表 8 – 6 所示。

表 8 – 6　　标杆职位各因素工资率排序表

职位名称	脑力	技能	体力	责任	工作条件
职位 A	1	1	6	1	3
职位 B	2	2	5	2	4
职位 C	3	4	4	4	2
职位 D	4	3	1	3	7
职位 E	5	5	2	5	5
职位 F	6	6	3	6	1
职位 G	7	7	7	7	6

6. 比较两套排序，排除无法使用的关键职位

将步骤 4 和步骤 5 中得出的标杆职位分级表与标杆职位各评价因素工资率排序表进行比较，看两次排序中标杆工作在各因素上的顺序是否一致。如某个标杆工作出现两次排序位置不一致的情况，则将该工作删除。如图 8 – 7 所示，职位 D 和职位 G 在工作条件上在步骤 4 和步骤 5 排序不一致，则需要删除这两个职位中的一个，本例以删除职位 G 为例。

表 8－7　标杆工作两次排序比较

职位名称	脑力		技能		体力		责任		工作条件	
	1	2	1	2	1	2	1	2	1	2
职位 A	1	1	1	1	6	6	1	1	3	3
职位 B	2	2	2	2	5	5	2	2	4	4
职位 C	3	3	4	4	4	4	4	4	2	2
职位 D	4	4	3	3	1	1	3	3	6	7
职位 E	5	5	5	5	2	2	5	5	5	5
职位 F	6	6	6	6	3	3	6	6	1	1
职位 G	7	7	7	7	7	7	7	7	7	6

7. 建立一个薪酬的综合图表

依照标杆职位工资分解表，将标杆职位在各因素上进行排列，并编制因素比较综合图表。首先，将有一定间隔的小时工资数额列入表格第一列，再依照某一标杆职位的工资分解表在因素比较尺综合图表中找到相应的位置。例如，职位 A 在脑力因素上分解的工资率为 0.67 元/小时，其在因素比较综合图表中的位置，就为脑力因素与每小时工资为 0.7 元的交叉点。

表 8－8　因素比较综合图表

每小时工资（元）	脑力	技能	体力	责任	职位条件
0.70	职位 A				
0.80			职位 D	职位 A	
0.90			职位 E		
1.00	职位 B		职位 F		职位 F
1.10		职位 A			
1.20			职位 C		
1.30					
1.40					
1.50				职位 B	
1.60					

续表 8－8

每小时工资（元）	脑力	技能	体力	责任	职位条件
1.70					
1.80	职位 C				
1.90					
2.00		职位 B			
2.10					
2.20					
2.30				职位 D	
2.40					职位 C
2.50			职位 B		
2.60					
2.70	职位 D		**职位 A**		
2.80					**职位 A**
3.00				职位 C	职位 B
3.50		职位 D			
3.60		职位 C			
4.00					职位 E
4.20	职位 E				
4.50		职位 E		职位 E	
5.00					
5.50					
5.90					职位 D
6.00	职位 F	职位 F		职位 F	

8. 评价非标杆职位

将标杆职位以外的各项职位逐项与刚建立起来的标杆职位因素比较尺度表相比较。这一步是一个要素一个要素的判定与标杆职位最类似的每项职位，求得该项职位的相应位置，并查出各项因素薪酬，再将各项因素薪酬相加，而得出该项职位的薪酬。例如，职位 X 在脑力因素上与职位 D 相似，在技能因素上与职位 E 相似，在体力因素上与职位 C 相似，在责任因素上与职位 D 相似，在职位条件上与职位 B 相似。对应因素比较尺度表中各标杆职位的位置，我们就可以知道职位 X 在每个因素上的位置及工资率，从而计算出该项职位的小时工资率。职位 X 的小时工资率为 2.7 +4.5 +1.2 +2.3 +3.0 = 13.7 元/小时。

（二）因素比较法的优缺点

因素比较法的提倡者坚持认为只有为企业量身定做的职位评价方案才有成效，因为薪酬综合图表只反映组织里的职位。而且，他们认为这一方法一旦确立，就相对容易使用。也就是说，即使相对缺少训练的评价者也能把职位放置在综合图表中，并得出该职位的总薪酬。最后，提倡者还认为，这种方法把职位的相对价值用术语表示出来，从而使得每个人都能理解。

该方法的批评者认为，使用货币价值会造成职位评价中的偏见。因为评价者可能知道某一职位的相对价值，因此对某一因素定价过高，超过了职位的实际价值。另外一些批评者坚持认为，由于建立报酬综合图表的复杂性，许多雇员都不明白方案是如何构思和操作的。如果发生这样的情况，进行职位评价的目的首先就受挫了。最后，人们通常认为，当真正用金钱来评价职位时，如果标杆职位水平发生变化，综合图表就显得过时了。而且一旦发生通货膨胀或其他因素导致图表中的货币价值总数发生变化，组织就需要修改报酬综合图表。

三、职位评价中的分类法

分类法（Job Classification），也称为分级法或等级描述法，是对排列法的进一步完善。分类法主要从横向和纵向两个角度，对组织中的所有职位进行分类和分级。横向分类是指将按照职位性质和特点，制定职位横向分类的规则，并将组织中的所有职位按照分类规则进行归类；纵向分级是指按照职位责任大小、技能要求等要素指标，在每一类职位中建立纵向分级的规则，并将此类中的所有职位按照分级规则进行分层，为职位建立起一套完善的分类等级体系。利用分类法在对职位进行评价时，不仅要在同类职位中进行不同等级的比较，同时还要在不同类别的职位中进行比较，最终得出所有职位的相对价值。

运用分类法所进行的职位评价是与职位体系的设计有一定差别的，分类法虽然也进行分类、分等，但它的主要目的是为了确定各职位在组织内的相对价值，为薪酬体系的设计提供基础，它要确定的是组织内所有职位的相对价值，而并不局限在一个职位序列或职位族内，而职位体系的设计是建立组织内职位的横向序列和纵向的通道，为员工在组织内职位晋升、调整提供基础。它将不同性质、难易程度不同的职位划分为不同的类别、不同的等级，而等级的划分是在一个职位族内进行的，所以二者不能完全代替。

（一）分类法的步骤

1. 信息收集，完成职位分类的准备工作

成立职位评价委员会，收集各类相关资料信息。由于分类法是要先建立职位分类等级体系，因此，必须首先明确组织现有的部门分工、职位设置等。

2. 划分职位类别

首先，根据企业所处行业的特点、职位的多少、人力资源管理的策略、所有职位的性质和特点，制定职位横向分类的规则。这个规则是对职位的性质职位、职责的范围的明确界定。例如按照企业功能领域和不同职位的性质，可以将企业的职位划分为管理类、营销类、技术类、操作类等大类，对其职位的性质、职责范围作出明确的界定，然后还可以在每一个大类中，进一步划分职位的中类和小类，例如管理类还可以划分为人力资源管理、财务管理等。

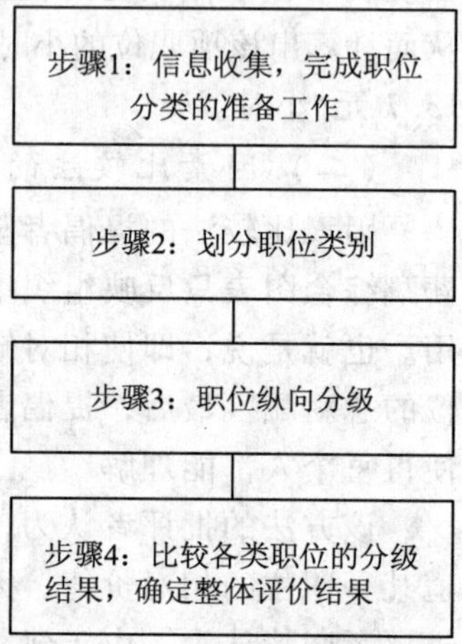

图 8－3 职位分类法的步骤

然后将通过分析各个职位的性质的特点，将各个职位归到各类中。

专　栏

国际国内的工作分类标准

一、国际的工作分类标准

（一）《国际标准职业分类》(ISCO, International Standard Classification of Occupation)

1958 年，国际劳工局制定了《国际标准职业分类》（ISCO，International Standard Classification of Occupation），其修订版于 1966 年日内瓦第十一届劳工统计专家会议上通过，并于 1968 年第二次出版。国际劳工局制定的这套职业的系统化分类体系标准（1981 年第四次印刷①）分为四个层次：8 大类、83 小类、284 细类、1 506 种职业项目。这 8 大类分别是：

① 《国际标准职业分类》，1988 年中译本，原劳动人事出版社。该标准是根据 1968 年修订，第四次印刷版翻译，1988 年以后国际劳工局对其进行了修改。

大类一：专家、技术人员及有关工作者；

大类二：政府官员和企业经理；

大类三：事务性工作者和有关工作者；

大类四：销售工作者；

大类五：服务工作者；

大类六：农业、牧业和林业工作者；

大类七：生产和有关工作者，运输设备操作者和劳动者；

大类八：不能按职业分类的劳动者。

该分类体系采用十进制编码，每一项职业都对应一个专门编码。例如，“劳资关系和人事经理”属于大类二（政府官员和企业经理），小类2-1（经理），细类2019（未归入别处的经理），职业项目2-19，80。

（二）美国 1923年，美国联邦政府首次将公务员职位分为职门、职组、职系、岗级等层次。1949年，政府就将9个职门合并为GS（General Schedules）和CPCS（Crafts，Protective and Custodial Schedules）两大类职位。1954年取消CPCS类，其中的一部分职位并入GS类。同时，职系的划分也改变了过于繁细的倾向，1952年分为27个职组，569个职系；1958年变为23个职组，524个职系；1965年则缩减为22个职组，439个职系。

（三）《加拿大职业分类辞典》

全书分为上下两卷，将有关自然科学、社会科学、工程技术、医疗卫生、教育、卫生、体育、行政、公务等各种职业，划分为23个大组，81个小组，499个细组，共计11 300多个职业，对每个职业的名称、定义、工作内容、性质、特征和职业心理生理的要求，都做了详尽的说明和严格的规定。

二、国内的工作分类标准

（一）《中华人民共和国国家标准：职业分类与代码》（GB6565-1986）

这是我国在人口普查制定的职业分类标准。它起源于1982年全国第三次人口普查，1986年6月21日，国家统计局和国家标准局发布了此套标准，将全国职业分为8个大类、63个中类和303个小类。

1999年，国家质量技术监督局、国家人事部、劳动和社会保障部以及国家统计局对其进行了修改，形成了新标准GB/T6565-1999。新标准将现有的全国职业分成8个大类、65个中类和410个小类。这8大类分别是：国家机关、党群组织、企事业单位负责人；专业技术人员；办事人员和有关人员；商业、服务业人员；农、林、牧、渔、水利业生产人员；生产、运输设备操作人员及有关人员；军人；不便分类的其他从业人员。例如，环境清洁卫生工人，被列在大类4（服务业人员），中类8（居民生活服务人员)，小类4(环境卫生人员)中，其代码为4-84。

(二)《中华人民共和国职业分类大典》

《中华人民共和国职业分类大典》编制工作于1995年初启动，历时4年，1999年初通过审定，1999年5月正式颁布。中央、国务院50多个部门以及有关研究机构、大专院校和部分企业的近千名专家学者参加了编制工作。

它将我国职业归为8个大类、66个中类、413个小类、1838个细类(职业)。8大类分别是：

第一大类：国家机关、党群组织、企事业单位负责人，其中包括5个中类，16个小类，25个细类；

第二大类：专业技术人员，其中包括14个中类，115个小类，379个细类；

第三大类：办事人员和有关人员，其中包括4个中类，12个小类，45个细类；

第四大类：商业、服务业人员，其中包括8个中类，43个小类，147个细类；

第五大类：农、林、牧、渔、水利业生产人员，其中包括6个中类，30个小类，121个细类；

第六大类：生产、运输设备操作人员及有关人员，其中包括27个中类，195个小类，1 119个细类；

第七大类：军人，其中包括1个中类，1个小类，1个细类；

第八大类：不便分类的其他从业人员，其中包括1个中类，1个小类，1个细类。

目前，在上述的各类职业标准中，由国家劳动和社会保障部编纂的《中华人民共和国职业分类大典》影响最大，并且国家依据这一标准已经构建了一套系统的职业标准以及职业资格的鉴定制度，因此，企事业单位在开展工作分析的活动中，应当将其作为职位评价和工作分类的重要依据之一。

3. 职位纵向分级

首先，根据工作繁简难易程度、职位责任大小以及所需能力、技能的高低等因素，在每一类职位中建立纵向分级的规则，这个规则对职责权限、知识要求、技术要求、能力要求、智力要求、脑力和体力耗费程度、需要的培训和经验、工作环境等方面作出明确的界定，为职位纵向分级提供标准。在分级规则中对较低级别的职位定义大致是：能够在领导者指导下处理简单的日常工作，很少或不要求工作人员具备独立判断、处理问题的能力。制定等级的划分规则是分类法中最重要也是最困难的工作，它必须使两个等级之间在责任大小、技术水平、能力要求等方面的差异显而易见。相对于其他职位来说，这一环节最为繁琐，所需投入的精力也最多。

然后，根据各职位等级的规则，将职位归到各等级中。由于各类职位的性质和特点不同，职位数目也不同，所以各类里划分级别的数目也不相等。一般最少可以分为5～7档，最多可以分为11～17档。

职位纵向分级的注意事项：

（1）划分职位等级要充分考虑各个职位之间深层次的差异，紧密结合职位任务的繁简难易程度、承担的责任大小以及所需能力、技能的高低等因素。

（2）要体现组织的薪酬管理策略，如果薪酬设计差距小，可以相应地多设等级；反之，则少设。

4. 比较各类职位的分级结果，确定整体评价结果

通过将职位归类、归等之后，我们可以很清楚地了解到在同一职位组中不同职位的相对价值。但仅这样是不够的，我们要想知道一个组织中所有职位的相对价值，还要评价出不同职位类别中不同等级职位之间的相对价值。为了使各类的级别之间能够直接进行横向比较，以及在各类职位之间建立起横向和纵向联系，必须在划分级别的基础上，根据各职位工作的繁简难易程度、责任大小和任职资格条件等因素，对各类职位进行横向的分析比较，然后将它们纳入统一的等级内，从而使不同小类、不同级别的职位，纳入到一个由等级、级别和小类组成的三维职位体系之中。我们选择表8-9中的四个小类对职位的横向比较加以说明。

表8-9　某类职位的各等级间横向比较表

R	销售	人力资源	行政	后勤
1	S-1			
2	S-2	H-1		
3	S-3	H-2		
4	S-4	H-3		
5	S-5	H-4		
6	S-6	H-5	A-1	
7	S-7		A-2	
8	S-8		A-3	
9	S-9		A-4	
10			A-5	
11			A-6	F-1
12				F-2
13				F-3
14				F-4

如表 8-9 所示，销售类职位被分为 9 个等级，人力资源类职位被分为 5 个等级，行政类职位被分为 6 个等级，后勤类职位被分为 4 个等级。表的左列表示组织中所有职位的等级，因此处于同一行的职位，表明其在组织中的相对价值是相等的。即销售类职位的第六等，与人力资源类职位的第五等，以及行政类职位的第一等，在组织中处于同样的地位。这样，就实现了不同类别职位之间的横向比较。

（二）分类法的优缺点

职位评价的分类法的最大优点是它能使组织管理层和普通员工都根据工作的归类来思考问题。一旦该方法被组织引进，职位等级就被考虑到了。分类法的第二个优点是，它产生的结果经常跟一个精心制作的体系是一样的，但花费的成本没那么高。

对分类法的批评主要有三个。第一，该方法将职位描述与一般职位描述相比较，并在这种比较的基础之上确定职位的等级。但是，有时一个职位看上去可以划分到两个相邻等级中的任何一个。这种情况的发生通常是由于等级描述没有清楚地说明某一等级的职位所要求的因素的数量。分类法的第二个相关的缺点是，建立清晰的等级描述耗时长、困难大。一些组织解决这个问题的办法是制定分级规则而不是等级描述。分级规则体系详细说明了工职位具备的报酬因素数量的等级价值。第三个问题是，一般（非特殊的）等级描述是给职位责任人制定的。因为描述的措辞要描述等级中的所有职位，而职位责任人所做的和任务列表中列出的任务相比，或者多些，或者少些。职位责任人可能会发现，他或她干的活比职位描述中的多，却又没有因额外的工作得到补偿。认识到这一点，会让职位责任人产生受到不公平待遇的感觉。

四、职位评价中的要素计点法

要素计点法（Point Method），也称点数法，是一种定量的职位内容评估方法。定量方法是赋予基准职位的可补偿因素一定的数值，这些数值加起来就是职位总价值。职位的相对价值通过所有职位的总价值量来体现。

（一）要素计点法的步骤

要素计点法的步骤大致可分为三个阶段：

1. 准备阶段，即拟订职位评价体系的阶段

准备阶段可分为以下五个步骤：

（1）选择一组影响各项职位的评价因素，即划分职位等级所使用的指标。在要素计点法中，评价因素的选择非常关键，它是整个评价方法的核心。这些因素能反映职位如何为组织创造价值，它们源于职位本身和组织的战略方向。因此在选择评价因素时必须以所执行的职位为基础，必须以组织的战略和价值观为基础。从而，使最终受薪酬结

构影响的利益相关者能够接受。

美国管理技术协会在20世纪40年代制定的《国民职位评价方案》中，将一般生产、维修、仓库、销售、服务方面的职位要素（即因素）归纳为四大类：即智能（再细分成知识、技能、经验三个子因素）；责任（再细分成对仪器设备责任、对材料或产品责任、对他人安全责任和对他人职位责任四个因素）；体能（再细分成体力和注意力集中程度两个因素）；职位环境（再细分成职位条件和危险性两个因素）。

对我国来说，一个行业、组织应把职位因素细分为哪些子因素，应视行业、组织的不同具体情况而定。

（2）明确各评价因素的定义。即对已确定的职位报酬因素，用最浅显、最清楚、最肯定的语言一一定义，使每位评价者，甚至每一名员工都能一目了然，都能清楚地了解到每一评价因素所要评价的内容。

（3）确定各评价因素的等级。即把每一个评价因素，按照组织的实际需要，细分成多个轻重不同的等级，如把职位对知识的要求分成5级，把职位对经验的要求分成5级等。等级划分好以后，还要对细分后的每一等级进行准确的定义。

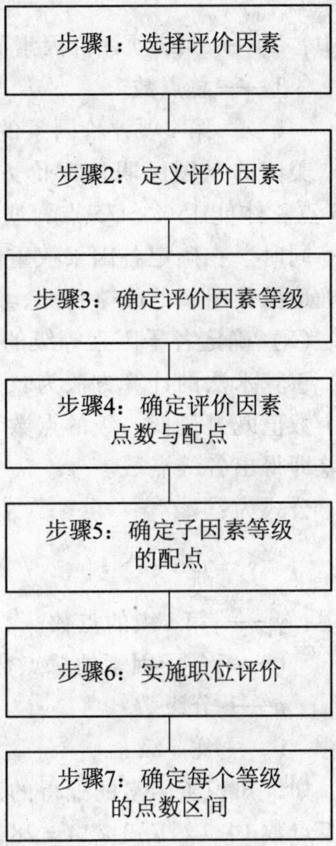

图8-4 要素计点法的步骤

（4）确定各评价因素的点数与配点。首先应确定各评价因素点数之和，即总点数。总点数多少，应以便于使用和划分职位等级为原则。目前，英国、美国一般使用的总点数为500点，我国台湾省为600点。

然后，确定各因素的配点，即职位评价因素的权重与点数。在确定各评价因素权重时，要根据各个评价因素在总体中的地位和重要性。组织在给评价因素赋予权重时，还应根据自身所处状况及各类职位的性质和特征加以确定。因素的权重必须反映组织对各因素重视程度的差别。一般来说，比较重要的因素赋予的权重较大；重要性较小的因素赋予的权重也较小。在对各评价因素赋予权重后，就可以根据之前确定的评价总点数计算各评价因素的配点了。其公式如下：

$$Y_i = T \times f_i$$

式中：Y_i——第 i 项评价因素的点数

T——总点数

f_i——第 i 项评价因素的权重

美国的《国民职位评价方案》中采用的权重为：智能 50%，250 点；责任 20%，100 点；体能 15%，75 点；职位环境 15%，75 点。

同时，在确定各因素权重的过程中，组织领导的参与至关重要，因为只有这样才能准确地抓住组织的战略目标，才能使职位评价达到为组织目标服务的目的。

（5）确定各子因素等级的配点。一般可以分为算术法和几何法两种。

①算术法的计算方法为：先用每一子因素配得的总点数除以子因素的级数，得出的这个数值既是最低一级的点数，同时也是各级间点数的等差级差。然后，用级数乘以点数差即得出各级点数。

公式为：

$$y_i = t/n \times i$$

式中：y_i——第 i 级的点数

t——各子因素的总点数

n——分级数

i——第 i 级

如，知识子因素的配得的总点数为 70，用 70 除以级数 5 即得最低点数 14，也就是一级点数 14。然后 2×14 = 28，即为二级配点。其他因素也依此进行，形成职位评价点数表。

表 8－10　　生产、维修、仓库、销售、服务人员职位评价因素等差配点表

因素	子因素	级别 1	级别 2	级别 3	级别 4	级别 5
智能	1. 知识	14	28	42	56	70
	2. 经验	22	44	66	88	110
	3. 才智、创造力	14	28	42	56	70
责任	1. 对各种仪器设备所负责任	5	10	15	20	25
	2. 对材料或产品所负责任	5	10	15	20	25
	3. 对他人安全所负责任	5	10	15	20	25
	4. 对他人职位的责任	5	10	15	20	25

续表 8 - 10

因素	子因素	级别 1	级别 2	级别 3	级别 4	级别 5
体能	1. 体力	10	20	30	40	50
	2. 注意力集中程度	5	10	15	20	25
职位环境	1. 职位条件优劣程度	5	10	15	20	25
	2. 危险性	10	20	30	40	50

图表来源：康士勇．薪酬设计与薪酬管理．北京：中国劳动社会保障出版社，2005

②几何法的计算方法为：首先，确定各级间的等比关系，即等比级差。级差的确定应依据各组织职位评价的目的来定，因为职位评价的最终结果职位等级是要应用到薪酬结构的设定当中去的，因此，如果级差越大就会使最终的职位等级间的差距越大，而依此设计出来的薪酬激励性也就越大。第二步，就是根据级差及各子因素配得的总点数计算各级的点数。

公式为：

$$y_i = t/(1 + r\%)^{n-i}$$

式中：y_i——第 i 级的点数

t——各子因素的总点数

n——分级数

i——第 i 级

r——等比级差

比如，还是知识这个子因素，其总点数为 70，设其级差为 30%，则第一级的点数就为 70/（1 + 30%）5 - 1 = 25，相应的第二级就为 32。依此类推，就形成了等比级差的职位评价点数表。

当然，具体选择何种方法确定各级配点值，还应视组织的具体情况而定。同时，配点也是一个不断完善的过程，通过几次的调整，最终找到适合组织需要的等级配点。

2. 实施职位评价阶段

在确定了评价因素、衡量标准和权重、配点之后，就可以开始对每一项职位进行评价了。

（1）搜集各项职位的内容，进行职位分析，撰写职位说明书。

（2）进行职位评价，即根据职位评价体系对各项职位的实际情况，在各评价因素上逐一进行评价，确定其所在的级数及相应的点数。最后将每一评价因素上所得的点数汇总，即得到各项职位的总点数。下表是一个组织通过要素计点法，对某个职位进行职位评价的结果。

表 8－11　某职位的职位评价结果表

职位名称：　职位编号：01－03－14　所属部门：组织办公室

因素名称	等级	得分
1. 知识	3	42
2. 经验	3	66
3. 才智、创造力	2	28
4. 对各种仪器设备所负责任	2	10
5. 对材料或产品所负责任	1	5
6. 对他人安全所负责任	1	5
7. 对他人职位的责任	2	10
8. 体力	1	10
9. 注意力集中程度	4	20
10. 职位条件优劣程度	2	10
11. 危险性	1	10
总分		216

（3）划分职位等级，也称划岗归级。首先，根据各职位所得的职位评价总点数，对职位按升值进行排序。其次，根据经验确定职位等级数目，计算划分职位等级的点数幅度。

公式为：

$$B = (M_{max} - M_{min}) / (N - 1)$$

式中：B——点数幅度

M_{max}——最高等级点数

M_{min}——最低等级点数

N——薪酬等级数

3. 根据点数幅度确定每个等级的点数区间。

最后，根据每项职位的评价点数，按照薪酬等级点数表“对号入座”。把所有的职位归并到相应的等级中去，形成最终的职位等级。

表 8－12　　职位等级表

等　级	点数幅度	等级	点数幅度
一级	110 分以下	8 级	291 分～320 分
二级	111 分～140 分	9 级	321 分～350 分
三级	141 分～170 分	10 级	351 分～380 分
四级	171 分～200 分	11 级	381 分～410 分
五级	201 分～230 分	12 级	411 分～440 分
六级	231 分～260 分	13 级	441 分～470 分
七级	261 分～290 分	14 级	471 分～500 分

在上例中，职位评价结果的分数为 216 分。将其套入职位等级表，应属第五级等级范围之内，即 201 分～230 分之间，则该职位的职位等级为第五级。依照这种方法将所有职位进行套级，就得出了所有职位的等级顺序。

（二）要素计点法的优缺点

要素计点法的优势在于：第一，通常它容易推广，职位价值评价的方法具有明确界定的指标。这样不同组织和部门在评价职位的价值时，都可以引用；第二，在定义职位评价指标时保存了大量原始调查的数据，可以以此为依据根据组织的变化和调整做进一步的动态分析；第三，由于这种方法具有明确界定的指标分配值，可以采取各种统计方法来分析数据；第四，它明确指出了比较的基础，能够有效地传达组织认为有价值的因素。

而要素计点法的缺点在于：第一，相对于其他方法，要素计点法要耗费大量的时间和成本；第二，通常它缺乏对评价项目选择的明确原则，以说明选取的这些项目能否解释和衡量职位价值，因此，在制定职位评价计划时，系统地选择评价项目是关键的一步，这一点在文献上是没有明确具体阐述的；第三，由于这种方法操作的复杂性，造成组织与员工解释和沟通的难度；第四，评价要素一旦形成，由于重新进行评价需要耗费大量的时间和成本，随时间变化要素调整的难度较大，容易形成僵化。

第三节 国际知名职位评价方法介绍

一、海氏评价系统

（一）海氏评价系统简介

海氏职位评价方法（以下简称为海氏法）是20世纪50年代由Edward N. Hay和Dale Purves以30年代的因素比较法为基础设计，通过不断改进和完善形成的工作价值评价方法。它将付酬因素提炼为具有普遍适用性的三大因素，即技能水平、解决问题的能力和承担的职务责任。通过对三大因素的评价，就可以得出被评价工作的相对价值。海氏法不仅具有广泛的行业适用性，而且也广泛应用于技术、管理、文员、蓝领等工作的评价工作中。海氏方法是世界公认的、最为精确的职位评价方法，曾为全球9 000家客户、美国Fortune杂志排名1 000家工商组织中的470家所采用。

海氏法的优点之一是运用时要素的定义可根据客户的特点量身定制。评价体系的每个因素分为若干个等级，并赋予每个因素一定的分值，使得抽象的各因素评价结果能直观地转化成简单的分值，从而能够对各类工作的相对价值进行比较。

海氏三要素评价法通过三个方面对工作的价值进行评价，并且通过较为正确的分值计算确定工作的等级。

为什么用这三个因素来评价一个工作是科学的呢？该评价方法认为，一个工作之所以能够存在，是因为它必须承担一定的责任，为组织做出一定的贡献，即该工作的产出。那么通过投入什么才能有相应的产出呢？即该工作的承担者所具备的知识、经验和技能。那么具备一定“知能”的员工通过何种方式来获得产出呢？是通过在工作中解决所面对的问题，即投入“知能”通过“解决问题”这一生产过程，来获得最终的产出“应负责任”，如下图所示：

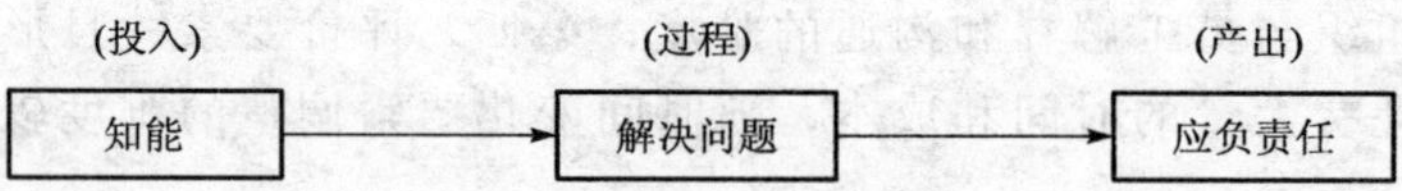

图8－5　海氏评价三因素的关系

（二）三种因素定义及其指导图表

表 8－13　　海氏评价三因素及子因素的定义

序号	因素	因素定义	子因素	子因素定义	子因素等级
1	技能水平	要使工作绩效达到可接受的水平所必需的专门及相应的实际动作技能的总和	专业理论知识	对该职务要求从事的职业领域的理论、实际方法与专门理解。该子系统分八个等级，从“基本的”第一级到“权威专门技术的”第八级	8
			管理诀窍	为达到要求绩效水平而具备的计划、组织、执行、控制、评价的能力与技巧。该子系统分五个等级，从“起码的”第一级到“全面的”第五级	5
			人际技能	该职务所需要的沟通、协调、激励、培训、关系处理等方面主动而活跃的活动技巧。该子系统分“基本的”、“重要的”、“关键的”三个等级	3
2	解决问题的能力	在工作中发现问题，分析诊断问题，提出、权衡与评价对策，做出决策等的能力	思维环境	指环境对职务行使者的思维的限制程度。该子因素分八个等级，从几乎一切都按既定规则工作的第一级“高度常规的”到“抽象规定的”第八级	8
			思维难度	指解决问题时对当事者创造性思维的要求，该子因素分五个等级，从几乎无需动脑只需按规矩办事的第一级“重复性的”，到完全无先例可借鉴的第五级“无先例的”	5

续表 8 - 13

序号	因素	因素定义	子因素	子因素定义	子因素等级
3	承担的职务责任	指职务行使者的行动对工作最终结果可能造成的影响及承担责任的大小	行动的自由度	职务能在多大程度对其工作进行个人指导与控制，该子因素包含九个等级，从自由度最小的第一级“有规定的”到自由度最大的第九级“一般性无指引的”	8
			职务对工作结果的影响	该子因素包括四个等级：第一级是“后勤”性作用，即只在提供信息或偶然性服务上出力；第二级是“辅助”性作用，即出主意和提供建议；第三级是“分摊”性作用，即与本组织内外其他部门和个人合作，共同行动，责任分摊；第四级是“主要”作用，即由本人承担主要责任	4
			职务责任	如果工作出现失误可能造成多大的直接经济损失。该子因素包括四个等级，即“微小的”、“少量的”、“中级的”和“大量的”，每一级均有相应的标准，具体数量要视组织的具体情况而定	4

1. 海氏职务分析指导图表之一：技能水平因素

技能水平要素由三个组成部分组成，分别为专业理论知识、管理诀窍和人际技能。各子因素的分级配点如表 8 - 14 所示。

例如，营销副总在企业中全面主管营销事务，而营销工作往往是企业中最难应付的工作，需要很高的管理技巧，因此在管理技巧方面是全面的；营销副总要精通营销管理的各项专门知识，并要在下属当中树立起自己的绝对权威，方可充分调动广大营销人员的积极性，因此在专业知识方面应是权威的；在人际技巧方面，他需要熟练的人际技能，这是关键的。因此营销副总的技能因素价值为 1 400。

2. 海氏职务分析指导图表之二：解决问题的能力

解决问题的能力要素由两个部分组成，分别为思维环境和思维难度。由于人的思维不可能凭空进行，必须以事实、原理和方法作为原材料，即人必须以他已经知道的一切去思维，即使是对最具创造性的工作也是如此，因此解决问题的能力是用其智能的利用率来测量的，因此它用一个百分数来表示。各子因素的分级配点如表 8 - 15 所示。

表 8－14 技能水平因素

		管理诀窍														
		1 起码的			2 相关的			3 多样的			4 广博的			5 全面的		
	人际关系	基本的	重要的	关键的	基本的	重要的	关键的	基本的	重要的	关键的	基本的	重要的	关键的	基本的	重要的	关键的
专业理论知识	1 基本的	50 57 66	57 66 76	66 76 87	66 76 87	76 87 100	87 100 115	87 100 115	100 115 132	115 132 152	115 132 152	132 152 175	152 175 200	152 175 200	175 200 230	200 230 264
	2 初等业务的	66 76 87	76 87 100	87 100 115	87 100 115	100 115 132	115 132 152	115 132 152	132 152 175	152 175 200	152 175 200	175 200 230	200 230 264	200 230 264	230 264 304	264 304 350
	3 中等业务的	87 100 115	100 115 132	115 132 152	115 132 152	132 152 175	152 175 200	152 175 200	175 200 230	200 230 264	200 230 264	230 264 304	264 304 350	264 304 350	304 350 400	350 400 460
	4 高等业务的	115 132 152	132 152 175	152 175 200	152 175 200	175 200 230	200 230 264	200 230 264	230 264 304	264 304 350	264 304 350	304 350 400	350 400 460	350 400 460	400 460 528	460 528 608
	5 基本专门技术	152 175 200	175 200 230	200 230 264	200 230 264	230 264 304	264 304 350	264 304 350	304 350 400	350 400 460	350 400 460	400 460 528	460 528 608	460 528 608	528 608 700	608 700 800
	6 熟练专门技术	200 230 264	230 264 304	264 304 350	264 304 350	304 350 400	350 400 460	350 400 460	400 460 528	460 528 608	460 528 608	528 608 700	608 700 800	608 700 800	700 800 920	800 920 1 056
	7 精通专门技术	264 304 350	304 350 400	350 400 460	350 400 460	400 460 528	460 528 608	460 528 608	528 608 700	608 700 800	608 700 800	700 800 920	800 920 1 056	800 920 1 056	920 1 056 1 216	1 056 1 216 1 400
	8 权威专门技术	350 400 460	400 460 528	460 528 608	460 528 608	528 608 700	608 700 800	608 700 800	700 800 920	800 920 1 056	800 920 1 056	920 1 056 1 216	1 056 1 216 1 400	1 056 1 216 1 400	1 216 1 400 1 600	**1 400** 1 600 1 840

表 8－15 解决问题能力的因素

		思维难度				
		1 重复性的	2 模式化的	3 中间型的	4 适应性的	5 无先例的
思维环境	1 高度常规性的	10% 12%	14% 16%	19% 22%	25% 29%	33% 38%
	2 常规性的	12% 14%	16% 19%	22% 25%	29% 33%	38% 43%
	3 半常规性的	14% 16%	19% 22%	25% 29%	33% 38%	43% 50%
	4 标准化的	16% 19%	22% 25%	29% 33%	38% 43%	50% 57%
	5 明确规定的	19% 22%	25% 29%	33% 38%	43% 50%	57% 66%
	6 广泛规定的	22% 25%	29% 33%	38% 43%	50% 57%	66% 76%
	7 一般规定的	25% 29%	33% 38%	43% 50%	57% 66%	76% 87%
	8 抽象规定的	29% 38%	38% 43%	50% 57%	66% 76%	**87%** 100%

例如，营销副总是企业市场的开拓者，每天都要面对瞬息万变的市场独立作出营销决策，很多情况下企业都缺乏明确的政策指导，其思维环境属“抽象规定的”。为了占领市场，营销副总需要开展高度的创造性工作，这些工作在企业无先例可循，其思维难度要列“无先例的”。因此解决问题能力便评价为技能的 87%。

3. 海氏职务分析指导图表之三：承担职务责任因素

承担的职务责任因素由三个组成部分组成，分别为行动的自由度、职务对工作结果的影响和职务责任。各子因素的分级配点如下：

表 8－16　　承担职务责任因素

职务责任	大小等级	1. 微 小				2. 少 量				3. 中 量				4. 大 量			
职务对后果形成的作用		间接		直接		间接		直接		间接		直接		间接		直接	
		后勤	辅助	分摊	主要	后勤	辅助	分摊	主要	后勤	辅助	分摊	主要	后勤	辅助	分摊	主要
行动的自由度	1. 有规定的	10	14	19	25	14	19	25	33	19	25	33	43	25	33	43	57
		12	16	22	29	16	22	29	38	22	29	38	50	29	38	50	66
		14	19	25	33	19	25	33	43	25	33	43	57	33	43	57	76
	2. 受控制的	16	22	29	38	22	29	38	50	29	38	50	66	38	50	66	87
		19	25	33	43	25	33	43	57	33	43	57	76	43	57	76	100
		22	29	38	50	29	38	50	66	38	50	66	87	50	66	87	115
	3. 标准化的	25	33	43	57	33	43	57	76	43	57	76	100	57	76	100	132
		29	38	50	66	38	50	66	87	50	66	87	115	66	87	115	152
		33	43	57	76	43	57	76	100	57	76	100	132	76	100	132	175
	4. 一般性规范的	38	50	66	87	50	66	87	115	66	87	115	152	87	115	152	200
		43	57	76	100	57	76	100	132	76	100	132	175	100	132	175	230
		50	66	87	115	66	87	115	152	87	115	152	200	115	152	200	264
	5. 有指导的	57	76	100	132	76	100	132	175	100	132	175	230	132	175	230	304
		66	87	115	152	87	115	152	200	115	152	200	264	152	200	264	350
		76	100	132	175	100	132	175	230	132	175	230	304	175	230	304	400

续表 8－16

职务责任	大小 等级	1. 微小				2. 少量				3. 中量				4. 大量			
职务对后果形成的作用		间接		直接		间接		直接		间接		直接		间接		直接	
		后勤	辅助	分摊	主要	后勤	辅助	分摊	主要	后勤	辅助	分摊	主要	后勤	辅助	分摊	主要
行动的自由度	6. 方向性指导的	87 100 115	115 1 3 2152	152 175 200	200 230 264	115 132 152	152 175 200	200 230 264	264 304 350	152 175 200	200 230 264	264 304 350	350 400 460	200 230 264	264 304 350	350 400 460	460 528 608
	7. 广泛性指引的	132 152 175	175 200 230	230 264 304	304 350 400	175 200 230	230 264 304	304 350 400	400 460 528	230 264 304	304 350 400	400 460 528	528 608 700	304 350 400	400 460 528	528 608 700	700 800 920
	8. 战略性指引的	200 230 264	264 304 350	350 400 460	460 528 608	264 304 350	350 400 460	460 528 608	608 700 800	350 400 460	460 528 608	608 700 800	800 920 105	460 528 608	608 700 800	800 920 1 056	**1 056** 1 216 1 400
	9. 一般性无指引的	304 350 400	400 460 528	528 608 700	700 800 920	400 460 528	528 608 700	700 800 920	920 1 056 1 216	528 608 700	700 800 920	920 1 056 1 216	1 216 1 400 1 600	700 800 920	920 1 056 1 216	1 216 1 400 1 600	1 600 1840 2 112

例如，营销副总在企业内地位很高，享有广泛授权，行动的自由度高，属“战略性指引的”；他全面主管企业的营销工作，所起的作用是最高的第 4 级“主要的”；营销副总的决策有时直接决定企业的生死存亡，其职务责任是“大量的”。该职务在这一因素的整体评分为 1 056。

（三）职位评价分数的确定

在海氏法中，对于每一个因素的取分均采用二维的形式，各量表中均有二到三个子因素，它们在不同等级中的分值不同，根据每一个子因素的不同等级在二维表中确定一个交叉点，则该交叉点上的分值，即是在该因素上所取得的分值。

在上表中我们可以看到，每一个交叉点上均有高、中、低 3 个分值。那么，我们应该如何确定这一评价因素的具体取值呢？一般来说，根据职责去判断所对应的子因素在相邻两级的定义中，可能会更接近哪一个。如果更接近更高一级，则此时可以选择更高一级的低位值；如果更接近更低一级，则此时可以选择更低一级的高位值。由此可见，海氏法在职位评价上具有一定的自由度，也更为灵活。例如：财务会计主管的主要职能是会计核算管理及财务分析，会计核算需要“基本专门技术”，而财务分析则需要“熟悉专门技术”，从工作的要求来说，会计核算职能是“组织”，而财务分析则为“参与”，所以其知识可定为“基本专门技术”的高位值，也可选定为“熟悉专门技术”的最低值。同理可以判断其余子因素的“高、中、低”位值。

技能水平、解决问题的能力和职务承担的责任这三个因素，在加总评价分数时可以被归结为三个方面：

第一，技能水平反映的是某个工作的人力资本存量，即该工作承担者所拥有的技能水平。

第二，技能水平与解决问题能力的乘积，它反映的是某项工作上人力资本存量的使用性价值，即该工作承担者所拥有的技能水平（人力资本存量）实际使用后的绩效水平。

第三，工作所承担的责任则反映的是某项工作上人力资本增量创新性价值，即该工作承担者利用其主观能动性进行创新所获得的绩效水平。

利用海氏评价法在评价三种主要付酬因素方面不同的分数时，还必须考虑各工作的“形状构成”，以确定该因素的权重。海氏法认为工作具有一定的“形状”，这个形状取决于技能水平和解决问题的能力两因素与职务承担的责任的相对比重。从这个角度去观察，组织中的工作可分为三类，即上山型（职务的责任比技能与解决问题的能力重要）、下山型（该职务的责任没有技能水平和解决问题能力重要）和平路型（职务的责任与技能水平和解决问题的能力重要性相同）。

1. 上山型

上山型工作“所负的责任”因素的权重比“技能和解决问题的能力”因素的权重大，为6:4，包括部门负责人工作及其以上所有工作，如上例中的营销副总、组织总裁、销售经理、负责生产的干部等。

2. 下山型

下山型工作“所负的责任”因素的权重比“技能和解决问题的能力”因素的权重小，如会计、人事等职能干部。

3. 平路型

平路型工作“所负的责任”因素的权重与“技能和解决问题的能力”因素的权重同等，除上山型所有的工作外，其余工作均归为“平路型”，即所“所负的责任”与“技能和解决问题的能力”的比率为5:5。如科研开发、市场分析干部等。

最终评价的结果可用以下计算公式表示：

$$W_i = \gamma \times KH\ (1 + PS)\ + \beta \times AC$$

式中：W_i——第 i 种工作的相对价值；

KH——工作在第一个量表上的得分，表示工作的人力资本存量；

KH × PS ——工作的人力资本存量使用性价值，其中 PS 是工作在第二个量表上的得分；

AC——工作的人力资本增量创新性价值，即工作在第三个量表上的得分；

γ 、β——分别表示第 i 种工作人力资本存量及人力资本存量使用性价值和增量创新性价值的权重，$\gamma + \beta = 1$。依照海氏法理论，对于上山型工作，γ 和 β 各取 0.4 与 0.6；对于下山型工作，γ 和 β 各取 0.7 与 0.3，对于平路型工作，γ 和 β 都取 0.5。例如，营销副总属于上山型工作，其最终评价结果为 1 400 （1 + 87%） 40% + 1 056 × 60% = 1 680. 8。

二、美世评价系统

（一）美世国际职位评价系统简介

职位评价早在上世纪七八十年代便风靡欧美，成为内部人力资源管理的基础工具。当时美国有 70% 以上的组织使用职位评价系统，来帮助组织搭建工作系统，以及作为薪酬给付的依据。但是当美国逐渐将人力资源管理重点从“工作”挪到“绩效”以后，全球最大的人力资源管理咨询组织——美世咨询公司，却始终没有抛弃这个工具，而是将其进一步开发，使其适合全球各类组织，尤其是欧洲和亚洲国家的组织使用。2000 年美世咨询公司兼并了全球另一个专业人力资源管理咨询组织 CRG （国际资源管理咨询集团，Corporate Resources Group）后，在许多长期从事职位评价的专家的经验基础上，将其评价工具——点因素法职位评价体系升级到第三版，成为目前市场上最为简便、适用的评价工具——国际职位评价系统（IPE，International Position Evaluation）。它不但可以比较全球不同行业、不同规模的组织，还适用于大型集团组织中各个分子组织的工作比较。

这套职位评价系统共有 4 个因素，这 4 个因素包含了不同工作要求的最决定性因素。每一因素又可分为两至三个维度，共 10 个维度。而每一维度中又具体划分出了不同的级别。这套评价系统总分为 1 225 分，评价的结果可以分成 48 个级别。其中这套评价系统的 4 个因素是指：影响（Impact）、沟通（Communication）、创新（Innovation）和知识（Knowledge）。这是在原先这个系统第二版 7 个评价因素的基础上经过大量科学提炼简化的结果。在 100 多位美世人力资源首席咨询顾问和众多组织人力资源资深从业者的共同研究中证明，事实上真正相互之间不存在相关性的因素只有两个——影响和知识。但为了减少评价过程由于主观因素造成的偏差，还是保留了另两个相对重要的因素——沟通和创新。评价过程十分简单，只需为每一方面选择适当的程度，决定该程度相应的分数，然后把所有分数加起来便可。

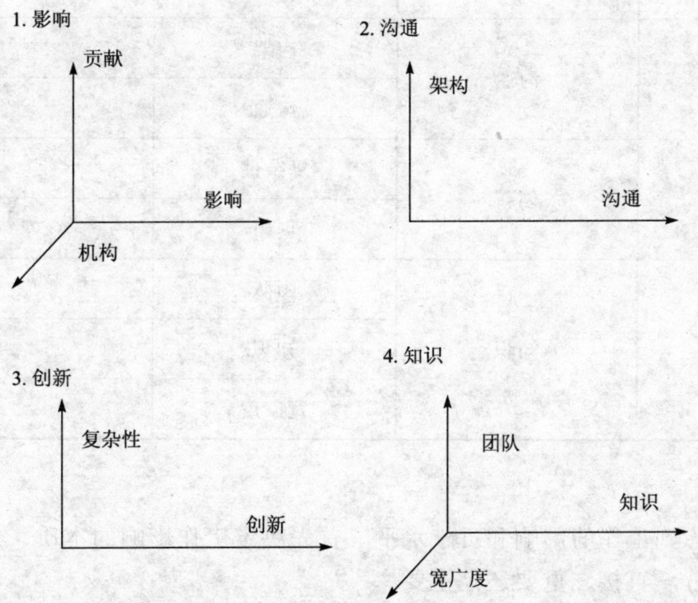

图 8－6　IPE 系统四因素图

（二）IPE四因素

在进行具体工作的评价之前，首先要确定组织的规模。可以想象一个万余人的国际性机构和一个二三十个人的小组织如果不进行调整是不能在同一个平台上进行比较的。在这个特殊的因素中，需要考虑组织的销售额、员工人数和组织类型（制造型、装配型、销售型还是配送型），来放大或缩小组织规模。比如一个包含研发机构和销售部门的“全功能”制造型组织，可以获得销售额20倍的乘数，从而极大地放大其组织规模。销售型组织一般的乘数为5，而配送型组织一般为4。另外员工人数也是一个重要规模因素，管理500人和管理5个人的工作要求显然不可同日而语。借助这个因素调整，美世系统可以把不同规模、不同类型的组织置于同一个比较平台之上。

表8－17　　IPE四因素

因素序号	评价因素	子因素	子因素等级
1	影响	贡献	5
		影响	5
2	沟通	构架	4
		沟通	5
3	创新	复杂性	4
		创新	6
4	知识	团队	3
		知识	8
		宽广度	3

1. 影响

此因素考虑到工作的影响和贡献水平。首先决定工作影响的本质，然后决定贡献水平是有限、部分、直接、重要还是主要。

表 8－18　影响因素

影响： 一、工作在其职责范围/操作里的影响范围和本质		贡献水平 1	2	3	4	5
		有限： 不容易辨别贡献	部分： 容易辨别贡献，对成功有间接影响	直接： 作出的行动决定了结果的成功与否	重要： 根据前线或基本，有颇显著的贡献	主要： 对于决定主要结果的成功具权威性
1	产出： 根据特定的标准和指引产出	在频密的监督和指引下，跟从既定的步骤/过程完成职务	跟从宽的架构或标准，在工作范围产生一些影响	根据特定的操作目标，在工作范围有直接影响	对于操作目标和工作范围有重要影响	在工作范围内，对于宏观的操作目标有主要影响
2	操作： 在操作目标和服务标准范围内工作	达到目标、产出结果，以短期、战术性为主	设定每天的目标，在工作范围内有长期的影响	在一工作范围内，设定的目标和产出的结果有直接较长期的影响	在一较宽的操作范围内，设定的目标和产出的结果有重要的影响	在一较宽的操作范围内，设定的目标和产出的结果有主要的影响
3	战术上： 根据机构策略或营运计划说明新产品、过程和标准	达到长期的目标，以战术性为主	实施业务策略时，对于业务单位/部门结果有部分影响	实施业务策略时，对于业务单位/部门结果有直接影响	建立和实施业务策略时，对于业务单位/部门结果有重要影响	建立和实施业务策略时，对于业务单位/部门结果有主要影响
4	策略上： 根据机构的远见，建立和实施业务的长远策略	设计与建议对机构产生有限制影响的业务策略	设计与建议，对机构有部分影响的业务策略	设计与建议，对机构有直接影响的业务策略	建立和实施业务策略时，对于机构业务单位结果有重要影响	建立和实施业务策略时，对于机构业务单位结果有主要影响
5	远见： 带领机构发展和达到它的使命、远见和价值	带领一机构在团体业务单位内；在战术问题上（例：价钱、人力资源、财政政策等）获得其他单位或总部的完全支持/指示	带领机构在团体业务单位内；在业务的大部分方面，获得策略/政策上指示	带领一机构在团体业务单位内；获得其他单位或总部的完全支持和指引	带领团体业务里各独立单位能自己做决定，而该决定可能会影响长期的策略	带领一个多元化机构的业务团体，创造、交流和实施使命、远见和价值。典型例子是董事局主席

2. 沟通

首先，决定沟通内容的本质，然后指出最困难和最具挑战性的地方。

表 8－19　　沟通因素

<table>
<tr><td colspan="2" rowspan="3">沟通：
负责沟通的范围包括了在机构的内部和外部</td><td colspan="4">构　架</td></tr>
<tr><td>1</td><td>2</td><td>3</td><td>4</td></tr>
<tr><td>内部共享的利益
在同一机构内，对达到目标有共同理想</td><td>外部共享的利益
在机构外，对达到目标有共同理想</td><td>内部分散的利益
在同一机构内，目标上的冲突阻扰共同理想的达成</td><td>外部分散的利益
在机构以外，目标上的冲突阻扰共同理想的达成</td></tr>
<tr><td>1</td><td>传达：
通过文章、建议、动作或外表</td><td>在同一机构内，向他人获取和提供数据</td><td>向外面团体获取和提供数据</td><td>在同一机构内，向他人获取和提供数据主要的方针是避免发生冲突</td><td>向外面团体获取和提供数据主要的方针是避免发生冲突</td></tr>
<tr><td>2</td><td>适应和交流：
通过灵活的沟通和协商达成一致</td><td>在同一机构内，向他人解释事实、惯例、政策等</td><td>向外面团体解释机构的事实、惯例、政策等</td><td>在同一机构内，向他人解释事实、惯例、政策等，由于过去的惯例或不同的观点，限制了达成共识</td><td>向他人解释事实、惯例、政策等，由于过去的惯例或不同的观点，限制了达成共识</td></tr>
<tr><td>3</td><td>影响：
在没经过直接的指令下，起了变化作用</td><td>在同一机构内，向他人解释那里有利益存在，并说服他人接受新的概念、惯例和方法</td><td>说服外面团体，大家有共同理想达成共识，接受新的概念、惯例和方法</td><td>在同一机构内，说服不愿接受新概念、惯例和方法的人</td><td>说服一些不愿接受新概念、惯例和方法的外面团体</td></tr>
<tr><td>4</td><td>商议：
通过研讨和协商管理沟通，使达成一致</td><td>在同一机构内，说服他人接受整个建议和项目</td><td>说服外面团体，大家有共同理想达成共识，接受整个建议和项目</td><td>在同一机构内，说服一些可能不太感兴趣参与的人，接受整个建议和项目</td><td>说服一些不太感兴趣参与的外面团体，接受整个建议和项目</td></tr>
</table>

续表 8－19

沟通：负责沟通的范围包括了在机构的内部和外部		构架 1	2	3	4
		内部共享的利益 在同一机构内，对达到目标有共同理想	外部共享的利益 在机构外，对达到目标有共同理想	内部分散的利益 在同一机构内，目标上的冲突阻扰共同理想的达成	外部分散的利益 在机构以外，目标上的冲突阻扰共同理想的达成
5	策略性的商议： 在一个综合的架构和/或有长期牵连的，管理沟通技巧是很重要的一环	在同一机构内，与一些有不同观点，可是有共同目标的人达成一致意见，是策略性重要的一环	与机构以外，有不同观点，可是有共同利益的人达成一致意见，是策略性重要的	在同一机构内，与一些有不同洞察力和目标的人达成一致意见，是策略性重要的	与一些有相当不同洞察力和目标的机构以外的人达成一致意见，是策略性重要的

3. 创新：

首先确定对工作所期望的创新水平，然后决定该工作需要应付的复杂程度。

表 8－20　创新因素

创新：确定、发展和改善新的意念、技术、步骤、服务或产品		复杂性 1	2	3	4
		定义： 清楚地指出问题和事件	困难： 只是含糊地指出问题和事件	复杂的： 任何三方面中的两方面，例如，操作、财务和人员	多方面的： 全部三方面——操作、财务和人员
1	跟踪： 与源头、原始的或根本作比较	依从程序，重复的做同样工作或活动	依从一套已建立和熟悉的工作活动或程序，得出结果	依从一套工作活动和程序，面对难以应付、管理或克服的事情和问题	依从程序，面对难以应付、管理或克服的事情和问题

续表 8－20

创新：确定、发展和改善新的意念、技术、步骤、服务或产品		复杂性			
		1	2	3	4
		定义：清楚地指出问题和事件	困难：只是含糊地指出问题和事件	复杂的：任何三方面中的两方面，例如，操作、财务和人员	多方面的：全部三方面——操作、财务和人员
2	检查：做一点点改变	检查现有系统或过程的问题	检查和修改系统或程序，存在可是不明显的问题	为存在于系统或程序，而不明显的问题和事情，指出、定义和发掘解决方案	为存在于系统或程序，不明显的多方面的事情和问题，指出、定义、分类和解决
3	修改：提高价值或质量，使之得以改良	根据既定的程序，在自己担当的角色上，更新和改善工作方法	指出问题，更新或修改工作方法	在自己工作范围，分析复杂的事情和改善工作方法	在自己工作范围，广泛地分析复杂的多方面的事情，和改善工作方法
4	改进：提高整个过程、系统或产品	根据个人的经验，改善或适应方法和技术	指出问题，凭个人经验和反馈改善或适应方法和技术	分析复杂的事情，改善或适应方法和技术	广泛地分析复杂的多方面的事情，改善或适应方法和技术
5	创造/概念化：把新的概念和方法，组织带进现有的系统	在一单一工作范围/部门内，创造/概念化新方法、技术和/或过程	创造/概念化新的方法、技术和/或程序	在工作范围或部门，先分析复杂的问题，然后创造/概念化新的方法、技术和/或程序	在工作范围或部门，广泛地分析复杂的多方面的事情，创造/概念化新的方法、技术和/或程序
6	科学化/技术突破：制造一个意料之外或革命性的进步，尤其在知识或技术方面	在一特定的产品/服务范围，把多重概念放在一齐，为产品或服务确定一个新方向或一个巨大的进步	在工作范围，把多重概念放在一起，为产品或服务确定一个新方向或一个巨大的进步	横跨各部门，分析复杂问题，把多重概念放在一齐，为产品或服务确定一个新方向或一个巨大的进步	横跨各部门，广泛地分析复杂的多方面的事情，把多重概念放在一齐，为产品或服务确定一个新方向或一个巨大的进步

4. 知识：

这个因素是关于工作所需的知识水平，以完成目标和创造价值。知识的获得可能是通过正规教育和/或工作经验。首先指出应用的知识的深度；然后确定应用的地方；最后指出该工作是属于团队成员、团队领导还是团队经理。

表 8－21　知识因素

知识：符合工作要求的最低知识水平		团队		
		1	2	3
		团队成员：个别贡献者，没有直接责任领导其他人	团队领导：在技巧、领导、时间表、分配和监察工作（至少三样）方面带领团队成员	团队经理：指挥多于一个团队，决定团队的架构和成员的角色
1	有限的工作知识 技术限制在狭窄的范围	依从基本工作规律和标准	领导团队通过执行基本工作程序及标准，确保产出	通过执行基本工作程序及标准，管理和带领团队
2	基本工作知识 基本的技术	为自己的工作，应用系统和步骤方面的基本知识	通过应用系统和步骤方面的基本知识，带领团队	通过应用系统和步骤方面的基本知识，管理和带领团队
3	宽广的工作知识 宽广的技术	在一工作范围内应用足够的知识，或在几个相关工作范围内应用基本知识	通过应用足够的知识在一工作范围内，或应用基本知识在几个相关工作范围内，领导团队	通过应用足够的知识在一工作范围内，或应用基本知识在几个相关工作范围内，管理和领导团队
4	专业知识 专门的技术或知识能掌握一特别的科目	在一工作范围内应用深入的知识，或在几个相关工作范围内应用足够的知识，以履行责任	通过应用足够的知识在一工作范围内，或应用基本知识在几个相关工作范围内，领导团队	通过在一工作范围内拥有深入的知识，或在几个相关工作范围内拥有足够的知识，管理和领导团队

续表 8－21

知识： 符合工作要求的最低知识水平		团　队		
		1	2	3
		团队成员： 个别贡献者，没有直接责任领导其他人	团队领导： 在技巧、领导、时间表、分配和监察工作（至少三样）方面带领团队成员	团队经理： 指挥多于一个团队，决定团队的架构和成员的角色
5	专业水平 宽广的技术需要与技术性或道德水平一致	在一部门内的大部分或全部地方应用宽广的知识，以履行责任	通过在大部分或全部地方拥有宽广的知识，领导团队	通过在大部分或全部地方拥有宽广的知识，管理和领导团队
6	功能性部门专才/机构通才 在很多机构管理层面，特别的活动、领域或部门集中了专业知识	在一部门内的所有工作范围，应用宽广而深入的知识，或在几个功能部门的实际经验，以履行责任	通过在一部门内的所有工作范围拥有宽广而深入的知识，或在几个功能部门的实际经验，领导团队	通过在一部门内的所有工作范围拥有宽广而深入的知识，或在几个功能部门的实际经验，管理和领导团队
7	功能性方面杰出/宽广的实际工作经验 在一工作内被肯定有最大的能力，在机构管理层面有丰富经验	在一机构的主要部门，应用宽广而实际经验，或在一单一的部门内应用超卓的专业，以履行责任	在一机构的主要部门，透过宽广而实际经验，或在一单一的部门内应用超卓的专业，领导团队	透过在一机构主要部门宽广而实际经验，或在一单一的部门内超卓的专业，管理和领导团队
8	宽广和深入的实际经验 在机构管理层面的应用方面，有丰富及深入的经验	在一多重机构的主要部门，应用广阔而深入的实际经验，以履行责任。	在一多重机构的主要部门，透过广阔而深入的实际经验，履行责任，领导团队	在一多重机构的主要部门，透过广阔而深入的实际经验，履行责任，管理和领导团队

表 8－22　知识宽广度

宽度　知识的应用	
本地 在本国或有相似文化背景的邻国的地点	1
区域 大陆地区（例：欧洲、亚洲、北美洲、拉丁美洲、中东）	2
全球 全球所有地区	3

第四节　职位评价的最终结果及应用

职位评价通过比较职位信息建立起职位等级结构，同时，它也为建立新的基于职位价值的薪酬结构提供了基础。薪酬体系的建立是一个非常复杂的过程，首先组织应当先进行市场薪酬调查确定薪酬结构、薪酬等级以及薪酬等级标准，在此基础上再通过职位评价结果将职位与薪酬对应起来。

一、绘制薪酬结构线

将职位等级划分、职位评价点数与市场薪酬调查数据结合。根据职位评价和薪酬调查的结果，以及组织所处的现实状况和未来的发展目标，我们就可以确定组织各级员工的薪酬结构。也就是说，根据职位评价后得到的各工作之间的相对价值，将其转换成为具体的薪酬数额，明确各工作的相对价值与薪酬的对应关系，一般我们以薪酬结构线来表示，因为这种方式更直观、更清晰、更易于分析和控制，同时也更易于理解。

职位等级与薪酬结构线的对应关系可以是线性关系，也可以是非线性关系，如图 8－7 所示，横轴表示职位评价的点数，纵轴表示职位的市场薪酬水平。图中曲线 A、B，但两条曲线反映了不同的薪酬差距，曲线 A 较为陡峭职位之间薪酬差距比较大，相对来说其激励作用也大。而 B 曲线较为平坦职位之间的薪酬差距较小。同样，职位与薪酬的关系也可以是非线性关系的，如图中的曲线 C、D、E、F，分别代表了某公司的薪酬结构线，和市场薪酬分别在 75 分位、50 分位和 25 分位的三条市场薪酬曲线。从图中曲线的形状可以看出，工作等级高的薪酬增长的速度快于职位等级低的工作。事实上薪酬曲线在组织中是比较常用，表示职位等级低的薪酬水平低，提高比较少的薪酬就能产生激励作用；而职位等级高的，薪酬也高，需要增加较多的薪酬才能达到激励效果。图中评价点数与多种薪酬线的关系还说明，评价点数的多少与薪酬率的高低，两者关系是正相关的，但不是正比例的。

二、确定薪酬策略

通过市场薪酬调查，我们已经清楚地了解到了市场上同类职位的各种薪酬水平。那么对于一个组织来说，它应该把各种职位的薪酬确定在什么水平上呢？这就有赖于组织的薪酬策略的选择了。组织薪酬策略包括领先型、市场逐随型、滞后型以及混合型。组织在制定薪酬体系时，可以选择一种薪酬策略，也可以根据职位的重要性不同选择多种薪酬策略。根据20/80原理，组织中80%的贡献是来自于20%的关键员工，那么，组织薪酬总额的80%也应该分配到这20%关键员工的手里。但对于组织来讲，由于多方面原因的制约，不可能做到如此大的分配比例。因此一般来讲，组织为了提高薪酬的激励性，充分调动关键员工的积极性，同时节省人工成本，就会在不同的职位中实行不同的薪酬策略。

要确定薪酬策略，首先就应该先确定哪些职位属于关键职位。一般来讲，通过职位评价我们能够很清楚地了解到组织中所有职位的等级结构，也就能够确定各项职位的相对重要程度，对组织的贡献大小。同时结合组织对各职位的理解，将组织中的所有职位分出不同的层次，施以不同的薪酬策略。例如，对专业技术人员或重要的管理人员采用跟随型或领先型薪酬策略，而对普通员工、行政人员等，一般采取跟随型或滞后型薪酬策略。

从图8－7中，我们就能看出，曲线C表示某组织的薪酬水平线。对于职位评价点数低的职位，其薪酬水平低于市场薪酬25分位的水平；对于职位评价点数高的职位，其薪酬水平高于市场薪酬50分位的水平。也就是说，对于职位评价点数低的职位实行的是滞后型薪酬策略，对于职位评价点数高的职位实行的领先型薪酬策略。

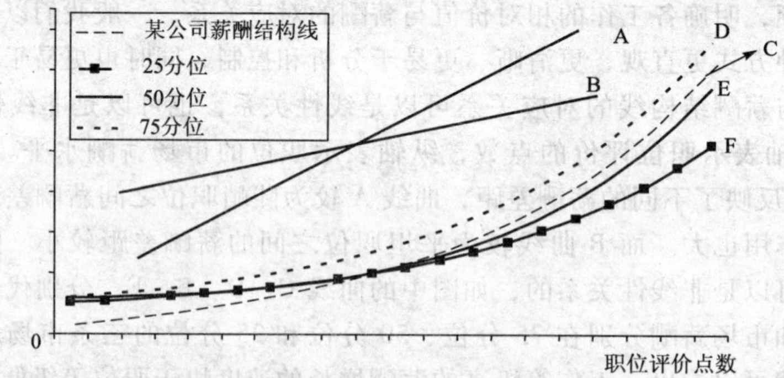

图8－7 某公司薪酬结构与市场薪酬比较图

三、确定职位等级

职位等级结构已经根据各职位评价点数对职位进行了初步的等级划分，但由于职位评价针对的是组织中的标杆职位，没有涉及到组织中的所有职位。因此，在薪酬结构设计的初始阶段要对职位的等级做更为细致的划分，以将一些未评价的职位也包括进去。同时还要反映出不同职位等级之间的价值差距。

表 8－23　　某公司部分职位等级结构

职位等级	职位名称	评价点数
1	保卫	120
2	文秘	215
	出纳	270
3	会计	335
	招聘主管	360
4	财务主管	445
	行政主管	460
5	人力资源总监	540
	财务总监	565
	营销总监	580

如上表所示，职位评价结束后我们以一百点为界，对标杆职位的评价点数进行了粗略的等级划分。在对其进行更细致的职位等级划分时，我们可以采取以下四种方法。第一，恒定绝对级差，即各职位等级中的最高点之间的差相等，如表 8－24；第二，变动级差，即职位等级越高，相邻的两个职位等级的最高点之间的差异就越大，如表 8－25；第三，恒定差异比率，即绝对级差与下一职位等级最高点之间的比例是恒定的，如表8－26；第四，变动差异比率，即职位等级越高，相邻的两个职位等级之间的差异比率越大，如表 8－27。

表 8－24　　恒定绝对级差的职位等级表

职位等级	职位点数等级		绝对级差	差异比率（%）
	最小值	最大值		
1	101	130		
2	131	160	30	23
3	161	190	30	19
4	191	220	30	16
……				

表 8-25　　变动绝对级差的职位等级表

职位等级	职位点数等级		绝对级差	差异比率（%）
	最小值	最大值		
1	101	130		
2	131	145	15	12
3	146	175	30	21
4	176	215	40	23
……				

表 8-26　　恒定差异比率的职位等级表

职位等级	职位点数等级		绝对级差	差异比率（%）
	最小值	最大值		
1	101	130		
2	131	150	20	15
3	151	173	23	15
4	174	199	26	15
……				

表 8-27　　变动差异比率的职位等级表

职位等级	职位点数等级		绝对级差	差异比率（%）
	最小值	最大值		
1	101	130		
2	131	150	20	15
3	151	176	26	17
4	174	211	35	20
……				

假定根据第一种方法，我们将表 8－23 的职位进行进一步的职位等级划分。其结果如下：

表 8－28　职位等级划分及点值变动区间

职位点值等级	变动区间
1	101～130
2	131～160
3	161～190
4	191～220
5	221～250
6	251～280
7	281～310
8	311～340
9	341～370
10	401～430
11	431～460
12	461～490
13	491～520
14	521～550
15	551～580

在对职位等级进行细分的基础上，我们就可以将组织中的所有职位全部纳入到这个职位等级表中了。但是根据各组织状况而言，一个组织可能不会设置如此多的薪酬等级。因此，组织在设定薪酬等级时，应根据组织中员工的贡献等级或相对价值等级来划分，当然同时还要考虑组织的薪酬目的、职位特征、组织文化等因素进行判断。因此，也就可能对现有的职位等级进行合并，形成范围更宽的薪酬等级。划分薪酬等级主要依据的是职位在技能、能力要求上的重要差异。

四、确定薪酬标准及薪酬区间

确定了薪酬等级数目之后，紧接着要做的是给每个等级制定标准或薪酬区间，给每个等级决定最高和最低标准的变化范围，也要确定薪酬标准的交叉程度。

本章小结

本章介绍了职位评价的定义、作用、流程、方法及职位评价结果的应用。

职位评价（Job Evaluation）也称为岗位评价或工作评价，是在职位分析的基础上，系统地对各职位的价值进行评价，从而确定各项职位相对价值及相互关系的过程。组织内职位价值体系建立要通过职位评价来完成。职位评价的作用在于它能够科学有效地确定职位价值等级，以此作为薪酬合理分配的基础。

职位评价的一般流程可以分为职位评价的准备阶段，包括明确职位评价的目的、了解组织现状、确定工作说明书、建立职位评价委员会、选择标杆职位或基准职位、选择评价方法并建立评价体系；评价实施阶段，包括对职位评价者进行培训、工作的初评和正式评价；职位评价结果应用阶段，包括工作等级转换成薪酬等级、与员工进行沟通并建立申诉机制和程序；职位评价完善及维护阶段，包括日常维护和定期维护。

职位评价的方法主要有：排序法、分类法、要素计点法和因素比较法四种，每种方法都有其各自的优缺点，因此组织应结合自身状况与现实需要选择最为实用的职位评价方法。在工作方法选择时还应考虑的是，所评价职位的稳定性、工作职责的清晰程度、工作数量的多少、薪酬体系的特点、组织文化特征，以及职位评价资源的充分性。

职位评价的结果——职位等级结构，是薪酬体系设计的基础。它为员工和组织搭建了一个薪酬沟通的平台，避免了员工的工作满意度的下降，同时降低了员工产生不满情绪的可能性，为薪酬比率的修订提供了灵活的调整手段，也为员工参与薪酬体系的建立提供机会。薪酬体系的建立是一个非常复杂的过程，首先组织应当先进行市场薪酬调查确定薪酬结构、薪酬等级以及薪酬等级标准，在此基础上再通过职位评价结果将工作与薪酬对应起来。

复习思考题

1. 简述职位评价的基本流程。
2. 职位评价是要从哪些方面衡量职位的价值？职位评价是否取决于对任职者的绩效进行评价的结果？为什么？
3. 对排序法、因素比较法、分类法和要素计点法加以比较，讨论其优势和劣势。
4. 职位评价如何在薪酬管理中发挥作用？
5. 如何将职位等级转换为薪酬结构？

案例讨论

要素计点法在A公司中的应用

一、案例主题词

职位特征要素　标杆职位　权重　职位和工资等级

二、案例正文

（一）公司背景介绍

A公司是中外合资兴建的大型轿车生产经营企业，大股东包括6家公司和银行，其中中方的主要合资方为某国有特大型汽车公司。A公司成立于1992年，坐落在武汉市，设计规模为年30万轿车和40万台发动机。一次规划，分两期建设，第一期投资100多亿人民币，已形成了15万辆整车和20万台发动机的生产能力，已经生产出1.37～2.0L多种系列的轿车，市场占有率已达8%。

A公司现有员工5 000多人，下设五个部门，分别是人事公关部、技术采购部、财务规划部、商务部和生产部，其中生产部下设武汉、襄樊两个工厂。管理层次为四层，总经理管辖五个大部，在各部下面的管理层次为按职能领域划分的分部，如采购分部、质量分部、公关分部等，分部下面为室级机构，最后为一般工作人员。

A公司在成立之初，由于是高起点高投入的现代化轿车企业，因此吸引了不少优秀人才，本科以上学历的员工达70%，其中博士就有7人，正规硕士研究生有100多人。但从1992年到2001年这9年间，人才流失现象非常严重，博士生全部流失，硕士生流失了一半，人员更换了近1/5。

人才流失与人公司这几年发展不景气有关，与公司的薪资水平和薪资政策也有很大关系。1992年，一般管理人员和技术人员的月工资为1 000多元，到2001年，在中国经济每年均8.3%的速度飞快发展时，A公司的工资水平还在以几十元的水平递增，增长的工资仅够冲抵个人应缴纳的税费，已远远落后于同行业的工资水平，导致优秀人才纷纷跳槽。另一方面，公司的工资政策也出现了严重问题。由于A公司的中方大股东为特大型国有企业，A公司的管理层几乎全部来自该特大型国有企业，因此它的薪资政策几乎照搬了国有企业的做法：强调资历和工龄，同一岗位，不论干得好坏，总是工龄长的比年轻人工资高。这种工资政策大大挫伤了年轻人的积极性。

通过对公司内部员工思想动态、管理现状以及几年来离职人员状况的分析，公司高层已深刻意识到必须进行工资制度改革，提出了建立“在什么职位拿什么钱，对内体现公平性、对外具有竞争性”的职效工资制度的目标，并责令人事部门制订实施方案，要求在6个月内完成目标。

（二）职位评价组织机构

为确保整个工资结构体系的顺利建立，首先要建立明确的组织机构以及各机构的任务分工和工作职责。根据A公司的实际情祝，成立以下组织机构。

1. 项目决策委员会

成立由正副总经理和五个部门的部长组成的决策委员会，负责整个薪资制度改革项目的总体指导和决策，负责职位评价方案的审批和薪资水平的确定。

2. 职位评价委员会

（1）构成：

主任：人事公关部部长

副主任：人事公关部人员分部主任

委员：各部门综合管理负责人

（2）职责：负责职位评价方案的拟订、标杆职位的选取和评价，负责指导职位评价小组的工作以及职位评价方案的日常维护工作，负责平衡公司的职位评价分级方案和处理职位评价中的例外情况，负责审议和批准生效职位评价结果及职位等级的变更，由职位评价委员会主任签字生效。

3. 岗位评价办公室

职位评价办公室是公司职位评价委员会的执行机构，负责日常职位评价的组织与管理；负责公司职位评价委员会的联络及职位评价工作组的组织；负责公司职位评价委员会的会议记录及资料整理；负责向职位评价委员会介绍职位分析及职位评价的情况，提出对职位等级的建议；负责执行经确认的职位评价结果以及相关信息的维护、反馈；负责职位评价的对外解释。

4. 职位评价工作组

（1）构成：由岗位管理负责人负责组织，一般为5~7人

组长：岗位管理负责人

组员：专职岗位管理人员（2~3人）

邀请的评价专家（2~3人）

被测岗位所在部门的人事负责人（1~2人）

（2）职责：在职位评价办公室的领导下，依据已确定的职位评价标准、方法和程序开展职位调查、分析及评价，负责向职位评价委员会提供专家性建议，并根据职位评价委员会的意见进行矫正评价。

（三）职位评价方案的设计

A公司有1 000多个职位，涉及生产、技术、商务、财务、计算机等各个领域，范围较广。为确保不同职能领域的职位等级具有可比性，能体现一般操作工人到总经理不

同层次的差异性，设计一个统一性的职位评价方案较为合适，同时建议采用要素计点法，因为要素计点法通过清楚明确的定义要素和量化分数值来进行比较，减少了主观决定的成分，让员工更容易接受。

1. 设计十要素

设计十要素为：知识、经验、活动范围、决策责任、工作失误后果、内部联系、对外联系、督导职责、所督导员工人数、研究与分析。其中决策责任、失误后果及经验占了比较大的权重。这十个要素下面又制订了不同级别的评价标准，具体如下：

(1) 知识。

级别1：对基本的方法和简单的工作程序有所了解；

级别2：对一种职能的基本程序和操作有一定的工作知识；

级别3：对数种职能有基本的工作知识，并对一种职能有较深入的了解；

级别4：对数种职能有较深入的了解，并对一种职能能透彻而全面地掌握；

级别5：对数种职能有透彻的认识，能够了解此数种职能的关系及运用，并对一种职能能透彻而全面地掌握；

级别6：在整体上对各种职能的具体做法、原则和相互间的关系有透彻的认识，并配合在业务上适当地运用；

级别7：在整体上对各种职能的具体做法、原则和相互间的关系有透彻的认识，并能把深层的科技及理论学术知识加以配合和运用。

(2) 经验。

级别1：1年以下；

级别2：1~2年；

级别3：2~4年；

级别4：4~7年；

级别5：7~11年；

级别6：11~15年；

级别7：15年以上。

(3) 活动范围。

级别1：从事固定或重复的工作程序，对其他职位有很少的影响；

级别2：从事一般标准化的工作，可在标准作业程序内做一些常规的活动，对其他职位有轻微的影响；

级别3：从事的各项工作有一定的复杂性，要求能够在本业务部门以及职责范围内作出协调，需处理经常变化的情形及问题；

级别4：工作涉及职能内多方面的问题并具有相当的复杂性，能够令不同业务单位和公司部门相互参与达成协调；

级别 5：从事跨越多种职能或部门的工作，把管理及发展的概念以具体行动贯彻施行及协调；

级别 6：所从事的多种职能有很大的不同，负责监控不同业务单位或公司部门的工作，职责相当复杂，可视为集几种职能为一身的重要管理工作，以求达到策略上的一体化和协调性，通常没有先例或已有的作业程序可循，需要密切地协调与整合；

级别 7：从事不同的职能和做不同的重大决策，负责监控公司的业务职责、单位或公司部门的工作，职责极为复杂，对他人或其他部门的影响广泛，要求全体公司参与和协调。

(4) 决策责任。

级别 1：决策限于规章范围，一切疑难均需转给上级处理，行动之前需获得批准；

级别 2：在规章范围内可作一般日常工作的决定，以达到完成规章内已定目标或实施既定的工作方法，需与上级商量疑难问题；

级别 3：遵循公司既定政策与作业标准，只有超过权责范围的问题和疑难时才需要请示上级处理，在特定的专业知识领域及工作规章范围内偶尔作重要决定，所完成的任务一般也需要接受定期审核；

级别 4：遵循既定的总体政策和作业准则，在一般被认可的管理工作范围内，可作重要决定，只需通报上级有关工作整体方向的进度；

级别 5：在总体政策下，其所作决定对公司运作有广泛而重大的影响，要求有很好的判断能力，在决定前也许征询公司其他高层主管的意见，但个人仍需负全责；

级别 6：在总体政策及策略目标的范围内作重大决策。所作决策在中长期内对业务单位或公司在其他地方的分支部门的未来发展及经营方向有广泛影响。

(5) 失误后果。

级别 1：所造成的后果影响甚小，错误的原因大多因疏忽所致，易于纠正；

级别 2：仅对公司的小部分业务活动有影响，大多需要他人费时耗力来确定错误的所在并作出纠正，可能导致少许工作延误、降低效率和增加开支，也可能影响到其他部门，但只要以一定的时间和精力纠正错误，仍能达成部门的总体目标；

级别 3：仅影响某一部门或职能，可能造成使用不全面或不准确的信息。一般导致相当的工作延误、降低效率和增加开支；

级别 4：影响部门和不同部门之间的业务活动、关系或开支，对公司总体运作可能有一定影响，员工生产率或客户态度也相应受到影响；

级别 5：影响部门内部和不同部门之间的业务结果或利润，对公司业务或声誉可能有严重影响，需要公司管理层采取行动纠正失误；

级别6：对公司主要部门，以及当前和未来的状况产生严重影响，包括公司的声誉及总体财政状况。

(6) 内部联系。

级别1：仅与直接同事有工作联系，只要求例行性日常信息交流；

级别2：工作联系只限于交换或沟通特定工作上所需咨询或问题的澄清，并需要有技巧的应对；

级别3：通常接触频繁，须有技巧地了解及提供他人意见，并对其中有难度或有争议性的问题作讨论及建议；

级别4：在提出或讨论具有一般难度以上的问题时需要有谋略、技巧和远见，以得到他人的合作和同意；

级别5：在影响公司实际政策和程序的重大问题上，需与公司内各管理阶层人员联系、合作及协调；

级别6：在工作上的接触及协调性质非常重大及困难，需要果断、有效率地处理困难的内部问题并汇总和整合内部高层各种不同及多样化的意见。

(7) 外部联系。

级别1：很少需要与外界接触或甚至无需对外工作联系；

级别2：需进行指定范围内对外的日常工作联系及接触；

级别3：与特定类型的外界机构或限定的一些客户保持持久及良好的关系，在获取或提供信息时需要一般的礼仪与技巧；

级别4：工作上需经常开展及建立与外界的良好关系及多方面与外界接触，但联系性质相似，以达到项目的完成或确保其接受公司的产品或服务，增加公司商誉，并满足客户需求；

级别5：牵涉困难或复杂的状况，必须以娴熟的人际关系技巧与判断力来处理，处理的方式会影响业务的得失或公司的信誉；

级别6：与那些对公司声誉、产品质量和利润有重要影响的机构或人士进行高难度的协商，通常包括与供应商、社区领导、行政官员或其他公司以外人士，需要极高的人际关系技巧以促成公司重大问题的解决。

(8) 督导职责。

级别1：负责本职位的工作，仅在偶尔情况下需要指导或督导别人；

级别2：负责工作部署、任务分配，保持工作进程，提供培训和指导，通常从事与受督导者相似的工作；

级别3：直接管理其下属一般标准化的工作，包括一些专业人员，其时间大部分在排除一般性困难、分配及审核工作；

级别 4：直接地或通过第一线下属督导人员进行管理、规划和安排工作，建立工作标准，诠释并实施公司政策；

级别 5：间接经由其他专业经理来管理部属，制订长期方案，预测劳动力需求，制订总体政策与程序；

级别 6：负责总体各部门管理，颁布公司规章与程序，与公司最高管理层协商，以确定、形成和实施业务的总体计划。

(9) 督导人数。

级别 1：0；

级别 2：1 ~4 人；

级别 3：5 ~10 人；

级别 4：11 ~50 人；

级别 5：51 ~200 人；

级别 6：200 ~500 人；

级别 7：501 ~1 000 人；

级别 8：1 000 以上。

其中督导人数指直接或间接督导的员工，1 个员工单位相当于 5 名工人。

(10) 研究分析。

级别 1：有现成的方法，根据既定的程序或上级指示搜集或计算事情结果和数据；

级别 2：方法待定，调查和分析特定范围的当前活动或信息，分析包括选定适当的分析方法后，加以使用和重新组织资料；

级别 3：方法需进一步改良，分析包括进行调查，并对大量资料加以评估，资料可能包括不同种类，较为复杂，且需重新组织，从而提出合理的解释，得出逻辑性的结论；

级别 4：方法需制订及发展，对复杂的活动或信息进行研究、分析和阐释，以改善一贯沿用的分析方法，或发展新方法；

级别 5：需要创造、阐述或评价创新的活动或信息，通常涉及某些应用范围的改善或创新，并需要发展逻辑性的分析方法及结论，以评价其对公司的长远影响。

2. 设计十要素的权重以及各级别赋予的分数值（见表 8 – 29 要素权重和级别点数分值分配表）

表 8－29　　要素权重和级别点数分值分配表

因素	权重分配	分数分配	点数	级别点数							
				1	2	3	4	5	6	7	8
知识	9%	90	7	9	13	19	28	42	61	90	
经验	13%	130	7	13	19	28	41	60	89	130	
活动范围	10%	100	7	10	15	22	32	46	68	100	
决策责任	16%	160	6	16	25	40	64	101	160		
失误后果	13%	130	6	13	21	33	52	82	130		
内部联系	5%	50	6	5	8	13	20	32	50		
外部联系	8%	80	6	8	13	20	32	50	80		
督导职责	12%	120	6	12	19	30	48	76	120		
督导人数	6%	60	8	6	8	12	16	22	31	43	60
研究分析	8%	80	5	8	14	25	45	80			
总计	100	1 000									

3. 确定岗位等级数和分数区间（见表 8－30 职位等级数和分数区间对照表）

表 8－30　　职位等级数和分数区间对照表

职位等级	分数区间	职位等级	分数区间
21	897～1 000	10	254～284
20	799～896	9	227～253
19	714～798	8	202～226
18	637～713	7	181～201
17	568～636	6	161～180
16	507～567	5	143～160
15	453～506	4	127～142
14	404～452	3	113～126
13	360～403	2	101～112
12	321～359	1	1～100
11	287～320		

4. 操作方案及流程

由于A公司是一个大型的轿车生产经营企业，涉及的职能领域广，职位多，要求工资体系改革到位的时间紧。因此，它的操作方案设计如下：先选择部分标杆职位，运用上述要素计点法进行评价，将整个职位等级构架建立起来，在标杆职位的评价结果得到决策委员会的认可后，运用类比法将其余职位进行比较、排列、分等，将所有职位等级结构建立起来，在工资制度改革到位后，再组织评价委员会按计划对运用类比法插入的等级结果进行评价验证。

(1) 职位评价过程。

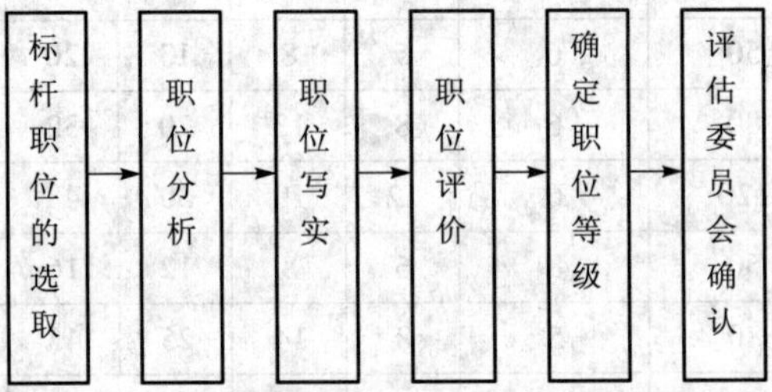

图8－8　A公司职位评价过程

① 标杆职位的选取。评价委员会通过对A公司所有职位进行分析，在充分考虑涉及不同的职能部门以及不同层次的、具有广泛代表性的基础上，选择了40个标杆职位。

② 职位分析。职位分析是通过一定的方法，对所要评价的职位进行研究，以确定该职位的内容、任务、职责，与其他职位的关系以及该职位的工作环境和任职要求等要素，即系统地准确地搜集和组织职位相关信息。常用的方法有：问卷调查法、访谈法、工作日志法和现场考察法。由于A公司已经建立了良好的职位管理基础即职位描述，职位描述已经包含了职位工作内容、职责、责任、内外联系程度、工作环境、任职条件等，基本涵盖了十个要素的内容。为此，建议只需采用访谈法这一种职位分析方法。

③ 职位写实。依据职位评价所需确定的要素内容，对职位分析所获得的信息进行整理、归纳，清楚简洁而又充分，并按照一定的格式记录、填写《职位评价记录表》，以作为对职位进行评价、评分的主要依据。在此之前，要求规范所有职位的职位描述，职位描述是职位写实的一种补充。

④ 职位评价。依据职位分析获得的信息（《职位评价记录表》），对照十要素法和职位评价标准，对所评价职位的各要素进行对比、分析和研究，确定其合理的对应序列级别，以获得相应等级的量化分值。

评价方法：

群体决策法，即职位评价委员会的全体成员依据职位分析、职位写实和评价标准，对评价职位所对应的要素级别进行分析、讨论和研究，原则上以全体成员的一致意见来确定其合理的对应级别序列。

结果计算：

将职位评价委员会确定的各要素所对应级别的分数输入到《职位评价分表》。见表8－31，运用设计的小程序自动计算出该职位的总分数值、所对应的职位等级以及该总分值所处的等级位置。

表8－31　职位评价记分表

部门	职位名称	知识	经验	活动范围	决策责任	失误后果	内部联系	外部联系	督导指责	督导人数	研究分析	总分数值	职位等级	职位位置

结果验证：

将计算机统计出的职位等级结果与现行职位工资状况及非量化的重要性排列进行对比分析，对偏离较大的职位的十要素对应级别进行重新评定，对很难达成一致意见或难以诠释的职位予以剔除，直到产生一个满意的结果即标杆序列。

⑤ 项目决策委员会的确认。职位评价委员会将40个标杆职位的评价结果以及初步建立起来的结果提交至公司项目决策委员会，由项目决策委员会讨论、审议，并以项目决策委员会主任即公司总经理签字生效为准。

（2）选择的标杆职位评价结果（见表8－32）。

表 8－32　　标杆职位评价打分表

序号	分部	职位名称	知识	经验	工作范围	决策责任	失误后果	内部联系	外部联系	督导职责	督导人数	研究分析	总分数值	职位等级	职位位置
1	整车销售	整车销售分部主任	4	5	5	4	5	5	5	5	6	3	494	15	77%
2	武汉总厂	武汉总厂厂长	5	5	5	4	4	4	3	5	7	3	448	14	92%
3	质量	质量分部主任	4	5	4	5	4	4	4	4	5	4	440	14	75%
4	直接采购	直接采购分部主任	4	5	4	4	4	4	5	4	5	3	401	13	95%
5	公关	公关分部主任	4	5	4	3	5	3	5	4	4	3	394	13	79%
6	产品工艺	产品工艺分部主任	4	5	4	4	4	4	3	4	5	4	391	13	72%
7	调度中心	调度中心主任	4	5	5	4	4	4	4	4	4	3	391	13	72%
8	会计分部	会计分部主任	4	5	4	4	4	3	5	4	4	3	388	13	65%
9	售后服务	售后服务分部主任	4	5	4	4	4	4	4	4	5	3	383	13	53%
10	计算机	技术支持分部主任	4	5	4	4	4	3	3	4	4	4	378	13	42%
11	整车销售	北京大区主任	4	4	4	3	5	3	5	4	4	3	375	13	35%
12	人员管理	人员管理分部主任	4	5	4	4	4	4	3	4	4	3	365	13	12%
13	武汉物流	物流分部主任	4	5	4	3	4	4	2	4	5	3	340	12	50%
14	武汉总厂	总装分厂厂长	4	5	4	3	3	3	3	4	5	3	321	12	0%
15	整车综合	整车定义室经理	4	4	4	3	3	3	3	3	3	4	294	11	24%
16	计算机	技术支持室经理	4	4	4	3	3	3	3	3	3	4	294	11	24%
17	材料试验	金属材料室经理	3	4	3	3	3	3	3	3	3	4	275	10	68%
18	售后服务	技术援助室经理	3	4	3	3	3	2	3	3	4	4	274	10	65%
19	直接采购	发动机采购室经理	3	4	3	3	3	3	4	3	3	2	256	10	6%
20	会计分部	综合会计室经理	3	4	3	3	3	3	3	3	3	3	255	10	3%

续表

序号	分部	职位名称	知识	经验	工作范围	决策责任	失误后果	内部联系	外部联系	督导职责	督导人数	研究分析	总分数值	职位等级	职位位置
21	通计分部	总装维修工段长	3	4	3	3	3	2	2	3	4	2	236	9	35%
22	财务分部	成本核算室综合会计	3	4	2	3	3	3	3	1	1	3	334	8	92%
23	整车综合	整车定义室整车设计	3	3	3	3	2	2	3	2	2	4	221	8	79%
24	整车综合	零件加工工艺	3	4	3	2	2	3	2	1	1	4	217	8	63%
25	计算机	技术支持室系统支持	3	3	3	2	3	3	2	1	1	4	216	8	58%
26	公关分部	宣传总编兼宣传策划	3	4	3	2	3	2	3	1	1	3	211	8	38%
27	总经办	秘书室党委书记秘书	3	4	3	2	3	3	3	1	1	2	205	8	13%
28	通计分部	机械技术员	3	4	3	2	3	2	1	1	1	3	199	7	90%
29	营销策划	广告室广告资料	3	3	3	2	3	2	3	1	1	3	198	7	85%
30	计算机	生产应用室程序分析	3	3	2	2	2	2	2	1	1	4	192	7	55%
31	整车销售	经理部整车销售业务	3	3	3	2	2	2	4	1	1	2	187	7	30%
32	质量分部	质量标准方法	3	4	3	2	2	2	2	1	1	2	181	7	0%
33	综合分部	工资管理员	3	3	2	2	2	3	1	1	1	2	161	6	0%
34	通计分部	维修钳工	2	3	2	2	2	2	1	1	1	2	150	5	41%
35	焊装分厂	车身/装饰班长	2	2	2	2	2	2	1	2	3	1	148	5	29%
36	科技分部	科技档案管理	2	2	2	1	2	2	1	1	1	2	132	4	33%
37	总务分部	总部办公楼管理员	1	2	1	2	1	2	1	2	2	1	127	4	0%
38	总厂质检	油漆检查室质检员	2	2	2	1	2	2	1	1	1	1	126	3	100%
39	总务分部	机动车司机	1	3	1	1	1	1	1	1	1	1	115	3	15%
40	武汉物流	仓库保管员	1	1	1	1	2	1	1	1	1	1	108	2	64%

（3）A 公司的职位等级状况。在上述标杆职位等级结构的基础上，职位评价委员会对全公司所有进行类比插入，最终确定了所有职位的等级结构（包括第二阶段运用要素计点法验证职位等级），见表 8－33。

表 8－33　　不同职位类别的等级分布图

等级＼类别	总经理	党委书记	部长	分部主任	室经理	技术人员	管理人员	直接工人	辅助工人
1									
2									
3									
4									
5									
6									
7									
8									
9									
10									
11									
12									
13									
14									
15									
16									
17									
18									

（4）日常职位评价流程。日常职位等级变更的情况有两种：一是职位内容和职责发生变化，经部门提出申请进行职位评价后，与现有职位等级不一致的；二是经公司职位评价委员会平衡后，需要变更的。部门要求职位评价或变更职位等级的工作流程为：

① 在各部部门领导签字同意的情况下向人事公关部职位评价办公室提出职位评价申请或职位等级变更申请，填写《职位评价申请表》，说明评价或等级变更的原因，并

附上原、现职位描述。

② 人事公关部职位评价办公室对部门的职位评价申请或职位等级变更申请进行审核，提出是否需要进行职位评价的意见。

③ 职位评价办公室审核确认后，对于不需要进行职位评价的，直接上报公司职位评价委员会进行审议；对于需要进行职位评价的，则按下列步骤进行：

a. 制订职位评价工作计划；

b. 确定职位评价工作组成员，并对其进行培训指导；

c. 进行职位调查分析；

d. 按照职位评价要素进行信息归类、整理；

e. 按照十要素评价标准进行评价，确定各要素对应分值。

f. 运用计算机系统计算出职位评价结果，并负责填写《职位评价记录表》。

g. 整理职位评价结果及说明材料，拟报公司职位评价委员会审议。

④ 公司职位评价委员会审议通过后，经职位评价委员会主任签字批准生效，由人事公关部/职位评价办公室负责生效结果的执行和信息反馈。

（5）评价结果分析。

首先，利用十要素计点法的职位评价方案顺利完成了对 A 公司 1 000 多个职位等级的划分和排序，建立起了新的工资等级构架。让管理层和员工都知道公司是采用了科学的方法完成了职位等级的划分和排序，提升了管理层和员工对这种薪资体系的认可度。

其次，这种评价方案打破了以前按资历、论工龄的陈旧工资政策，真正体现了按职位重要性计酬的理念。并且它参照了现在国际上通用的职位评价方案，它的评价结果即职位重要性的排列也体现了职位的市场价值，真正做到与市场接轨，让不同类别、不同专业的人员按照市场的价值规律重新定位自己。另外，通过建立起清晰的职位等级构架，让员工明确了自己的职业生涯发展方向。

最后，通过实施以这种职位等级构架为基础的职位工资体系，执行按职位的重要性和贡献的大小拿钱的薪资政策，充分调动了员工的积极性，尤其是让年轻骨干看到了自己的价值。员工的流失率也明显降低。